PROCÈS-VERBAL

DE

L'ASSEMBLÉE DE NOTABLES.

PROCÈS-VERBAL

DE

L'ASSEMBLÉE DE NOTABLES,

Tenue à Versailles,

EN L'ANNÉE M. DCCLXXXVIII.

A PARIS,
DE L'IMPRIMERIE ROYALE.

M. DCCLXXXIX.

PROCÈS-VERBAL
DE
L'ASSEMBLÉE DE NOTABLES,

Tenue à Versailles, en l'année M. DCCLXXXVIII.

L'AN de grâce mil sept cent quatre-vingt-huit, du règne de LOUIS XVI, Roi de France & de Navarre, le quinzième, le dimanche cinq Octobre, SA MAJESTÉ ayant arrêté dans son Conseil d'État, de rassembler de nouveau à Versailles les mêmes Notables qu'Elle y avoit appelés au mois de Février mil sept cent quatre-vingt-sept, pour les consulter sur la meilleure manière de convoquer les États-généraux de son Royaume, a fait publier en conséquence l'Arrêt dont la teneur suit :

A

ARRÊT

Du Conseil d'État du Roi.

LE ROI, occupé de la composition des États-généraux que Sa Majesté se propose d'assembler dans le cours du mois de Janvier prochain, s'est fait rendre compte des diverses formes qui ont été adoptées à plusieurs époques de la Monarchie; & Sa Majesté a vu que ces formes avoient souvent différé les unes des autres d'une manière essentielle.

Le Roi auroit désiré que celles suivies pour la dernière tenue des États-généraux, eussent pu servir de modèle en tous les points; mais Sa Majesté a reconnu que plusieurs se concilieroient difficilement avec l'état présent des choses, & que d'autres avoient excité des réclamations dignes au moins d'un examen attentif.

Que les élections du Tiers-état avoient été concentrées dans les villes principales du royaume, connues alors sous le nom de *bonnes Villes*, en sorte que les autres villes de France en très-grand nombre, & dont plusieurs sont devenues considérables depuis l'époque des derniers États-généraux, n'eurent aucun Représentant.

Que les habitans des campagnes, excepté dans un petit nombre de districts, ne paroissent pas avoir été appelés à concourir, par leurs suffrages, à l'élection des Députés aux États-généraux.

Que les municipalités des villes furent principalement chargées des élections du Tiers-état; mais, dans la plus grande partie du royaume, les Membres de ces municipalités, choisis autrefois par la Commune, doivent aujourd'hui l'exercice de leurs fonctions à la propriété d'un office acquis à prix d'argent.

Que l'Ordre du Tiers fut presqu'entièrement composé de personnes qualifiées nobles dans les procès-verbaux de la dernière tenue en 1614.

Que les élections étoient faites par Bailliages, & chaque Bailliage avoit à peu-près le même nombre de Députés, quoiqu'ils différassent considérablement les uns des autres en étendue, en richesse & en population.

Que les États-généraux se divisèrent, à la vérité, en douze Gouvernemens, dont chacun n'avoit qu'une voix ; mais cette forme n'établissoit point une égalité proportionnelle, puisque les voix, dans chacune de ces sections, étoient recueillies par Bailliages, & qu'ainsi le plus petit & le plus grand avoient une même influence.

Qu'il n'y avoit même aucune parité entre les Gouvernemens, plusieurs étant de moitié au-dessus des autres, soit en étendue, soit en population.

Que les inégalités entre les Bailliages & les Sénéchaussées, sont devenues beaucoup plus grandes qu'elles ne l'étoient en 1614, parce que, dans les changemens faits depuis cette époque, on a perdu de vue les dispositions appropriées aux États-généraux, & l'on s'est principalement occupé des convenances relatives à l'administration de la Justice.

Que le nombre des Bailliages ou Sénéchaussées, dans la seule partie du royaume soumise en 1614 à la domination Françoise, est aujourd'hui considérablement augmenté.

Que les provinces réunies au royaume depuis cette époque, en y comprenant les Trois-évêchés, qui n'eurent point de Députés aux États-généraux, représentent aujourd'hui près de la septième partie du royaume.

Qu'ainsi la manière dont ces provinces doivent concourir aux élections pour les États-généraux, ne peut être réglée par aucun exemple ; & la forme usitée pour les autres provinces, peut d'autant moins y être applicable, que, dans la feule province de Lorraine, il y a trente-cinq Bailliages, divifion qui n'a aucune parité avec le petit nombre de Bailliages ou Sénéchauffées dont plufieurs Généralités du royaume font compofées.

Que les élections du Clergé eurent lieu d'une manière très-différente, felon les diftricts & felon les diverfes prétentions auxquelles ces élections donnèrent naiffance.

Que le nombre refpectif des Députés des différens Ordres ne fut pas déterminé d'une manière uniforme dans chaque Bailliage, en forte que la proportion entre les Membres du Clergé, de la Nobleffe & du Tiers-état, ne fut pas la même pour tous.

Qu'enfin une multitude de conteftations relatives aux élections, confumèrent une grande partie de la tenue des derniers États-généraux, & qu'on fe plaignit fréquemment de la difproportion établie pour la répartition des fuffrages.

Sa Majefté, frappée de ces diverfes confidérations & de plufieurs autres moins importantes, mais qui réunies enfemble méritent une férieufe attention, a cru ne devoir pas refferrer dans fon Confeil l'examen d'une des plus grandes difpofitions dont le Gouvernement ait jamais été appelé à s'occuper. Le Roi veut que les États-généraux foient compofés d'une manière conftitutionnelle, & que les anciens ufages foient refpectés dans tous les règlemens applicables au temps préfent, & dans toutes les difpofitions conformes à la raifon & aux vœux légitimes de la plus grande partie de la Nation. Le Roi attend avec confiance, des États-généraux de fon royaume, la régénération du bonheur public & l'affermiffement de la puiffance de l'empire François. L'on doit donc être perfuadé que fon unique defir eft de préparer à l'avance les voies qui peuvent conduire à cette harmonie, fans laquelle toutes les lumières & toutes les bonnes intentions deviennent inutiles. Sa Majefté a donc penfé qu'après cent foixante & quinze ans d'interruption des États-généraux,

& après de grands changemens survenus dans plusieurs parties essentielles de l'ordre public, Elle ne pouvoit prendre trop de précautions, non-seulement pour éclairer sûrement ses déterminations, mais encore pour donner aux plans qu'Elle adoptera, la sanction la plus imposante. Animée d'un pareil esprit, & cédant uniquement à cet amour du bien qui dirige tous les sentimens de son cœur, Sa Majesté a considéré comme le parti le plus sage, d'appeler auprès d'Elle, pour être aidée de leurs conseils, les mêmes Notables assemblés par ses ordres au mois de Janvier 1787, & dont le zèle & les travaux ont mérité son approbation & obtenu la confiance publique.

Ces Notables ayant été convoqués, la première fois, pour des affaires absolument étrangères à la grande question sur laquelle le Roi veut aujourd'hui les consulter, le choix de Sa Majesté manifeste encore davantage cet esprit d'impartialité qui s'allie si bien à la pureté de ses vues. Le nombre des personnes qui composeront cette Assemblée, ne retardera pas leurs délibérations, puisque ce nombre même affermira leur opinion, par la confiance qui naît du rapprochement des lumières; & sans doute qu'elles donneront leur avis avec la noble franchise que l'on doit naturellement attendre d'une réunion d'hommes distingués & comptables uniquement de leur zèle pour le bien public. Sa Majesté aperçoit plus que jamais le prix inestimable du concours général des sentimens & des opinions; Elle veut y mettre sa force; Elle veut y chercher son bonheur; & Elle secondera de sa puissance les efforts de tous ceux qui, dirigés par un véritable esprit de patriotisme, seront dignes d'être associés à ses intentions bienfaisantes.

A quoi voulant pourvoir : Ouï le rapport, LE ROI ÉTANT EN SON CONSEIL, a ordonné & ordonne que toutes les personnes qui ont formé, en 1787, l'Assemblée des Notables, seront de nouveau convoquées pour se trouver réunies en sa ville de Versailles, le 3 du mois de Novembre prochain, suivant les lettres particulières qui feront adressées à chacune d'elles, pour y délibérer uniquement sur la manière la plus régulière & la plus convenable de procéder à la formation des États-généraux de 1789 ; à l'effet de quoi Sa Majesté leur fera communiquer les différens renseignemens qu'il aura été possible de se procurer sur la constitution des précédens États-généraux, & sur les formes qui ont été suivies pour la convocation & l'élection des Membres de ces Assemblées nationales, de manière qu'elles puissent présenter un avis dans le cours dudit mois de Novembre ; & Sa Majesté se réserve de remplacer, par des personnes de même qualité & condition, ceux d'entre les Notables de l'Assemblée de 1787, qui sont décédés, ou qui se trouveroient valablement empêchés.

FAIT au Conseil d'État du Roi, Sa Majesté y étant, tenu à Versailles le cinq Octobre mil sept cent quatre-vingt-huit. *Signé* LAURENT DE VILLEDEUIL.

Le Roi a jugé à propos de remplacer ceux des Notables qui seroient décédés depuis la précédente Assemblée, ou qui seroient valablement empêchés de se trouver à celle-ci, & d'y en ajouter quelques-uns ; ce qui, avec les changemens survenus, tant dans les Cours souveraines que dans les Députations des pays d'États & les Municipalités électives, a mis une assez grande diversité entre la liste des Membres de la précédente Assemblée, & celle de l'Assemblée actuelle, comme on en pourra juger en les comparant.

LISTE
DES NOTABLES CONVOQUÉS.

Princes.

Monseigneur Louis-Stanislas-Xavier de France, Comte de Provence, MONSIEUR.

Monseigneur Charles-Philippe de France, Comte d'Artois.

Monseigneur Louis-Joseph-Philippe d'Orléans, Duc d'Orléans.

Monseigneur Louis-Joseph de Bourbon, Prince de Condé.

Monseigneur Louis-Henri-Joseph de Bourbon-Condé, Duc de Bourbon.

Monseigneur Louis-Antoine-Henri de Bourbon-Condé, Duc d'Enghien.

Monseigneur Louis-François-Joseph de Bourbon, Prince de Conti.

Noblesse.

Messire Alexandre-Angélique de Talleyrand-Périgord, Archevêque Duc de Reims, premier Pair de France, Légat-né du Saint-Siége, & Primat de la Gaule Belgique.

N. B. Monfieur l'Archevêque Duc de Reims a fupplié le Roi de le difpenfer de fe trouver à l'Affemblée, attendu la mort de Monfieur le Comte de TALLEYRAND-PÉRIGORD, fon frère; ce qui lui a été accordé.

Meffire CÉSAR-GUILLAUME DE LA LUZERNE, Évêque Duc de Langres, Pair de France.

Meffire ANNE-CHARLES-SIGISMOND MONTMORENCY-LUXEMBOURG, Duc de Luxembourg, de Piney & de Châtillon-fur-Loing, Pair, premier Baron & premier Baron chrétien de France, Maréchal des camps & armées du Roi, Lieutenant général pour Sa Majefté de la province d'Alface.

Meffire VICTURNIEN-JEAN-BAPTISTE-MARIE DE ROCHECHOUART, DUC DE MORTEMART, Pair de France, Prince de Tonney-Charente, Maréchal des camps & armées du Roi.

Meffire LOUIS DUC DE NOAILLES, Pair & Maréchal de France, Chevalier des Ordres du Roi, Gouverneur & Capitaine général des villes & comtés de Rouffillon, Conflans, Cerdagne, Gouverneur & Capitaine des chaffes de Saint-Germain-en-Laye.

Meffire ARMAND-JOSEPH DE BÉTHUNE, Duc DE BÉTHUNE-CHAROST, Pair de France,

Baron

Baron d'Ancenis & des États de Bretagne, Comte de Roucy, Pair du comté de Champagne, Vidame de Laon, Baron de Pierrepont, Maréchal des camps & armées du Roi, Lieutenant général pour Sa Majesté dans les provinces de Picardie & Boulonois, Gouverneur des ville & citadelle de Calais & du Calaifis ou Pays reconquis, Membre de la Nobleffe à l'Adminiftration provinciale du Berry.

Meffire ANTOINE-ÉLÉONORE-LÉON LE CLERC DE JUIGNÉ, Archevêque de Paris, Duc de Saint-Cloud, Pair de France.

Meffire LOUIS-ALEXANDRE, DUC DE LA ROCHEFOUCAULD & de la Rocheguion, Pair de France, Maréchal-de-camp, Honoraire de l'Académie royale des Sciences, de celle de Suède, de la Société royale de Médecine, de celle d'Agriculture, de la Société Philofophique de Philadelphie.

Meffire JULES-CHARLES-HENRI, DUC DE CLERMONT-TONNERRE, Pair de France, Chevalier des Ordres du Roi, premier Baron, Connétable, Grand-Maître héréditaire du Dauphiné, premier Commis-né des États de cette province, Lieutenant général des armées du Roi, & fon Lieutenant général & Commandant en chef dans ladite province.

N. B. Monfieur le Duc DE CLERMONT-TONNERRE s'étant trouvé malade, n'a pu affifter à l'Affemblée.

Meffire MARIE-FRANÇOIS-HENRI DE

FRANQUETOT, Duc DE COIGNY, Pair de France, Chevalier des Ordres du Roi, Lieutenant général de ses armées, Grand-bailli & Gouverneur des ville & château de Caen, des ville & citadelle de Cambray, Bailli & Capitaine des chasses de la varenne du Louvre.

Messire LOUIS-GEORGE-ÉRASME DE CONTADES, Maréchal de France, Chevalier des Ordres du Roi, Commandant en chef en Alsace, Gouverneur des ville & château du Fort-Louis du Rhin, & de Beaufort-en-Vallée en Anjou.

> *N. B.* Monsieur le Maréchal DE CONTADES, a supplié le Roi de le dispenser de se trouver à cette Assemblée, à cause de son âge & de ses infirmités, ce qui lui a été accordé.

Messire VICTOR-FRANÇOIS, Duc DE BROGLIE, Prince du Saint-Empire Romain, Maréchal de France, Chevalier des Ordres du Roi, Gouverneur des ville & citadelle de Metz & de la province des Évêchés, y commandant en chef, ainsi que sur le cours de la Meuse, frontière du Luxembourg & de la Champagne, & ci-devant Général en chef des armées du Roi en Allemagne.

Messire PHILIPPE DE NOAILLES, Maréchal Duc DE MOUCHY, Grand-d'Espagne de la première classe, Baron des États de Languedoc, Chevalier des Ordres du Roi, Grand-croix de l'Ordre de Malte, Lieutenant général de la basse Guyenne.

Messire AUGUSTIN-JOSEPH DE MAILLY, Comte de Mailly, Maréchal de France, Chevalier des Ordres du Roi, & Grand-croix de l'Ordre de Malte, Gouverneur d'Abbeville, Lieutenant général du Rouffillon, & Commandant en chef dans cette province.

Messire CHARLES-JUST DE BEAUVAU, Maréchal de France, Prince du Saint-Empire, Grand-d'Espagne de la première claffe, Chevalier des Ordres du Roi, Gouverneur & Lieutenant général du pays & comté de Provence, Marfeille, Arles & terres adjacentes, Marquis de Craon, Baron de Lorquin, Saint-George, Gouverneur & Grand-Bailli de Lunéville & de Bar-le-Duc, l'un des Quarante de l'Académie Françoife, Honoraire de celle des Infcriptions & Belles-Lettres.

Messire CHARLES-EUGÈNE-GABRIEL DE LA CROIX, Marquis DE CASTRIES, Maréchal de France, Chevalier des Ordres du Roi, Gouverneur général des provinces de Flandre, Hainault & Cambrefis, Miniftre d'État.

Messire JACQUES-PHILIPPE DE CHOISEUL, Comte DE STAINVILLE, Maréchal de France, Chevalier des Ordres du Roi, Gouverneur de Strafbourg, Commandant en chef dans la province de Lorraine & moitié de Champagne.

Messire ANNE-EMMANUEL-FERDINAND-FRANÇOIS, Duc DE CROY, Prince du Saint-

(12)

Empire, Grand-d'Espagne de la première classe, Maréchal des camps & armées du Roi, Chevalier de ses Ordres.

Messire CASIMIR D'EGMONT-PIGNATELLI, Comte d'Egmont, de Braine, de Berlaimont, de la Cirignole, Duc de Bisache au royaume de Naples, Prince de Gavres & du Saint-Empire Romain, Pair du pays d'Alost & du comté de Hainault, l'un des quatre Seigneurs Haut-justiciers de l'État des châtellenies de Lille, Douai & Orchies, Grand-d'Espagne de la première classe & de la première création, Chevalier de l'Ordre de la Toison d'Or, Lieutenant général des armées du Roi, Gouverneur & Lieutenant général de la province & ville de Saumur, pays Saumurois & haut Anjou.

Messire GABRIEL-MARIE DE TALLEYRAND-PÉRIGORD, Comte de Périgord, Grand-d'Espagne de la première classe, Chevalier des Ordres du Roi, Lieutenant général de ses armées, Gouverneur & Lieutenant général de la province de Picardie & pays reconquis, Commandant en chef dans celle de Languedoc.

N. B. Monsieur le Comte DE TALLEYRAND-PÉRIGORD, qui avoit reçu une lettre de convocation, étant venu à mourir avant l'ouverture de l'Assemblée, Sa Majesté n'a pas jugé à propos de le remplacer.

Messire CHARLES-HENRI, Comte D'ESTAING, Vice-Amiral de France, Lieutenant général des armées du Roi, Chevalier de ses Ordres, Grand-d'Espagne de la première classe, & Gouverneur général de la province de Touraine.

Messire ANNE-LOUIS-ALEXANDRE DE MONTMORENCY, Prince DE ROBECQ, premier Baron chrétien de France, Grand-d'Espagne de la première classe, Chevalier des Ordres du Roi, Lieutenant général de ses armées, & Commandant en chef des provinces de Flandre, Hainault & Cambresis.

Messire LOUIS-ANTOINE-AUGUSTE DE ROHAN-CHABOT, Duc de Chabot, Lieutenant général des armées du Roi, Chevalier de ses Ordres.

Messire ADRIEN-LOUIS, Duc DE GUINES, Lieutenant général des armées du Roi, Chevalier de ses Ordres, Gouverneur général de la province d'Artois, Membre du Conseil de la guerre, & ci-devant son Ministre plénipotentiaire auprès du Roi de Prusse, & son Ambassadeur près du Roi d'Angleterre.

Messire LOUIS-MARIE-FLORENT, Duc DU CHÂTELET-D'HARAUCOURT, Chevalier des Ordres du Roi, Lieutenant général de ses armées, Colonel général des Gardes-Françoises, Gouverneur & Grand-Bailli de Pont-à-Mousson, ci-devant Ambassadeur de Sa Majesté, auprès des Cours de Vienne & de Londres, Gouverneur général de la province du Toulois.

Messire ANNE-ALEXANDRE-MARIE-SULPICE-JOSEPH DE MONTMORENCY-LAVAL, Duc de

Laval, Maréchal des camps & armées du Roi, & Gouverneur en survivance de la ville de Sedan.

Messire HENRI-CHARLES DE THIARD-BISSY, Comte de Thiard, Lieutenant général des armées du Roi, Gouverneur des ville & château de Brest & des îles d'Oueffant, Commandant pour Sa Majesté dans sa province de Bretagne, & premier Écuyer de Monseigneur le Duc d'Orléans.

Messire PIERRE-LOUIS DE CHASTENET, Comte DE PUYSÉGUR, Lieutenant général des armées du Roi, Commandant en chef dans les provinces de Poitou, Saintonge & Aunis, Grand-croix de l'Ordre royal & militaire de Saint-Louis, & premier Gentilhomme de la chambre de Monseigneur le Duc de Bourbon.

Messire PHILIPPE-CLAUDE, Comte DE MONTBOISSIER, Lieutenant général des armées du Roi, Chevalier de ses Ordres, Gouverneur de Bellegarde en Rouffillon, Commandant en chef dans la haute & basse Auvergne.

Messire VICTOR-MAURICE DE RIQUET, Comte DE CARAMAN, Lieutenant général des armées du Roi, & de la province de Languedoc, Grand-croix de l'Ordre royal & militaire de Saint-Louis, Commandant en chef dans le comté de Provence.

Messire JEAN-BAPTISTE-DONATIEN DE VIMEUR, Comte DE ROCHAMBEAU, Lieutenant général des armées du Roi, Chevalier de ſes **Ordres**, Grand-croix de l'Ordre royal & militaire de Saint-Louis, Gouverneur de Villefranche en Rouſſillon, Commandant en chef dans la province de Picardie, Boulonois, Caléſis & Artois, ancien Commandant de l'armée de Sa Majeſté en Amérique, & Inſpecteur général d'Infanterie.

Meſſire HENRI, Baron de FLACHSLANDEN, Maréchal-de-camp employé pour le ſervice du Roi en Alſace, l'un des Directeurs de la Nobleſſe immédiate de la baſſe Alſace.

Meſſire CLAUDE-ANTOINE-CLÉRIADUS, Marquis DE CHOISEUL-LA-BAUME, Lieutenant général des armées du Roi, & des provinces de Champagne & de Brie, ancien Inſpecteur général de Cavalerie & de Dragons, Gouverneur des ville & citadelle de Verdun, Commandant en ſecond en Lorraine.

Meſſire AIMERY-LOUIS-ROGER, Comte DE ROCHECHOUART, Maréchal des camps & armées du Roi, Gouverneur général de l'Orléanois.

Meſſire CHARLES-CLAUDE ANDRAULT DE LANGERON, Chevalier, Marquis de Maulévrier, Baron d'Oyé, Lieutenant général des armées du Roi, Chevalier de ſes Ordres, Chevalier de l'Ordre royal & militaire de Saint-Louis, Gouverneur des ville & fort de Briançon.

Meſſire FRANÇOIS-CLAUDE-AMOUR, Marquis

DE BOUILLÉ, Lieutenant général des armées du Roi, Chevalier de fes Ordres, Gouverneur de la ville de Douai, Commandant en fecond dans la province des Évêchés, & ancien Gouverneur général des îles du Vent.

Meffire LOUIS-FRANÇOIS-MARIE-GASTON DE LÉVIS, Seigneur, Marquis DE MIREPOIX, de Léran & autres places, Maréchal héréditaire de la Foi, Brigadier des armées du Roi, Baron des États de Languedoc.

Meffire ALEXANDRE-LOUIS-FRANÇOIS, Marquis DE CROIX-D'HEUCHIN, ancien Capitaine de Cavalerie au régiment de Beauvilliers, & Chevalier de l'Ordre royal & militaire de Saint-Louis.

Meffire CHARLES-LOUIS-HECTOR, Marquis DE HARCOURT, Maréchal des camps & armées du Roi, Commandant dans la province de Normandie.

Meffire MARIE-PAUL-JOSEPH-ROCH-YVES-GILBERT DU MOTIER, Marquis DE LA FAYETTE, Maréchal des camps & armées du Roi, ancien Major général dans l'armée des États-Unis de l'Amérique feptentrionale.

Meffire PHILIPPE-ANTOINE-GABRIEL-VICTOR DE LA TOUR-DU-PIN-DE-LA-CHARCE-DE-GOUVERNET, Lieutenant général des armées du Roi, Lieutenant général du duché de Bourgogne au comté du Charolois, Commandant en chef pour le fervice le service du Roi dans les provinces de Bourgogne, Bresse, Bugey, Valromey, pays de Gex & principauté de Dombes.

Conseil du Roi.

Messire JEAN-FRANÇOIS JOLY DE FLEURY, Ministre & Doyen du Conseil d'État.

Messire CHARLES-ROBERT BOUTIN, Chevalier, Conseiller d'État ordinaire, & au Conseil royal des Finances.

Messire JEAN-CHARLES-PIERRE LENOIR, Chevalier, Conseiller d'État ordinaire, & au Conseil royal des Finances, Bibliothécaire du Roi.

Messire JEAN-JACQUES DE VIDAUD, Chevalier, Marquis de Velleron, Conseiller d'État ordinaire & au Conseil privé.

Messire ANTOINE-JEAN-BAPTISTE-ROBERT AUGET DE MONTYON, Chevalier, Conseiller d'État & au Conseil royal des Finances & du Commerce, Chancelier de Monseigneur Comte d'Artois.

Messire CLAUDE-GUILLAUME LAMBERT, Chevalier, Baron de Chémerolles, Conseiller d'État ordinaire, & au Conseil des Dépêches, & au Conseil royal des Finances & du Commerce, ancien Contrôleur général des Finances, Conseiller du Roi honoraire en sa Cour de Parlement de Paris, & Grand'Chambre d'icelle.

Meffire GUILLAUME-JOSEPH DUPLEIX DE BACQUENCOURT, Chevalier, Seigneur de Bacquencourt, Conseiller d'État, Maître des Requêtes honoraire de l'Hôtel du Roi, & Conseiller honoraire au Grand-Conseil.

Meffire ANTOINE DE CHAUMONT DE LA GALAISIERE, Chevalier, Conseiller d'État, Intendant d'Alsace.

Meffire FRANÇOIS-MARIE-BRUNO, Comte D'AGAY, Conseiller du Roi en tous ses Conseils, Maître des Requêtes honoraire de son Hôtel, & Intendant de justice, police & finances de la province de Picardie.

Meffire CHARLES-FRANÇOIS-HYACINTHE ESMANGART, Chevalier, Conseiller du Roi en tous ses Conseils, Maître des Requêtes honoraire de son Hôtel, Intendant de justice, police & finances en Flandre & Artois.

Meffire LOUIS-BÉNIGNE-FRANÇOIS BERTIER, Chevalier, Conseiller du Roi en tous ses Conseils, Maître des Requêtes ordinaire de son Hôtel, Intendant de justice, police & finances de la généralité de Paris, & Surintendant de la maison de la Reine.

Meffire FRANÇOIS-CLAUDE-MICHEL-BENOÎT LE CAMUS, Chevalier, Seigneur châtelain & Patron DE NÉVILLE, Conseiller du Roi en tous ses Conseils, Maître des Requêtes ordinaire de son Hôtel, ancien Conseiller au Grand-Conseil du Roi,

Conseiller honoraire à la Cour des Aides de Paris, Intendant de justice, police & finances de la généralité de Guyenne.

Clergé.

Messire ARTHUR-RICHARD DILLON, Conseiller du Roi en tous ses Conseils, Archevêque & Primat de Narbonne, Président-né des États-généraux de la province de Languedoc, Commandeur de l'Ordre du Saint-Esprit.

Messire JEAN-DE-DIEU-RAIMOND DE BOISGELIN, Conseiller du Roi en tous ses Conseils, Archevêque d'Aix, premier Procureur-né, & Président des trois Ordres des États du pays & comté de Provence, & l'un des Quarante de l'Académie Françoise.

Messire JEAN-MARIE DULAU, Conseiller du Roi en tous ses Conseils, Archevêque d'Arles, Primat & Prince.

Messire JÉRÔME-MARIE CHAMPION DE CICÉ, Conseiller du Roi en tous ses Conseils, Archevêque de Bordeaux, Primat d'Aquitaine.

Messire FRANÇOIS DE FONTANGES, Conseiller du Roi en tous ses Conseils, Archevêque de Toulouse.

Messire LOUIS-FRANÇOIS-MARC-HILAIRE DE CONZIÉ, Conseiller du Roi en tous ses Conseils, Évêque d'Arras.

Messire FRANÇOIS BAREAU DE GIRAC,

Conseiller du Roi en tous ses Conseils, Évêque de Rennes, Abbé de Saint-Évrout & de Froidemont.

Messire MARIE-JOSEPH DE GALARD DE TERRAUBE, Conseiller du Roi en tous ses Conseils, Évêque & Seigneur du Puy, Comte de Vélay & de Brioude.

Messire ALEXANDRE-AMÉDÉE-ADON-ANNE-FRANÇOIS-LOUIS DE LAUZIERES-THÉMINES, Conseiller du Roi en tous ses Conseils, Évêque de Blois.

Messire SEIGNELAI-COLBERT DE CASTLE-HILL, Conseiller du Roi en tous ses Conseils, Évêque & Comte de Rhodez.

Messire PIERRE DE SÉGUIRAN, Conseiller du Roi en tous ses Conseils, Évêque de Nevers.

Messire LOUIS-FRANÇOIS DE BAUSSET, Conseiller du Roi en tous ses Conseils, Évêque d'Alais.

Parlemens.

Messire LOUIS-FRANÇOIS-DE-PAULE LE FÉVRE D'ORMESSON DE NOYSEAU, Chevalier, Conseiller du Roi en tous ses Conseils, Premier Président du Parlement de Paris.

Messire JEAN-BAPTISTE-GASPARD BOCHART, Chevalier, Seigneur DE SARON, Conseiller du Roi en tous ses Conseils, Président de sa Cour de Parlement de Paris, Honoraire de l'Académie des Sciences.

Meffire ARMAND-GUILLAUME-FRANÇOIS DE GOURGUE, Chevalier, Confeiller du Roi en tous fes Confeils, & Préfident de fa Cour de Parlement de Paris.

Meffire LOUIS LE PELETIER DE ROSAMBO, Chevalier, Confeiller du Roi en tous fes Confeils, & Préfident de fa Cour de Parlement de Paris.

Meffire JEAN-LOUIS-AUGUSTIN-EMMANUEL DE CAMBON, Chevalier, Baron de la Baftide, Confeiller du Roi en tous fes Confeils, Premier Préfident du Parlement de Touloufe.

Meffire ANDRÉ-JACQUES-HYACINTHE LE BERTHON, Chevalier, Confeiller du Roi en tous fes Confeils, Premier Préfident du Parlement de Bordeaux.

Meffire AMABLE-PIERRE-ALBERT DE BÉRULLE, Chevalier, Marquis de Bérulle, Confeiller du Roi en tous fes Confeils, Premier Préfident du Parlement de Grenoble, & Commandant-né pour le Roi en la province du Dauphiné.

N. B. La queftion élevée depuis long-temps pour la préféance, entre les Parlemens de Bordeaux & de Grenoble, n'étant pas décidée, ils ont été placés alternativement l'un devant l'autre, aux Séances générales de l'Affemblée, celui de Bordeaux commençant.

Meffire BÉNIGNE LE GOUZ DE SAINT-SEINE, Chevalier, Confeiller du Roi en tous fes Confeils, Premier Préfident du Parlement de Dijon.

Meffire LOUIS-FRANÇOIS-ÉLIE CAMUS

DE PONTCARRÉ, Chevalier, Conseiller du Roi en tous ses Conseils, Premier Président du Parlement de Rouen, & Président honoraire au Parlement de Paris.

Messire CHARLES-JEAN-BAPTISTE DES GALLOIS DE LA TOUR, Chevalier, Conseiller du Roi en tous ses Conseils, Premier Président du Parlement & Intendant de Provence, Inspecteur du Commerce du Levant.

Messire CHARLES-MARIE-FRANÇOIS-JEAN-CÉLESTIN DU MERDY, Chevalier, Seigneur, Marquis DE CATUÉLAN, Conseiller du Roi en tous ses Conseils, Premier Président du Parlement de Bretagne.

Messire JEAN-BAPTISTE-FRANÇOIS DE GILLET, Chevalier, Marquis DE LA CAZE, Conseiller du Roi en tous ses Conseils, & Premier Président du Parlement de Pau.

Messire LOUIS-CLAUDE-FRANÇOIS HOCQUART, Chevalier, Conseiller du Roi en tous ses Conseils, Premier Président du Parlement, Chambre des Comptes, Cour des Aides & Finances de Metz.

Messire CLAUDE-IRENÉE-MARIE-NICOLAS PERRENEY DE GROSBOIS, Chevalier, Conseiller du Roi en tous ses Conseils, Premier Président du Parlement de Franche-Comté, Conseiller honoraire au Parlement de Paris.

Messire GASPARD-FÉLIX-JACQUES DE POLLINCHOVE, Chevalier, Conseiller du Roi en tous ſes Conſeils, Premier Préſident du Parlement de Flandre, & Garde des Sceaux de la Chancellerie établie près ladite Cour.

Meſſire MICHEL-JOSEPH DE CŒURDEROI, Chevalier, Conſeiller du Roi en tous ſes Conſeils, Premier Préſident du Parlement de Nanci.

Meſſire FRANÇOIS-NICOLAS, Baron DE SPON, Chevalier, Conſeiller du Roi en tous ſes Conſeils, Premier Préſident de ſon Conſeil ſouverain d'Alſace, l'un des Membres du Directoire de la Nobleſſe immédiate de la baſſe Alſace.

Meſſire AMABLE-GABRIEL-LOUIS-FRANÇOIS DE MAURÈS, Comte DE MALARTIC, Chevalier, Conſeiller du Roi en tous ſes Conſeils, Premier Préſident du Conſeil ſouverain du Rouſſillon, & Premier Préſident honoraire de la Cour des Aides de Montauban.

Meſſire JEAN-BAPTISTE-SÉRAPHIN GAUTIER, Chevalier, Conſeiller du Roi en tous ſes Conſeils, Premier Préſident de ſon Conſeil ſouverain de Corſe.

Meſſire ARMAND-GUILLAUME-MARIE JOLY DE FLEURY, Chevalier, Conſeiller du Roi en ſes Conſeils d'État & Privé, ſon Procureur général au Parlement de Paris, Tréſorier & Garde des chartes des Rois, titres, papiers & regiſtres de leur Couronne.

Meſſire LOUIS-EMMANUEL-ÉLISABETH DE RESSEGUIER, Marquis de Miremont, Chevalier,

Conseiller du Roi en ses Conseils, & son Procureur général au Parlement de Toulouse.

Messire PIERRE-JULES DUDON, Chevalier, Baron de Boynet, Conseiller du Roi en ses Conseils, & son Procureur général au Parlement de Bordeaux.

Messire JEAN-BAPTISTE DE REYNAUD, Chevalier, Conseiller du Roi en ses Conseils, & son Procureur général en survivance avec exercice des fonctions, au Parlement de Grenoble.

N. B. Voyez la note de la *page 21*, qu'il a paru inutile de répéter ici.

Messire BERNARD-ÉTIENNE PÉRARD, Chevalier, Conseiller du Roi en ses Conseils, Procureur général de Sa Majesté, & Conseiller honoraire au Parlement de Dijon.

Messire JEAN-PIERRE-PROSPER GODART BELBEUF, Marquis de Belbeuf, Chevalier, Conseiller du Roi en ses Conseils, & son Procureur général au Parlement de Rouen.

Messire JEAN-FRANÇOIS-ANDRÉ LE BLANC DE CASTILLON, Chevalier, Conseiller du Roi en ses Conseils, & son Procureur général au Parlement de Provence.

Messire ANNE-JACQUES-RAOUL, Marquis DE CARADEUC, Chevalier, Seigneur dudit lieu, Chevalier de l'Ordre de Malte, Conseiller du Roi en ses Conseils, & son Procureur général au Parlement de Bretagne.

Messire

Messire Pierre de Bordenave, Chevalier, Conseiller du Roi en ses Conseils, & son Procureur général au Parlement de Pau.

Messire Pierre-Philippe-Clément Lançon, Chevalier, Conseiller du Roi en ses Conseils, & son Procureur général au Parlement, Chambre des Comptes, Cour des Aides & Finances de Metz.

Messire Claude-Théophile-Joseph Doroz, Chevalier, Conseiller du Roi en ses Conseils, & son Procureur général au Parlement de Franche-Comté.

Messire Albert-Marie-Auguste Bruneau, Chevalier, Seigneur de Beaumez, Conseiller du Roi en ses Conseils, & son Procureur général au Parlement de Flandre.

Messire Pascal-Joseph de Marcol, Chevalier, Conseiller du Roi en ses Conseils, & son Procureur général au Parlement de Nanci.

Messire François-Antoine Herman, Chevalier, Conseiller du Roi en ses Conseils, & son Procureur général au Conseil souverain d'Alsace.

Messire Jean-Baptiste-Xavier de Noguer, Chevalier, Conseiller du Roi en ses Conseils, & son Procureur général au Conseil souverain de Roussillon.

Chambre des Comptes.

Messire Aimard-Charles-Marie de Nicolaï,

Chevalier, Conseiller du Roi en tous ses Conseils d'État & Privé, & Premier Président de la Chambre des Comptes de Paris.

Messire FRANÇOIS DE MONTHOLON, Chevalier, Conseiller du Roi en ses Conseils, & son Procureur général de la Chambre des Comptes de Paris.

Cour des Aides.

Messire JACQUES CHARPENTIER, Chevalier, Seigneur DE BOISGIBAULT, Conseiller du Roi en ses Conseils, Président de sa Cour des Aides de Paris.

Messire ANTOINE-LOUIS-HYACINTHE HOCQUART, Chevalier, Conseiller du Roi en ses Conseils, & son Procureur général en sa Cour des Aides de Paris.

Députés des Pays d'États.

Bourgogne.
{ Messire JEAN-BAPTISTE DU CHILLEAU, Conseiller du Roi en tous ses Conseils, Évêque & Comte de Châlons-sur-Saône, Élu général des États de Bourgogne.

Messire LOUIS - ANTOINE - PAUL, Vicomte DE BOURBON-BUSSET, Chevalier de l'Ordre royal & militaire de Saint-Louis, premier Gentilhomme de

Bourgogne. { la Chambre de Monseigneur Comte d'Artois, en survivance, Colonel du régiment d'Artois Cavalerie, Élu général des États de Bourgogne.

Monsieur PHILIBERT-HUGUES GUENEAU D'AUMONT, Écuyer, Maire & Lieutenant général de Police de la ville de Sémur en Auxois, Élu général des États de Bourgogne.

Languedoc. { Messire ANTOINE-EUSTACHE OSMOND, Conseiller du Roi en tous ses Conseils & en sa Cour de Parlement de Toulouse, Évêque de Cominges, Commandeur ecclésiastique des Ordres royaux, militaire & hospitalier de Notre-Dame du Mont-Carmel & de Saint-Lazare de Jérusalem, Député pour l'Ordre du Clergé des États de la province de Languedoc.

Messire JEAN, Comte DE BANNE-D'AVÉJAN, Baron de Féreirolles & son Mandement, Baron des États-généraux de la province de Languedoc, Capitaine au régiment Royal-Guyenne Cavalerie, & Député pour l'Ordre de la Noblesse des États de la province de Languedoc.

Languedoc. { Monsieur Charles-François Trinquelague, Syndic du diocèse d'Usez, & Député pour l'Ordre du Tiers-état de la province de Languedoc.

Bretagne.. { Messire Urbain-Réné de Hercé, Conseiller du Roi en tous ses Conseils, Évêque & Comte de Dol, Député pour l'Ordre du Clergé, des États de la province de Bretagne.

Messire Mathurin-Jean le Provost, Chevalier de la Voltais, Député pour l'Ordre de la Noblesse des États de la province de Bretagne.

Monsieur Yves-Vincent Fablet, Écuyer, sieur de la Motte-Fablet, Conseiller du Roi au Présidial, Maire & Lieutenant général de Police de la ville de Rennes, & Député pour l'Ordre du Tiers-état de la province de Bretagne.

Artois.... { Dom Joscio Dallennes, Abbé régulier de l'Abbaye de Saint-Bertin de Saint-Omer, Ordre de Saint-Benoît, & Député des États d'Artois à la Cour, pour l'Ordre du Clergé.

Messire Louis-Robert, Marquis de Crény, ancien Capitaine de Dragons au régiment de Languedoc,

Artois.... { Chevalier de l'Ordre royal & militaire de Saint-Louis, Chevalier d'honneur au Parlement de Flandre, Commissaire du Roi au renouvellement de la Loi de la ville de Lille, Député des États d'Artois à la Cour, pour l'Ordre de la Noblesse.

Monsieur PIERRE-PHILIPPE DUQUESNOY, Écuyer, Seigneur d'Escomont, Avocat en Parlement, ancien Échevin de la ville d'Arras, & Député des États d'Artois à la Cour, pour l'Ordre du Tiers-état. }

Provence.. { Messire LOUIS-JÉRÔME DE SUFFREN-SAINT-TROPEZ, Conseiller du Roi en tous ses Conseils, Évêque de Sisteron, Prince de Lurs, & Député des États de Provence, pour l'Ordre du Clergé.

Messire CHARLES-FRANÇOIS-GASPARD-FIDELE DE VINTIMILLE, des Comtes de Marsalle, Comte de Vintimille, Maréchal des camps & armées du Roi, Chevalier de ses Ordres, Conseiller d'État ordinaire, Chevalier d'honneur de Madame Comtesse d'Artois, Syndic de l'Ordre & Corps de la Noblesse du pays de Provence, & Député des États de Provence, pour l'Ordre de la Noblesse. }

Provence . . {Noble François-Joseph Lyon de Saint-Ferréol, Conful d'Aix, Procureur des gens des Trois-états du pays & comté de Provence, & Député des États de Provence, pour l'Ordre du Tiers-état.

Corfe . . . . {Meffire Jacques-Marie Ponté, Écuyer, Confeiller du Roi, fon Procureur en la juridiction royale d'Ajaccio, & Député pour l'Ordre de la Nobleffe des États de l'île de Corfe à la Cour.

Lieutenant Civil.

Meffire Denys-François Angran d'Alleray, Chevalier, Comte des Maillis, Confeiller du Roi en fes Confeils, honoraire en fa Cour de Parlement, ancien Procureur général de Sa Majefté en fon Grand-Confeil, Lieutenant Civil en la Prévôté & Vicomté de Paris, & Confeiller d'État.

Chefs Municipaux des Villes.

Meffire Louis le Peletier, Chevalier, Seigneur de Mortefontaine, Grand-Tréforier Commandeur de l'Ordre du Saint-Efprit, Confeiller d'État, Prévôt des Marchands de la ville de Paris.

Monfieur Jean-Baptiste Buffault, Chevalier de l'Ordre du Roi, Confeiller du Roi en son Hôtel-de-ville de Paris, premier Échevin & Tréforier honoraire des Domaines de ladite ville.

Meffire LOUIS TOLOZAN DE MONTFORT, Chevalier, Prévôt des Marchands Commandant de la ville de Lyon.

Meffire JOACHIM-ANTOINE-GABRIEL DE GAILLARD, Chevalier, Marquis de Gaillard, ancien Officier de Dragons, Maire de la ville de Marfeille.

Meffire ANDRÉ-BERNARD DUHAMEL, Vicomte de Caftel, Lieutenant de Maire de la ville de Bordeaux.

Meffire CHARLES-GUILLAUME-LÉONOR DU BOSC, Comte DE RADEPONT, Chevalier de l'Ordre royal & militaire de Saint-Louis, Maire de la ville de Rouen.

Meffire PHILIPPE, Marquis DE BONFONTAN, Chevalier, Baron d'Andoufielle, premier Capitoul Gentilhomme de la ville de Touloufe.

> *N. B.* Monfieur le Marquis DE BONFONTAN étant tombé malade en route, a obtenu du Roi la permiffion de retourner chez lui.

Meffire CONRAD-ALEXANDRE GÉRARD, Chevalier, Confeiller du Roi en fon Confeil d'État Privé, Direction & Finances, ci-devant Miniftre plénipotentiaire de Sa Majefté près les États-Unis de l'Amérique Septentrionale, Préteur royal de la ville de Strasbourg, Chevalier de Cincinnatus & de l'Ordre de Saint-Hubert de Bar, Membre de la Société philosophique de Philadelphie.

Monsieur Louis-Jean-Baptiste-Joseph Huvino, Écuyer, Seigneur de Bourghelles, Mayeur de la ville de Lille.

Monsieur Pierre Richard, Seigneur de la Pervanchere, Conseiller du Roi, Lieutenant Civil & Criminel honoraire de la ville de Nantes, Maire par élection de ladite ville.

Messire Pierre Maujean, Chevalier, Seigneur de Labry, Maître-Échevin, Chef de Police & Président des trois Ordres de la ville de Metz.

Messire Charles-François de Manézy, Chevalier, Maire royal de la ville de Nanci.

Noble Gilbert-Jean de Massilian, Chevalier, Seigneur de Sanilhac, premier Maire & Viguier de la ville de Montpellier.

Messire Alexandre-Denys-Joseph de Pujol, Chevalier, né Baron de la Grave, Conseiller du Roi, Commissaire principal des guerres en Hainault, Chevalier de l'Ordre royal & militaire de Saint-Louis, Prévôt, Chef de la ville & du Magistrat de Valenciennes.

Messire François-Joseph Souyn, Chevalier de l'Ordre royal & militaire de Saint-Louis, Maréchal des camps & armées du Roi, Maire de la ville de Reims, sous la dénomination de Lieutenant des

habitans

habitans de la ville de Reims, & Gouverneur particulier de ladite ville.

Monsieur FRANÇOIS GALAND DE LONGUERUE, Écuyer, ancien Capitaine de Cavalerie, Chevalier de l'Ordre royal & militaire de Saint-Louis, & Maire par élection de la ville d'Amiens.

Monsieur CLAUDE HUEZ, Doyen des Conseillers au Bailliage & Siége Présidial, Maire de la ville de Troyes.

Messire GABRIEL-FRANÇOIS MÉNAGE, Chevalier, Seigneur & Patron DE CAGNY, Maire de la ville de Caen.

Monsieur FRANÇOIS-ANSELME CRIGNON DE BONVALET, Écuyer, Maire de la ville d'Orléans.

Monsieur PIERRE-JEAN-BAPTISTE-CLÉMENT DE BEAUVOIR, Écuyer, Conseiller au Présidial de la ville de Bourges, & Maire de ladite ville.

Monsieur ÉTIENNE-JACQUES-CHRISTOPHE-BENOÎT DE LA GRANDIÈRE, Écuyer, Conseiller au Bailliage & Siége Présidial de Tours, & Maire de la même ville.

Monsieur GUILLAUME-GRÉGOIRE DE ROULHAC, Écuyer, Conseiller du Roi, Lieutenant général en la Sénéchaussée & Siége Présidial de Limoges, Maire de la même ville.

Monsieur PHILIPPE DUVAL DE LA MOTHE, Écuyer, Chevalier de l'Ordre royal & militaire de

Saint-Louis, ancien Capitaine du régiment ci-devant de Belfunce, à préfent Maire de la ville de Montauban en Quercy.

Monfieur LOUIS-ANNE REBOUL, Écuyer, Seigneur de Villars, ancien Lieutenant général de la Sénéchauffée & Siége Préfidial de Clermont-ferrand, ancien Préfident du Confeil Supérieur, & Maire actuel de la même ville.

Monfieur PIERRE POYDENOT, ancien Juge de la Bourfe, & Préfident de la Chambre de Commerce de la ville de Bayonne, Négociant & Maire de la même ville.

Outre les perfonnes comprifes dans la Lifte ci-deffus, le Roi ayant décidé que les quatre Secrétaires d'État & le Directeur général de fes Finances affifte-roient à ladite Affemblée, il a été jugé néceffaire, pour la plus grande exactitude du préfent Procès-verbal, de donner ici leurs noms & qualités, comme il fuit :

Meffire ARMAND-MARC, Comte DE MONTMORIN DE SAINT-HÉREM, Maréchal des camps & armées du Roi, Chevalier de fes Ordres & de la Toifon d'Or, Confeiller du Roi en tous fes Confeils, Miniftre & Secrétaire d'État & des Commandemens & Finances de Sa Majefté, ayant le département des Affaires étrangères.

Meffire LOUIS-MARIE-ATHANASE DE

Loménie, Comte de Brienne, Lieutenant général des armées du Roi, Ministre & Secrétaire d'État ayant le département de la Guerre.

Messire César-Henri, Comte de la Luzerne, Lieutenant général des armées du Roi, Ministre & Secrétaire d'État ayant le département de la Marine & des Colonies.

Messire Pierre-Charles Laurent de Villedeuil, Chevalier, Conseiller d'État & Secrétaire d'Etat ayant le département de la Maison du Roi.

Messire Jacques Necker, Ministre d'État & Directeur général des Finances.

En conséquence les lettres de convocation ont été envoyées par Monsieur de Villedeuil, l'un des quatre Secrétaires d'État, dans les différentes provinces du Royaume, par courriers dans les plus éloignées, & par la poste ordinaire dans les autres. Elles étoient rédigées dans la forme suivante :

LETTRE DU ROI,

Pour les Prélats & pour les Nobles, auxquels le Roi ne donne pas la qualité de Mon Cousin.

Mons (N.) ayant résolu d'assembler des personnes de diverses conditions & des plus qualifiées de mon État, afin d'avoir leur avis sur la manière la plus juste & la plus convenable de procéder à la formation des États-généraux que je me suis déterminé à convoquer en 1789; j'ai pensé, attendu le rang que vous tenez, & l'estime dont vous jouissez, ne pouvoir faire un meilleur choix que de votre personne, & je suis assuré qu'en cette occasion vous me donnerez de nouvelles preuves de votre attachement, ainsi que de votre zèle pour le bien de mon Royaume. J'ai fixé l'ouverture de cette Assemblée au 3 du mois de Novembre prochain 1788, dans ma ville de Versailles, & je vous fais cette lettre, pour vous dire que mon intention est que vous vous y trouviez ledit jour. Sur ce, je prie Dieu qu'il vous ait, Mons (N.) en sa sainte garde. Écrit à Versailles, le 8 Octobre 1788. *Signé* LOUIS. *Et plus bas,* LAURENT DE VILLEDEUIL.

LETTRE DU ROI,

Aux Membres de son Conseil.

Mons (N.) ayant résolu d'assembler des personnes de diverses conditions & des plus qualifiées de mon État, afin d'avoir leur avis sur la manière la plus juste & la plus convenable de procéder à la formation des États-généraux que je me suis déterminé à convoquer en 1789; j'ai jugé à propos d'y appeler des Membres de mon Conseil, & je vous ai choisi pour y assister. Je suis assuré qu'en cette occasion vous me donnerez de nouvelles preuves de votre attachement, ainsi que de votre zèle pour le bien de mon Royaume. J'ai fixé l'ouverture de cette Assemblée au 3 du mois de Novembre prochain, dans ma ville de Versailles, & je vous fais cette lettre, pour vous dire que mon intention est que vous vous y trouviez ledit jour. Sur ce, je prie Dieu qu'il vous ait, Mons (N.) en sa sainte garde. Écrit à Versailles, le 8 Octobre 1788. *Signé* LOUIS. *Et plus bas,* LAURENT DE VILLEDEUIL.

LETTRE DU ROI,

Pour les Premiers Préfidens, Préfidens & Procureurs généraux.

Mons (N.) ayant réfolu d'affembler des perfonnes de diverfes conditions & des plus qualifiées de mon État, afin d'avoir leur avis fur la manière la plus régulière & la plus convenable de procéder à la formation des États-généraux que je me fuis déterminé à convoquer en 1789; j'ai jugé à propos d'appeler les principaux Magiftrats de mes Cours fouveraines. Je fuis affuré qu'en cette occafion vous me donnerez de nouvelles preuves de votre attachement, & que je recevrai de vous le fervice que j'en dois attendre pour le bien de mon Royaume. J'ai fixé l'ouverture de cette Affemblée au 3 de Novembre prochain 1788, dans ma ville de Verfailles, & je vous fais cette lettre, pour vous dire que mon intention eft que vous vous y trouviez ledit jour. Sur ce, je prie Dieu qu'il vous ait, Mons (N.) en fa fainte garde. Écrit à Verfailles, le 21 Octobre 1788. *Signé* LOUIS. *Et plus bas,* LAURENT DE VILLEDEUIL.

Pour les Chefs des Municipalités.

DE PAR LE ROI.

CHER ET BIEN AMÉ, ayant réfolu d'affembler des perfonnes de diverfes conditions de notre État, afin d'avoir leur avis fur la manière la plus jufte & la plus convenable de procéder à la formation des États-généraux que nous nous fommes déterminés à convoquer en 1789; notre intention eft que vous vous rendiez à Verfailles le 3 du mois de Novembre prochain 1788, jour auquel nous avons fixé l'ouverture de ladite Affemblée. Nous fommes affurés que vous nous y donnerez de nouvelles preuves de votre attachement, ainsi que de votre zèle pour le bien de notre Royaume : CAR TEL EST NOTRE PLAISIR. Donné à Versailles, le 8 Octobre 1788. *Signé* LOUIS. *Et plus bas,* LAURENT DE VILLEDEUIL.

LE ROI ayant décidé, le même jour 8 Octobre, que l'Assemblée se tiendroit comme la précédente, dans l'hôtel des Menus-plaisirs, situé à Versailles, dans l'avenue de Paris, Monsieur de Villedeuil a envoyé ordre à Monsieur de la Ferté, Commissaire général de la Maison du Roi, pour les Menus-plaisirs, d'y faire faire le plutôt possible les dispositions nécessaires pour la tenue de l'Assemblée & la commodité de ses séances.

Le même jour les ordres ont été donnés à Monsieur Thierry de Ville-d'Avray, Commissaire général de la Maison du Roi pour le Garde-meuble de la Couronne, de fournir tout ce qui seroit nécessaire pour l'ameublement du lieu de l'Assemblée & des dépendances.

Le 10 du même mois, Monsieur de Villedeuil a donné avis à Monsieur le Maréchal Duc de Duras, l'un des quatre premiers Gentilshommes de la Chambre du Roi, du choix que SA MAJESTÉ avoit fait de l'hôtel des Menus-plaisirs, pour les séances générales de l'Assemblée, afin qu'il donnât les ordres nécessaires pour la disposition de la salle.

Dès la veille, Monsieur de Villedeuil avoit fait prévenir Messieurs les Consul & Députés du Comité

PLAN
DE LA SALLE DES NOTABLES,
À LA CLÔTURE
DE L'ASSEMBLÉE,

Avec son Explication.

EXPLICATION DU PLAN DE LA SALLE À LA CLÔTURE DE L'ASSEMBLÉE.

1. LE ROI.
2. MONSIEUR.
3. M.gr Comte D'ARTOIS.
4. M.gr le Duc D'ORLÉANS.
5. M.gr le Prince DE CONDÉ.
6. M.gr le Duc DE BOURBON.
7. M.gr le Duc D'ENGHIEN.
8. M.gr le Prince DE CONTI.
9. Le Grand-Chambellan.
10. Le Grand-Écuyer.
11. Les quatre Capitaines des Gardes du ROI.
12. Le premier Gentilhomme de la Chambre du ROI.
13. Le G.d-maître de la Garde-robe.
14. Le premier Écuyer.
15. Le Capitaine des Cent-Suisses.
16. Le Capitaine des Gardes de MONSIEUR.
17. Le Capitaine des Gardes de M.gr Comte D'ARTOIS.
18. Le Roi-d'armes de France.
19. Les deux Huissiers-massiers.
20. Le G.d-maître des cérémonies.
21. Le Maître des cérémonies.
22. L'Aide des cérémonies.
23. Quatre Hérauts-d'armes.
24. Six Gardes de la Manche.
25. M.gr le Garde des Sceaux.
26. Deux Huissiers de la Chancellerie.

NOTABLES.
Pairs de France.

27. M. l'Évêque Duc de Langres.
28. M. le Duc de Luxembourg.
29. M. le Duc de Mortemart.
30. M. le Maréchal Duc de Noailles.
31. M. le Duc de Béthune-Charost.
32. M. l'Archevêque de Paris.
33. M. le Duc de la Rochefoucauld.
34. M. le Duc de Coigny.

NOBLESSE.

35. *Bancs de M.rs de la Noblesse sans rang.*
36. *Les Conseillers d'État.*

M.rs Joly de Fleury, Boutin, Lenoir, de Vidaud, de Montion, Lambert, Dupleix de Bacquencourt & de la Galaizière.

37. *Les Maîtres des Requêtes.*

M.rs d'Agay, Esmangart, Bertier & de Néville.

38. *Les Maréchaux de France.*

M.rs de Broglie, de Mouchy, de Mailly, de Beauvau, de Castries & de Stainville.

39. *Le Clergé.*

M.rs les Archevêques de Narbonne, d'Aix, d'Arles, de Bordeaux & de Toulouse; les Évêques d'Arras, de Rennes, du Puy, de Blois, de Rodés, de Nevers & d'Alais.

40. Les Premiers Présidens des Parlemens & Conseils Souverains.
41. Les Procureurs généraux des mêmes Cours.
42. M. le Premier Président de la Chambre des Comptes.
43. M. le Procureur général de même Cour.
44. M. de Boisgibault, Président de la Cour des Aides.
45. M. le Procureur général de même Cour.
46. M. le Lieutenant Civil.
47. M. le Prevôt des Marchands de Paris.
48. M. le premier Échevin.
49. M. le Prevôt des Marchands de Lyon.
50. Les autres Chefs municipaux des Villes, sans rang.
52. Les Élus généraux des États de Bourgogne.
53. Les Députés des États de Languedoc.
54. Ceux des États de Bretagne.
55. Ceux des États d'Artois.
56. Ceux des États de Provence.
57. Celui de la Noblesse de Corse.
58. *Les quatre Secrétaires d'État.*

M.rs de Montmorin, de la Luzerne, de Villedeuil & de Puyfegur.

59. M. le Directeur général des Finances.
60. le sieur Hennin.
61. le sieur du Pont.
62. Un grand Bureau.
63. Deux Officiers des Gardes-du-Corps.
64. Huit Gardes-du-Corps.
65. Tribune de la Reine.
66. Porte d'entrée du Roi & des Notables.

*PLAN de la Salle des Notables
à la Clôture de l'Assemblée.*

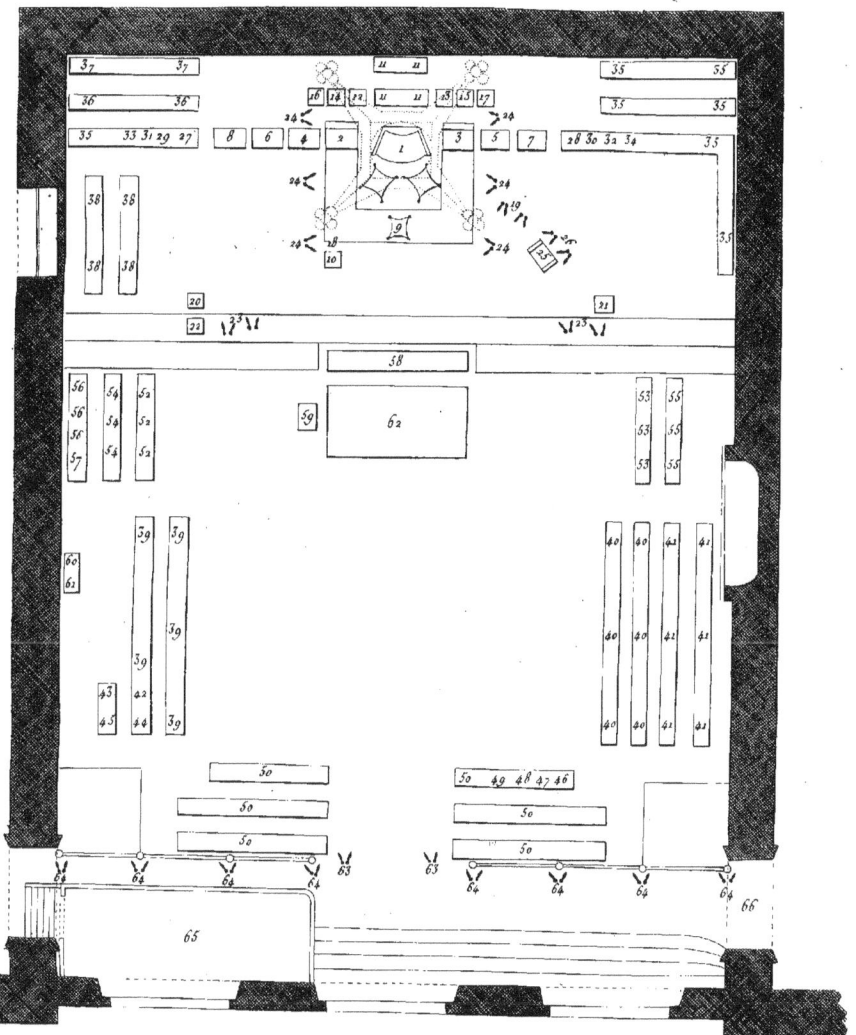

municipal de la ville de Versailles, que le Roi avoit jugé à propos de les charger d'arrêter les logemens nécessaires pour les Membres de l'Assemblée, & de les faire garnir de meubles convenables ; ce qui a été exécuté avec toute l'intelligence & l'économie qu'on pouvoit attendre du zèle des personnes qui composent ce Comité.

Le 21 Octobre, les sieurs PIERRE-MICHEL HENNIN, Secrétaire du Conseil d'État & du Cabinet du Roi, & PIERRE-SAMUEL DU PONT, Inspecteur général du Commerce, ont été avertis par le Secrétaire d'État ayant le département de la Maison du Roi, que SA MAJESTÉ desiroit qu'ils continuassent dans cette Assemblée les fonctions de Secrétaires-greffiers qu'ils avoient remplies à la précédente. Il a paru inutile de leur faire expédier de nouveaux brevets à ce sujet.

Le Roi a écrit le 25 du même mois à Monseigneur le Prince de Lambesc, Grand-Écuyer de France, pour qu'il eût à faire avertir le Roi-d'armes de France, & quatre Hérauts-d'armes, qui devoient accompagner Sa Majesté à l'ouverture de l'Assemblée.

LETTRE DU ROI,

A Monseigneur le Prince de Lambesc.

MON COUSIN, j'ai résolu de faire, le jeudi 6 de ce mois de Novembre prochain, l'ouverture de l'Assemblée de Notables de mon Royaume que j'ai convoquée, & je vous fais cette lettre, pour vous dire d'y envoyer le Roi-d'armes & quatre Hérauts-d'armes pour m'accompagner, lorsque je me rendrai en ladite Assemblée, suivant & ainsi que le Grand-Maître ou le Maître des cérémonies vous l'expliquera de ma part. Sur ce, je prie Dieu qu'il vous ait, mon Cousin, en sa sainte & digne garde. Écrit à Versailles, le 25 Octobre 1788. *Signé* LOUIS. *Et plus bas*, LAURENT DE VILLEDEUIL.

A la même époque, on s'est aperçu que l'Assemblée dont l'ouverture avoit d'abord été indiquée au 3 Novembre, ne pourroit avoir lieu, ce qui a déterminé le Roi à la remettre au 6 du même mois; en conséquence les lettres pour en donner avis aux Mandés, ont été expédiées le 28 Octobre.

Les Archevêques & Évêques convoqués ayant tous eu l'honneur d'être présentés au Roi, SA MAJESTÉ n'a pas jugé à propos de recevoir leur hommage en Corps.

La même chose a été décidée pour la Noblesse & pour les Membres du Conseil.

Mais, comme il est d'usage que les Membres des Cours souveraines & les Députés des pays d'Etats soient présentés au Roi toutes les fois qu'ils viennent à la Cour, & que parmi les Chefs des Municipalités, il se trouvoit beaucoup de personnes qui n'avoient jamais paru devant SA MAJESTÉ, Elle a bien voulu que ces trois classes de Notables lui fussent présentées en même temps le mercredi 5 Novembre.

Les Premiers Présidens & Procureurs généraux
des

des Cours souveraines, ont été avertis par Monseigneur le Garde des Sceaux, des jour & heure de cette présentation, & les Députés des pays d'États, ainsi que les Chefs des Municipalités & les deux Secrétaires-greffiers de l'Assemblée, par Monsieur de Villedeuil.

Le mercredi 5 Novembre, à l'heure du lever du Roi, les Membres des Cours souveraines, mandés pour l'Assemblée, ont été appelés par l'Huissier de la Chambre, & présentés à Sa Majesté par Monseigneur CHARLES-FRANÇOIS-DE-PAULE BARENTIN, Garde des Sceaux de France. Le Roi les a reçus dans le cabinet du Conseil, de même que les Députés des pays d'États, qui lui ont été ensuite présentés par Monsieur de Villedeuil.

Après eux ont été appelés par le nom de leurs places, les Chefs des Municipalités ; & Sa Majesté étant venue pour les recevoir à la porte de la chambre de parade, ils lui ont été successivement présentés par le Secrétaire d'État de la Maison du Roi.

Enfin les deux Secrétaires-greffiers de l'Assemblée ont été appelés par leurs noms propres, & présentés à Sa Majesté par Monseigneur le Garde des Sceaux.

N. B. Monsieur le Premier Président, Messieurs les Présidens de Saron, de Gourgue & de Rosambo, Monsieur le Procureur général du Parlement de Paris, Messieurs les Premiers Présidens & Procureurs généraux des Chambre des Comptes & Cour des Aides de Paris, & Monsieur le Prévôt des Marchands de la même ville, ayant tous été ci-devant préfentés au Roi, n'ont pu l'être de nouveau; mais ils ont eu le même jour l'honneur d'aller faire leur cour à Sa Majefté, ainfi que Meffieurs les Confeillers d'État & Maîtres des Requêtes.

Monfieur l'Élu général pour la Nobleffe de Bourgogne, & Meffieurs les Députés des États d'Artois & des États de Provence, ont été les feuls Notables de cette claffe, qui aient paru devant Sa Majefté. A l'égard de Meffieurs les Élus généraux pour le Clergé & pour le Tiers-État de Bourgogne, & de Meffieurs les Députés des États de Languedoc & de Bretagne, ils n'ont pu jouir de cet honneur, faute d'avoir été avertis à temps.

L'Affemblée fe trouvant compofée, à quelques différences près, des mêmes perfonnes qui avoient été appelées à celle tenue en 1787, Sa Majefté a ordonné à Monfieur le Marquis de Dreux de Brézé, Grand-Maître des cérémonies, de fe conformer abfolument à tout ce qu'Elle avoit réglé alors relativement au cérémonial. En conféquence, il n'a pas été jugé néceffaire d'entrer ici dans aucun détail à ce fujet, & l'on fe contentera d'indiquer les changemens furvenus depuis cette époque, d'après les Mémoires que Monfieur le Grand-Maître des cérémonies a fait remettre aux Secrétaires-greffiers de l'Affemblée.

PREMIÈRE SÉANCE.

Le Jeudi 6 Novembre 1788.

LE Jeudi 6 Novembre, jour auquel le Roi avoit fixé l'ouverture de l'Assemblée de Notables, la salle & toutes les pièces qui en dépendoient ont été fermées dès le matin, & on n'y a laissé entrer personne, non plus que dans l'appartement destiné pour le Roi. Toutes ces pièces avoient été rétablies dans le même ordre qu'en 1787, à l'exception de celles du Secrétariat, qui n'étoient point nécessaires.

Vers les neuf heures du matin, les troupes de la maison du Roi ont pris poste à l'Hôtel des Menus-plaisirs, tel qu'elles l'avoient eu à l'Assemblée précédente, avec cette seule différence que les Gardes-du-corps occupoient près la grille d'entrée le poste des Gardes de la Porte, réformés par Ordonnance du Roi du 30 Septembre 1787.

Conséquemment à ce que Sa Majesté avoit réglé, Messieurs les Prélats & Notables de la Noblesse avoient été avertis par le Grand-Maître des cérémonies, du jour & de l'heure de l'ouverture de l'Assemblée, ainsi que du costume que Sa Majesté avoit décidé.

Le Grand-Maître des cérémonies avoit eu l'honneur d'aller chez MONSIEUR, Monseigneur Comte d'Artois, & chez Messeigneurs les Duc d'Orléans, Prince de Condé, Duc de Bourbon, Duc d'Enghien, Prince de Conti & Duc de Penthièvre, pour les inviter de la part de Sa Majesté à la Messe qu'Elle devoit entendre dans sa chapelle en bas, à l'ouverture de l'Assemblée & aux séances subséquentes.

Messieurs les Premiers Présidens & Procureurs généraux des Parlemens & Conseils souverains, ainsi que les Membres du Conseil du Roi qui étoient convoqués, avoient été avertis du jour & de l'heure de l'Assemblée par Monseigneur le Garde des Sceaux. Monsieur de Villedeuil, Secrétaire d'État, ayant la ville de Paris & la Maison du Roi dans son département, avoit averti Messieurs les Députés des pays d'États, & Messieurs les Officiers municipaux des villes.

Le Roi, après son lever, s'est rendu à la Messe qu'il a entendue dans la chapelle. Sa Majesté étoit accompagnée de MONSIEUR, de Monseigneur Comte d'Artois, de Monseigneur le Duc d'Orléans, de Monseigneur le Prince de Condé, de Monseigneur le Duc de Bourbon, de Monseigneur le Duc d'Enghien & de Monseigneur le Prince de Conti ; Monseigneur le Duc de Penthièvre étant malade, avoit prié le Roi de l'excuser.

Le Grand-Maître des cérémonies qui avoit fait disposer la séance dans la chapelle, conduisoit Sa Majesté. Pendant ce temps le Maître des cérémonies s'étoit rendu à la salle d'Assemblée pour préparer la séance, & indiquer à chacun de Messieurs les Notables, les places que Sa Majesté leur avoit destinées.

Monseigneur le Garde des Sceaux, accompagné dans ses carrosses de Messieurs les Conseillers d'État & Maîtres des Requêtes, est arrivé par la Cour royale; Messieurs les Membres du Conseil sont aussitôt entrés dans la salle, & Monseigneur le Garde des Sceaux est allé attendre le Roi dans son appartement.

A la même heure, Messieurs les Notables sont arrivés successivement en habits de cérémonie par la porte de la rue des Chantiers; les Gardes de la Prévôté étoient en haie & en armes à leur passage.

Quelques instans avant l'arrivée du Roi, le Maître des cérémonies ayant prié Messieurs les Notables de prendre séance, ils ont pris leurs places comme à la précédente Assemblée.

Monsieur le Duc de Nivernois, Ministre d'État, s'est placé à son rang de Pair, ainsi que Monsieur le Maréchal Duc de Noailles.

Messieurs du Conseil du Roi ont eu la même séance qu'en 1787. Deux Huissiers du Conseil étoient debout derrière eux.

Monsieur le Premier Président du Parlement de Bordeaux précédoit celui de Grenoble.

Monsieur le Premier Président du Conseil souverain de Corse a été placé sur le banc des Premiers Présidens, immédiatement après celui du Conseil souverain de Roussillon.

Monsieur de Boisgibault, Président de la Cour

des Aides de Paris, avoit la même place qu'occupoit à l'autre Assemblée Monsieur le Premier Président de cette Cour.

On avoit mis un banc derrière celui de Messieurs les Élus-généraux des États de Bourgogne, pour Messieurs les Députés des États de Provence, & Monsieur le Député de la Noblesse de Corse.

Monsieur le Comte de Montmorin, Monsieur le Comte de Brienne, Monsieur le Comte de la Luzerne, & Monsieur de Villedeuil, tous quatre Secrétaires d'État, Commissaires de Sa Majesté, avoient leur séance sur une banquette placée sur la dernière marche du haut dais, vis-à-vis du bureau, faisant face à l'Assemblée. Monsieur Necker, Directeur général des Finances, occupoit un petit banc à droite & au bout de la table des Secrétaires d'État; il étoit en habit ordinaire.

Au sortir de la Messe, Sa Majesté s'est rendue à l'Assemblée dans ses voitures de cérémonie. Elle avoit dans son carrosse MONSIEUR, Monseigneur Comte d'Artois, Messeigneurs les Duc d'Orléans, Prince de Condé & Duc de Bourbon.

Le cortége du Roi étoit le même qu'à la précédente Assemblée. Un détachement des Gardes-du-corps remplaçoit celui des Chevaux-légers réformés par Ordonnance du Roi du 30 septembre 1787, & les Officiers entouroient la voiture de Sa Majesté.

Le Roi a été reçu à la descente de son carrosse par Messeigneurs les Duc d'Enghien & Prince de

Conti, qui s'étoient rendus d'avance à l'Hôtel des Menus-plaifirs, n'ayant pu avoir place dans le carroffe de Sa Majefté.

On a marché à l'appartement dans l'ordre accoutumé, & le Roi après s'être repofé quelques inftans, eft entré dans la falle d'Affemblée, & eft monté fur fon trône.

Monfeigneur le Duc d'Enghien a tenu fon rang de Prince.

Monfeigneur de Barentin, Garde des Sceaux de France, s'eft placé fur fon fiége à bras fans doffier, ayant derrière lui les deux Huiffiers de la Chancellerie, qui avoient caché leurs maffes.

Le Roi avoit bien voulu permettre que quelques-uns des Officiers de fa Maifon & de celles des Princes, entraffent dans la falle d'Affemblée, & fe tinffent debout derrière le trône, fans tirer à conféquence pour une autre occafion.

Derrière les barrières qui terminoient la féance, étoit placé un affez grand nombre de perfonnes de l'un & l'autre fexe qui étoient entrées fur les liftes du Capitaine des Gardes & du Grand-Maître des cérémonies.

Le Roi, après s'être affis fur fon trône, avoir ôté & remis fon chapeau, a prononcé le difcours fuivant :

DISCOURS DU ROI.

Messieurs, les preuves que j'ai eues de vos lumières, de vos talens & de votre zèle pour le bien public, m'ont engagé à vous raffembler de nouveau auprès de moi.

J'ai fixé au commencement de l'année prochaine l'Affemblée des États-généraux de mon royaume; mon cœur attend avec impatience le moment où, entouré des Repréfentans de mes fidèles Sujets, je pourrai concerter avec eux les moyens de réparer les maux de l'État, & en maintenant l'autorité que j'ai reçue de mes ancêtres, affurer pour jamais le bonheur de mes Peuples qui en eft inféparable, & qui fera toujours mon unique but.

Avant de convoquer les États-généraux, j'ai voulu vous confulter, Meffieurs, fur la forme que je dois préférer pour les rendre plus utiles à tout mon royaume.

J'ai ordonné qu'on mît fous vos yeux tous les renfeignemens propres à vous éclairer dans l'examen des différens objets dont vous allez vous occuper.

Je fuis affuré d'avance que, par le zèle & la célérité que vous porterez dans votre travail, vous répondrez à ma confiance & à l'attente publique.

Après le difcours du Roi, Monfeigneur le Garde des Sceaux s'eft approché du trône en faifant trois profondes inclinations; la première avant de quitter fa place, la feconde après avoir fait quelques pas, & la troifième lorfqu'il a été fur le premier degré du trône; puis il a pris, à genoux, les ordres de Sa Majefté.

Il eft enfuite retourné à fa place, en faifant encore trois profondes inclinations à Sa Majefté.

Lorfqu'il

Lorsqu'il a été à sa place, il a dit : *Le Roi ordonne que l'on prenne séance.* Toute l'Assemblée a pris séance. Monseigneur le Garde des Sceaux a dit ensuite : *Le Roi permet que l'on se couvre.* Ceux qui avoient droit de se couvrir se sont couverts, ainsi que Monseigneur le Garde des Sceaux; après quoi il a prononcé le discours suivant, assis & couvert.

DISCOURS

De Monseigneur le Garde des Sceaux.

Messieurs,

Les Assemblées de Notables furent toujours déterminées par de grands motifs & par de puissantes considérations.

C'est sur-tout dans des circonstances importantes qu'un Monarque qui ne veut que le bien, qui ne cherche que la vérité, aime à s'environner de lumières & à se procurer des conseils.

Ainsi se sont montrés ceux de nos Souverains dont l'Histoire a consacré les noms à la postérité, pour servir de modèles à leurs successeurs. Ainsi se montra le Prince dont le nom déjà si cher aux François, semble le devenir encore davantage, depuis que le Roi nous en a retracé les vertus.

De tous les évènemens de son règne, le plus mémorable sans doute sera la convocation des États-généraux. Quel bienfait plus signalé la Nation pourroit-elle recevoir de sa justice & de sa bonté ! Mais la tendre sollicitude de Sa Majesté ne se borne point à les assembler : Elle desire aplanir d'avance les difficultés possibles à prévoir, connoître la manière la plus parfaite, la plus utile pour ses Peuples, de parvenir à cette convocation; & au lieu de se livrer seule

G

ou dans son Conseil ordinaire, à cet examen que le long intervalle écoulé depuis la dernière tenue des États-généraux en 1614, & l'accroissement que le Royaume a reçu depuis cette époque, rend encore plus important, Sa Majesté veut que vous l'éclairiez sur les moyens les plus sûrs & les plus efficaces de consommer la plus grande opération de son administration & la plus intéressante à ses yeux, puisqu'elle a pour but la félicité générale.

Elle vient avec plaisir s'investir au milieu de vous, de l'opinion publique, & puiser une partie de sa force & de son bonheur dans le concours de vos lumières & de vos sentimens. L'heureuse épreuve qu'Elle en a déjà faite soutient sa confiance, & vous la justifierez.

Afin que vous puissiez mesurer d'un coup-d'œil toute l'étendue de la carrière que vous avez à parcourir, afin que vous soyez en état de fixer des idées certaines sur tous les différens points de discussion, Sa Majesté a autorisé le Ministre de ses finances à vous développer tout l'ensemble des questions sur lesquelles vous avez à vous expliquer. Cette marche aussi simple que naturelle facilitera votre travail, en règlera l'ordre & vous fournira les moyens de répondre plus promptement à la juste impatience du Monarque de connoître vos opinions.

C'est ainsi, Messieurs, que vous jouirez de la gloire d'avoir préparé cette Assemblée vraiment constitutionnelle, où, par l'effet d'un heureux concours, la Nation va reprendre une nouvelle vigueur, & acquérir un nouveau lustre.

Empressez-vous de remplir une fonction aussi honorable: déjà tous les regards se tournent vers vous; & le François se rappelle avec reconnoissance les preuves récentes que vous lui avez données de votre zèle & de votre attachement aux vrais intérêts de l'État.

Ministres des Autels, vous dont la France respecte les vertus, honore les lumières, vous vous distinguerez par des connoissances dûes à l'habitude du travail, & par cet esprit de conciliation que vous puisez sur-tout dans les principes de cette Religion sainte dont vous êtes les Pontifes.

Et vous, Noblesse guerrière, si précieuse au Souverain & à la Patrie par une naissance illustre & des services héréditaires, vous vous montrerez par la sagesse de vos avis, aussi recommandable lorsqu'il s'agit de veiller dans l'intérieur à la cause générale, que lorsque vous la défendez au dehors par votre valeur, au péril de votre repos & même de votre sang.

Premiers Magistrats du Royaume, vous qui présidez ces Corps antiques, dignes organes & vénérables dépositaires des loix, que ne doit-on pas attendre de vos lumières profondes, de votre expérience consommée & de votre dévouement aux maximes sur lesquelles repose le bonheur nécessairement lié & inséparable du Prince & de ses Sujets!

Vous, enfin, les Chefs de cette classe nombreuse qui, par son travail, son industrie & son activité, est le véritable soutien des Empires, vous ne tromperez pas son attente; & le fruit de vos réflexions sera toujours dirigé vers tout ce qui peut tendre à l'avantage commun.

Oui, Messieurs, dans quelque rang que la Société vous place, des rapports intimes vous attachent à toutes les parties constitutives de l'État. Le bonheur public vous appelle & vous réunit en ce moment: le bonheur public! il présidera seul aux discussions importantes dont vous allez être occupés. Uniquement fixés sur lui, vous le saisirez avec précision, vous vous efforcerez d'écarter du plan des États-généraux & de prévenir ces discussions frivoles qui autrefois, & sur-tout en 1614, consumèrent vainement des momens précieux pour la Patrie.

Vous ne perdrez point de vue cette idée si simple & si touchante, que vous ne formez tous qu'une même famille; que cette famille ne peut avoir qu'un même intérêt, un

G ij

même honneur; que si le Chef auguste qui la préside, se doit essentiellement & tout entier au bonheur de tous, s'il est le conciliateur naturel, le protecteur-né de tous les droits mis sous sa tutelle, il a les titres les plus sacrés à votre respect, à votre amour.

Ainsi, quand sa confiance vous appelle & vous admet, en quelque sorte, à son Conseil intime, vos lumières & votre zèle dont il a droit de tout attendre, seront le tribut de la piété filiale qui s'empresse de répondre aux tendres épanchemens d'un père.

Après son discours fini, Monseigneur le Garde des Sceaux est remonté aux pieds du trône avec le même cérémonial que ci-dessus, pour prendre les ordres du Roi; redescendu & remis à sa place, il a fait signe à Monsieur le Directeur général, qui, après avoir salué & s'être assis & couvert, a dit:

DISCOURS

De Monsieur le Directeur général.

MESSIEURS,

JE n'ajouterai rien à ce que vient de dire Monsieur le Garde des Sceaux, sur l'importance des délibérations qui vont vous occuper. Etre appelés à poser la première base de l'Assemblée nationale, dont la France attend sa force & sa prospérité, le Roi son repos & son bonheur, c'est une des plus augustes fonctions dont on puisse être investi par son Souverain.

Le Roi qui attend d'être éclairé par vos recherches, par vos discussions & par votre vœu, ne peut en ce moment qu'animer votre zèle & votre amour pour le bien public. C'est vous, Messieurs, qui devez l'aider à prendre la meilleure voie. Il sait quel respect on doit avoir pour les antiques usages d'une Monarchie; c'est par leur filiation que tous les droits constitutifs acquièrent un nouveau degré de force, & assurent le maintien de l'ordre public, en opposant de salutaires obstacles à l'amour inconsidéré des innovations. Mais Sa Majesté est également pénétrée de ces premiers principes de justice, qui n'ont ni date, ni époque, ni dernier terme, & qui lui imposent le devoir de chercher à connoître par une juste représentation le vœu de ses Sujets. Vous apercevrez, Messieurs, combien de choses sont changées depuis l'époque des derniers États-généraux. L'accroissement considérable du numéraire a introduit comme une nouvelle sorte de richesses, & l'immensité de la dette publique nous montre une classe nombreuse de Citoyens étroitement unis à la prospérité de l'État, mais par des liens inconnus dans les temps anciens de la Monarchie. Le commerce, les manufactures & les arts de tout genre, parvenus à un terme dont on n'avoit pas même autrefois conçu l'idée, vivifient aujourd'hui le Royaume par tous les moyens qui dépendent d'une active industrie, & nous sommes entourés de précieux Citoyens, dont les travaux enrichissent l'État, & à qui l'État, par un juste retour, doit de l'estime & de la confiance. Enfin, l'accroissement des lumières & l'affranchissement graduel d'une multitude de préjugés, nous a fait connoître l'honorable opinion que nous devions avoir de tous ceux qui, dans les campagnes, s'adonnent paisiblement aux travaux féconds de l'Agriculture, & qui n'affoiblissent notre reconnoissance que par la constante uniformité de leurs bienfaits. Au milieu de ces divers Citoyens recommandables à tant de titres, le Roi distingue toujours ce qu'il doit particulièrement aux deux premiers Ordres de son Royaume. L'un réunit à des droits consacrés par le temps, le mérite unique & précieux d'influer fur l'ordre moral par fes inftructions & par fes exemples, & de veiller affidûment à la garde de ces barrières, plus fûres encore aujourd'hui que toutes les précautions de notre prudence. Enfin, lorfque Sa Majefté fixe fes regards fur cette généreufe Nobleffe unie à la France & à fes Rois par tant de glorieux fervices, Elle éprouve un fentiment de reconnoiffance d'autant plus cher à fon cœur, qu'il eft en Elle héréditaire, & comme tranfmis de fiècle en fiècle par les annales de l'Hiftoire & par tous les faftes de la Monarchie.

Sa Majefté, cédant à l'impreffion de tant de motifs différens, & attentive à tous les droits qu'Elle voudroit à la fois fatisfaire, a fenti que, dans une fi grande circonftance, Elle pouvoit tirer un important fecours des lumières d'une Affemblée fi digne de fa confiance, d'une Affemblée dont l'opinion pût devenir à la fois fon confeil & fon premier garant, & la préferver du moins de regrets, fi après avoir pris toutes les précautions que fa fageffe lui a fuggérées, Elle ne pouvoit répondre à tous les vœux, Elle ne pouvoit concilier qu'imparfaitement les droits des uns avec les juftes prétentions des autres, & les fentimens de fon cœur avec les règles de la raifon & de la prudence. Alors, mais avec peine, Elle attendroit de la fuite des temps & de la perfection que les États-généraux pourroient donner eux-mêmes à leur conftitution, ce contentement général & cette fatisfaction unanime dont Elle feroit fi preffée de jouir. Vous feconderez fûrement, Meffieurs, les nobles & touchantes intentions de votre Souverain; vous aiderez par vos travaux le meilleur & le plus jufte des Princes; & vous ferez, s'il eft permis de s'exprimer ainfi, vous ferez les précurfeurs de cette confiance qu'il a droit d'attendre de la Nation affemblée, & vous aplanirez les voies à ce qu'il defire par-deffus tout, l'amour & le bonheur de fes Sujets.

Vous n'avez fûrement befoin d'aucun guide, & c'eft

(55)

vous, Messieurs, qui aiderez les Ministres du Roi à lui offrir des conseils éclairés ; mais Sa Majesté ayant bien voulu me charger plus particulièrement de recueillir les renseignemens qui peuvent vous être utiles, je vais, selon les ordres du Roi, vous rendre compte de la méthode qui a été suivie dans cette recherche.

Vraisemblablement, Messieurs, vous chercherez d'abord à acquérir une exacte information des détails relatifs à la dernière tenue des États en 1614., & vous desirerez de connoître non-seulement les dispositions dont on nous a transmis la mémoire, mais encore leurs rapports avec les précédens usages ; vous voudrez sûrement que les principes d'équité générale servent au moins d'interprètes aux choses obscures, & vous voudrez que ces principes vous aident à concilier non-seulement la diversité des exemples, mais encore les oppositions que vous apercevriez entre l'esprit des anciennes formes & les différentes applications qu'on en auroit faites. Enfin, vous peserez encore dans votre sagesse quelle doit être l'influence d'un intervalle de près de deux siècles, pris dans une période où les opinions politiques & morales ont éprouvé les plus grandes révolutions ; & vous trouverez peut-être que pour conserver strictement & sans aucune exception, sans aucune modification quelconque, toutes les formes de 1614, il faudroit retracer & consacrer plusieurs vestiges de mœurs qui ne subsistent plus. Il est donc vraisemblable qu'en rendant un juste respect à tout ce qui vous paroîtra constitutionnel, vous voudrez cependant qu'une méditation réfléchie & qu'un examen impartial vous servent aussi de guides.

C'est donc pour vous aider, Messieurs, dans toutes les routes que vous jugerez à propos de suivre, qu'on a classé avec ordre les renseignemens propres à vous éclairer ; & il est nécessaire de vous rendre compte de la méthode qui a été observée à cet égard.

On a préfumé que vous voudriez peut-être divifer vos examens en quatre fections :

La première feroit relative à la compofition des États-généraux ;

La feconde à la forme des convocations ;

La troifième à l'ordre des élections ;

La quatrième à la manière de régler la tenue des diverfes Affemblées qui doivent délibérer fur les inftructions des Députés aux États-généraux.

En vous occupant de la première fection, c'eft-à-dire, de la compofition des prochains États-généraux, vous jugerez peut-être convenable de déterminer d'abord le nombre général des Députés dont cette Affemblée nationale doit être compofée ; & pour vous guider dans votre délibération, on a formé le recenfement du nombre des Députés aux précédens États-généraux, & l'on vous préfentera de plus des notions exactes fur l'étendue & la population de tout le Royaume, & particulièrement fur l'étendue & la population des provinces, qui, réunies à la Monarchie poftérieurement à l'année 1614, n'eurent point de Députés aux États-généraux tenus à cette époque.

Vos réflexions fe porteront enfuite fur le nombre des Repréfentans de chaque Ordre en particulier, & l'on mettra fous vos yeux les proportions établies en 1614, & dans les précédentes tenues d'États. Il eft vraifemblable qu'en vous occupant de cet objet, vous ferez conduits à prendre connoiffance de la manière dont les États-généraux ont délibéré anciennement, & peut-être encore de la manière dont il vous paroîtroit defirable qu'ils le fiffent ; car la fixation du nombre refpectif des trois Ordres, eft plus ou moins intéreffante felon les règles obfervées dans les États-généraux. Cette fixation eft d'une conféquence majeure lorfque les trois Ordres fe réuniffent pour délibérer en commun : elle eft moins importante lorfqu'ils opèrent féparément & forment conftamment une voix diftincte.

Votre

Votre sentiment sur les questions qui se rapportent à la composition des États-généraux, étant une fois arrêté, vous rechercherez sans doute quelle est la manière la plus convenable de procéder à leur convocation.

Vous aurez à considérer si les Lettres de convocation doivent être adressées aux mêmes mandataires pour tous les Ordres indistinctement, & si l'autorité de présider aux élections doit être pareillement établie d'une manière uniforme, ou s'il est préférable que ces fonctions soient attribuées, pour les élections du Clergé, à l'Archevêque métropolitain ou à l'Évêque diocésain; pour les élections de la Noblesse, aux Sénéchaux & aux Baillis d'épée, ou aux Gouverneurs & Lieutenans-généraux de Sa Majesté dans les Provinces; & pour les élections du Tiers-état, aux Baillis de robe & aux Maires & Échevins des Villes. Enfin, vous examinerez encore, Messieurs, les différentes modifications dont cette marche est susceptible.

La forme des citations devant telle personne choisie par le Roi pour présider aux élections, vous paroîtra encore digne d'attention, puisque, si elles devoient être faites non personnellement, mais dans le chef-lieu du bénéfice pour le Clergé, ou dans le fief & la justice du seigneur pour la Noblesse, il faudroit examiner si les mêmes personnes peuvent être électeurs ou élus en plus d'un endroit, & de quelle manière cette faculté peut être conférée, & de quelle manière elle peut être exercée.

Après avoir arrêté, Messieurs, votre attention sur la composition des États-généraux & sur les formes de convocation, vous serez amenés naturellement à vous occuper de tout ce qui est relatif aux élections, & cette partie de vos délibérations vous paroîtra peut-être la plus étendue & la plus susceptible de modifications différentes.

Les élections de tous les Députés aux États-généraux, peuvent être faites par les trois Ordres réunis; elles peuvent

H

l'être divifément, chaque Ordre choififfant feul fes Repréfentans.

L'idée n'eft jamais venue que le Clergé ne choisît pas un Eccléfiaftique pour Député; la Nobleffe un homme de fon Ordre. La même règle n'a pas été impofée par l'ufage au choix du Tiers-état: vous croirez donc, Meffieurs, devoir examiner attentivement une fi importante queftion; & par une fingularité qui honorera notre fiècle & la nation Françoife, c'eft dans une Affemblée dont prefque tous les Membres jouiffent des priviléges de la Nobleffe, que cette queftion fera traitée avec le plus d'impartialité.

Les formes d'élection par fcrutin ou de toute autre manière, la détermination de la pluralité ou de la fupériorité de fuffrages néceffaires pour être légitimement élu, font des examens qui fixeront encore votre attention.

Vous aurez fur-tout à réfléchir fur la règle de proportion qui feroit la plus convenable pour la détermination du nombre des Députés de chaque partie du Royaume. Vous aurez à confidérer fi les fubdivifions connues fous le titre de Gouvernemens, de Généralités, de Provinces, de Diocèfes, d'Élections, de Bailliages, de Paroiffes, doivent en raifon feule d'une parité de dénomination, avoir le même nombre de Députés; vous examinerez, par exemple, s'il eft bien que le bailliage de Gex, compofé de douze mille habitans, celui d'Auxois de quarante mille, aient comme en 1614, le même fuffrage & la même influence que la fénéchauffée de Poitou ou le grand-bailliage de Berry, quoique ces deux diftricts contiennent aujourd'hui, l'un fix cents mille ames, & l'autre trois cents mille. Vous difcuterez donc, Meffieurs, jufques à quel point il eft néceffaire de prendre en confidération l'étendue de chaque diftrict, le nombre de fes habitans & la quotité de fes contributions.

C'eft pour jeter un nouveau jour fur ces diverfes queftions, qu'on a claffé dans un ordre exact l'étendue fuperficielle &

la population de chaque Généralité, de chaque Élection, de chaque Bailliage, & enfin la population de chaque Ville principale & de chaque Paroiffe.

On eft occupé d'un nouveau travail confidérable, deftiné à défigner les contributions de chaque Généralité, mais il ne fera terminé qu'à l'époque des États-généraux ; ainfi l'on ne peut fe rapporter dans ce moment qu'aux notions déjà répandues fur cette matière.

L'on a de plus raffemblé fous un titre particulier, les renfeignemens propres à vous éclairer fur la manière dont les élections fe font faites à l'époque des diverfes tenues d'États.

Les inftructions des Députés aux États-généraux, forment la quatrième fection dans la divifion qui vous a été indiquée, & vous aurez à déterminer l'ordre & la règle des Affemblées de délibération qui doivent précéder ces inftructions. Les éclairciffemens qui peuvent être relatifs à cette partie de vos examens, feront pareillement extraits des procès-verbaux, & claffés féparément comme toutes les autres informations qui feront mifes fous vos yeux.

Tous les titres originaux feront dépofés entre les mains des deux Secrétaires de l'Affemblée des Notables ; & fi vous avez befoin de quelques autres pièces, vous les chargerez d'en faire la recherche, & ils feront fecondés à cet égard par l'autorité du Roi.

Enfin, Meffieurs, pour vous procurer tous les fecours que l'on peut tirer d'une converfation inftructive, & rendre en même temps votre travail plus facile, il y aura conftamment à Verfailles deux ou trois perfonnes appelées par l'ordre du Roi, lefquelles joignent à leurs connoiffances fur le droit public françois en général, le mérite particulier de s'être occupées depuis quelque temps de recherches relatives aux importans objets qui vont fixer votre attention. Sa Majefté a de plus ordonné qu'une des perfonnes les plus inftruites de la nomenclature des manufcrits contenus dans les archives de fa bibliothèque, fe tînt affidûment près de vous, Meffieurs.

On a eu bien peu de temps, Meffieurs, comme vous êtes à portée d'en juger, pour former toutes les collections & raffembler tous les renfeignemens qui vous feront néceffaires; cependant on y a mis tant d'activité, qu'il ne vous manquera peut-être aucune inftruction effentielle, & celles que vous voudrez encore, on vous les procurera avec la même célérité.

On a fait de tous les extraits & même de la plupart des pièces originales, fix copies, afin que chacun des Bureaux dont votre Affemblée fera compofée, foit en état de fe livrer tout de fuite aux examens & aux difcuffions qui peuvent vous conduire à un avis éclairé.

Il fera remis de la part du Roi à chacun des Bureaux une lifte précife des queftions qui femblent les plus propres à guider vos recherches; mais comme cette lifte ne fera qu'un indice fourni à vos propres réflexions, vous penferez peut-être, Meffieurs, que la première féance de chaque Bureau devroit être employée à examiner fi l'ordre & le genre de ces queftions peuvent véritablement diriger votre marche. Tous les Bureaux donneroient leur avis à cet égard, & après vous être entendus, par des Députés, pour déterminer & fixer d'une manière uniforme les points fucceffifs fur lefquels vous devez délibérer, chacun des Bureaux procéderoit à leur examen.

Vous apercevrez, Meffieurs, la néceffité d'avoir un comité compofé d'un certain nombre de Députés, lequel devra s'affembler pour comparer les avis de chaque Bureau, & former un réfultat commun. Vous jugerez auffi que ces rapprochemens d'opinions ne doivent pas être renvoyés à la fin de vos difcuffions, puifque s'il n'y avoit pas un premier accord entre vous fur les principes les plus importans, vous vous trouveriez trop éloignés les uns des autres au dernier terme de votre travail.

C'est dans le cours de vos discussions, c'est après le rapport du comité formé par les Députés de chaque Bureau, que vous connoîtrez, Messieurs, s'il est des questions où il soit nécessaire de vous réunir dans une Assemblée générale. L'accord qui a existé entre vous, Messieurs, l'année dernière, & ce lien naturel que forment entre les bons esprits la justice & la raison, donnent lieu d'espérer que vous arriverez à un vœu commun, & que vous donnerez ainsi comme un premier mouvement à l'établissement & à l'affermissement successif de cette harmonie générale, de laquelle on verroit naître tant de force & tant de bonheur.

Maintenant, Messieurs, pour rassembler d'une manière encore plus méthodique les objets qui viennent d'être soumis à votre attention, je vais lire la liste précise des questions qui ont paru au Roi & à son Conseil devoir servir de premier guide à vos délibérations. Sa Majesté, cependant, ne vous astreint point à suivre strictement cette marche. On a cherché seulement à placer des points fixes de distance en distance; vous remplirez leurs intervalles & vous les déplacerez même si vous le jugez convenable.

Il y a parmi les objets soumis à votre délibération, des questions qui ne sont pas susceptibles de doute; mais on a cru cependant devoir les indiquer, afin de ne pas déranger l'ordre des réflexions auxquelles une si importante matière donne naissance.

PREMIÈRE DIVISION.

Composition des États-généraux.

QUEL doit être le nombre des Députés aux États-généraux ?

Quel doit être le nombre respectif de chaque Ordre ?

CONVOCATION.

A qui le Roi doit-il préférer d'adresser ses lettres de convocation ?

Quelle règle & quelle forme doivent être adoptées pour les citations des électeurs ?

Qui doit présider les élections ?

Cette double fonction de citer & de présider doit-elle être attribuée par le Roi aux mêmes personnes pour les trois Ordres, ou chaque Ordre doit-il être convoqué, cité & présidé par des personnes d'un état différent ?

ÉLECTIONS.

Quelles conditions seront nécessaires pour être électeur & éligible dans l'Ordre du Clergé ?

Dans quelle proportion seront admis aux États-généraux les divers Ordres qui composent le Clergé ?

Les Commandeurs-baillis & Chevaliers de Malte seront-ils admis aux États-généraux ? à quel titre de propriété le feront-ils ? & dans quel Ordre, soit de la Noblesse, soit du Clergé, doivent-ils avoir place ?

Quelles conditions seront nécessaires pour être électeur ou éligible dans l'Ordre de la Noblesse ?

Les propriétaires de fiefs seront-ils seuls admissibles aux États-généraux ? Les Gentilshommes possédant une propriété quelconque, auront-ils le même droit ? & quelle devra être l'étendue de la propriété seigneuriale ou rurale nécessaire, soit pour être éligible, soit pour être électeur ?

Sera-t-il convenable d'exiger un certain degré de Noblesse, soit pour être électeur, soit pour être éligible ?

Quelle seroit alors la participation aux États-généraux des Nobles d'une création moderne ?

A quelles conditions pourra-t-on être électeur ou éligible dans l'Ordre du Tiers-état ?

La valeur de la propriété, susceptible de discussion, doit-elle être prise pour mesure, ou faut-il choisir pour règle la quotité des impositions ?

Cette mesure de propriété ou de contribution doit-elle varier selon la richesse des Provinces ?

Les membres du Tiers, même les plus riches, tels que les Négocians, les Chefs de manufactures & les Capitalistes, n'ayant pas toujours des propriétés foncières, la mesure de l'imposition territoriale peut-elle être généralement applicable à la faculté d'élire ou d'être élu dans le Tiers-état ?

Le Tiers-état doit-il avoir la faculté de choisir pour ses Députés, des personnes d'un autre Ordre que le sien & jouissant de priviléges auxquels il ne participe pas ?

Les personnes qui sont aux gages des Seigneurs ecclésiastiques ou laïcs, ou dans leur dépendance de quelque autre manière, cesseroient-ils par cette raison d'être éligibles par le Tiers-état ?

Y a-t-il quelque proportion à observer pour le nombre respectif des Députés des Villes & des Députés des Campagnes ?

Le nombre des Députés doit-il être déterminé en raison des Gouvernemens, des Généralités, des Provinces, des Élections, des Diocèses, des Bailliages, du nombre des Paroisses, de la mesure décrite d'un arrondissement, de l'étendue de sa population, de sa somme contributive, ou de toute autre manière quelconque ?

Convient-il dans cette subdivision de séparer les villes, des bourgs & des campagnes ?

Pourra-t-on être électeur ou éligible dans les divers districts où l'on aura des propriétés, soit transmissibles, soit usufruitières, & de quelle manière une telle faculté seroit-elle conférée ?

Les élections doivent-elles fe faire à haute voix ou au fcrutin, & quelles font les autres formes dont l'obfervation mérite d'être recommandée ?

INSTRUCTIONS.

QUEL ordre & quelles règles feroit-il convenable de prefcrire dans les Affemblées où les inftructions des Députés aux États-généraux feront délibérées & rédigées ?

À tous ces objets de délibérations, Meffieurs, vraifemblablement vous en ajouterez d'autres, fur-tout à mefure que vous entrerez dans la difcuffion dont le Roi vous a confié l'examen. On ne vous propofe ici qu'un premier indice; la réunion de vos lumières fera le refte, & le Roi recevra de vous, Meffieurs, toutes les inftructions qu'il a droit d'attendre de votre fageffe. Les regards de la Nation vont être attachés fur vous; mais vous avez pour encouragement & l'eftime publique & l'entière liberté que le Roi vous laiffe. Jamais d'ailleurs on ne doit compte que de la pureté de fes motifs, & tôt ou tard tout plie, tout fléchit devant la raifon & devant l'efprit de juftice. Il y a quelque chofe de fi majeftueux dans la recherche pure & fincère du bien public, elle femble entourée de tant d'appuis connus & inconnus, qu'il y auroit de la foibleffe à ne pas s'y livrer avec confiance. Le Roi eft impatient de connoître enfin avec fûreté ce qu'il peut faire de mieux pour le bonheur de fes Peuples. Commencez, Meffieurs, à fixer fes incertitudes, elles tiennent à un fentiment digne de votre hommage & de votre reconnoiffance. L'adminiftration de toutes les parties d'un fi vafte Royaume, au moment où toutes les queftions font agitées, offre tant de difficultés, tant de principes qui fe choquent & fe contrarient, que les forces d'un Monarque n'y peuvent fuffire, & il remplit aux regards de fon Peuple & de la poftérité, tout ce qu'on

peut

peut attendre de sa bienfaisance & de sa vertu, lorsqu'il rassemble autour de lui, tantôt les Députés de la Nation entière pour concerter avec eux le grand ouvrage du bien public, & tantôt, comme aujourd'hui, un nombre considérable de personnes distinguées dans les divers états de la société, afin de recevoir d'elles des conseils & des avis éclairés.

C'est un grand but, Messieurs, qui vous appelle, & vous irez en avant avec promptitude, car il presse à votre Souverain, il presse à toute la Nation de voir arriver ce beau jour où, après une si longue surséance, les Députés de tous les Ordres de l'État viendront former la plus auguste des alliances, en réunissant leurs volontés, leur zèle & leurs lumières pour assurer la confiance des Peuples, la prospérité de l'État, & le bonheur du Monarque.

Le discours de Monsieur le Directeur général fini, Monseigneur le Garde des Sceaux a été prendre les ordres du Roi; revenu à sa place, assis & couvert, il a dit: *Si quelqu'un desire exprimer au Roi ses sentimens, Sa Majesté lui permet de parler.*

Toute l'Assemblée s'est alors levée pour entendre MONSIEUR, qui a exprimé les sentimens de la Noblesse par le discours suivant, qu'il a prononcé debout & couvert, après avoir salué Sa Majesté.

DISCOURS

De MONSIEUR, Frère du Roi.

SIRE,

Nous recevons aujourd'hui la récompense la plus honorable que VOTRE MAJESTÉ pût nous donner des travaux auxquels Elle nous a ordonné de nous livrer l'année passée : Elle nous appelle une seconde fois auprès d'Elle, Elle veut bien encore nous consulter. Le premier de nos sentimens doit être la reconnoissance, & j'ose, au nom des Gentilshommes assemblés ici par l'ordre de Votre Majesté, en déposer l'hommage à ses pieds. Notre devoir en ce moment est de justifier une confiance aussi flatteuse, & notre unique ambition est de nous en montrer dignes. Zèle, respect, amour, tels sont les motifs qui nous animeront; puissent-ils être agréables à Votre Majesté ! & puissent nos efforts nous mériter de nouveaux témoignages de son approbation !

Monsieur l'Archevêque de Narbonne, le plus ancien de sacre des Évêques convoqués, est resté debout, ainsi que tous les Membres du Clergé, & a prononcé son discours, après avoir salué Sa Majesté.

DISCOURS

De Monsieur l'Archevêque de Narbonne.

SIRE,

L'HONNEUR d'être admis une seconde fois en présence de VOTRE MAJESTÉ, est une des récompenses les plus précieuses que pouvoient mériter le zèle, la franchise, la loyauté de vos fidèles Notables.

Daignez permettre, SIRE, aux Membres du premier Ordre de votre Royaume, de vous en témoigner leur plus respectueuse reconnoissance, de porter aux pieds de votre trône l'hommage des vœux ardens qu'ils ne cesseront de former, pour que Votre Majesté trouve dans l'auguste

Assemblée dont Elle nous ordonne de lui indiquer la forme, les ressources, les consolations qu'un père tendre & chéri a droit de se promettre du dévouement & du libre essor de ses enfans réunis.

Monsieur le Premier Président du Parlement de Paris a pris aussitôt la parole; & après avoir salué le Roi, a prononcé son discours, pendant lequel il s'est tenu debout, ainsi que tous les Premiers Présidens, Présidens & Procureurs généraux des Parlemens & Conseils Souverains.

DISCOURS

De Monsieur le Premier Président du Parlement de Paris.

SIRE,

Vos Sujets sont accoutumés à reconnoître dans tous vos desseins, le caractère de la sagesse & celui de la bienfaisance.

Une première fois VOTRE MAJESTÉ a assemblé les Notables de son Royaume pour les consulter avec confiance sur l'état de ses finances.

Effrayés à l'aspect d'un immense déficit, ils ont prévu que les États-généraux seroient seuls capables de pourvoir à de si grands maux.

Dès ce moment, la Magistrature s'est portée avec zèle vers ce grand moyen de restauration; le Parlement a supplié Votre Majesté de convoquer les États; & bientôt tous vos Sujets, conduits par le sentiment du bien général, ont élevé une voix universelle pour porter le même vœu aux pieds du trône.

Vœu si intéressant, lorsqu'il est unanime; si puissant, lorsqu'il est l'expression de la nécessité; si pressant, lorsque le péril de la chose publique le commande; vœu enfin auquel un bon Roi ne sauroit fermer son cœur.

Vous l'avez écouté, SIRE; vous l'avez couronné, en accélérant le moment où il doit être tout-à-fait accompli, parce que vous êtes, SIRE, aussi juste, aussi tendre envers la Nation entière, que vous l'êtes chaque jour pour chacun de vos Sujets.

Il étoit digne de Votre Majesté, de nous apprendre par cette heureuse résolution, qu'il est dans l'ame des Rois, pour les grands objets, une justice, une bonté, une vertu, une sagesse d'un ordre supérieur; que ses vues sont aussi vastes que les plus grands empires, aussi profondes que la science du gouvernement, aussi sublimes que l'art de rendre les hommes heureux; qu'elles embrassent l'ordre public dans toutes les parties; qu'elles pénètrent tous les besoins, préparent toutes les ressources, & ne choisissent dans les moyens qu'elles emploient, que ceux qui portent l'empreinte de la *régularité* & de la *convenance*.

Ce sont, SIRE, ces deux caractères que vous nous ordonnez aujourd'hui de chercher dans la manière de procéder à la formation des États-généraux.

Déjà, par l'examen des monumens que renferment les dépôts de la Justice, votre Parlement, SIRE, a aperçu ces deux caractères dans la forme pratiquée en 1614, & il s'est prescrit de la réclamer.

Elle paroîtra à Votre Majesté mériter toute son attention, non-seulement à cause des formalités légales dont elle est accompagnée pour conserver les droits de tous & les droits de chacun; mais parce que son origine est ancienne, & qu'en même temps qu'elle fixe le dernier état, elle paroît prouver le véritable usage de la Monarchie.

Votre intention, SIRE, est de prendre la voie la plus capable de constituer de vrais & légitimes Représentans de la

Nation, & qu'il leur foit conféré des caractères certains, des titres reconnus & des pouvoirs efficaces.

Qu'il feroit cruel pour l'Affemblée augufte & majeftueufe de la Nation, de trouver dans fa propre conftitution des obftacles à fon activité pour le bien qu'elle fe propofera !

Puiffent, au contraire, la fageffe du Souverain, l'ardeur des Princes pour le bien public, les lumières du Clergé, l'héroïfme de la Nobleffe, le patriotifme des Citoyens, n'avoir à s'occuper de concert que du bonheur de la France; que de pofer des bafes fixes où puiffent s'attacher le génie des Peuples, l'habitude de leurs idées, la répétition ordinaire de leurs actions, le cours des opinions raifonnables, la créance des hommes fages, le nœud de la foi publique, & tout ce qui doit fe rapporter, fe réunir & fe combiner pour concourir à la félicité univerfelle !

Puiffe enfin l'efprit de la Nation, par l'unité des vues & des principes, déployer toute fon excellence & fon énergie, & montrer à l'Univers, dans ce noble fpectacle, l'Empire François, avec toute la fupériorité de fes lumières & toute la plénitude de fa fplendeur !

Monfeigneur le Garde des Sceaux eft enfuite monté au trône pour prendre les ordres du Roi; redefcendu à fa place, il a dit: *L'intention du Roi eft que cette Affemblée fe partage en Bureaux comme la précédente, pour faire l'examen des objets fur lefquels Sa Majefté fe propofe de les confulter. Le Roi ordonne qu'il foit fait lecture de la lifte des Bureaux.*

Monfieur de Villedeuil a remis la lifte au fieur Hennin, premier Secrétaire-greffier de l'Affemblée, lequel en a fait la lecture debout & découvert.

LISTE DES BUREAUX.

Premier Bureau.

MONSIEUR, Président.

MESSIEURS,

L'Archevêque de Narbonne.
L'Évêque de Nevers.
Le Duc de Mortemart.
Le Duc de la Rochefoucauld.
Le Maréchal de Beauvau.
Le Duc du Châtelet.
Le Comte de Rochambeau.
Le Comte de Montboissier.
Le Baron de Flachslanden.
Joly de Fleury, Ministre d'État, Doyen du Conseil.
Boutin, Conseiller d'État.
Le Premier Président du Parlement de Paris.
Le Président de Saron.
Le Président de Gourgue.
Le Président de Rosambo.
Le Procureur général du Parlement de Paris.
Le Député du Clergé de Languedoc.
Le Député de la Noblesse de Bretagne.
Le Député du Tiers-état de Provence.
Le Préteur-royal de Strasbourg.
Le Prévôt des Marchands de Lyon.
Le Maire de Marseille.
Le Maire de Rouen.
Le Maire de Nantes.

Second Bureau.

Monseigneur COMTE D'ARTOIS, Préfident.

Messieurs.

L'Archevêque d'Aix.
L'Évêque de Rennes.
Le Duc de Coigny.
Le Maréchal de Stainville.
Le Prince de Robecq.
Le Duc de Laval.
Le Duc de Guines.
Le Marquis de la Fayette.
De Montyon, Confeiller d'État.
Lambert, Confeiller d'État.
Le Premier Préfident de la Chambre des Comptes de Paris.
Le Premier Préfident du Parlement de Bordeaux.
Le Premier Préfident du Parlement de Nanci.
Le Procureur général du Parlement d'Aix.
Le Procureur général du Confeil Souverain de Rouffillon.
Le Député du Clergé d'Artois.
L'Élu général de la Nobleffe de Bourgogne.
Le Député de la Nobleffe de Provence.
Le Député de la Nobleffe de Corfe.
Le Prévôt des Marchands de Paris.
Le Lieutenant civil de Paris.
Le Maire de Montpellier.
Le Maire de Bourges.
Le Maire de Limoges.

Troisième Bureau.

MONSEIGNEUR LE DUC D'ORLÉANS, Président.

MESSIEURS,

L'ARCHEVÊQUE de Bordeaux.
L'Évêque du Puy.
Le DUC DE CLERMONT-TONNERRE.
Le Maréchal DE BROGLIE.
Le DUC DE CROŸ.
Le Comte DE THIARD.
Le Comte DE ROCHECHOÜART.
Le Marquis DE BOÜILLÉ.
DE VIDAUD, Conseiller d'État.
BERTIER, Maître des Requêtes.
Le Premier Président du Parlement de Grenoble.
Le Premier Président du Parlement de Rouen.
Le Premier Président de la Cour des Aides de Paris.
Le Procureur général du Parlement de Toulouse.
Le Procureur général du Parlement de Rennes.
Le Procureur général du Parlement de Nanci.
Le Procureur général du Conseil Souverain d'Alsace.
Le Député de la Noblesse d'Artois.
Le Député du Tiers-état de Bretagne.
Le Maire d'Orléans.
Le Maire d'Amiens.
Le Maire de Nanci.
Le Maire de Montauban.

Quatrième

(73)

Quatrième Bureau.

Monseigneur le PRINCE DE CONDÉ, } co-Présidens.
Monseigneur le DUC D'ENGHIEN, }

Messieurs,

L'Archevêque d'Arles.
L'Évêque de Blois.
Le Maréchal DE Noailles.
Le Duc DE Béthune-Charost.
Le Comte d'Estaing.
Le Marquis DE Langeron.
Le Marquis DE Mirepoix.
Le Marquis DE Gouvernet.
De Bacquencourt, Conseiller d'État.
De Néville, Maître des Requêtes.
Le Premier Président du Parlement de Toulouse.
Le Premier Président du Parlement de Dijon.
Le Premier Président du Parlement de Besançon.
Le Premier Président du Conseil Souverain de Roussillon.
Le Procureur général de la Chambre des Comptes de Paris.
Le Procureur général du Parlement de Pau.
L'Élu général du Clergé de Bourgogne.
Le Député de la Noblesse de Languedoc.
Le Député du Tiers-état d'Artois.
Le Premier Échevin de Paris.
Le Premier Capitoul de Toulouse.
Le Lieutenant de Maire de Bordeaux.
Le Prévôt de Valenciennes.
Le Maire de Caen.

K

Cinquième Bureau.

Monseigneur le DUC DE BOURBON, Préſident.

Messieurs,

L'Archevêque de Touloufe.
L'Évêque de Langres.
L'Évêque d'Alais.
Le Maréchal de Mouchy.
Le Maréchal de Mailly.
Le Comte d'Egmont.
Le Comte de Puységur.
Le Marquis de Choiseul-la-Baume.
Le Comte de Caraman.
Lenoir, Conſeiller d'État.
Esmangart, Maître des Requêtes.
Le Premier Préſident du Parlement d'Aix.
Le Premier Préſident du Parlement de Pau.
Le Premier Préſident du Parlement de Metz.
Le Premier Préſident du Conſeil Souverain d'Alſace.
Le Procureur général du Parlement de Dijon.
Le Procureur général du Parlement de Rouen.
Le Procureur général du Parlement de Flandre.
Le Procureur général de la Cour des Aides de Paris.
Le Député du Clergé de Bretagne.
L'Élu général du Tiers-état de Bourgogne.
Le Mayeur de Lille.
Le Maire de Troyes.
Le Maire de Reims.

Sixième Bureau.

Monseigneur le PRINCE DE CONTI, Préfident.

Messieurs,

L'Archevêque de Paris.
L'Évêque d'Arras.
L'Évêque de Rodès.
Le Duc de Luxembourg.
Le Maréchal de Castries.
Le Duc de Rohan-Chabot.
Le Marquis de Harcourt.
Le Marquis de Croix d'Heuchin.
De la Galaisière, Confeiller d'État.
D'Agay, Maître des Requêtes.
Le Premier Préfident du Parlement de Rennes.
Le Premier Préfident du Parlement de Flandre.
Le Premier Préfident du Confeil Souverain de Corfe.
Le Procureur général du Parlement de Bordeaux.
Le Procureur général du Parlement de Grenoble.
Le Procureur général du Parlement de Metz.
Le Procureur général du Parlement de Befançon.
Le Député du Clergé de Provence.
Le Député du Tiers-état de Languedoc.
Le Maire de Bayonne.
Le Maire de Tours.
Le Maître-Échevin de Metz.
Le Maire de Clermont.

Monseigneur le Garde des Sceaux a été prendre les ordres du Roi, & revenu à sa place, a dit :

LE ROI compte sur le zèle de l'Assemblée, & Sa Majesté est assurée que tous ceux qui la composent, éviteront avec soin toutes les discussions qui pourroient nuire à son objet principal. En conséquence, Sa Majesté a donné une Déclaration par laquelle Elle ordonne que rien ne pourra tirer à conséquence pour les rangs, ni préjudicier aux droits de personne. L'intention de Sa Majesté est qu'il soit fait lecture de sa Déclaration, & qu'elle soit insérée dans le Procès-verbal de l'Assemblée, qui sera rédigé par son ordre.

Monsieur de Villedeuil a remis la Déclaration au sieur du Pont, second Secrétaire-greffier de l'Assemblée, qui en a fait la lecture, debout & découvert.

DÉCLARATION DU ROI.

LOUIS, PAR LA GRÂCE DE DIEU, ROI DE FRANCE ET DE NAVARRE: A tous ceux qui ces présentes Lettres verront ; SALUT. Depuis notre avénement au Trône, nous avons toujours eu à cœur de maintenir chacun de nos Sujets dans tous les droits auxquels ils peuvent prétendre. Le desir dont nous sommes animés pour le bonheur de nos Peuples, nous ayant fait convoquer en ce lieu une Assemblée composée d'une partie des plus notables Personnages de notre Royaume, dont la fidélité, l'attachement à notre Personne, & le zèle pour la gloire & la splendeur de notre État, nous sont connus; & fait desirer que parmi eux il y eût un grand nombre de Prélats, Gentilshommes, Magistrats & Officiers municipaux de nos principales villes, pour être aidés de leurs conseils, comme ils ont aidé les Rois nos prédécesseurs & nous, de leurs lumières & même de leur sang, pour le maintien de notre Royaume & la prospérité de nos armes ; ils ont satisfait à notre volonté, & pris la place que nous leur avons expressément choisie, & que nous avons commandé à nos Officiers des cérémonies, de leur donner de notre part, comme honorable & avantageuse. Et parce que quelques-uns pourroient n'être pas satisfaits à cause de leur dignité personnelle, ces places n'étant celles qu'ils ont accoutumé de tenir aux États-généraux, Lits de justice & autres cérémonies auxquelles ils se trouvent en Corps ; Nous leur avons voulu déclarer, comme nous faisons par ces présentes, mues de la bonne volonté que nous avons toujours eue pour les Prélats & Noblesse de notre Royaume, & autres nos Sujets, que notre intention n'a point été en cette convocation, de tenir une Assemblée d'États, Lit de justice ou autre de pareille nature, & que nous leur avons ordonné cette séance proche de notre Personne & de ceux qui présideront en notre absence, comme très-honorable, avantageuse & convenable à l'action tant de l'ouverture de ladite Assemblée, que de la continuation d'icelle, sans qu'elle puisse préjudicier ni rien diminuer des honneurs & prérogatives qui leur sont ordinairement attribués, & que nous entendons & voulons leur être conservés. MANDONS à ces fins à tous qu'il appartiendra, que du contenu en ces présentes ils les laissent user pleinement & paisiblement : CAR TEL EST NOTRE PLAISIR. En témoin de quoi nous avons fait mettre notre scel à cesdites présentes. DONNÉ à Versailles le cinquième jour de Novembre, l'an de grâce mil sept cent quatre-vingt-huit, & de notre règne le quinzième. *Signé* LOUIS. *Et plus bas.* Par le Roi. LAURENT DE VILLEDEUIL.

Le Roi a terminé la séance.

Sa Majesté s'est retirée dans le même ordre qu'Elle étoit arrivée.

En conséquence des ordres du Roi annoncés dans la séance générale par Monseigneur le Garde des Sceaux, MONSIEUR, Monseigneur Comte d'Artois & Messeigneurs les Princes du Sang, ont fait avertir respectivement chacun des Membres du Bureau qu'ils devoient présider, de se rendre le lendemain chez eux, pour commencer à délibérer sur les points contenus dans le discours de Monsieur le Directeur général des Finances.

Dès le premier jour, Monseigneur le Duc d'Orléans avoit montré l'intention de ne faire aucunes fonctions de Président. Le lendemain, 8 Novembre, Messieurs les Notables composant le troisième Bureau, dans l'incertitude de savoir par qui il seroit présidé, ont fait supplier MONSIEUR, de vouloir bien prendre à ce sujet la décision de Sa Majesté. Le Roi n'étant pas alors à Versailles, MONSIEUR n'a pu répondre sur le champ au vœu du Bureau; mais le lundi 10, ce Prince a fait remettre au Bureau le billet suivant, écrit de sa main :

LE ROI a décidé qu'en l'absence du Prince du Sang & du Duc & Pair, les Bureaux seroient présidés par le Maréchal de France, & à son défaut, par le Conseiller d'État. *Signé* LOUIS-STANISLAS-XAVIER.

Cependant il est à remarquer que des vingt-cinq séances tenues dans le troisième Bureau, Monseigneur le Duc d'Orléans a assisté à dix, & qu'il y a pris alors le rang de Président, & donné sa voix comme les autres Membres.

Messieurs les Notables s'étant rendus à l'invitation des Princes Présidens, ont commencé, dès le 7 Novembre, à se conformer à l'intention du Roi, en s'occupant de la discussion des questions qui leur avoient été proposées de la part de Sa Majesté.

Le travail de l'Assemblée étoit divisé en quatre sections.

La première comprenoit tout ce qui avoit rapport à la *composition* des prochains États-généraux, tant relativement au nombre général des Députés que cette Assemblée pourroit comporter, calculé d'après celui des précédens États-généraux, & les notions acquises sur l'étendue & la population du Royaume, & particulièrement sur celles des provinces réunies à la France depuis 1614, époque de la dernière Assemblée nationale, que sur la fixation du nombre des Représentans de chaque Ordre.

La seconde traitoit de la *convocation*, de ceux à qui les lettres pouvoient être adressées, & des formes qui devoient être adoptées pour la citation des électeurs & la présidence des Assemblées électives.

La troisième avoit pour objet les *élections*. On proposoit de déterminer les conditions nécessaires pour être électeur ou éligible dans chacun des trois Ordres; dans quelle proportion y seroient admis les différens Ordres qui constituent le Clergé; si la propriété des fiefs feroit le seul titre des Gentilshommes pour être élus dans l'Ordre de la Noblesse; à quelle classe appartiendroit celle de création moderne; si la valeur d'une propriété quelconque ou la quotité des impositions pouvoit servir de base pour la participation aux États-généraux des Membres du Tiers-état; & comment se devoient faire les élections, &c.

Enfin, la quatrième portoit sur les règles à prescrire dans les Assemblées où seroient rédigées les *instructions* des Députés aux États-généraux.

Monsieur le Directeur général ayant fait remettre successivement aux Princes Présidens ce qu'il avoit été possible de se procurer de pièces sur chacun de ces objets, les Conseillers d'État Rapporteurs en ont fait la lecture dans chacun des six Bureaux entre lesquels l'Assemblée étoit partagée.

Dès que les Bureaux ont eu commencé à approfondir l'examen de toutes les questions proposées dans le discours de Monsieur le Directeur général, on s'est aperçu qu'il pourroit y avoir une diversité d'opinions sur la manière de les classer, ce qui entraîneroit nécessairement de la disparité dans la rédaction des réponses qui devoient être mises sous les yeux de SA MAJESTÉ. En conséquence, tous les Bureaux ont arrêté de se réunir en Comité chez MONSIEUR, le 10 Novembre, pour déterminer le plan uniforme de leur travail. D'après ce vœu général, il a été nommé dans chaque Bureau,

quatre

quatre Commissaires (avec plein pouvoir pour cette fois seulement, de déférer à l'avis qui seroit adopté par la pluralité des Commissaires), pour assister avec le Prince président au Comité ci-dessus indiqué. Il a eu lieu de la manière suivante :

PREMIER COMITÉ,

Tenu chez MONSIEUR, *les 10 & 11 Novembre 1788.*

A raison des arrêtés pris ce matin dans chaque Bureau, les Commissaires de tous les Bureaux se sont réunis dans le cabinet de MONSIEUR à sept heures du soir.

SAVOIR,

Du Premier Bureau.

MONSIEUR.

Monsieur l'Évêque de Nevers.
Monsieur le Duc DU CHÂTELET.
Monsieur le Président DE ROSAMBO.
Monsieur le Préteur-royal de Strasbourg.

Du Second Bureau.

Monseigneur COMTE D'ARTOIS.

Monsieur l'Archevêque d'Aix.
Monsieur le Duc DE GUINES.

Monsieur le Procureur général du Parlement d'Aix.
Monsieur le Maire de Limoges.

Du Troisième Bureau.

Monsieur le Maréchal DUC DE BROGLIE.

Monsieur l'Archevêque de Bordeaux.
Monsieur le Duc DE CROŸ.
Monsieur le Premier Président du Parlement de Grenoble.
Monsieur le Maire de Nanci.

Du Quatrième Bureau.

Monseigneur LE PRINCE DE COND.É

Monsieur l'Évêque de Blois.
Monsieur le Duc DE BÉTHUNE-CHAROST.
Monsieur DE NÉVILLE, Maître des Requêtes.
Monsieur le Député du Tiers-état d'Artois.

Du Cinquième Bureau.

Monseigneur LE DUC DE BOURBON.

Monsieur l'Évêque Duc de Langres.
Monsieur le Maréchal Duc DE MOUCHY.
Monsieur le Premier Président du Parlement d'Aix.
Monsieur le Maire de Troyes.

Du Sixième Bureau.

Monsieur l'Évêque d'Arras.
Monsieur le Duc DE LUXEMBOURG.
Monsieur le Procureur général du Parlement de Bordeaux.
Monsieur le Député du Tiers-état de Languedoc.

Monsieur & Monseigneur Comte d'Artois ont pris place sous un dais.

Monseigneur le Prince de Condé sur la même ligne, hors du dais, à droite de Monsieur.

Monseigneur le Duc de Bourbon, à gauche de Monseigneur Comte d'Artois.

Les Évêques & les Magistrats sur le côté droit du cabinet, les Gentilshommes sur le côté gauche, les Maires en face de Monsieur.

Les deux Secrétaires de l'Assemblée tenant la plume sur deux petites tables, hors du rang.

Monsieur a dit, *qu'il s'agissoit de délibérer sur l'ordre dans lequel il paroîtroit le plus avantageux de traiter les questions proposées, & de convenir de cet ordre, pour établir une marche uniforme dans le travail de tous les Bureaux.*

Monsieur a exposé ensuite quelle avoit été à cet égard l'opinion de son Bureau, & que l'on avoit regardé comme fondamentale la quinzième question de la troisième division, conçue en ces termes : *Le nombre des Députés doit-il être déterminé en raison des Gouvernemens, des Généralités, des Provinces, des Élections, des Diocèses, des Bailliages, du nombre des Paroisses, de la mesure décrite d'un arrondissement, de l'étendue de sa population, de sa somme contributive ou de toute autre manière quelconque ?*

Plusieurs de Messieurs ont exposé les opinions des Bureaux dont ils sont Commissaires.

Et après une discussion approfondie, il a été résolu de suivre pour l'examen des questions, l'ordre dans lequel elles ont été proposées par Monsieur le Directeur général des finances, sans s'interdire le rapprochement de celles qui ont une connexion marquée; de s'abstenir de délibérer jusqu'à ce que cet examen fût terminé; & lorsqu'il le seroit, de rassembler des Commissaires de tous les Bureaux, pour régler définitivement l'ordre dans lequel on mettroit les questions en délibération.

MONSIEUR a nommé Messieurs l'Archevêque d'Aix, le Duc de Luxembourg, de Néville, & le Maire de Limoges pour rédiger & motiver cet avis, & a continué le Comité au lendemain dix heures trois quarts du matin, pour examiner la rédaction.

Le Comité s'est séparé à neuf heures.

Du 11 Novembre.

Le lendemain onze Novembre, les Commissaires s'étant rassemblés dans le même ordre à l'heure indiquée, MONSIEUR a ordonné la lecture du projet d'arrêté; & après que Messeigneurs & Messieurs ont eu proposé & discuté les changemens qu'ils ont cru convenables dans quelques expressions, le Comité a unanimement pris l'arrêté qui suit:

Le Comité présidé par MONSIEUR, & formé des Commissaires députés par tous les Bureaux, pour procurer la plus grande célérité dans leur travail & préparer l'uniformité dans l'ordre des délibérations, confidérant que la lifte des queftions préfentées dans le difcours de Monfieur le Directeur général des finances eft le fruit d'un travail réfléchi, que les pièces qui fe rapportent à chacune d'elles font l'objet de recherches fucceffives, & qu'en intervertiffant l'ordre propofé, il feroit à craindre que les renfeignemens fe fiffent attendre, & que le travail fût interrompu ; que dans le moment où toutes ces queftions ne font point encore approfondies, l'Affemblée ne pourroit pas efpérer de les claffer de la manière la plus méthodique ; que lorfqu'un plus ample examen aura fait faifir tous les rapports qui les lient entr'elles, il fera temps de fe fixer fur l'ordre dans lequel elles pourront être foumifes à la délibération ; & que cette marche doit conduire à des réfultats plus prompts & plus fûrs ;

A ARRÊTÉ que tous les Bureaux fuivront l'ordre propofé par Monfieur le Directeur général, dans la difcuffion de toutes les queftions & dans l'examen des pièces inftructives qui doivent être mifes fous leurs yeux ; & qu'avant de former aucun vœu, des Commiffaires des différens Bureaux fe raffembleront à l'effet d'établir la correfpondance & l'uniformité dans l'ordre des délibérations.

MONSIEUR a levé la féance à midi & demi.

Tous les Bureaux fe font enfuite occupés pendant feize jours, de l'examen des queftions qui leur avoient été propofées, en ne formant toutefois que des pré-avis, fans prendre aucun arrêté définitif. Mais comme le premier Comité, ainfi qu'on vient de le voir, n'étoit qu'un acheminement à un fecond, MONSIEUR a fait prévenir tous les Bureaux, qu'il auroit lieu le 27 Novembre ; en conféquence, ils ont nommé la veille chacun quatre nouveaux Commissaires, également munis de pleins pouvoirs, pour y arrêter le plan uniforme du travail de toute l'Assemblée, comme il suit :

SECOND COMITÉ,

Tenu chez MONSIEUR, *les 27 & 28 Novembre 1788.*

Par suite de L'ARRÊTÉ pris au Comité tenu chez MONSIEUR, le 11 de ce mois, & de ceux qu'ont fait hier tous les Bureaux, des Commissaires de tous les Bureaux se sont réunis chez MONSIEUR, cejourd'hui à onze heures du matin.

SAVOIR,

Du premier Bureau.

MONSIEUR.

Monsieur l'Archevêque de Narbonne.
Monsieur le Duc DU CHÂTELET.
Monsieur JOLY DE FLEURY, Doyen du Conseil.
Monsieur le Prévôt des Marchands de Lyon.

Du Second Bureau.

Monseigneur COMTE D'ARTOIS,

Monsieur le Duc DE GUINES.
Monsieur DE MONTYON, Conseiller d'État.
Monsieur le Député de la Noblesse des États de Provence.

N. B. Monsieur l'Archevêque d'Aix qui avoit été nommé, est demeuré absent pour cause d'indisposition.

Du Troisième Bureau.

Monsieur le Maréchal DUC DE BROGLIE.

Monsieur l'Archevêque de Bordeaux.
Monsieur le Duc DE CROŸ.
Monsieur DE VIDAUD, Conseiller d'État.
Monsieur le Député du Tiers-état de Bretagne.

Du Quatrième Bureau.

Monseigneur LE PRINCE DE CONDÉ.

Monsieur l'Archevêque d'Arles.
Monsieur le Marquis DE MIREPOIX.
Monsieur DUPLEIX DE BACQUENCOURT, Conseiller d'État.
Monsieur le Prévôt de Valenciennes.

Du Cinquième Bureau.

Monseigneur LE DUC DE BOURBON.

Monsieur l'Archevêque de Toulouse.
Monsieur le Comte DE CARAMAN.
Monsieur LENOIR, Conseiller d'État.
Monsieur le Maire de Troyes.

Du Sixième Bureau.

Monseigneur LE PRINCE DE CONTI.

Monsieur l'Évêque d'Arras.
Monsieur le Duc DE LUXEMBOURG.
Monsieur DE LA GALAISIÈRE, Conseiller d'État.
Monsieur le Député du Tiers-état de Languedoc.

Monsieur & Monseigneur Comte d'Artois ont pris place sous un dais.

Monseigneur le Prince de Condé, sur la même ligne hors du dais, à droite de Monsieur.

Monseigneur le Duc de Bourbon, de l'autre côté, & de même à gauche de Monseigneur Comte d'Artois.

Monseigneur le Prince de Conti, de même à droite de Monseigneur le Prince de Condé.

Monsieur a jugé qu'il y auroit de l'avantage à placer à côté l'un de l'autre les Commissaires de chaque Bureau; en conséquence, ceux du premier Bureau ont pris place sur le côté droit du cabinet, à la droite de Monseigneur le Prince de Conti.

Ceux du second Bureau, sur le côté gauche du cabinet, à la gauche de Monseigneur le Duc de Bourbon.

Ceux du troisième Bureau, sur le côté droit du cabinet, après ceux du premier.

Ceux du quatrième Bureau, sur le côté gauche du cabinet, après ceux du second.

Ceux du cinquième, après ceux du quatrième, partie sur le côté gauche du cabinet, & partie en face des Princes.

Ceux du sixième Bureau, ensuite & en face des Princes.

Les

Les deux Secrétaires de l'Assemblée tenant la plume sur deux petites tables, hors de rang.

MONSIEUR a fait lire l'arrêté pris le jour d'hier dans son Bureau, & dont la teneur suit :

Le Bureau présidé par MONSIEUR, a arrêté de nommer des Commissaires, lesquels commenceront par établir dans l'ordre qu'ils jugeront convenable, toutes les questions proposées par Monsieur le Directeur général des finances, & ils auront soin d'intercaler à ces questions premières, toutes les questions secondaires que les différens Bureaux auroient agitées. Les Commissaires auront plein pouvoir pour faire cette première opération.

Quand cette première opération sera finie, les Commissaires se communiqueront les avis des divers Bureaux sur toutes ces questions ; ils s'éclaireront réciproquement sur les motifs qui ont décidé les divers Bureaux ; ils en feront un tableau à six colonnes, dont ils feront le rapport au Bureau, lequel prendra alors une délibération sur les instructions ultérieures à donner à ses Commissaires.

Sur quoi MONSIEUR ayant été unanimement supplié de nommer les Commissaires, a fait choix de MESSIEURS,

L'Archevêque de Narbonne.
Le Duc DU CHÂTELET.
JOLY DE FLEURY, Doyen du Conseil.
Le Prévôt des Marchands de Lyon.

MONSIEUR a ensuite exposé que les Commissaires de son Bureau avoient plein pouvoir pour concourir à régler l'ordre des questions sur lesquelles l'Assemblée avoit à délibérer, & la meilleure volonté pour se prêter à cet égard aux vœux des autres Bureaux.

Monsieur l'Archevêque de Narbonne a lû les questions qui ont été traitées au premier Bureau, dans l'ordre selon lequel Messieurs les Notables du premier Bureau s'en sont occupés.

Après quelques observations faites par plusieurs de Messieurs les Commissaires, ceux du premier Bureau ont été priés de faire une seconde lecture de leur travail.

A mesure que chaque question a été énoncée, MONSIEUR a demandé aux Commissaires des divers Bureaux, si elle avoit été traitée dans leurs Bureaux, & s'il en avoit été traité quelqu'une d'analogue qui pût être placée à la suite de celle qu'on venoit de lire.

Ce travail a produit quelques intercalations, à la suite desquelles MONSIEUR a proposé que Messieurs les Conseillers d'État se rassemblassent dans l'après-midi, pour s'assurer s'il n'y auroit pas encore quelques questions qui eussent été traitées dans quelqu'un des Bureaux, & qui pussent être intercalées parmi celles qu'on venoit d'entendre, & qu'ils fissent demain rapport au Comité du résultat de leur travail.

Cette mesure ayant été adoptée unanimement, MONSIEUR a levé la séance à trois heures vingt-cinq minutes, en indiquant le Comité pour demain à onze heures du matin.

Du 28 Novembre.

Le 28, à l'heure indiquée, Messieurs les Commissaires se sont rassemblés en nombre complet, Monsieur l'Archevêque d'Aix ayant pu assister; & la séance reprise dans le même ordre qu'hier, Monseigneur le Prince de Conti adressant la parole à Monsieur, a fait la motion dont la teneur suit :

Monsieur,

Je dois à l'acquit de ma conscience, à la position critique de l'État & à ma naissance, de vous observer que nous sommes inondés d'écrits scandaleux, qui répandent de toutes parts dans le Royaume le trouble & la division.

La Monarchie est attaquée ; on veut son anéantissement, & nous touchons à ce moment fatal.

Mais, Monsieur, il est impossible qu'enfin le Roi n'ouvre pas les yeux, & que les Princes ses frères n'y coopèrent pas.

Veuillez donc, Monsieur, représenter au Roi combien il est important pour la stabilité de son trône, pour les loix & le bon ordre, *que tous les nouveaux systèmes soient proscrits à jamais, & que la constitution & les formes anciennes soient maintenues dans leur intégrité.*

Au reste, Monsieur, quoi qu'il arrive, je n'aurai point à me reprocher de vous avoir laissé ignorer l'excès des maux dont nous sommes accablés, & ceux plus grands encore dont nous sommes menacés; & je ne cesserai de former les vœux les plus ardens pour la prospérité de l'État & le bonheur du Roi qui en est inséparable.

Je terminerai, MONSIEUR, en vous priant de vouloir bien mettre en délibération dans ce Comité où se trouvent rassemblés les Commissaires des différens Bureaux, *s'ils adhèrent ou non* à ce qu'il vous plaise de faire parvenir au Roi tout ce que je viens d'articuler.

Et dans le cas où Messieurs les Commissaires ne se croiroient pas munis de pouvoirs suffisans pour prononcer, je vous supplie, MONSIEUR, de les engager à en référer chacun à leurs Bureaux respectifs, & d'avoir la bonté de leur indiquer un Comité chez vous, à l'effet de vous rendre compte du vœu des Bureaux à cet égard, parce que mon intention n'est pas de vous proposer une chose qu'ils n'approuveroient point.

MONSIEUR ayant mis la matière en délibération, il a été unanimement résolu que, selon le desir de Monseigneur le Prince de Conti, Messieurs les Commissaires en référeroient à leurs Bureaux.

Après quoi Monsieur de Montyon a rendu compte du travail qu'ont fait hier après-midi Messieurs les Conseillers d'État, conformément à ce qui avoit été résolu au Comité hier matin.

Il a lû les questions déjà posées hier, & celles que Messieurs les Rapporteurs des différens Bureaux ont cru devoir y intercaler.

Le Bureau y en a encore ajouté quelques-unes, tirées du discours de Monsieur le Directeur général des finances ; & en résultat, l'ordre des questions a été unanimement arrêté, ainsi qu'il suit :

(*Voyez ci-après les questions en marge des réponses qui y ont été faites dans chaque Bureau*).

(93)

La première partie de la miſſion donnée à Meſ-ſieurs les Commiſſaires, & pour laquelle ils avoient plein pouvoir, aux termes des arrêtés pris avant-hier dans tous les Bureaux, ayant ainſi été remplie, ils ont jugé à propos de ſurſeoir à l'exécution de la ſeconde, juſqu'à ce qu'ils euſſent fait rapport à leurs Bureaux reſpectifs de l'ordre qui venoit d'être arrêté, & qu'ils en euſſent pris des inſtructions ultérieures.

La motion ſuivante a été faite dans ce point de vue par Monſeigneur Comte d'Artois :

L'ordre des queſtions étant établi d'une manière ſtable, il faut s'occuper des moyens qui doivent terminer l'Aſ-ſemblée de la manière la plus prompte & la plus ſûre. On propoſeroit que les Commiſſaires rapportent à leurs Bu-reaux reſpectifs les queſtions dans l'ordre établi au Comité. Les Bureaux s'occuperont tout de ſuite de prendre des délibérations motivées ſur toutes les queſtions ; ils ajouteront de combien de voix chaque délibération l'aura emporté ſur toutes les queſtions. Ce travail fini, les Commiſſaires ſe raſſembleront pour comparer toutes les délibérations, & par ce moyen on parviendra facilement à un réſultat définitif du vœu des Notables ſur toutes les queſtions.

Meſſieurs les Commiſſaires ſont convenus qu'ils la communiqueroient à leurs Bureaux, qui ren-droient compte à MONSIEUR de ce qu'ils arrête-roient à ce ſujet.

MONSIEUR a levé la ſéance à trois heures & demie.

───────────

Dans l'après-midi, Monsieur a porté au Roi la motion que Monseigneur le Prince de Conti avoit faite dans le Comité du même jour, & qu'il l'avoit prié de vouloir bien mettre fous les yeux de Sa Majesté.

Le lendemain le Roi, après avoir pris lecture de cette pièce, l'a renvoyée à Monsieur, avec la lettre fuivante, écrite de la main de Sa Majesté.

LETTRE DU ROI,
à Monsieur.

Je vous renvoie, mon cher Frère, le papier que M.^{r} le P.^{ce} de Conti a remis au Comité hier; après l'avoir examiné, j'ai trouvé que l'objet dont il y étoit queftion, s'écartoit abfolument de ceux pour l'examen defquels j'ai affemblé les Notables; ainfi je défends aux Bureaux de s'en occuper, & ils doivent continuer leur travail ordinaire. M.^{r} le P.^{ce} de Conti, comme les autres Princes de mon Sang, doivent s'adreffer directement à moi, & je les écouterai toujours avec plaifir, quand ils voudront me dire ce qu'ils croiront m'être utile. *Signé* LOUIS.

Faites paffer cette note aux autres Bureaux, n'ayant pas le temps de la recopier.

Tous les Bureaux fe font conformés aux ordres du Roi de ne pas délibérer fur la motion de Monfeigneur le Prince de Conti.

Lorfqu'il s'eft agi de former un vœu fur chacune des queftions arrêtées dans le fecond Comité, des doutes se sont élevés dans plusieurs Bureaux, pour savoir si les avis des Notables sur les objets soumis à leur examen, seroient définitifs ou seulement provisoires. Le plus grand nombre des opinans a pensé que les Bureaux étoient en état de former des avis définitifs; cependant il a été arrêté que Monsieur seroit prié de demander au Roi ses intentions à cet égard.

Le 1.er Décembre, à l'ouverture des Bureaux, il a été fait lecture d'une note écrite de la main du Roi, contenant la réponse de Sa Majesté aux demandes que Monsieur avoit été prié de lui faire au nom des différens Bureaux; cette note étoit conçue en ces termes:

Mon intention est que tous les Bureaux prennent un vœu définitif sur chacune des questions dont la série a été réglée dans le Comité du 28 9.bre & que ces avis suffisamment motivés & développés, me soient remis avec le compte des voix sur chacun d'eux, me réservant de prononcer sur les points que je voudrai qui soient débattus dans l'Assemblée générale. *Signé* LOUIS.

Le 30 Novembre.

Monsieur voudra bien faire passer cette note aux autres Bureaux.

En conséquence de la note qu'on vient de lire, les Bureaux se sont occupés de former des avis définitifs sur toutes les questions. Il a été convenu que ces avis seroient inscrits à mi-marge de chacune des questions; qu'il seroit fait mention du nombre des voix pour & contre, & que des Commissaires de chaque Bureau feroient la rédaction des motifs qui avoient déterminé les avis.

Dès que les réponses sur chaque question ont été arrêtées, on a procédé dans tous les Bureaux à la nomination de Commissaires, pour en rédiger séparément les motifs; leur travail rapporté & discuté dans les séances finales des Bureaux, a été adopté & remis au Roi par les Princes présidens, la veille de l'Assemblée générale.

Comme il auroit été difficile de réunir vis-à-vis de chaque question, les réponses qui y ont été faites dans les six Bureaux, les Secrétaires-greffiers de l'Assemblée ont préféré de donner ici séparément copie des avis motivés de chaque Bureau, & de répéter en marge les cinquante-quatre questions sur lesquelles ils portent. On a cru devoir y joindre les préambules mis en tête de l'arrêté de quelques Bureaux, & les vœux définitifs qu'il leur a paru nécessaire d'ajouter aux avis motivés sur les questions, pour que le présent Procès-verbal contînt en substance le résultat du travail de toute l'Assemblée.

PREMIER

PREMIER BUREAU.

QUESTIONS

Proposées à l'examen des Notables, suivant l'ordre arrêté au Comité tenu chez MONSIEUR, le 28 Novembre 1788.

AVIS ET MOTIFS

Rédigés par les Commissaires du Bureau, & approuvés.

COMMISSAIRES,

MESSIEURS,

L'Archevêque de Narbonne.
Le Baron DE FLACHSLANDEN.
JOLY DE FLEURY, Doyen du Conseil.
BOUTIN, Conseiller d'État.

1.re QUESTION.

Le nombre des Députés doit-il être en raison des Gouvernemens, des Généralités, des Provinces, des Élections, des Diocèses, des Bailliages?

AVIS.

Le Bureau a adopté la nomination par Bailliages, comme étant une forme légale & judiciaire.

ARRÊTÉ unanimement.

MOTIF.

On a pensé que la convocation devoit être faite par Bailliages & Sénéchaussées, attendu que cette forme est ancienne, légale, & que dans l'état actuel on ne peut se passer d'une forme judiciaire.

2.e QUSETION.

1.° De quelle nature doivent être les Bail-

AVIS.

Tout Bailliage royal ayant Bailli d'épée, les cas royaux, le ressort sur

liages qui auront la prérogative de députer directement aux États-généraux ?

d'autres juridictions, & reffortiffant nuement à un Parlement.

Unanimement.

MOTIF.

Parce qu'ils font les Juges reconnus du Clergé & de la Nobleffe.

2.° Doit-on n'accorder cette diftinction, quant aux Provinces qui ont député par Bailliages en 1614, qu'aux feuls Bailliages qui ont député directement à cette époque, foit qu'ils euffent ou non des Baillis d'épée ?

AVIS.

Tous les Bailliages royaux qui ont député en 1614, foit qu'ils euffent des Baillis d'épée ou non, feront appelés à députer, en vertu de leur poffeffion.

Unanimement.

MOTIF.

On n'a pas cru devoir priver les Bailliages admis en 1614, d'une poffeffion acquife auffi ancienne.

3.° Écartera-t-on de la députation directe les Bailliages qui, ayant eu à cette époque des Baillis d'épée, paroiffent n'avoir député que fecondairement ?

AVIS.

On rappellera tous les Bailliages royaux qui avoient eu en 1614 les quatre conditions exprimées ci-deffus, foit qu'ils aient été oubliés, ou qu'ils aient négligé de s'y rendre.

Unanimement.

MOTIF.

On a cru devoir les admettre, parce qu'ayant les mêmes droits & les mêmes fonctions, on n'a pu les priver du même avantage.

4.° Enfin admettra-t-on pour la députation directe les Bailliages créés depuis 1614, avec Baillis d'épée, cas royaux, ressort sur d'autres juridictions, & ressortissant nuement à un Parlement ?

AVIS.

Les Bailliages créés depuis 1614, ayant ces quatre conditions, doivent être appelés, parce qu'ils sont aux mêmes droits que les autres.

Unanimement.

MOTIF.

On s'est déterminé en leur faveur par le même motif.

3.° QUESTION.

Les Provinces ou Pays qui ont député en forme de Pays-d'états en 1614, ou aux trois tenues précédentes, continueront-elles de jouir de cet avantage ?

AVIS.

Les Provinces qui sont actuellement Pays-d'états seront les seules qui enverront aux États-généraux, suivant leurs formes particulières & leurs usages.

PLURALITÉ de 21 voix contre 4.

MOTIF.

On a regardé cette décision comme la seule capable de prévenir des réclamations, attendu que les Provinces, & sur-tout celles qui ont le droit de s'assembler, sont fort attachées à leurs anciens usages.

4.ᵉ QUESTION.

Aura-t-on égard, pour fixer le nombre des députations que chaque Bailliage enverra aux États-généraux, à leur population ?

AVIS.

Il y aura de la différence dans le nombre des députations.

24 voix contre 1.

MOTIF.

On a pensé qu'il y auroit une sorte d'injustice à ne donner qu'un même nombre de Représentans au plus grand & au plus petit Bailliage.

Ou le nombre des députations sera-t-il égal entre tous les Bailliages, sans égard à leur population ?

AVIS.

La population servira de base pour établir la différence.

23 voix contre 2.

MOTIF.

On a préféré la population à la somme de contribution, parce que cette proportion a paru plus facile à connoître & plus juste.

Et dans le premier cas, quelle seroit l'échelle de proportion qu'il faudroit établir entr'eux ?

AVIS.

Tout Bailliage qui aura cent mille habitans & au-dessous, enverra une députation; celui qui en aura de cent mille à deux cents mille, enverra deux députations; & celui qui en aura deux cents mille & au-dessus, enverra trois députations & non plus.

17 voix contre 8.

MOTIF.

On n'a pas cru devoir fe propofer de fuivre un calcul arithmétique, afin de ne pas trop multiplier le nombre des Députés aux États généraux, & l'on a penfé que le plus grand Bailliage feroit fuffifamment repréfenté par trois députations.

5.ᵉ QUESTION.

Quel doit être le nombre refpectif des Députés de chaque Ordre? fera-t-il égal pour chaque députation?

AVIS.

Chaque députation fera compofée d'un Député de l'Ordre de l'Églife, d'un de la Nobleffe, & de deux du Tiers-état, c'eft-à-dire, égalité du Tiers au nombre réuni de l'Églife & de la Nobleffe.

13 voix contre 12.

MOTIFS.

Quand les faits ne préfentent ni mefure ni proportion, quand les exemples fe contrarient & fe détruifent, il eft abfolument néceffaire de fe former des principes d'après la juftice & la raifon.

Les Lettres de convocation depuis 1483 femblent annoncer des difpofitions précifes; elles appellent un Député de chaque Ordre; les unes, un de chaque Ordre *au moins*; les autres, un de chaque Ordre *& non plus*, toutes, fuivant ce qui s'eft pratiqué en pareil cas. C'eft apparemment le vague de cette dernière difpofition qui a produit l'étonnante diverfité que nous remarquons dans l'exécution des Lettres de convocation ; il n'y a qu'un point qui paroisse offrir une espèce d'uniformité, c'est la supériorité du nombre des Députés du Tiers sur celui des Députés de chacun des deux Ordres pris séparément.

En 1483, les Représentans du Tiers surpassent de trente ceux du Clergé, & de trente-deux ceux de la Noblesse.

En 1576, supériorité du Tiers sur le Clergé de quarante-six, sur la Noblesse de soixante-dix-huit.

En 1588, supériorité du Tiers sur le Clergé de cinquante-huit, sur la Noblesse de douze seulement.

En 1614, supériorité du Tiers sur le Clergé de quarante-un, sur la Noblesse de cinquante-sept.

On a droit de penser, d'après ces résultats, que les Bailliages se croyoient autorisés à députer aux États le nombre de Représentans que bon leur sembloit. Faudra-t-il donc prendre pour règle une mesure si incertaine & aussi bizarre ! non, sans doute ; mais ne doit-on pas se rapprocher de l'esprit des faits, quand on est obligé d'en abandonner la lettre ! Or, réduire le nombre des Députés de chaque Ordre à une égalité numérique, n'est-ce point contrarier des faits constans, n'est-ce point interrompre une possession avouée, consentie, consacrée par la Nation même, puisque les Députés nommés à ces diverses époques, ont été admis par les États !

(103)

Il est essentiel d'observer que l'infériorité ou la supériorité de nombre dans les Représentans de chaque Ordre, feront des nuances à peu-près indifférentes toutes les fois que les États opineront par Ordre; mais qu'il n'en est pas de même, s'ils jugent quelquefois à propos d'opiner par tête.

Personne sans doute ne contestera aux États le droit de régler leur police intérieure, l'autorité de déterminer la manière dont les suffrages seront donnés & recueillis. Il ne faut donc pas, en préparant l'organisation des États, créer d'avance des obstacles insurmontables à l'exercice libre de cette précieuse autorité. Les États peuvent craindre que la puissance & la facilité du *veto*, attribuées à chaque Ordre, ne les condamnent, dans des occasions importantes, à l'inaction la plus nuisible au bien du Royaume; il faut donc qu'il y ait des moyens possibles de prévenir cette inaction, & par conséquent d'obtenir des résultats.

Les États peuvent donc & doivent desirer d'opiner quelquefois par tête; or, l'égalité numérique dans les Représentans de chaque Ordre deviendroit dans ce cas, sur-tout quand il sera question d'impôts, une injustice manifeste.

Les trois Ordres doivent certainement demeurer toujours distincts; mais, quoique l'intérêt personnel bien entendu se confonde nécessairement avec l'intérêt général, il y a une foule d'occasions où les rapports qui les unissent ne sont pas facilement aperçus. Il arrivera donc, sur-tout en matière d'impôts, qu'un intérêt commun affociera les deux premiers Ordres, & les oppofera à l'intérêt du troifième.

Alors, malgré la diftinction conftitutionnelle des trois Ordres, il n'y aura que deux intérêts, celui des privilégiés & celui des non privilégiés; alors fi l'égalité numérique des Repréfentans de chaque Ordre a lieu, il exiftera une lutte inégale, & par conféquent injufte, celle de deux contre un.

Que veulent donc ceux qui defirent que le Tiers ait des Repréfentans égaux en nombre à ceux des deux autres Ordres réunis ? Ils veulent ne point impofer de gêne aux États; ils veulent ne point interdire l'exercice éventuel d'une faculté dont perfonne ne peut dépouiller les États, & dont ils pourront, fuivant leur fageffe, ufer ou ne pas ufer.

Ceux qui adoptent l'opinion contraire, paroiffent vouloir profcrire toute autre manière que celle d'opiner par Ordre.

Il a paru aux partifans de la première opinion, qu'il n'y avoit point à balancer, entre prendre des précautions confervatrices de la liberté effentielle des États, ou les afservir d'avance à un régime capable d'enchaîner leur libre activité, & de rendre leur prochaine Affemblée tant defirée, auffi infructueufe que la plupart de celles qui l'ont précédée.

Il a paru que fi frappé de l'injuftice de l'égalité prefcrite jufqu'à préfent dans la repréfentation des plus grands comme des plus petits Bailliages, on eft convenu de

propofer

proposer au Roi d'y remédier, il n'est ni moins juste, ni moins pressant de pourvoir aux inconvéniens de l'égalité numérique des Députés de chacun des Ordres.

AVIS
des douze Membres opposans.

Le nombre des Députés doit être égal dans les trois Ordres.

MOTIFS.

L'égalité du nombre des Représentans des trois Ordres est fondée sur l'égalité d'influence qui leur appartient dans les États-généraux. Le Clergé, la Noblesse, le Tiers-état y diffèrent par leurs rangs; ils y jouissent des mêmes droits, leur privilége commun est d'y accorder volontairement les tributs; leur intérêt particulier est d'y conserver leur indépendance, les délibérations y sont prises par le concours des trois Ordres, & nulle délibération n'est légale, si ce concours n'est intervenu.

Il résulte de ces principes, que le vœu du Tiers-état ne peut pas lier la Noblesse, que le vœu de la Noblesse ne peut pas lier le Clergé, que deux Ordres même réunis ne lieroient pas le troisième, parce qu'il est aussi libre qu'eux; qu'enfin l'égalité des charges que la justice commande, ne peut se maintenir que par l'égalité de la représentation.

Telle est en France la balance des forces publiques; elle ne donne pas au Tiers-état un ascendant injuste sur les autres Ordres, mais elle lui assigne la même mesure de pouvoir ; elle ne l'autorise pas à leur donner la loi, mais elle ne permet pas qu'il la reçoive. La raison avoue ces rapports ; les Ordonnances de 1555 & de 1560 les cimentent ; les États-généraux ne pourroient pas les changer, & nos Rois ne se sont jamais cru permis d'y porter atteinte.

C'est pour cela que les trois Ordres sont appelés en nombre égal aux Assemblées de la Nation, depuis que des formes régulières y ont été suivies. Les Lettres de convocation en renferment la preuve depuis plusieurs siècles, & leur expression n'a pas varié depuis 1483.

Vainement on diroit que la pratique des trois Ordres n'y a pas été conforme, puisque la pluralité des Députés n'a pas multiplié les suffrages par Bailliages, ainsi qu'elle n'a produit que le même nombre de voix par Gouvernement.

L'attribution au Tiers-état d'une représentation égale à celle des deux premiers Ordres réunis renverseroit toutes ces idées, en même temps qu'elle confondroit tous les droits ; elle conduiroit à la forme de délibérer par tête, elle en inspireroit la pensée, elle en feroit chercher les moyens ; & qui pourroit en calculer les funestes conséquences !

C'est vers cet objet important que la première délibération des États seroit forcément dirigée, & son effet seroit d'y produire la plus orageuse fermentation.

La Noblesse & le Clergé craindroient avec raison que cette intervertion des formes ne les privât de la liberté que notre conſtitution leur aſſure, que la plus exacte juſtice réclame pour eux, & ils ne négligeroient rien pour la défendre. Le Tiers-état y apercevroit l'eſpoir d'acquérir la ſupériorité par le nombre, de fixer en ſa faveur la prépondérance des ſuffrages, & il réſiſteroit difficilement au deſir de ſe les procurer. Ou le nouvel équilibre des forces y prendroit de la conſiſtance, & alors l'Aſſemblée tomberoit dans une éternelle inaction; ou les Ordres y délibéreroient, & ce ne ſeroit qu'en ſe dominant tour-à-tour, qu'on empiéteroit les uns ſur les autres.

Sous cette étrange conſtitution, il ſeroit poſſible que les intérêts d'un Ordre fuſſent ſtipulés ſans miſſion par les Députés des deux autres; qu'il ne ſe formât plus de vœu national, parce que le concours des trois Ordres n'en légitimeroit aucun; que toutes les délibérations fuſſent attaquées de nullité, parce que chaque Ordre n'auroit donné de pouvoir que pour traiter de ſes intérêts; que le Tiers-état même, quoique le plus nombreux, vît s'anéantir ſon indépendance, s'il arrivoit qu'un ou deux de ſes Membres ſe détachaſſent du vœu qu'il auroit formé; qu'une Nation immenſe fût tout-à-coup livrée à la plus affligeante verſatilité de principes, parce que l'Ordre prédominant pourroit les changer à ſon gré.

Il ſeroit ſur-tout à craindre qu'au milieu de tant d'agitations, il ne s'élevât des doutes ſur la légalité des tributs, parce que les Ordres ne les croiroient pas conſentis par leurs Représentans légitimes, & que le résultat de ces incertitudes ne fût de laisser le trésor public sans ressources, & l'autorité sans moyens.

Entraînés par ces motifs, douze Membres du Bureau de MONSIEUR ont pensé que le nombre respectif des Représentans des trois Ordres ne devoit être l'objet d'aucun changement; que le Tiers-état devoit respecter les limites antiques que notre constitution lui assigne; que, satisfait d'être indépendant & libre, il ne devoit pas aspirer à donner la loi; que l'égalité des trois Ordres n'intéressoit pas moins le Souverain que toutes les classes de ses Sujets; que le Tiers-état seroit moins fondé à ne pas se rendre aux États-généraux, sous le prétexte de ne pas y avoir la double représentation qu'il desire, que la Noblesse & le Clergé à s'en éloigner s'ils se croyoient menacés de perdre leur indépendance ; qu'enfin Sa Majesté, en cherchant à prévenir tous les maux que la diversité des opinions peut produire, balanceroit dans sa sagesse ce qu'Elle doit d'une part à des prétentions nouvelles, & ce qu'Elle doit accorder de l'autre à une possession fondée sur notre constitution & sur nos loix.

AVIS.

Arrêté qu'il n'y avoit pas lieu à délibérer.

21 voix contre 4.

6.ᵉ QUESTION.

Quelle a été & quelle pourroit être la forme de délibérer des trois Ordres dans les États-généraux ?

MOTIF.

On a pensé que c'étoit aux États-généraux à y pourvoir quand ils seront assemblés.

7.ᵉ QUESTION.

A qui les Lettres de convocation doivent-elles être adressées ?

AVIS.

Les Lettres *adressantes* aux Baillis & Sénéchaux, seront envoyées aux Gouverneurs pour les leur faire passer.

Unanimement.

MOTIF.

On a cru cette voie convenable & conforme d'ailleurs à ce qui s'est pratiqué en plusieurs occasions.

8.ᵉ QUESTION.

Dans quelle forme chacun des trois Ordres sera-t-il convoqué & cité ?

AVIS.

Dans la forme de 1614.

Unanimement.

MOTIF.

On s'y est déterminé par les mêmes raisons qui ont décidé l'opinion sur la première question.

9.ᵉ QUESTION.

Les Bénéficiers dans l'Ordre du Clergé, & les possesseurs de fiefs dans l'Ordre de la

AVIS.

Ils seront seuls assignés personnellement, les Bénéficiers, les Corps & Communautés ecclésiastiques au chef-lieu de leur établissement, & les

Nobleſſe ſeront-ils aſ-ſignés ? ſeront-ils les ſeuls aſſignés ? & où ſeront-ils aſſignés ?

Nobles, au principal manoir du fief; & Sa Majeſté ſera ſuppliée de pourvoir aux moyens d'épargner les frais, & notamment d'accorder l'exemption des droits de contrôle.

Tous les autres Eccléſiaſtiques & Nobles ſeront avertis par les affiches & publications.

Unanimement.

MOTIF.

Les Bénéficiers & Seigneurs de fiefs ont de tout temps joui de cette prérogative, & on n'a jamais aſſigné perſonnellement les autres Eccléſiaſtiques & Nobles, par la difficulté de connoître leurs domiciles; & par la crainte de trop multiplier les aſſignations.

10.ᵉ QUESTION.

Les Membres du Clergé & de la Nobleſſe, ſoit qu'ils ſoient aſſignés à leurs bénéfices ou à leurs fiefs, ſoit qu'ils ſoient ſeulement convoqués par les affiches & publications, ſeront-ils convoqués aux Bailliages inférieurs ou aux Bailliages ſupérieurs ?

AVIS.

Le Clergé & la Nobleſſe ne ſeront convoqués qu'aux Bailliages ſupérieurs.

Unanimement.

MOTIF.

On a cru devoir ſe conformer à l'ancien uſage, & avec d'autant plus de raiſon, que le Clergé & la Nobleſſe reconnoiſſent les Bailliages pour leurs juges naturels.

11.ᵉ QUESTION.

Dans quelle forme les Ecclésiastiques & les Nobles qui n'auront pas été cités personnellement, justifieront-ils de leurs titres & qualités pour voter ?

AVIS.

Tout particulier qui prétendra être admis comme Ecclésiastique dans la classe du Clergé, & comme Noble dans l'Assemblée de cet Ordre au Bailliage, justifiera de ses qualités pour être admis dans un de ces Ordres ; & s'il se trouve quelque difficulté, le Bailli y pourvoira provisoirement, de l'avis de quatre Ecclésiastiques ou de quatre Gentilshommes qu'il s'associera.

Unanimement.

MOTIF.

Il a paru indispensable pour ne pas retarder les Assemblées, de donner un moyen de statuer provisoirement sur les difficultés qui pourront s'élever à cet égard, & l'on a cru cette forme moins susceptible d'inconvénient qu'un jugement qui seroit rendu par l'un des deux Ordres.

12.ᵉ QUESTION.

Dans les Assemblées de Bailliage, à qui appartiendra la présidence, quand les Ordres seront réunis ?

A qui appartiendra-t-elle dans chacun, lorsqu'ils seront séparés ?

AVIS.

Le Bailli ou son Lieutenant présidera d'abord la totalité de l'Assemblée au moment où elle se formera ; il a le même droit, lorsque les trois Ordres restent unis pour choisir leurs Députés, comme cela s'est pratiqué autrefois dans quelques Bailliages.

Le Bailli d'épée, s'il est présent, présidera-t-il de droit la Noblesse ? & en son absence par qui sera-t-elle présidée ?

Qui présidera le Clergé ?

Qui présidera le Tiers-état ?

Si les Ordres se séparent, le plus élevé en dignité dans le Clergé préside cet Ordre, le Bailli préside la Noblesse, son Lieutenant préside le Tiers.

En cas d'absence du Grand-Bailli, on estime que le plus âgé des Nobles devra présider l'Assemblée de la Noblesse, pour qu'elle procède au choix d'un Président.

Unanimement.

MOTIF.

On s'est décidé sur toutes ces questions d'après le droit, les convenances & les plus anciens usages.

13.ᵉ QUESTION.

Quel âge sera nécessaire pour être électeur ou éligible dans chacun des trois Ordres ?

AVIS.

La majorité, suivant la coutume de la Province.

Unanimement.

MOTIF.

On a cru, en fixant la majorité, devoir respecter les coutumes des différentes Provinces.

14.ᵉ QUESTION.

Quelles conditions seront nécessaires pour être électeur ou éligible dans l'Ordre du Clergé ?

AVIS.

Toutes personnes engagées dans les Ordres sacrés, & tout Clerc possédant des biens ecclésiastiques, sera électeur ou éligible.

21 voix contre 4.

MOTIF.

MOTIFS.

On a compris dans l'Ordre du Clergé tous les Ecclésiastiques constitués dans les Ordres, parce qu'ils ont un état irrévocable & permanent.

On a cru devoir aussi y comprendre les Clercs qui n'étant pas dans les Ordres ont des bénéfices, à raison de l'intérêt que leur donnent leurs propriétés ecclésiastiques.

On a étendu l'avantage de l'éligibilité à tous les électeurs, parce qu'on a pensé que la confiance ne devoit pas être restreinte.

15.ᵉ QUESTION.

Y aura-t-il quelque distinction pour ces deux qualités? & admettra-t-on quelque proportion entre les différens Ordres qui composent le Clergé?

AVIS.

Tous les membres du Clergé majeurs, excepté les simples Clercs sans bénéfices, devant être électeurs ou éligibles, la confiance seule devra déterminer le choix des Députés de cet Ordre, de quelque classe qu'ils soient.

Unanimement.

MOTIF.

On vient de s'expliquer sur le motif qui a décidé à n'admettre aucune distinction dans la qualité d'électeur & d'éligible.

Les États-généraux ne connoissent que trois Ordres.

16.ᵉ QUESTION.

Un Ecclésiastique engagé dans les Ordres

AVIS.

L'Ecclésiastique engagé dans les Ordres sacrés, doit de sa personne

sacrés, ne possédant point de bénéfices, mais ayant un ou plusieurs fiefs, ou des biens ruraux, dans quel Ordre se rangera-t-il ? & si l'on admet le droit de se faire représenter, dans quel Ordre pourra-t-il choisir son Représentant ?

17.ᵉ QUESTION.

Les membres de l'Ordre de Malte seront-ils rangés dans l'Ordre de la Noblesse ou dans celui du Clergé ? & quelles conditions seront nécessaires pour les rendre électeurs ou éligibles dans l'un ou l'autre Ordre ?

voter dans l'Ordre du Clergé, dans le Bailliage où il fait sa résidence. S'il a des fiefs dans un autre Bailliage, il pourra s'y faire représenter par un Noble.

20 Voix contre 5.

MOTIF.

Cette décision a pour motif les principes déjà adoptés.

AVIS.

1.º Tous les individus qui composent l'Ordre de Malte en France, doivent avoir des Représentans.

2.º L'Ordre de Malte étant un Ordre religieux, doit par conséquent faire partie du Clergé.

3.º Quant aux diverses classes qui composent cet Ordre, on pourroit s'attacher à ce qui suit :

Admettre dans le Clergé :

1.º Les Baillis & Commandeurs.

2.º Les Profès sans bénéfices.

3.º Les Novices possédant des bénéfices ecclésiastiques.

4.º Les Servans & tous les Ecclésiastiques engagés dans les Ordres, liés par des vœux & possédant des bénéfices dans l'Ordre, ou d'autres biens ecclésiastiques.

Renvoyer dans la Noblesse les Novices ne possédant point de bénéfices; dans le Tiers-état les Frères-servans qui n'ont point fait de vœux, & ne possèdent aucun bénéfice.

Unanimement.

MOTIF.

Ils ont été admis à être représentés aux États-généraux, parce qu'ils sont sujets du Roi; placés dans l'Ordre ecclésiastique, parce qu'ils sont religieux, & l'on y a compris les non Profès possédant bénéfices, à raison de leurs propriétés ecclésiastiques.

18.ᵉ QUESTION.

Dans quel Ordre seront rangés les Colléges & les Hôpitaux qui possèdent des fiefs, des bénéfices ou des biens ruraux ?

AVIS.

Ils n'auront point de Représentans particuliers, leurs biens étant sous la protection des trois Ordres, & leurs fiefs dormant entre leurs mains.

Unanimement.

MOTIF.

Les motifs sont compris dans l'avis.

19.ᵉ QUESTION.

Quelles conditions seront nécessaires pour être électeur ou éligible dans l'Ordre de la Noblesse ?

AVIS.

Tous les Nobles doivent être électeurs & éligibles dans cet Ordre.

Unanimement.

P ij

20.ᵉ QUESTION.

Les propriétaires de fiefs seront-ils seuls admissibles aux États-généraux ? les Gentilshommes possédant une propriété quelconque, auront-ils le même droit ? & quelle devra être l'étendue de la propriété seigneuriale ou rurale nécessaire, soit pour être éligible, soit pour être électeur ?

21.ᵉ QUESTION.

Sera-t-il convenable d'exiger un certain degré de Noblesse, soit pour être électeur, soit pour être éligible ?

MOTIFS.

On s'est décidé pour l'éligibilité dans l'Ordre de la Noblesse, par les mêmes raisons qui ont déterminé pour le Clergé.

On a cru au surplus devoir admettre comme Nobles tous ceux qui sont réputés tels aux yeux de la loi.

AVIS.

Répondu négativement par l'avis sur l'article précédent.

Unanimement.

MOTIF.

Cette question a été décidée par les mêmes motifs qui ont déterminé l'avis sur la dix-neuvième question.

AVIS.

On reconnoîtra pour Noble toute personne jouissant de la noblesse acquise & transmissible.

Unanimement.

MOTIF.

Cette question a été décidée par les mêmes motifs qui ont déterminé l'avis sur la dix-neuvième question.

22.ᵉ QUESTION.

Quelle seroit alors la participation aux États-généraux, des Nobles d'une création récente?

A V I S.

Décidé par l'avis sur la question précédente.

Unanimement.

M O T I F.

Cette question a été décidée par les mêmes motifs qui ont déterminé l'avis sur la dix-neuvième question.

23.ᵉ QUESTION.

Quelles conditions seront nécessaires pour être électeur ou éligible dans l'Ordre du Tiers, soit dans les Communautés de campagne, soit dans les Villes qui ne sont pas dans l'usage de députer directement aux États-généraux?

A V I S.

Tout habitant domicilié, régnicole, majeur selon les loix de sa Province, aura droit d'être électeur dans les Villes & dans les Communautés de campagne.

Tout électeur sera éligible pour aller porter le vœu de la Communauté au Bailliage.

La qualité d'électeur dans une Assemblée secondaire, suffira pour pouvoir être Député à une Assemblée supérieure, la confiance seule devant déterminer les choix.

21 voix contre 4.

M O T I F S.

On a pensé qu'il ne devoit y avoir aucun sujet du Roi qui ne dût concourir ou médiatement ou immédiatement au choix de son Représentant aux États-généraux.

Et à l'égard de l'éligibilité, comme on la fait dépendre de la confiance, on a cru ne devoir admettre aucune distinction qui pût la restreindre.

24.ᵉ QUESTION.

La valeur de la propriété susceptible de discussion, doit-elle être prise pour mesure ; ou faut-il choisir pour règle la quotité des impositions ?

A V I S.

Répondu par l'avis sur la question précédente.

21 voix contre 4.

M O T I F.

Cette question a été décidée par les mêmes motifs qui ont déterminé l'avis sur la vingt-troisième question.

25.ᵉ QUESTION.

Cette mesure de propriété ou de contribution doit-elle varier suivant la richesse des Provinces ?

A V I S.

Répondu par l'avis sur le N.º 23.

21 voix contre 4.

M O T I F.

Cette question a été décidée par les mêmes motifs qui ont déterminé l'avis sur la vingt-troisième question.

26.ᵉ QUESTION.

Les membres du Tiers, même les plus riches, tels que les Négocians, les Chefs de Manufactures & les Capitalistes, n'ayant pas toujours des propriétés foncières, la mesure de l'imposition

A V I S.

Répondu par l'avis sur le N.º 23.

21 voix contre 4.

M O T I F.

Cette question a été décidée par les mêmes motifs qui ont déterminé l'avis sur la vingt-troisième question.

territoriale peut-elle être généralement applicable à la faculté d'élire ou d'être élu dans le Tiers-état ?

27.ᵉ QUESTION.

Quelles formes devront être observées pour la convocation & la tenue des Assemblées pour les diverses élections ?

Et d'abord pour les Communautés de campagne ?

Les Seigneurs nobles & les Curés pourront-ils y voter, & même y assister ?

La présence d'un Juge ou autre Officier public y sera-t-elle nécessaire ?

A V I S.

Pour la forme de la convocation en général, comme en 1614.

Quant à la forme des Assemblées des Communautés, le Roi pourroit se borner à prescrire qu'elles se tinssent selon l'usage ordinaire, parce qu'étant fréquentes, chacun sait ce qui s'y pratique, au lieu que si l'on y introduisoit des changemens, on risqueroit d'y jeter la confusion.

Les Curés ni les Seigneurs ne doivent assister à ces Assemblées, parce qu'ils sont appelés à voter ou dans l'Ordre du Clergé, ou dans celui de la Noblesse.

La présence d'un Officier public quelconque sera nécessaire.

Unanimement.

M O T I F S.

On a suivi les usages comme la règle la plus connue & la plus sûre.

Quant au nombre des Députés, il a paru convenable de le régler sur la population, &

on a déterminé une proportion la plus capable de rendre la représentation suffisante, sans la rendre trop nombreuse.

On a cru que les Seigneurs & les Curés ne devoient pas assister à ces Assemblées, parce qu'ils étoient appelés à voter dans les Ordres auxquels ils appartiennent.

On a cru devoir statuer sur la nécessité d'un Officier public quelconque, pour que les délibérations des Communautés fussent présentées dans une forme plus régulière.

28.ᵉ QUESTION.

Ceux qui sont aux gages d'autres personnes, soit ecclésiastiques, soit laïques, ou dans leur dépendance quelconque, seront-ils électeurs ou éligibles dans l'Ordre du Tiers-état ?

AVIS.

Tous les Domestiques attachés à la personne, & n'ayant pas d'autre domicile que celui de leurs Maîtres, ne seront ni électeurs ni éligibles, à moins qu'ils ne possèdent des biens, & ne soient mis à ce titre au rôle des impositions.

Unanimement.

MOTIF.

Le motif de cette décision a été la dépendance trop absolue des Domestiques qui n'ont ni domiciles personnels, ni propriétés.

29.ᵉ QUESTION.

Les membres du Tiers-état pourront-ils élire pour leurs Députés des membres d'un autre

AVIS.

Chaque Ordre ne pourra choisir ses Représentans que dans son Ordre, sans que cette disposition puisse priver de la faculté de représenter pour le Tiers,

Ordre, ou jouissant des priviléges auxquels leur Ordre ne participe pas?

Tiers, les Officiers municipaux qui seroient de l'un des deux premiers Ordres.

Unanimement.

MOTIF.

On a pensé que la masse des lumières répandues sur le Tiers-état étoit trop considérable, pour qu'il ne trouvât pas facilement dans son Ordre des Représentans éclairés.

30.ᵉ QUESTION.

Les électeurs, de quelque Ordre qu'ils soient, pourront-ils élire pour leurs Représentans des personnes absentes, ou qui n'auroient pas le droit d'être admises dans l'Assemblée?

AVIS.

Les électeurs, de quelque Ordre qu'ils soient, pourront élire pour leurs Représentans aux États-généraux, des personnes absentes, pourvu qu'elles aient les qualités requises pour être électeurs & éligibles dans quelque province que ce soit.

Unanimement.

MOTIF.

On a cru devoir étendre la liberté à cet égard aussi loin qu'elle peut être portée, sans inconvénient.

31.ᵉ QUESTION.

Quelles sont les Villes qui députeront directement aux États-généraux?

AVIS.

Il a passé à *l'unanimité* d'accorder le privilége de députer directement aux États-généraux, aux Villes qui en ont la possession, en suivant les formes anciennes; & il a passé à la pluralité de *19 voix contre 5*, de s'en rapporter au Roi sur les autres Villes auxquelles Sa Majesté jugera à propos d'accorder le même avantage, en suppliant Sa Majesté de considérer l'influence que sa décision pourroit avoir relativement aux différens avis qui ont été proposés sur la cinquième question.

MOTIF.

Le respect pour la possession a fait penser que les Villes qui avoient député directement en 1614, devoient continuer à jouir de cet avantage.

Et en s'en rapportant à la sagesse du Roi sur l'extension de cette faveur à d'autres Villes, le Bureau a cru devoir supplier Sa Majesté de considérer l'influence que le nombre plus ou moins grand de ces Villes pourroit avoir sur la représentation du Tiers-état.

AVIS.

32.ᵉ QUESTION.

Dans quelle forme ces Villes doivent-elles procéder à la convocation & à la tenue des Assemblées destinées aux différentes élections?

Les Assemblées d'élection dans les Villes, seront convoquées & tenues selon les formes qui y sont usitées.

Ces mêmes Villes concourront-elles en outre à l'Assemblée d'élection de leur Bailliage?

Ces Villes concourront à l'Assemblée de leurs Bailliages, dans la proportion indiquée dans l'article suivant.

Tout Citoyen domicilié y sera-t-il admis pour être électeur ou éligible, sans distinction d'Ordre ni de rang?

Tous les Citoyens domiciliés sans distinction d'Ordre, doivent être appelés à l'Assemblée qui sera convoquée pour la nomination des Députés, & pour arrêter les cahiers.

Unanimement.

MOTIF.

On a pensé que l'intérêt commun devoit faire disparoître dans cette occasion la distinction des Ordres, & qu'il suffisoit d'être habitant de la Ville, pour pouvoir concourir à l'élection de son Représentant.

33ᵉ. QUESTION.

Y a-t-il quelque proportion à observer pour le nombre respectif des Députés des Villes, & des Députés des Campagnes?

AVIS.

Toutes les Communautés de campagne de deux cents feux & au-dessous auront un Député à l'Assemblée bailliagère; celles au-dessus de deux cents feux pourront en avoir deux; les Villes de trois mille habitans & au-dessous pourront également envoyer deux Députés; celles de trois mille jusqu'à six mille pourront en envoyer trois; celles de six mille jusqu'à douze mille pourront en envoyer quatre; celles de douze mille jusqu'à dix-huit mille pourront en envoyer cinq; & enfin celles de dix-huit mille & au-dessus pourront en envoyer six

& non plus, quelle que soit leur population.

23 voix contre 1.

MOTIF.

On s'est déterminé par les mêmes motifs qui ont influé sur la proportion du même genre, établie sur la quatrième question, concernant la représentation des Bailliages.

AVIS.

Liberté entière dans le choix.

Unanimement.

MOTIF.

On ne doit pas admettre différentes classes dans l'Ordre du Tiers-état, & on a cru devoir s'en rapporter à l'intérêt des Villes commerçantes pour le choix de leurs Représentans.

34.ᵉ QUESTION.

Si quelques grandes Villes de commerce sont admises à députer directement aux États-généraux, le ou les Députés seront-ils élus parmi les Négocians seuls, & en quelle forme ?

AVIS.

Les mêmes formes qui ont été prescrites au N.° 32 pour les Villes qui députent directement.

Unanimement.

MOTIF.

Les mêmes motifs qui ont décidé sur l'article 32.

35.ᵉ QUESTION.

Quelles sont les formes qui devront être observées dans les Villes qui ne députent qu'aux Bailliages secondaires ou principaux ?

AVIS.

Répondu par l'avis sur l'article 33.

Unanimement.

36.ᵉ QUESTION.

Dans quelles proportions les Communautés de campagne, ou les

Villes plus ou moins considérables, auront-elles la faculté de nommer des Députés, soit aux Bailliages secondaires, soit aux Bailliages principaux ou Sénéchaussées?

37.e QUESTION.

Quel sera le nombre des Députés que les Bailliages ou Juridictions secondaires auront le droit d'envoyer au Bailliage principal, suivant le nombre facultatif des Députés des Villes & des Communautés de campagne qui composent leur ressort?

38.e QUESTION.

Chaque Bailliage principal ne sera-t-il pas obligé de suivre la même règle de proportion, & d'avoir pour cet effet une Assemblée préliminaire?

MOTIF.

Et par les mêmes motifs.

AVIS.

Chaque Bailliage secondaire sera autorisé à envoyer à l'Assemblée du Bailliage principal, le quart des Députés qu'il aura eu le droit de réunir dans son Assemblée particulière.

Unanimement.

MOTIF.

On a cru devoir établir une juste proportion entre les Communautés qui députent aux Juridictions secondaires, & celles qui députent aux Bailliages principaux.

On l'a fixé au quart, pour que les Assemblées de Députés ne fussent ni trop ni trop peu nombreuses.

AVIS.

Le Bailliage principal tiendra une Assemblée préliminaire, dans laquelle il nommera le quart de ses Représentans pour assister à l'Assemblée générale de Bailliage, qui nommera les Députés aux États-généraux.

Le quart des Députés fixé dans cet article & dans le précédent, sera calculé non sur le nombre des présens, mais sur le complet des Députés qui seroient arrivés à ces Assemblées, si chaque Ville ou Communauté avoit usé pleinement de son droit.

Unanimement.

MOTIF.

On a donné ci-dessus les motifs de cette décision.

39.ᵉ QUESTION.

Les Ordres doivent-ils délibérer séparément aux Assemblées qui députent directement aux États-généraux ?

A V I S.

Liberté de faire comme il leur plaira.

21 voix contre 3.

MOTIF.

On a cru inutile de prescrire aucune règle à cet égard.

40.ᵉ QUESTION.

Pourra-t-on être électeur ou éligible dans les diverses Communautés ou Bailliages où l'on aura des propriétés, soit transmissibles, soit usufruitières ?

A V I S.

Les propriétaires habitans des bourgs & villages ne pourront délibérer & donner leurs voix que dans le lieu de leur domicile.

De même les habitans d'une Ville ne pourront être admis à donner leur suffrage & à délibérer que dans le lieu de leur domicile ordinaire.

21 voix contre 3.

MOTIF.

On a cru devoir suivre la règle du domicile, comme étant la feule conftante, & d'ailleurs on a voulu éviter que le même individu ne pût voter dans plufieurs Communautés.

41.ᵉ QUESTION.

Les Bénéficiers ou les poffeffeurs de fiefs pourront-ils, & pourront-ils feuls fe faire repréfenter par des fondés de procuration ?

AVIS.

Les Eccléfiaftiques affignés à leurs bénéfices, & les Nobles affignés à leurs fiefs, auront la faculté de fe faire repréfenter par des fondés de procuration. Tous ceux qui ne feront point affignés perfonnellement, de quelque Ordre qu'ils foient, ne pourront point donner de procuration.

19 voix contre 5.

MOTIF.

On a cru néceffaire d'accorder cette faculté aux propriétaires de bénéfices & de fiefs, à raifon des devoirs de leur état qui peuvent néceffiter leur abfence.

42.ᵉ QUESTION.

Si du même titre de bénéfice, ou du même fief dépendent des biens fitués dans différens Bailliages qui députent directement aux États-généraux, le poffeffeur aura-t-il le droit d'avoir voix, ou de fe faire repréfenter dans chaque Bailliage, ou feulement dans celui du chef-lieu de fon bénéfice ou de fon fief ?

AVIS.

Il ne doit être affigné qu'au chef-lieu du bénéfice, ou au principal manoir du fief, conféquemment à l'avis fur le N.° 9.

Unanimement.

MOTIF.

On a cru qu'il ne devoit être autorifé à voter ou à fe faire repréfenter, qu'en conféquence de l'affignation qu'il a dû recevoir au principal manoir du bénéfice ou du fief.

43.ᵉ QUESTION.

Les Bénéficiers ou les possesseurs de fiefs pourront-ils voter ou donner autant de procurations qu'ils possèdent de bénéfices ou de fiefs dans le ressort du même Bailliage ? ne le pourront-ils que dans les différens Bailliages ?

AVIS.

Un Ecclésiastique qui auroit plusieurs bénéfices, ou un Noble plusieurs fiefs dans le même Bailliage, ne pourroit point donner plusieurs procurations pour voter en son nom ; mais il pourroit voter, ou se faire représenter dans tous les Bailliages où il posséderoit des corps de bénéfice ou de fief.

Unanimement.

MOTIF.

On a cru ne devoir pas accorder une trop grande influence à la même personne dans le même Bailliage.

44.ᵉ QUESTION.

Les non-Nobles possédant des fiefs nobles pourront-ils se faire représenter, & par qui ?

AVIS.

Ils ne pourront se faire représenter.

Unanimement.

MOTIF.

Parce que, quoique possesseurs d'un fief noble, ils n'ont pas le droit d'entrer dans l'Ordre de la Noblesse, ni par conséquent de s'y faire représenter.

45.ᵉ QUESTION.

Accordera-t-on aux Ecclésiastiques & aux Nobles non possédant bénéfices ou fiefs, & aux membres du Tiers-état la faculté de se

AVIS.

Tous ceux qui ne seront point assignés personnellement, de quelque Ordre qu'ils soient, ne pourront point donner de procurations.

Unanimement.

MOTIF.

faire représenter aux élections ?

46.ᵉ QUESTION.

Les mineurs, les veuves, les filles & les femmes possédant divisément, pourront-ils se faire représenter, & par qui ?

MOTIF.

On a pensé qu'il falloit restreindre le droit de se faire représenter personnellement, sans quoi on auroit multiplié à l'infini les procurations.

AVIS.

Les mineurs, les filles majeures, les veuves & les femmes possédant divisément, nobles & possédant des fiefs nobles, pourront se faire représenter, en se conformant aux différentes loix & coutumes dans lesquelles lesdits fiefs seront situés.

Les Bénéficiers mineurs pourront aussi se faire représenter; mais les procurations ne pourront être conférées qu'à des Membres du même Ordre que celui du commettant.

Unanimement.

MOTIF.

Leur droit de se faire représenter a paru être une conséquence de leurs propriétés ou possessions.

47.ᵉ QUESTION.

Les Ecclésiastiques ou les Nobles, ainsi que ceux du Tiers-état qui ne seront pas cités personnellement, pourront-ils voter comme élec-

AVIS.

Ils ne pourront voter que dans le lieu de leur domicile, conséquemment aux avis précédens sur les articles 40 & 42.

Unanimement.

R

teurs dans les différens lieux où ils auroient des propriétés, ou seulement dans celui de leur domicile ?

48.ᵉ QUESTION.

Si les procurations sont admises, combien pourra-t-on en réunir sur la même tête ?

Seront-elles générales ou spéciales ? & le fondé sera-t-il du même Ordre que son commettant ?

Ces procurations pour élire s'étendront-elles à la rédaction des cahiers ? & le procureur fondé aura-t-il pour cette rédaction autant de voix que pour les élections ?

MOTIF.

Mêmes motifs que pour les décisions des articles 40 & 42.

AVIS.

Sur la première partie de cette demande, il a passé à *l'unanimité* qu'une même personne ne pourra être chargée de plus de deux procurations ; qu'elles pourront être générales ou spéciales, & qu'elles ne pourront être données qu'à une personne du même Ordre que le possesseur, & du même Bailliage où est situé le bénéfice ou le fief ; & sur la dernière partie à la pluralité de *17 voix contre 7*, que l'on n'auroit égard dans la rédaction des cahiers qu'aux suffrages des présens.

MOTIFS.

1.° On a prévu les inconvéniens qui résulteroient de la trop grande influence qu'auroit une même personne, si elle pouvoit cumuler sur sa tête plus de deux procurations.

2.° On a pensé qu'il y auroit de l'inconvénient à introduire dans les Assemblées de Bailliage, des étrangers qui n'y seroient pas connus, ou qui seroient d'Ordre différent.

3.° On a pensé que pour voter à la

rédaction des cahiers, il falloit pouvoir assister personnellement à la discussion qui s'en feroit, & d'après laquelle les différens articles seroient admis ou rejetés.

49.ᵉ QUESTION.

Devra-t-on nommer expressément dans la procuration celui à qui on la donnera ?

AVIS.

On a pensé qu'on ne devoit point gêner la liberté sur la forme de la procuration.

21 voix contre 3.

MOTIF.

La réponse indique suffisamment le motif qui l'a déterminée.

50.ᵉ QUESTION.

Les élections se feront-elles à haute voix ou au scrutin ?
Distinguera-t-on à cet égard les différentes sortes d'Assemblées ?

AVIS.

A haute voix pour les Assemblées des Communautés de campagne.

Unanimement.

A haute voix pour toutes les autres Assemblées.

14 voix contre 10.

MOTIF.

On ne s'est pas dissimulé les inconvéniens des deux méthodes; mais on a moins craint ceux de l'influence que ceux de l'intrigue.

51.ᵉ QUESTION.

Pourra-t-on nommer un suppléant dans chaque Ordre pour remplacer le ou les Députés aux États-généraux,

AVIS.

Chaque Assemblée nommera d'autres Députés destinés à remplacer les premiers, en cas de mort, de maladie ou d'empêchement.

en cas de maladie ou de légitime empêchement, lequel n'aura de miſſion qu'au défaut du Député qu'il ſera deſtiné à repréſenter !

52.ᵉ QUESTION.

Si une même perſonne eſt nommée Député dans pluſieurs Bailliages, ſera-t-elle tenue d'opter le Bailliage dont elle voudra être le Repréſentant; & dans ce cas ſera-t-elle remplacée de droit dans les autres Bailliages, par celui qui, après l'élu, aura réuni le plus de ſuffrages !

Chaque Bailliage pourvoira de la même manière au remplacement de tous ſes Députés par un nombre égal de ſubrogés.

Unanimement.

MOTIF.

On a cru cette précaution néceſſaire pour aſſurer la repréſentation, ſans néceſſiter de nouvelles Aſſemblées.

AVIS.

Une même perſonne nommée Député dans pluſieurs Bailliages, ſera obligée d'opter.

Unanimement.

Pluſieurs Bailliages ne pourront remettre leurs ſuffrages entre les mains d'une même perſonne.

17 voix contre 7.

Ce ne pourra être qu'un ſuppléant, élu dans la même forme que le Député qui remplacera la perſonne élue dans différens Bailliages pour ceux qu'elle n'auroit pas optés.

Unanimement.

MOTIF.

Le motif qui a déterminé, a été la crainte de donner trop d'influence à la même perſonne aux États-généraux.

Et c'est l'un des cas pour lesquels on a cru nécessaire d'élire les suppléans dans la même forme que les premiers Députés.

53.ᵉ QUESTION.

Quelle supériorité ou pluralité de suffrages sera nécessaire pour être légitimement élu ?

AVIS.

Pour être élu, il faudra avoir plus de la moitié des suffrages.

Si au premier tour d'opinions aucun des Candidats n'avoit cette pluralité, il seroit fait un second tour, & même un troisième.

Si l'élection n'étoit pas encore terminée par le troisième tour, les électeurs seroient tenus de choisir entre les deux Candidats qui auroient le plus de voix au dernier tour.

Unanimement.

MOTIF.

On a cru qu'après avoir donné toute l'étendue raisonnable à la liberté des électeurs, il étoit sage de lui donner un terme.

54.ᵉ QUESTION.

Sera-t-il nécessaire de régler l'ordre & la forme que devront suivre les Assemblées où les instructions des Députés aux États-généraux seront délibérées & rédigées, depuis les

AVIS.

Chaque Assemblée procédera à la rédaction de ses cahiers comme elle jugera à propos. Chaque Communauté enverra le sien par ses Députés à l'Assemblée supérieure. Les Assemblées de juridiction secondaire réduiront ces cahiers en un seul, qui sera

Assemblées de campagne, en remontant jusqu'aux Assemblées bailliagères !

envoyé aux Assemblées bailliagères ; néanmoins les cahiers de chaque Communauté y seront joints comme pièces justificatives. Les Assemblées bailliagères formeront un cahier général de toutes les demandes particulières qui leur auront été portées.

Unanimement.

M O T I F.

L'intention a été de donner aux plus petites Communautés la faculté de faire parvenir leurs vœux aux pieds du trône.

Collationné sur l'original, par nous premier Secrétaire-greffier de l'Assemblée, tenant la plume dans le premier Bureau, ce 6 Décembre 1788. Signé HENNIN.

SECOND BUREAU.

COMMISSAIRES.

Messieurs,

L'Archevêque d'Aix.
Le Duc de Guines.
Le Procureur général du Parlement d'Aix.
Le Maire de Limoges.

> *N. B.* Monsieur le Conseiller d'État Rapporteur a été en outre déclaré Commissaire-né, & on a laissé aux autres Membres du Bureau la liberté d'assister au Comité de rédaction des avis motivés sur les cinquante-quatre questions ci-après.

Le second Bureau, en mettant ses avis motivés sous les yeux de Sa Majesté, croit devoir observer que des principes ou des considérations différentes ont quelquefois conduit à adopter les avis qui ont obtenu la pluralité ou l'unanimité des suffrages. Toutes les opinions n'ont pu être rapportées; on a seulement fait mention des motifs qui ont déterminé la pluralité des délibérans qui ont embrassé l'avis qui a prévalu.

Motifs généraux.

Quelle méthode doit être adoptée pour la convocation des États-généraux ? Voilà l'unique objet de l'attention des Notables ; & toutes les questions particulières tiennent à cette grande question, ou comme moyens ou comme conséquences. C'est dans cette vue qu'il faut rechercher sur quels titres est fondé le droit de suffrage dans les États-généraux & dans les Assemblées d'élection; à quelles qualités appartiennent dans ces diverses Assemblées le droit d'élire & le droit d'être élu, & quelles formes doivent en régler l'exercice.

La convocation a-t-elle son complément ! les États-généraux peuvent-ils s'assembler ? Les Notables ne sont point appelés à porter plus loin leur inspection, & sur tout objet sur lequel peuvent délibérer les États, les Notables n'ont point à s'expliquer. Le second Bureau a considéré ainsi l'objet, l'étendue & les limites de sa mission.

Si la convocation des États se bornoit à l'adoption ou à la proscription de quelques moyens de forme, l'objet ne seroit pas très-intéressant; mais comme de ces formes de convocation & des qualités des électeurs & des éligibles dépend la composition des États-généraux, ce sujet de délibération acquiert un nouveau degré d'importance.

Les principes qui doivent régir la convocation des États, varient suivant les Provinces où doit être faite cette convocation; il faut distinguer celles qui faisoient partie de la Monarchie en 1614, celles qui y ont été réunies depuis cette époque, & celles qui ont député aux États-généraux en forme & corps d'États.

Pour ces dernières Provinces, les règles de la députation sont faciles à assigner; elles sont déterminées par leur constitution particulière, & les Notables du second Bureau n'ont pas pensé qu'il pût être question de la changer.

Pour les Provinces réunies à la Couronne depuis 1614, le second Bureau ne connoît pas assez quels sont leurs droits pour donner un avis sur la forme de députation qu'elles doivent adopter; le second Bureau se borne à former un vœu pour que cette députation soit réglée d'après les principes qui doivent constituer toute Assemblée nationale, en les conciliant avec la constitution de chacune de ces Provinces, & en les rapprochant, autant qu'il sera possible,

du

du régime du reste du Royaume dans les parties qui tiennent à la constitution.

L'objet principal de la délibération des Notables se réduit donc à examiner quelle doit être la convocation des États-généraux dans les Provinces de l'ancienne domination, qui ne députent point en forme de pays d'États.

Il a paru que dans la convocation des États-généraux de France, deux objets principaux devoient être considérés; le droit de tout François de donner son suffrage, & la distinction des divers Ordres de l'État.

Dans le plan proposé, il existe une relation nécessaire entre le Souverain & le Sujet; tout François est admis à former un vœu sur l'ordre public, & à donner son consentement aux impôts qu'il doit supporter.

La distinction des trois Ordres de l'État, l'égalité de leurs pouvoirs, leur droit de délibérer séparément; ces bases de la constitution nationale seront respectées, si le vœu du Bureau est adopté.

Le Bureau a estimé qu'il ne pouvoit exister qu'une seule forme de convocation constitutionnelle, la forme établie par les loix & par les usages. Un respect religieux pour les usages généraux & constans, a été la règle de sa détermination; mais tout genre d'usage n'a pas paru mériter une égale considération. Ce qui s'est passé dans les temps très-anciens, rarement connu avec exactitude, plus rarement encore conciliable avec les mœurs actuelles, a été moins consulté que des exemples, qui, moins anciens & réitérés, forment un dernier état constant, règle de droit public qui confirme ou supplée toutes les autres; aussi le second Bureau, dans la plupart de ses arrêtés, s'est autorisé de l'exemple des États de 1614, des quatre dernières tenues d'États, ou tenues d'États antérieures.

Le Bureau ne dissimulera point qu'il a craint de pro-

S

poser des changemens dans la constitution des États-généraux, au moment où l'ouverture de cette Assemblée va permettre de recueillir son vœu; il a craint, en proposant des idées d'innovation, de contrarier les motifs de justice, de confiance & de bonté qui ont déterminé Sa Majesté à convoquer les États.

Le Bureau a considéré que si dans ce moment un des Ordres de l'État obtenoit un droit dont il n'avoit pas encore joui, bientôt après cette réforme pourroit être réformée; & si l'Ordre qui auroit obtenu une augmentation de prérogatives, les voyoit diminuer ou supprimer sur la réclamation des autres Ordres, ses plaintes sur l'usage d'un pouvoir que lui-même auroit provoqué, deviendroient moins favorables.

Enfin, si Sa Majesté se déterminoit à des changemens, quelle foule de prétentions on verroit bientôt éclorre! Ordres, Provinces, Bailliages, Villes, Campagnes, Commerce, toutes les classes de l'État formeroient des demandes; & lorsque des Citoyens doivent se réunir dans un esprit de fraternité, lorsque l'affection nationale pour le Souverain est plus que jamais intéressante & nécessaire, seroit-il prudent de donner sujet à tant de réclamations?

Ainsi, toutes les considérations, comme tous les principes, ramènent au respect que le second Bureau a témoigné pour les usages, & il croit prouver au Roi sa respectueuse reconnoissance de la confiance dont Sa Majesté l'a honoré, en proposant le plan de convocation des États, le plus circonspect, le plus sage, le plus expédient; plan qui ne donne prétexte à aucune réclamation légitime, puisqu'il est conforme à la constitution des Ordres aux derniers États-généraux. Un tel plan est le plus sûr & peut-être l'unique moyen de rendre prompte & certaine l'Assemblée des États, assurée par Sa Majesté, desirée ardemment par la Nation, & devenue indispensable par la situation des affaires.

(139)

| QUESTIONS. | AVIS ET MOTIFS
Rédigés par les Commissaires du Bureau, & approuvés. |
|---|---|
| I.re QUESTION.
Le nombre des Députés doit-il être en raison des Gouvernemens, des Généralités, des Provinces, des Élections, des Diocèses, des Bailliages ? | Cette question n'a été proposée que par rapport aux Provinces qui ont député par Bailliages ou Sénéchaussées aux États généraux de 1614, & non en forme & corps d'États.
Le second Bureau a considéré que dans les Provinces où les députations ne sont point nommées par les États, les citations ont toujours été faites par sentence & par assignations, & qu'elles peuvent occasionner des contraintes ; que ces contraintes & ces assignations ne peuvent avoir lieu que dans les formes juridiques.
Que le Roi a toujours confié ses pouvoirs en cette partie aux mêmes Officiers qui convoquent en son nom le ban & arrière ban, ou du moins à des Tribunaux qui ressortissent nuement à ses Cours souveraines.
Que les convocations des *bonnes villes* aux États-généraux depuis 1301 jusqu'en 1483, ont été constamment faites pardevant les Bailliages ou Sénéchaussées.
Que dans le même espace de temps on retrouve plusieurs exemples de la convocation des trois Ordres dans quelques Provinces, pardevant les Baillis ou Sénéchaux.
Que depuis 1483, les Baillis ou Sénéchaux ont été chargés de la convocation des trois Ordres pour toutes les Assemblées des États-généraux. |

S ij

Le second Bureau, *à la pluralité de vingt-quatre voix contre une*, a délibéré en conséquence, & conformément aux usages suivis par les Assemblées d'États-généraux de 1483, 1560, 1588 & 1614, que les convocations doivent être faites par Bailliages & Sénéchaussées.

2.ᵉ QUESTION.

1.° De quelle nature doivent être les Bailliages qui auront la prérogative de députer directement aux États-généraux ?

Cette question est divisée en quatre articles, sur lesquels la délibération a passé *à la pluralité de vingt-quatre contre un.*

Le Bureau a considéré que les Lettres de convocation n'étoient ordinairement adressées qu'aux Grands-Sénéchaux & Baillis d'épée.

Qu'il paroît que la députation directe est en général attribuée aux Bailliages dans lesquels se font les Assemblées d'élection, & que les Assemblées d'élection n'ont été convoquées régulièrement que pardevant les Sénéchaux & Baillis d'épée, ou leurs Lieutenans.

Que s'il se trouve quelques Bailliages royaux sans Sénéchaux ou Baillis d'épée qui aient député directement dans les précédentes Assemblées d'États-généraux, ils ont un droit acquis par la possession.

Le second Bureau a délibéré en conséquence, que les Bailliages qui peuvent députer directement, sont ceux qui ont des Baillis ou Sénéchaux d'épée, soit d'ancienne, soit de nouvelle création, sans préjudice des Bailliages & Sénéchaussées royales, qui n'ayant point de Baillis & Sénéchaux d'épée, auroient néanmoins été convoqués en 1614, pourvu qu'ils aient conservé le titre de Bailliages royaux ou Sénéchaussées royales.

2.° *Doit-on n'accorder cette distinction, quant aux Provinces qui ont députe par Bailliages en 1614, qu'aux seuls Bailliages qui ont député directement à cette époque, soit qu'ils eussent ou non des Baillis d'épée?*

Le second Bureau, persuadé que le principe qui a déterminé les États-généraux précédens, est celui du droit que les Sénéchaux & Baillis d'épée ont toujours exercé de convoquer le ban & arrière-ban, & de présider la Noblesse, a regardé le droit des Sénéchaux & Baillis d'épée, & celui des Bailliages auxquels ils président, comme établi par le plus long usage; & le Bureau voulant se conformer aux principes suivis par les précédens États-généraux, a cru qu'on devoit en conséquence accorder la députation directe à tous les Bailliages dans lesquels on a créé des Baillis d'épée depuis 1614.

3.° *Écartera-t-on de la députation directe les Bailliages qui, ayant eu à cette époque des Baillis d'épée, paroissent n'avoir député que secondairement?*

Le Bureau n'a eu connoissance d'aucun exemple d'un Bailliage, ayant un Bailli d'épée, qui n'ait pas député directement en 1614. Il a pensé qu'il étoit possible que les Députés nommés ne fussent pas venus aux États-généraux, ou qu'il n'y ait point eu de Députés nommés; & dans le cas où quelque Bailliage n'auroit pas exercé ou réclamé ses droits en 1614, le Bureau pense qu'il n'a pas pu les perdre; que le titre de Sénéchal ou de Bailli d'épée lui donne un droit à la députation directe, si la charge de Bailli d'épée n'est pas éteinte, & qu'on ne peut pas refuser à des titres antérieurs à 1614 & toujours subsistans,

4.° *Enfin, admettra-t-on pour la députation directe les Bailliages créés depuis 1614, avec Baillis d'épée, cas royaux, ressort sur d'autres juridictions, & ressortissant nuement à un Parlement ?*

3.ᵉ Question.

Les Provinces ou Pays qui ont député en forme de pays d'États en 1614, ou aux trois tenues précédentes, continueront-elles de jouir de cet avantage ?

4.ᵉ Question.

Aura-t-on égard, pour fixer le nombre des députations que chaque Bailliage enverra aux

la même prérogative qu'on accorde aux titres de nouvelle création.

Le second Bureau a déclaré que ces sortes de Bailliages devoient être admis à la députation directe, par sa réponse sur l'article premier de la seconde question.

Le second Bureau a considéré que les Provinces qui ont député en 1614, en forme de corps d'États, avoient sans doute des droits acquis & fondés sur leur constitution; que leur possession en 1614 confirmoit leurs anciens droits, & leur donnoit même un dernier état qu'elles n'ont pas pu perdre par la longue suspension des États-généraux.

Le second Bureau, en conséquence, a délibéré *à l'unanimité,* que les Provinces ou Pays qui ont député aux États de 1614, en forme & corps d'États, soit qu'ils aient ou n'aient pas actuellement des États provinciaux, doivent députer aux États-généraux, suivant leurs droits & usages.

Le second Bureau avoit formé le vœu d'une représentation proportionnée au nombre respectif de chaque Bailliage; Monseigneur comte d'Artois, pénétré des impressions de tout ce qui est juste & utile,

États-généraux, à leur population!

Ou le nombre des députations sera-t-il égal entre tous les Bailliages, sans égard à leur population!

Et dans le premier cas, quelle seroit l'échelle de proportion qu'il faudroit établir entr'eux ?

avoit désiré consigner des observations importantes sur une proportion qui semble devoir résulter des principes de la justice & de l'utilité publique. On ne peut pas se défendre d'un sensible étonnement à la vue de cette énorme disproportion qui donne à des Bailliages composés de douze mille habitans, la même représentation qu'à six cents mille Citoyens renfermés dans le ressort d'un seul Bailliage.

On a peine à concilier cette apparente contradiction avec l'égalité des pouvoirs & des suffrages de chaque Citoyen, qui forme l'essence & la constitution d'une Assemblée nationale.

Le Bureau a pensé que son premier devoir, & celui de l'Assemblée de Notables, est d'accélérer la convocation des États-généraux; l'État est en souffrance, l'excès des dettes est connu, les charges publiques ne peuvent pas être acquittées sans des ressources que la Nation seule peut donner. Il est impossible de tenter aucune opération salutaire sans le concours des États-généraux, & il ne seroit pas convenable aux circonstances de proposer des méthodes nouvelles & compliquées, dont l'exécution difficile retarderoit une Assemblée également desirée par le Souverain & par la Nation. Il semble que des innovations qui pourroient même être utiles, doivent être plutôt l'objet des États-généraux, que d'une Assemblée de Notables.

Le Bureau a pensé qu'il y avoit de grandes difficultés sur la règle même à suivre pour établir une nouvelle proportion. Est-ce la population seule qu'il faut connoître, ou faut-il suivre le rapport des contributions ? & peut-on oublier absolument les différences importantes qui résultent nécessairement de la plus grande ou de la moindre étendue des Bailliages ? On a réuni les différentes combinaisons dans des Provinces encadastrées, qui ont mieux connu les principes de la plus juste répartition des charges publiques.

Le Bureau a considéré en général qu'il n'avoit pas pu recueillir des connoissances suffisantes pour établir une base exacte de proportion entre les différens Bailliages ; il craint de détruire des usages que l'exemple des cinq tenues consécutives des États-généraux rend respectables, en y substituant une proportion qui ne seroit pas elle-même sans injustice. Une disproportion nouvelle & nécessairement arbitraire seroit l'ouvrage de l'autorité ; il semble qu'une disproportion ancienne & constante est l'ouvrage du concours même du Souverain & de la Nation.

Le Bureau même a fait des réflexions importantes qui peuvent balancer ses craintes sur les effets d'une représentation qui semble inégale & disproportionnée.

Tous les Citoyens, sans doute, doivent participer également à la nomination des Représentans de leurs Communautés. La représentation repréfentation eft néceffaire, & les formes de la repréfentation peuvent varier. Un Citoyen riche ou pauvre doit avoir également fa voix & peut donner fon fuffrage dans fa Communauté ; la différence des fortunes ne donne pas plus de voix à la richeffe qu'à l'indigence ou à la médiocrité.

Les Communautés fuivent entr'elles la même règle ; & quelle que foit la difproportion de leur étendue, de leur culture, de leur commerce & de leur population, elles ont toutes le droit de députer aux Affemblées d'élection avec la même égalité.

Il femble qu'il en réfulte la même difproportion qu'on obferve dans les députations des différens Bailliages ; celui de Poitou eft à celui de Gex, comme une Ville confidérable eft aux petites Communautés fituées dans le même reffort. Il ne feroit pas poffible de diftinguer les pouvoirs des Citoyens felon leur richeffe ou leur indigence ; il ne feroit pas poffible d'établir une différence dans les députations des Paroiffes entr'elles ; & cette apparente inégalité réfulte même de l'égalité réelle des intérêts qui doivent régler les droits des Citoyens & des Communautés.

Chaque Communauté a fon intérêt propre qui doit dicter fes repréfentations ; chaque Communauté forme fon cahier de doléances. Les intérêts des fociétés les plus foibles font auffi chers & précieux que ceux des affociations les plus confidérables : les différences font dans les objets ;

T

les effets en font les mêmes, puisqu'il s'agit des biens & des maux de chaque Citoyen.

La convocation des Citoyens & des Communautés est la base de celle des Bailliages; l'une est la suite de l'autre; on ne peut pas changer de méthode aux divers degrés d'une opération progressive, & manifester par des variations aussi rapprochées la contradiction des principes.

Le bien de l'État est le même pour les Bailliages plus ou moins étendus; les États-généraux auront à traiter des objets les plus intéressans pour la Nation, & de la législation générale; les petites Contrées doivent être protégées & défendues par les loix communes, comme les plus grandes Provinces, & sur-tout en matière d'impôt. Il n'y a point d'autre intérêt que celui qui devient le même dans toutes les parties du Royaume, l'intérêt de la plus juste répartition des contributions dont dépend la destinée de tous les Citoyens: c'est la confiance qui doit dicter le choix des Députés; c'est le choix des Députés qui peut seul bannir des États-généraux l'esprit de corps, les préjugés locaux & les intérêts exclusifs; il importe sur-tout de former une Assemblée nationale composée de gens de suffisance & de probité, qui ne trahiront point l'intérêt national, & qui ne s'écarteront point des principes de l'honneur & de la justice. Le choix le plus libre est toujours le plus mérité; c'est la liberté du choix, & non la proportion des Bailliages qui doit mettre en sûreté l'intérêt de tous les Bailliages, sous la protection constante & toujours la même de l'intérêt national. Ce sont les cahiers des Provinces qui sont le dépôt de leurs plaintes & de leurs vœux, & qui doivent faire la règle de leurs Représentans ; & ces cahiers dictés dans chaque Bailliage par le sentiment des biens à faire & des maux à réparer, renferment les mêmes connoissances, & transmettent aux États-généraux les mêmes instructions, quel que soit le nombre des Députés de chaque Bailliage.

Le Bureau, entraîné par ces considérations, & toujours fidèle à des usages consacrés par les précédens États-généraux, a pensé, *à la majorité de vingt voix contre cinq*, qu'il ne devoit pas proposer de proportionner le nombre des Députés de chaque Bailliage aux États-généraux sur leur population, & que le nombre des députations devoit rester égal pour chacun des Bailliages qui députent directement aux États-généraux.

5.ᵉ QUESTION.
Quel doit être le nombre respectif des Députés de chaque Ordre ? sera-t-il égal pour chaque députation ?

Le Bureau a recherché avec la plus grande attention dans les monumens des différentes tenues d'États-généraux qu'il a eus sous les yeux, de quelle manière avoit été réglée la question proposée sur la proportion du nombre respectif des Députés des différens Ordres.

Le Bureau a reconnu que toutes les Lettres de convocation ont appelé aux États-généraux, tantôt un Député de chaque

T ij

Ordre, & non plus; tantôt un Député de chaque Ordre au moins, & plus souvent un Député de chaque Ordre, sans aucune expression extensive ni restrictive.

Le Bureau s'est cru fondé à juger que cette parité entière toujours conservée entre les trois Ordres par les expressions des Lettres de convocation, ne pouvoit être fondée que sur le principe de la distinction constitutive de ces trois Ordres & de l'égalité de leurs pouvoirs, qui fait de même partie de leur constitution.

Le Bureau, toujours frappé des considérations qu'il a développées à Sa Majesté au commencement de ses délibérations, & persuadé qu'il est de la plus grande importance que tout ce que le Roi prescrira dans cette circonstance, ne soit que la confirmation de règles ou d'usages déjà reconnus, ne doute pas qu'il ne soit de l'intention du Roi comme de sa sagesse, de suivre religieusement, à l'égard de la convocation des États-généraux de 1789, les traces d'usages antiques dont les monumens se correspondent uniformément; & il pense que cette circonspection est le seul moyen de prévenir les difficultés & les contestations que des changemens pourroient occasionner.

Le Bureau a pensé en conséquence, *à la pluralité de seize voix contre huit, un Membre absent*, que sur l'article de la proportion du nombre respectif de Députés des différens Ordres aux États-généraux de 1789, les Lettres de convocation doivent être conçues dans les mêmes principes qui règnent également dans toutes celles des États précédens, & dans les mêmes termes littéralement repris, qui ont été adoptés dans les Lettres de convocation de 1614, pour être exécutées en la manière accoutumée, en observant à Sa Majesté combien il importe qu'il soit reconnu que les Députés de chaque Ordre dans un Bailliage, n'ont jamais eu qu'une seule voix dans l'Ordre auquel ils appartenoient, quel qu'ait été le nombre des Députés de chaque Ordre aux États-généraux.

6.ᵉ QUESTION.

Quelle a été & quelle pourroit être la forme de délibérer des trois Ordres dans les États-généraux ?

Le second Bureau a considéré que telle est la constitution de cette Monarchie, que la Nation entière est composée de trois Ordres de Citoyens; que chaque Ordre a son existence légale & ses droits imprescriptibles;

Qu'un des droits essentiels de chaque Ordre est d'avoir dans les États-généraux ses Représentans, auxquels il donne par un choix libre sa confiance & ses pouvoirs;

Que c'est cette représentation des trois Ordres qui forme la constitution des États-généraux;

Que le droit de délibérer par Ordre est une suite de la distinction des trois Ordres;

Que les premiers États-généraux convoqués en 1302, par Philippe-le-bel, ont opiné par Ordre, & qu'un des Ordres même demanda du temps pour opiner, après que les deux autres avoient énoncé leurs délibérations;

Que les États de 1355 arrêtèrent que tout ce qui seroit proposé par les États n'auroit de validité qu'autant que les trois Ordres réunis y concourroient unanimement, & que la voix de deux Ordres ne pourroit lier ni obliger le troisième qui auroit refusé son consentement;

Que cette délibération devint une disposition de l'Ordonnance du 28 Décembre 1355;

Que l'Ordonnance de 1560, donnée sur la demande des États d'Orléans, est conforme à la disposition de l'Ordonnance de 1355;

Que dans les États de 1576, le Tiers-état remontra qu'on avoit de toute ancienneté gardé telle prérogative à chacun des trois États, que les deux ne pouvoient rien arrêter au préjudice du Tiers, & pour cette cause donna charge de faire empêchement à ce que les Ordres nommassent trente-six Juges pour assister au jugement des cahiers des États;

Que les mêmes formes ont été suivies dans les délibérations des États-généraux en 1588 & en 1614;

Et qu'enfin si les trois États ont concouru quelquefois ensemble, soit par des Commissaires, soit autrement, pour des intérêts communs, ils ont pu faire usage de leur liberté, sans rien perdre de leurs droits.

Le second Bureau a pensé en conséquence *unanimement*, que le droit appartenant aux Ordres de délibérer séparément dans les États-généraux, est fondé sur les droits & la constitution des trois Ordres, sur les Ordonnances du Royaume & sur les usages constamment suivis. Le Bureau au surplus croit devoir se borner à rappeler les principes établis & les formes accoutumées.

7.ᵉ QUESTION.

A qui les Lettres de convocation devront-elles être adressées ?

Le Bureau a reconnu qu'il est de l'ancienne constitution des Baillis & Sénéchaux d'épée, d'être chacun à la tête du département qui leur a été confié, les Officiers du Roi pour toutes les parties de l'administration publique, & d'y recevoir & transmettre les ordres sur tout ce qui appartenoit à la police, à la justice & à la finance. C'est en conséquence de cette ancienne constitution, que les ordres pour la convocation aux États-généraux ont été originairement adressés aux Baillis & Sénéchaux d'épée, & qu'à chaque occasion ces Officiers ont également reçu les Lettres de convocation. Cet ordre a été d'autant plus naturel à conserver, que c'est par l'autorité judiciaire & par la voie de sentences & de contraintes que l'exécution des convocations a toujours été assurée & rendue coactive à l'égard des principaux convoqués du Clergé & de la Noblesse, & qu'ainsi il a toujours été convenable que le soin de ces convocations fût confié aux principaux Officiers de la justice territoriale.

Le Bureau pense en conséquence *unani-*

(152)

mement, qu'ainsi qu'il s'est toujours pratiqué, les Lettres de convocation doivent être adressées aux Baillis & Sénéchaux d'épée; il est au surplus d'usage de les envoyer aux Gouverneurs & Lieutenans généraux des Provinces, pour les transmettre aux Baillis & Sénéchaux d'épée.

8.e 9.e & 10.^e
QUESTIONS réunies.

Dans quelle forme chacun des trois Ordres sera-t-il convoqué & cité ?

Les Bénéficiers dans l'Ordre du Clergé, & les possesseurs de fiefs dans l'Ordre de la Noblesse, seront-ils assignés? seront-ils les seuls assignés? & où seront-ils assignés ?

Les membres du Clergé & de la Noblesse, soit qu'ils soient assignés à leurs bénéfices, ou à leurs fiefs, soit qu'ils soient seulement convoqués par les affiches & publications, seront-ils convoqués aux Bailliages inférieurs, ou aux Bailliages supérieurs ?

Le Bureau desirant de ne pas s'écarter des formes anciennes & accoutumées, s'est occupé à rechercher celles qui ont eu lieu aux précédens États-généraux, & notamment à ceux de 1614, pour la convocation & citation des trois Ordres; telles ont été les formes observées : les Baillis & Sénéchaux ordonnent de faire un premier avertissement commun à tous les individus des trois Ordres, consistant dans la publication à son de trompe, cri public & par affiches, des Lettres de convocation préalablement enregistrées aux siéges des Bailliages, pour que personne n'en ignore, & que chacun, en ce qui le concerne, ait à s'y conformer.

Mais indépendamment de cette citation générale, il est d'usage que les Ecclésiastiques possesseurs de bénéfices, & les Nobles possesseurs de fiefs, soient personnellement cités par des assignations particulières qui leur sont adressées dans le chef-lieu de leurs bénéfices ou de leurs fiefs.

Le Bureau a remarqué que les Bénéficiers & possesseurs de fiefs ont seuls joui de cette distinction, & que tous les autres Ecclésiastiques non Bénéficiers, & Nobles non possédant

possédant fiefs ont été compris dans la citation générale à son de trompe & cri public.

Les membres du Tiers-état n'ont point été cités individuellement, mais par des assignations données aux Maires, Échevins, Procureurs, Syndics & Fabriciens, pour les Communautés & Paroisses qu'ils représentent.

Le Bureau a reconnu qu'il existoit une différence essentielle entre la convocation des Ecclésiastiques & des Nobles & celle des gens du Tiers-état, en ce que les premiers, de quelque manière qu'ils fussent assignés, soit par des actes particuliers, soit par l'assignation publique à son de trompe, ont été constamment cités pour se trouver directement tous & en personnes à l'Assemblée du Bailliage supérieur où doit se faire l'élection des Députés & la rédaction des cahiers de tout le ressort; au lieu que les personnes du Tiers-état, comme étant infiniment plus nombreuses, doivent s'assembler dans leurs Communautés respectives, & ne concourent à la formation de l'Assemblée du Bailliage supérieur, que médiatement par leurs Députés.

Enfin le Bureau considérant que ces formes anciennes & constantes sont suffisantes pour remplir parfaitement le but que Sa Majesté se propose, qui est de faire connoître à tous ses Sujets la teneur des Lettres de convocation & de les appeler tous à concourir médiatement ou immé-

(154)

diatement à leur exécution, a été en conséquence *unanimement* d'avis :

Sur la huitième Question,

Que les trois Ordres doivent être convoqués & cités dans la forme accoutumée.

Sur la neuvième,

Que les Bénéficiers & les Nobles, possesseurs de fiefs, doivent être seuls assignés par des assignations particulières qui doivent leur être données au chef-lieu de leurs bénéfices ou de leurs fiefs.

Sur la dixième,

Que tous les membres du Clergé & de la Noblesse, de quelque manière qu'ils soient convoqués, soit par des actes particuliers, soit à son de trompe, doivent être directement convoqués aux Bailliages supérieurs, & non aux Bailliages inférieurs.

11.ᵉ QUESTION.

Dans quelle forme les Ecclésiastiques & les Nobles qui n'auront pas été cités personnellement, justifieront-ils de leurs titres & qualités pour voter ?

Le Bureau ayant voté pour que tous les Ecclésiastiques engagés dans les Ordres & domiciliés ou Bénéficiers soient admis dans les Assemblées d'élection,

A été d'avis *unanimement* par les mêmes motifs, qu'il ne faut exiger des Ecclésiastiques non Bénéficiers, d'autres preuves que celle de leur ordination & celle de leur domicile dans l'arrondissement du Bailliage où ils se présenteront.

Le Bureau a pensé que les Nobles devoient être domiciliés ou propriétaires ;

mais il a senti qu'il seroit difficile de s'assurer des preuves de leur état, d'une manière qui ne laissât rien à desirer. Il n'a pas cru d'un côté devoir limiter par des conditions rigoureuses un droit personnel de représentation qui doit appartenir à tous les Citoyens dans leur Ordre; il n'a pas cru d'un autre côté devoir étendre les mêmes facilités à tous les autres objets qui pouvoient intéresser l'Ordre de la Noblesse; & il a pensé qu'il ne falloit pas que le genre de preuve qu'on exigeroit d'eux, pût faire titre dans d'autres occasions; & par ces motifs,

Le Bureau a été d'avis *unanimement*, que les Nobles domiciliés ou propriétaires justifient de leur Noblesse par un certificat de quatre Gentilshommes; & en cas de contestation, par quelque acte & preuve de Noblesse, sans que leur admission ou exclusion de l'Assemblée puisse leur nuire, ni servir à d'autres effets.

Le Bureau a cru devoir chercher la réponse à ces questions dans les différens procès-verbaux des Assemblées de Bailliages, tenues pour députer aux États de 1614.

Il résulte de leur contenu, que lorsque les Ordres sont réunis dans le chef-lieu du Bailliage principal, ils sont présidés par le Grand-Bailli ou Sénéchal, & en son absence par son Lieutenant général qui le remplace, par la raison que c'est au Bailli que les Lettres de convocation sont adressées par

12.ᵉ QUESTION.

Dans les Assemblées de Bailliages, à qui appartiendra la présidence, quand les Ordres seront réunis?

A qui appartiendra-t-elle dans chacun, lorsqu'ils seront séparés?

Le Bailli d'épée, s'il est présent, présidera-

t-il de droit la No-
blesse, & en son ab-
sence, par qui sera-
t-elle présidée ?

Qui présidera le Clergé ?

Qui présidera le Tiers-état ?

le Roi ; que c'est en exécution de son Ordonnance, en vertu du pouvoir & de la juridiction attachée à sa qualité ; & qu'enfin c'est pardevant lui que l'Assemblée est convoquée.

Mais après que l'ouverture de l'Assemblée a été faite en présence des trois Ordres réunis, par la lecture des ordres du Roi, il est d'usage que les Ordres se séparent & s'assemblent chacun en particulier pour la rédaction de leurs cahiers & la nomination de leurs Deputés.

Les trois Ordres étant ainsi séparés, il paroît que le Clergé est alors présidé par l'Archevêque ou l'Évêque ;

La Noblesse, par le Bailli lorsqu'il est présent ; & le Tiers, par le Lieutenant général du Bailli.

En conséquence, le Bureau adoptant entièrement des formes qui lui ont paru aussi dignes d'être conservées par leur ancienneté que par leur régularité même & l'esprit de convenance qui paroît les avoir dictées, a *unanimement* pensé qu'il ne devoit y avoir d'autre Président que le Bailli ou son Lieutenant dans les Assemblées convoquées & tenues devant le Bailli ou son Lieutenant.

Que, quand les Ordres seront séparés, le Clergé doit être présidé par l'Évêque, & à son défaut, ou en son absence, par l'Ecclésiastique le plus constitué en dignité ; & en cas d'égalité de dignité, par l'Ecclésiastique le plus âgé.

Que dans l'Ordre de la Nobleſſe le Bailli doit préſider : on a propoſé la queſtion, *ſi la préſidence doit appartenir à ſon défaut, ou en ſon abſence, au Noble le plus âgé ou au Lieutenant général.*

Le Bureau a conſidéré que le Lieutenant général repréſentant en tout le Bailli dont il tient la place, doit en ſon abſence jouir des mêmes droits, pouvoir, juridiction, préféance & préſidence ; que puiſque les Lettres de convocation lui ſont adreſſées à défaut du Bailli, qu'en ſon abſence il convoque l'Aſſemblée pardevant lui & y préſide les trois Ordres réunis, à plus forte raiſon a-t-il le droit de préſider l'Ordre de la Nobleſſe en particulier.

Mais il a penſé que les Grands-Baillis & Sénéchaux d'épée avoient été inſtitués & créés dans leur origine comme les Chefs de la Nobleſſe, pour la mener & commander lors de la convocation du ban & arrière-ban, & que les Lieutenans généraux n'ont jamais prétendu pouvoir les ſuppléer dans cette partie la plus honorable de leurs anciennes fonctions.

Le Bureau, n'a pas pu ſe procurer des éclairciſſemens déciſifs ſur cette queſtion.

Le Bureau déterminé par les anciens titres & uſages, a penſé *à la pluralité de dix-ſept contre ſix, deux Membres étant abſens*, que la Nobleſſe préſidée par le Bailli, ne doit pas l'être en ſon abſence par ſon Lieutenant général, & qu'il paroît convenable de donner la préſidence au plus âgé dans la Nobleſſe. Au ſurplus, le Bureau a penſé *unanimement*, que dans l'Ordre du Tiers, le Lieutenant du Bailli doit préſider, & à ſon défaut, ou en ſon abſence, le premier Officier du Siége, ſuivant l'ordre du tableau.

Le tout ſans préjudice des droits qui pourroient appartenir aux Offices.

Cette réſerve a été adoptée *par la majorité de dix-ſept voix contre ſix*, relativement à la préſidence de la Nobleſſe, attribuée au Noble le plus âgé, en l'abſence du Bailli, pour que ſon avis ne pût pas préjudicier aux Lieutenans généraux des Bailliages, au cas où cette préſidence ſe trouvât leur être acquiſe par le droit de leurs Offices.

13.ᵉ QUESTION.

Quel âge ſera néceſſaire pour être électeur ou éligible dans chacun des trois Ordres ?

Il eſt néceſſaire que pour élire un Repréſentant dans l'Aſſemblée nationale, pour concourir à la formation d'un cahier où ſont diſcutés les intérêts de l'État, on ait atteint l'âge où le jugement doit être formé ; mais cette époque eſt fixée différemment dans les différentes Provinces, & pour des actes de diverſes natures. Un Citoyen majeur dans une Province, eſt encore mineur dans une autre. La majorité d'un Noble, au moins pour le ſervice de ſon fief, eſt dans un âge moins avancé que la majorité d'un non-Noble.

Quelques membres du Bureau avoient penſé que la majorité preſcrite par les Coutumes, devoit régler le ſort & les droits des hommes ſoumis à leur empire ; d'autres ont pensé que le Noble étant cité à son fief, & le Noble parvenu à l'âge où il en peut faire le service, & où il peut le perdre par la commise, devoit être autorisé à défendre ses droits par la comparution à l'Assemblée où ses intérêts sont discutés.

Mais la pluralité des membres du Bureau a cru devoir s'élever au-dessus de ces considérations & de ces distinctions : on a observé que par une singularité qui n'est pas rare dans notre Droit coutumier, quelques habitans du Nord de la France sont réputés avoir acquis plutôt que les habitans du Midi la maturité de l'âge, quoique la Nature suive un ordre contraire, & que ces variétés & ces inconséquences admises jusqu'à ce jour dans les statuts réels, ne pouvoient être la base d'une loi nationale. Il a aussi paru peu convenable d'admettre dans l'Assemblée où se traitent les affaires de l'État, un majeur d'une majorité féodale, qui, malgré les loix, peut se trouver encore dans la première jeunesse. Il a été considéré que dans cet acte d'élection, il s'agissoit de l'exercice du droit de Citoyen, & de la participation à la législation par la voie du consentement; il a paru que ces fonctions honorables ne devoient être accordées qu'à une majorité effective & réputée telle dans presque toutes les Provinces de France, pour les actes de la vie civile les plus importans. On a jugé que le caractère & le droit du Citoyen étant les mêmes dans tout le Royaume & dans tous les Ordres, il n'étoit point de Province, il n'étoit point d'Ordre où l'acquisition de ce droit ne dût être fixée à la même époque; & le Bureau a arrêté, *à la pluralité de seize voix contre sept, deux membres absens,* que la majorité requise pour avoir droit de suffrage dans les trois Ordres, devoit être fixée à vingt-cinq ans.

14.ᵉ QUESTION.
Quelles conditions seront nécessaires pour être électeur ou éligible dans l'Ordre du Clergé?

Le second Bureau, fidèle aux principes qui ont dirigé constamment ses délibérations, a cru devoir rechercher avec la plus grande exactitude les usages antérieurs qui concernent le droit d'élire & d'être élu dans l'Ordre du Clergé.

Le Bureau a pris connoissance des procès-verbaux de quelques Assemblées de Bailliages, dans lesquelles les Ecclésiastiques assistans étoient tous Bénéficiers : quelques Ordonnances ne mentionnent que des Bénéficiers, quelques-unes nomment les Doyens, Abbés, Prieurs, Curés, & tous autres Bénéficiers; il est dit dans d'autres que les assignations seront données aux Ecclésiastiques dans leurs Abbayes, Prieurés & chef-lieu de leurs Bénéfices; il est dit que les Ecclésiastiques sont cités pour comparoître, sous peine de confiscation de leur temporel.

Mais le Bureau a retrouvé d'autres Ordonnances & Mandemens dans lesquels il est enjoint à tous Ecclésiastiques de se rendre au jour & lieu assigné, pour procéder à la nomination d'un des plus notables personnages de leur Ordre; d'autres Ordonnances ou Mandemens convoquent toutes les personnes ecclésiastiques demeurant dans le ressort du Bailliage; le Bureau

Bureau partagé par les doutes que faisoit naître la différence des expressions des Ordonnances & Mandemens des Bailliages, a cru devoir sur-tout consulter les termes des Lettres de convocation, lesquelles enjoignent d'assembler en général les gens des Trois-états, & demandent sans aucune exception ni restriction un Député de chaque Ordre.

Le Bureau a considéré qu'il ne reste qu'un très-petit nombre de Procès-verbaux des Assemblées d'élection, qu'on n'a même rapporté que les Ordonnances & Mandemens de quelques Bailliages dans deux ou trois Provinces seulement; qu'il est possible que les usages contraires aux termes des Lettres de convocation, ne s'étendent pas au-delà des lieux dans lesquels on en retrouve les preuves; qu'il n'y a point de preuves d'une dérogation uniforme & générale dans les différentes Provinces; que cependant il n'y auroit que la nécessité de céder à l'usage le plus incontestable, qui pût balancer les droits naturels des Citoyens; que le premier droit de tous les Citoyens est celui de leur propre représentation dans l'Ordre auquel ils appartiennent, & que cette représentation ne peut s'exercer que par le droit d'élire & d'être élu.

Le Bureau a pensé que les Lettres de convocation doivent former la règle, & que les différences dans l'exécution ne doivent être regardées que comme des exceptions locales.

Le Bureau n'a cru devoir exiger d'autres conditions pour les électeurs dans l'Ordre

(162)

du Clergé, au défaut d'un bénéfice que celles du domicile & l'engagement dans les Ordres sacrés.

Le Bureau a suivi les mêmes recherches sur les qualités nécessaires pour être éligible; il a remarqué que presque tous les Députés aux États-généraux dans l'Ordre du Clergé avoient été Bénéficiers; que cependant il ne restoit pas une liste exacte de tous les Députés des différentes tenues d'États; qu'il y avoit peut-être eu plusieurs exemples actuellement ignorés; qu'un seul exemple admis par les États-généraux, suffit pour prouver qu'il n'y a point de règle contraire; que les États de 1614 semblent avoir jugé la question, en recevant la procuration donnée à un Capucin du pays de Gex; que les mêmes principes qui ne permettoient pas de borner le nombre des électeurs, doivent à plus forte raison étendre celui des éligibles; que les électeurs exerçant le droit le plus important, celui d'élire, ne doivent ni perdre eux-mêmes le droit d'être élus, ni perdre celui qu'ils ont de transmettre leurs pouvoirs en toute liberté, & de n'avoir d'autre règle à suivre dans leur choix que celle de leur confiance.

Le Bureau en conséquence a délibéré *à la pluralité de seize voix contre huit, un membre absent*, que tous les Ecclésiastiques engagés dans les Ordres sacrés, & domiciliés ou Bénéficiers dans le ressort d'un Bailliage ou d'une Sénéchaussée, pourront y être électeurs; & que néanmoins dans les Bailliages ou Sénéchaussées où il seroit justifié d'un usage contraire par actes &

preuves légales, tels que les anciennes Ordonnances ou Sentences des Bailliages & Procès-verbaux conformes des Assemblées d'élection de 1614 & antérieurs, l'usage seroit suivi.

Et que tout Ecclésiastique peut être Député aux États-généraux par l'Ordre auquel il appartient.

Le second Bureau a répondu sur la première partie de cette question, par sa réponse sur la quatorzième.

15.ᵉ QUESTION.

Y aura-t-il quelque distinction pour ces deux qualités, & admettra-t-on quelque proportion entre les différens Ordres qui composent le Clergé?

Le Bureau n'a point voulu proposer de nouvelles formes sans une évidente nécessité; il a craint de susciter des oppositions & des difficultés par des changemens; il a craint de troubler l'exercice des pouvoirs de chaque Ordre par des règles auxquelles on ne les a jamais assujettis; il n'a pas cru qu'on pût établir des règles, sans avoir des connoissances locales qui lui manquent & qui doivent être infiniment variées dans les différens Diocèses.

Il a considéré que les députations du Clergé se sont faites aux différentes époques des États-généraux dans une proportion convenable, sans qu'on ait eu besoin d'en faire une loi.

Il ne faut pas croire que les considérations utiles sur les députations des différens Ordres du Clergé, puissent échapper aux Assemblées d'élection du Clergé dans chaque Bailliage; & le Bureau a pensé qu'on pouvoit confier sans crainte les Règlemens à faire sur les intérêts différens, au concours même des parties intéressées.

Le Bureau a délibéré *unanimement* qu'il ne lui sembloit pas nécessaire, & qu'il lui

16.ᵉ QUESTION.

Un Ecclésiastique, engagé dans les Ordres sacrés, ne possédant point de bénéfices, mais ayant un ou plusieurs fiefs, ou des biens ruraux, dans quel Ordre se rangera-t-il ? & si l'on admet le droit de se faire représenter, dans quel Ordre pourra-t-il choisir son représentant ?

17.ᵉ QUESTION.

Les membres de l'Ordre de Malte seront-ils rangés dans l'Ordre de la Noblesse, ou dans celui du Clergé ? & quelles conditions seront nécessaires pour les rendre électeurs ou éligibles dans l'un ou l'autre Ordre ?

sembloit difficile d'établir une proportion dans les députations des différens Ordres qui composent le Clergé.

Le second Bureau n'a point regardé la propriété des biens comme le principe de la distinction des Ordres; c'est pourquoi il n'a pas voulu restreindre dans le Clergé les Assemblées d'élection aux seuls Bénéficiers.

Il n'a pas cru qu'un Citoyen, une fois admis dans un Ordre, soit par sa naissance, soit par son état, pût être admis dans un autre Ordre par la simple différence de la nature de ses possessions.

Le Bureau a pensé *unanimement* que tout Ecclésiastique appartient à l'Ordre du Clergé.

Les Chevaliers de Malte Profès sont engagés par des vœux dans un Ordre religieux, leurs biens leur ont été légués par des fondations pieuses; on ne peut les distinguer des Congrégations régulières, ni par la nature de leurs biens, ni par les engagemens de leur profession.

Il a paru au Bureau que les Chevaliers de Malte Profès sont sous tous les rapports membres de l'Ordre du Clergé.

Les Chevaliers de Malte non Profès portent la croix sans avoir fait de vœux; ils peuvent posséder des biens patrimoniaux, ils peuvent disposer de leurs biens comme de leurs personnes, & ils ne sont distingués que par les preuves de leur naissance qui marque leur place dans l'Ordre de la Noblesse.

Le Bureau a formé quelques doutes sur l'état des Chevaliers de Malte non Profès qui posèdent des bénéfices; mais il a considéré qu'ils ne peuvent être Bénéficiers qu'en qualité d'Ecclésiastiques, qu'ils ont reçu la tonsure, qu'ils jouissent des privilèges de la cléricature, & qu'ils partagent les intérêts des fondations de leurs bénéfices.

Le Bureau a délibéré *unanimement* que les Chevaliers de Malte Profès, ou possédant bénéfices, sont dans l'Ordre du Clergé, & que les Chevaliers de Malte sans bénéfice & non Profès sont dans l'Ordre de la Noblesse.

18.ᵉ QUESTION.

Dans quel Ordre seront rangés les Colléges & les Hôpitaux qui posèdent des fiefs, des Bénéfices ou des biens ruraux?

Le Bureau a considéré que les Colléges sont administrés par des Ecclésiastiques ou des Congrégations régulières; que leur objet est l'enseignement public, inséparable de celui de la morale & de la religion; que la religion & la morale sont les premiers objets de toute éducation nationale; que les Colléges possèdent des bénéfices ou des biens ecclésiastiques, dont l'utile application épargne des dépenses onéreuses à l'État; que les Universités, plus d'une fois appelées dans les États-généraux, ont été placées dans l'Ordre du Clergé.

Par rapport aux Hôpitaux, le Bureau a pensé que leurs biens avoient toujours été regardés comme des biens mixtes; que l'Église avoit donné une grande partie des aumônes fondées qui soutiennent les Hôpitaux; qu'on leur avoit réuni des Bénéfices en titre; que leur objet est l'exercice des œuvres de bienfaisance & de charité, dont l'Église fait un devoir à ses Ministres; &

que par ces raisons les biens des Hôpitaux doivent être assimilés aux biens ecclésiastiques.

Le Bureau a délibéré *unanimement*, que les Colléges & les Hôpitaux, quelle que soit la nature des biens qu'ils possèdent, doivent être rangés dans l'Ordre du Clergé.

19.ᵉ QUESTION.

Quelles conditions seront nécessaires pour être électeur ou éligible dans l'Ordre de la Noblesse ?

Le second Bureau a suivi la même méthode dans son examen, tant par rapport à l'Ordre de la Noblesse, que par rapport à celui du Clergé; il n'a pas cru devoir remonter jusqu'au temps où les Seigneurs étoient mandés personnellement comme les Représentans nécessaires de leurs vassaux & des habitans de leurs terres, il a borné ses recherches à la même époque où commencent les élections dans l'Ordre de la Noblesse. Il ne se dissimule pas qu'il est à présumer que ce sont des Seigneurs de fiefs que l'Ordre de la Noblesse dans chaque Province a députés aux États-généraux; il est même à présumer que c'est dans la même classe de Noblesse que les députations seront encore nommées dans la suite sans règle & sans exclusion; & il en résulte que la préférence constante qu'on leur auroit donnée, ne seroit pas la preuve d'un privilége attribué à la possession des fiefs. On n'a pas une liste exacte des cinq dernières tenues d'États-généraux; & dans celle de 1614 on retrouve dans l'Ordre de la Noblesse des Nobles dont les possessions ne sont pas désignées & ne sont pas connues. Il est vrai qu'on a cité constamment les Seigneurs dans leurs fiefs, &

qu'ils encourent même, à faute de comparoître, les peines portées par les Ordonnances ; mais il ne s'enfuit pas que les citations & les obligations des Nobles possédant fiefs, entraînent l'exclusion des autres. On ne peut pas citer les Nobles dans leurs possessions, quand ils n'en ont pas ; on ne peut pas citer en particulier tous les Citoyens dans leurs domiciles, parce que des citations judiciaires exigent des frais & du temps. Il a paru que les avertissemens, affiches & publications étoient faites pour tous les Citoyens domiciliés dans l'Ordre auquel ils appartiennent ; il faut que les Nobles soient exclus par des loix expresses pour renoncer au droit que leur naissance leur donne de siéger dans l'Ordre de la Noblesse ; on ne retrouve aucune Ordonnance ancienne ou nouvelle qui les prive des droits de leur naissance. Les Lettres de convocation demandent un Député sans restriction dans l'Ordre de la Noblesse comme dans celui du Clergé : si les Lettres de convocation modelées les unes sur les autres, rappellent les usages accoutumés, ces usages ne remontent qu'au temps où les élections se sont établies dans les deux premiers Ordres, & ne sont pas applicables aux temps antérieurs. C'est sur le régime féodal qu'étoient fondés les priviléges exclusifs des Seigneurs ; les droits des Citoyens de chaque Ordre se sont étendus à mesure que le régime féodal a perdu une partie de son influence sur l'état des Citoyens. On retrouve, il est vrai, des Sentences des Baillis ou Lieutenans, & des Procès-verbaux d'Assemblées d'élection qui ne mentionnent que les fiefs & les Seigneurs de fiefs dans l'Ordre de la Noblesse; il est même dit dans un Procès-verbal d'élection, que les Gentilshommes assistans seront dénommés sous le titre des terres pour lesquelles ils sont appelés; mais on retrouve aussi des Ordonnances qui convoquent tous les Nobles & tous les Gentilshommes, sans énoncer aucune exception. On sait qu'il y a des Provinces dans lesquelles tous les Nobles sans distinction sont admis aux États: les Ordonnances qui favorisent les droits communs, sont les loix; celles qui favorisent des priviléges particuliers, sont les exceptions.

Le Bureau a fait des réflexions peut-être encore plus importantes dans les circonstances actuelles, sur la nécessité d'admettre tous les Nobles & Gentilshommes dans les Assemblées d'élection de leur Ordre, ou de les admettre aux élections des Communes. Le Bureau n'ignore pas que la Noblesse occupe des places dans un grand nombre de Municipalités, & que les places de Municipalités donnent séance & voix délibérative dans le Tiers-état; il croit ne devoir proposer de changemens ni dans les usages des Provinces, ni dans les formes sagement établies dans les Municipalités qui représentent les différens Ordres des Communautés, ni dans la constitution du Tiers-état; mais il a pensé qu'il seroit préjudiciable aux intérêts du Tiers-état d'admettre dans ses Assemblées d'élection des Citoyens d'un autre Ordre

Ordre dont il ne partage point les priviléges, dont il doit craindre la prépondérance, qui n'y font point appelés par les devoirs de leurs places ou de leurs offices.

Le Bureau a pensé cependant que les Assemblées d'élection ne devoient être formées que par les parties intéressées au bien d'une Province ou d'un Bailliage ; que le domicile forme un intérêt commun au défaut des propriétés, & qu'un Noble ne peut pas être regardé comme Citoyen d'une Province & d'un Bailliage dans lequel il n'a ni possession ni domicile.

Le Bureau a délibéré en conséquence, *à la pluralité de seize voix contre huit, un membre absent*, que tout Noble domicilié ou propriétaire de fonds dans le ressort d'un Bailliage ou d'une Sénéchaussée, pourroit être admis comme électeur dans l'Assemblée de la Noblesse d'un Bailliage pour l'élection des Députés aux États-généraux ; & néanmoins que dans les Bailliages ou Sénéchaussées où il sera justifié d'un usage contraire par actes & preuves légales, tels que les anciennes Ordonnances ou Sentences des Bailliages, & Procès-verbaux conformes des Assemblées d'élection de 1614 & antérieurs, l'usage seroit suivi.

Le Bureau n'a pas cru devoir borner davantage le droit d'éligibilité dans l'Ordre de la Noblesse que dans celui du Clergé. Le droit d'élire peut se restreindre par des usages constans ou par le défaut d'intérêt ; le droit d'être élu doit s'étendre aussi loin que la confiance des électeurs.

Y

20.ᵉ QUESTION.

Les propriétaires de fiefs seront-ils seuls admissibles aux États-généraux ? les Gentilshommes possédant une propriété quelconque, auront-ils le même droit ? & quelle devra être l'étendue de la propriété seigneuriale ou rurale nécessaire, soit pour être éligible, soit pour être électeur ?

Le Bureau desirant d'assurer la plus grande liberté des élections, a délibéré *unanimement* que tout Noble seroit éligible pour être Député aux États-généraux dans l'Ordre de la Noblesse.

Le Bureau ayant admis tous les Nobles domiciliés ou propriétaires comme électeurs, & tous les Nobles comme éligibles dans l'Ordre de la Noblesse, ne peut point admettre les restrictions énoncées ou supposées dans la vingtième question.

21.ᵉ QUESTION.

Sera-t-il convenable d'exiger un certain degré de Noblesse, soit pour être électeur, soit pour être éligible ?

Le Bureau a pensé que tous les Citoyens domiciliés ou propriétaires doivent être appelés aux Assemblées d'élection dans un Ordre ou dans un autre, & que les nouveaux Nobles ne peuvent être appelés que dans l'Ordre de la Noblesse, dont leur anoblissement leur donne l'état & les droits.

Le Bureau a cru devoir seulement distinguer ceux qui jouissent des priviléges de la Noblesse sans anoblissement, ou qui possèdent des places dans lesquelles la Noblesse ne devient acquise & transmissible qu'après un certain nombre d'années.

Le Bureau a délibéré *unanimement* qu'il étoit nécessaire & suffisant pour être électeur & pour être éligible dans l'Ordre de la Noblesse, d'avoir une Noblesse acquise & transmissible, sauf les usages locaux justifiés par titres, actes & preuves légales.

22.ᵉ QUESTION.

Quelle seroit alors la participation aux États-généraux, des Nobles d'une création récente?

Le Bureau a *unanimement* pensé que la réponse à cette question est énoncée dans son arrêté sur la question précédente.

23.ᵉ 24.ᵉ 25.ᵉ & 26.ᵉ QUESTIONS réunies.

Quelles conditions seront nécessaires pour être électeur ou éligible dans l'Ordre du Tiers, soit dans les Communautés de Campagne, soit dans les Villes qui ne sont pas dans l'usage de députer directement aux États-généraux?

La valeur de la propriété, susceptible de discussion, doit-elle être prise pour mesure, ou faut-il choisir pour règle la quotité des impositions?

Cette mesure de pro-

Le Bureau a pensé sur ces quatre questions, que tous les Citoyens avoient intérêt aux États-généraux, abstraction faite de la valeur de leur propriété & de la quotité de leurs impositions.

Et par ce motif, il a été d'avis, *à la pluralité de vingt-trois voix sur vingt-quatre, un membre absent*, que dans le Tiers-état, tous les Chefs de famille de cet Ordre, nés ou naturalisés François, âgés de vingt-cinq ans, peuvent être électeurs & éligibles dans les Villes & Campagnes dans lesquelles ils ont leur domicile, ou dans le territoire desquelles ils possèdent des fonds; & que même pour les éligibles on ne doit pas exiger ces deux dernières qualités de domiciliés ou de propriétaires de fonds dans le territoire du Bailliage, afin de laisser plus de liberté & de facilité aux électeurs, dont la confiance est le vrai titre à l'éligibilité.

Y ij

priété ou de contribution doit-elle varier selon la richesse des Provinces ?

Les membres du Tiers, même les plus riches, tels que les Négocians, les Chefs de Manufactures, & les Capitalistes, n'ayant pas toujours des propriétés foncières, la mesure de l'imposition territoriale peut-elle être généralement applicable à la faculté d'élire ou d'être élu dans le Tiersétat ?

27.ᵉ QUESTION.

Quelles formes devront être observées pour la convocation & la tenue des Assemblées pour les diverses élections ?

Et d'abord pour les Communautés de Campagne ?

Les Seigneurs nobles & les Curés pourront-ils y voter, & même y assister ?

La présence d'un Juge ou autre Officier public y sera-t-elle nécessaire ?

Le Bureau croit devoir observer que pour répondre à cette question dans toute son étendue, il faudroit entrer dans un long détail de toutes les formalités qui doivent précéder & accompagner les Assemblées de Bailliages & de Communautés.

Mais comme parmi ces formalités il pourroit s'en trouver quelques-unes qui s'écarteroient des usages particuliers, établis dans certaines Provinces ou Communautés, usages auxquels le Bureau regarde comme infiniment précieux qu'il ne soit point porté d'atteinte, autant qu'il sera possible, il se contentera d'indiquer les formes générales, telles qu'elles paroissent consacrées par ce qui a été le plus universellement observé.

Ces formes ont pour objet essentiel de donner aux Lettres de convocation la plus grande publicité, & d'assurer à tous les Citoyens le droit de concourir aux élections & d'être représentés par leur propre choix dans l'Assemblée nationale.

C'est pour parvenir à ce but intéressant, que les Grands-Baillis & Sénéchaux, auxquels les Lettres de convocation sont adressées, en ordonnent la lecture & l'enregistrement à l'audience publique de leur siége, qu'ils en font faire la publication à son de trompe & par affiches, & qu'ils font ensuite assigner, soit par des assignations particulières dans le chef-lieu des bénéfices ou dans les fiefs, soit à cri public, tous les Ecclésiastiques, Nobles & gens du Tiers-état de leur ressort, pour que les membres des deux premiers Ordres se rendent en personne, & que ceux du troisième envoient des Députés à l'Assemblée du Bailliage au jour indiqué.

C'est aussi dans le même objet qu'ils font l'envoi des Lettres de convocation aux Siéges inférieurs, situés dans l'arrondissement de leur district, pour que les mêmes formalités y soient répétées de l'autorité de ces Siéges, & qu'il soit fait des Assemblées de toutes les Communautés qui en dépendent, pour procéder à la nomination de leurs Députés, & à la confection des cahiers contenant leurs doléances.

Les Assemblées de Communauté doivent être en général annoncées dans les Paroisses, au son de la cloche, au prône, ou à l'issue de l'Office divin, de la manière la plus publique & la plus solennelle. Les formes de ces Assemblées varient dans chaque Province; le Bureau n'a pas cru pouvoir en indiquer aucune particulière, & il observe que tous les usages peuvent sans inconvénient être conservés, pourvu qu'ils ne nuisent pas à l'intégrité des Assemblées & à la liberté des élections, sans laquelle la Nation seroit privée de sa véritable représentation.

Le Bureau a pensé néanmoins que dans les Communautés de Campagne, ni les Curés, ni les Seigneurs, lorsqu'ils seroient nobles, ne pourroient assister aux Assemblées de ces Communautés, parce que les premiers appartiennent à l'Ordre du Clergé, & les seconds à celui de la Noblesse, qui s'assemblent directement au chef-lieu du Bailliage principal.

Il a pensé aussi que ces Assemblées devoient être tenues en la présence du Juge ou d'un autre Officier public, à moins que les usages locaux n'y fussent contraires.

Le Bureau enfin a vérifié par le vu des Sentences des Bailliages & des Procès-verbaux des Assemblées d'élection, que l'Assemblée du Bailliage principal doit être formée de la totalité des Ecclésiastiques & des Nobles, & des Députés des Communautés formant le Tiers-état, & présidée par le Bailli; & telle est la forme généralement usitée, que les trois Ordres réunis entendent d'abord la lecture de la Lettre du Roi; & qu'ensuite après avoir prêté serment, ils

28.ᵉ QUESTION.

Ceux qui font aux gages d'autres personnes, soit Eccléſiaſtiques, soit Laïques, ou dans leur dépendance quelconque, seront-ils électeurs ou éligibles dans l'Ordre du Tiers-état ?

29.ᵉ QUESTION.

Les membres du Tiers-état pourront-ils élire pour leurs Députés des membres d'un autre Ordre, ou jouiſſant des priviléges auxquels leur Ordre ne participe pas ?

se séparent, pour dreſſer chacun en particulier leurs cahiers & nommer leurs Députés aux États-généraux.

Le Bureau a pensé qu'aucune dépendance quelconque ne peut éteindre les droits impreſcriptibles que donne l'intérêt de la propriété, & qu'un Citoyen ne peut pas perdre ces droits auſſi long-temps qu'il conserve l'intérêt qui les donne.

Le Bureau a été d'avis, *à la pluralité de dix-huit sur vingt-quatre, un membre abſent,* qu'il ne devoit y avoir d'exclus de l'élection & de l'éligibilité, que les Domeſtiques, & que les Domeſtiques même ne doivent pas être exclus dans les Communautés dans leſquelles ils ſont propriétaires de fonds.

Le ſecond Bureau a pensé qu'il falloit diſtinguer deux genres de députation dans le Tiers-état, celle aux Aſſemblées d'élection, & celle aux États-généraux ; que les Députés aux Aſſemblées d'élection ſont deſtinés à la rédaction des cahiers de doléances, des inſtructions & des pouvoirs. Il paroît indiſpenſable que les Députés du Tiers, qui doivent procéder à ces opérations, ſoient choiſis dans leur Ordre.

Mais à l'égard des Députés aux Étatsgénéraux, le Bureau n'a pas cru devoir propoſer rien qui pût paroître gêner ni altérer la liberté dont le Tiers-état a cru pouvoir uſer dans les précédentes tenues d'États-généraux ; & il a cru devoir s'en référer à cet égard aux termes ordinaires des Lettres de convocation. Si des conſidérations nouvelles lui paroiſſent devoir concentrer ſes ſuffrages parmi ſes propres

(176)

membres, le Tiers-état peut diriger son choix en liberté, selon ses propres dispositions; & il ne paroît pas qu'il ait à craindre que des influences personnelles l'emportent sur celle de ses intérêts, quand la voie du scrutin semble devoir assurer l'indépendance de ses pouvoirs & la liberté de ses suffrages.

Le Bureau a été d'avis, *à la pluralité de dix-neuf voix contre cinq, un membre absent*, que le Député d'une Communauté à l'Assemblée du Bailliage, ne devoit être choisi que dans l'Ordre du Tiers; qu'on ne devoit établir aucune disposition nouvelle sur le choix des Députés du Tiers-état aux États-généraux, & que la formule des Lettres de convocation pour les États de 1614 & autres antérieurs, devoit être conservée dans les mêmes termes que par le passé.

Le Bureau a pensé, *à la pluralité de dix-neuf voix contre cinq, un membre absent*, que l'unique base de l'éligibilité devoit être la confiance des électeurs, la distinction des Ordres seulement observée; qu'ainsi une personne absente comme présente à l'Assemblée, une personne même étrangère, soit à raison de son domicile, soit à raison de la situation de ses biens à l'Assemblée qui se propose de l'élire, & qui par conséquent n'auroit pas droit d'être admise dans cette Assemblée, peut être élue valablement.

Les principes qu'a adoptés le second Bureau, de ne se permettre aucune innovation, & de conserver les droits de tous

30.ᵉ QUESTION.

Les électeurs, de quelque Ordre qu'ils soient, pourront-ils élire pour leurs Représentans des personnes absentes, ou qui n'auroient pas le droit d'être admises dans l'Assemblée?

31.ᵉ QUESTION.

Quelles sont les Villes

qui députeront directement aux États-généraux ?

32.ᵉ QUESTION.

Dans quelle forme ces Villes doivent-elles procéder à la convocation & à la tenue des Assemblées destinées aux différentes élections ?

Ces mêmes Villes concourront-elles en outre à l'Assemblée d'élection de leur Bailliage ?

Tout Citoyen domicilié y sera-t-il admis pour être électeur ou éligible, sans distinction d'Ordre ni de rang ?

(177)

tous les Corps politiques, ont dicté son avis sur cette question. Le Bureau avoit pensé que les droits des trois Ordres, des Provinces, des Bailliages, devoient être maintenus & restreints selon les usages antérieurs, & notamment selon l'usage observé en 1614; les mêmes raisons lui semblent devoir étendre ou circonscrire les droits des Villes selon les anciens usages : & le Bureau a pensé, *à la pluralité de vingt-trois voix contre une, un membre absent,* que les Villes qui ont député aux États-généraux en 1614, doivent continuer d'y députer selon leurs droits & usages, sans donner aucun nouveau privilége aux autres Villes.

Le Bureau a pensé, *à la pluralité de vingt-trois voix contre une, un membre absent,* que ces questions devenoient sans objet, en conséquence de son arrêté sur la question précédente.

33.ᵉ QUESTION.

Y a-t-il quelque proportion à observer pour le nombre respectif des Députés des Villes & des Députés des Campagnes?

La distinction des Villes & des Campagnes, relativement à leurs Députés, & au nombre de ces Députés, ne peut être fondée que sur la diversité, ou même l'opposition de leurs intérêts.

Les Villes d'un certain ordre ont un genre de richesse différent, & elles contribuent par des moyens différens aux charges publiques.

Les produits du sol forment la richesse des Campagnes; les produits de l'industrie appartiennent plus particulièrement aux Villes; l'impôt territorial est le principal moyen de contribution dans les Campagnes; dans les Villes, la forme de contribuer consiste principalement dans les droits sur les consommations. Cette différence de leurs facultés & de leurs contributions, semble être un motif pour distinguer leurs Députés, & pour en proportionner le nombre; mais il a été observé que le motif principal qui pouvoit déterminer le Bureau à proposer cette distinction, étoit la crainte que les Campagnes ne fussent opprimées par les Villes. Le Bureau a considéré qu'au contraire la combinaison des suffrages dans les Assemblées d'élection, étoit avantageuse aux Campagnes, parce que chaque Village avoit une voix égale à celle d'une Ville, & que les Campagnes peuvent même avoir plus d'influence que les Villes, par le nombre de leurs suffrages dans le choix des Députés aux États-généraux, & dans la rédaction des cahiers.

Le Bureau a pensé que si les Députés des Bailliages sont presque toujours choisis parmi les habitans des Villes, c'est un avantage attaché à la supériorité des lumières & non à l'influence & à la prépondérance des Députés des Villes dans les Assemblées d'élection.

C'est par ces considérations qui semblent justifiées par un ancien usage constamment suivi, que le second Bureau a délibéré *unanimement* qu'il n'y avoit point de proportion à établir entre le nombre respectif des Députés des Villes & des Députés des Campagnes.

34.ᵉ QUESTION.

Si quelques grandes Villes de commerce sont admises à députer directement aux États-généraux, le ou les Députés seront-ils élus parmi les Négocians seuls, & en quelle forme?

Le Bureau n'a point à discuter les questions intéressantes que peuvent faire naître les rapports multipliés qui rapprochent les intérêts du Commerce & des propriétés : puisque le Bureau n'a pas cru devoir admettre la députation directe des grandes Villes de commerce, il ne peut pas établir des règles pour un choix qui n'a point d'objet. Le Bureau doit observer que les Villes de commerce, ainsi que les grandes Villes, doivent envoyer leurs cahiers à l'Assemblée des Bailliages, & qu'elles peuvent y faire insérer toutes les observations & représentations qui concernent le bien du Commerce.

Le Bureau a pensé, *à la pluralité de seize voix contre huit, un membre absent*, que la question actuelle se trouvoit implicitement & suffisamment répondue par son arrêté sur la trente-unième question.

35.ᵉ QUESTION.

Quelles sont les formes qui devront être observées dans les Villes qui ne députent qu'aux Bailliages secondaires ou principaux?

Le Bureau, instruit par les monumens des anciens États-généraux qu'il a sous les yeux, des formes qui paroissent avoir été le plus ordinairement suivies dans les Assemblées des Villes préalables des Bailliages, observe néanmoins qu'il ne croit pas devoir les proposer comme exclusives & comme les seules qu'on puisse suivre.

Leur objet principal & unique est que tous les Citoyens des trois Ordres puissent concourir librement aux Assemblées d'élection des Députés, & de rédaction des cahiers.

Le Bureau pense que toute forme particulière à une Ville, qui, sans être précisément la plus générale, opéreroit néanmoins les mêmes effets, ne devroit pas être proscrite dans les principes du Bureau, qui consistent à conserver les anciens usages & les formes accoutumées.

Ainsi le Bureau croit devoir réserver les exceptions locales, en même temps qu'il représente le plan des Assemblées des Villes, tel qu'il paroît avoir été suivi généralement.

Les Assemblées doivent se tenir, en vertu des ordres du Roi, & des Sentences des Baillis, après la proclamation publique qui en a été faite à son de trompe & par affiches, & la notification particulière qui en a été également faite, tant aux Officiers municipaux pour la Commune de la Ville en général, & pour qu'ils en donnent connoissance à chacun des Corps de la Ville & des Communautés d'arts & métiers,

(181)

qu'aux différentes Paroisses, par la publication au prône, & les assignations à elles données en la personne de leurs Syndics & Fabriciens.

Ces Assemblées se tiennent en l'Hôtel-de-ville, aux jour & heure indiqués, & sont présidées, tantôt par le Maire, tantôt par le Bailli lui-même, ou son Lieutenant général. Elles sont composées du Corps municipal de la Ville, des Députés des Paroisses qui la composent, de ceux des différens Corps, & enfin de ceux des Communautés d'arts & métiers de la Ville.

Tous ces Députés étant réunis, l'ouverture de l'Assemblée se fait par la lecture des ordres du Roi, & de l'Ordonnance du Bailli. Ensuite on nomme à la pluralité des voix, des Commissaires pour la compilation des cahiers & mémoires présentés par les Députés des différens Corps, & la formation d'un seul cahier général contenant les doléances de tous ces Corps. Ces Commissaires se retirent en particulier pour faire leur travail, & lorsqu'ils l'ont achevé, on en fait la lecture en présence de l'Assemblée, où il est clos, arrêté & revêtu des signatures.

L'Assemblée se termine par la nomination d'un ou de plusieurs Députés choisis pour se rendre à l'Assemblée générale du Bailliage, à l'effet d'y porter le cahier de la Ville, & d'y concourir à l'élection tant des Commissaires qui doivent rédiger le cahier général du Bailliage, que des Députés qui doivent être envoyés aux États-généraux.

Telles sont les principales formes que le Bureau a *unanimement* pensé devoir être généralement suivies comme très-régulières par elles-mêmes, & d'ailleurs consacrées par l'usage, sauf les Villes où il pourroit en exister de particulières qui ne contrarieroient pas les trois grands objets des Lettres de convocation qui ont été déjà rappelés, & auxquels toutes les formalités se rapportent nécessairement : la publicité des ordres du Roi, l'intégrité des Assemblées, & la liberté dans les suffrages.

36.ᵉ QUESTION.

Dans quelles proportions les Communautés de Campagne, ou les Villes plus ou moins considérables auront-elles la faculté de nommer des Députés, soit aux Bailliages secondaires, soit aux Bailliages principaux ou Sénéchaussées ?

Le Bureau s'est rappelé les motifs qui l'ont déterminé, sur la quatrième question, à penser qu'il n'étoit pas à propos, & qu'il seroit infiniment difficile d'établir entre les Bailliages principaux une règle de proportion pour leurs députations aux États-généraux, graduée sur celle de leur population, ou sur toute autre base de comparaison entr'elles ; & de même qu'il a pensé que dans les Lettres de convocation il ne devoit être mis aucune différence ni proportion entre les différens Bailliages, de même relativement aux députations du premier ou second degré qui doivent avoir lieu, soit des Communautés de Villes ou de Campagne aux Bailliages ou Juridictions dont elles dépendent immédiatement, soit de ces Bailliages ou Juridictions aux Bailliages principaux. Le Bureau a pensé *à l'unanimité*, qu'il n'y avoit aucune proportion à prescrire quelle que soit la consistance plus ou moins considérable de ces Communautés.

37.ᵉ & 38.ᵉ
QUESTIONS réunies.

Quel sera le nombre des Députés que les Bailliages ou Juridictions secondaires auront le droit d'envoyer au Bailliage principal, suivant le nombre facultatif des Députés des Villes & des Communautés de Campagne qui composent leur ressort ?

Chaque Bailliage principal ne sera-t-il pas obligé de suivre la même règle de proportion, & d'avoir pour cet effet une Assemblée préliminaire ?

Le Bureau, en examinant conjointement les trente-septième & trente-huitième questions, a observé d'abord que si les Communautés dépendantes de Juridictions secondaires, ne doivent être représentées au Bailliage principal que collectivement, & le plus souvent par un seul Député envoyé de la Juridiction secondaire au nom de toutes ces Communautés, elles auroient un désavantage extrême vis-à-vis des Communautés immédiates, dépendantes du Bailliage principal, dans le cas où celles-ci enverroient chacune leurs Députés particuliers à l'Assemblée du Bailliage principal, pour concourir avec les Députés collectifs de tous les arrondissemens des Juridictions inférieures.

Le Bureau a pensé en conséquence, *à la pluralité de vingt-une voix contre trois, un de ses membres absent*, qu'il seroit indispensable que le Bailliage principal tînt lui-même une Assemblée préliminaire des Députés de toutes les Communautés de son ressort immédiat, pour y députer collectivement au nom de tout ce ressort, à l'Assemblée générale du même Bailliage principal, formée uniquement de Députés représentant collectivement chacun des arrondissemens, soit du Bailliage principal, soit des Juridictions secondaires ; mais en même temps le Bureau a été frappé de l'inconvénient qui se rencontreroit si les Assemblées d'élection qui doivent se tenir dans les Bailliages principaux, n'étoient composés quant au Tiers-état, que d'autant de Députés seulement qu'il se trouveroit de

Juridictions secondaires ressortissantes, & de celui de l'Assemblée préliminaire du Bailliage principal, ce qui réduiroit le Tiers-état à deux ou trois personnes seulement dans l'Assemblée au Bailliage principal qui doit députer aux États-généraux.

Le Bureau a pensé que pour procurer au Tiers-état dans cette Assemblée une consistance convenable, il seroit plus expédient d'ordonner que les Députés de toutes les Communautés des ressorts des Juridictions secondaires, pourront, après s'être assemblés dans ces Juridictions secondaires & y avoir rédigé les cahiers, se rendre encore directement à l'Assemblée du Bailliage principal, pour y représenter soit une seule, soit même plusieurs Communautés qui auroient nommé le même Député, de manière cependant que le même Député ne puisse représenter plus de trois Communautés, comprise celle dont il sera membre; & que pareillement les Députés des Communautés du ressort immédiat du Bailliage principal, après avoir formé l'Assemblée préliminaire, toujours nécessaire pour la rédaction du cahier de l'arrondissement, pourront se rendre aussi à l'Assemblée d'élection, pour y concourir avec tous ceux des Communautés des Juridictions secondaires, tant à la nomination des Députés aux États-généraux, qu'à la refonte des cahiers pour la formation du cahier général du Bailliage.

39.ᵉ QUESTION.

Les Ordres doivent-ils délibérer séparément

C'est un principe que le Bureau croit devoir rappeler, que la distinction des trois Ordres & l'égalité de leurs pouvoirs sont constitutionnelles en France, & que le droi

(185)

aux Assemblées qui députent directement aux États-généraux ?

droit de délibérer séparément, en est la suite.

Le Bureau a vu par l'inspection de plusieurs Procès-verbaux, que dans les Assemblées d'élection préalables à la tenue des États-généraux précédens, les trois Ordres se sont réunis en présence du Bailli ou de son Lieutenant, pour entendre les intentions du Roi & pour prêter serment, & qu'ils se sont ensuite séparés pour dresser les cahiers des doléances, & pour nommer des Députés.

Tel est l'usage qui paroît avoir été régulièrement suivi. S'il y a dans quelques Provinces des usages contraires, le Bureau croit devoir distinguer les droits & les usages. Les usages fondés sur l'exercice volontaire des droits des Ordres ne peuvent pas les détruire ; les droits n'en subsistent pas moins, parce qu'on en a quelquefois varié la forme, ou suspendu l'activité.

Le Bureau, en conséquence, en se référant à sa réponse sur la sixième question, a pensé *unanimement* que le droit des trois Ordres est de délibérer séparément dans les Assemblées d'élection.

40.ᵉ QUESTION.

Pourra-t-on être électeur ou éligible dans les diverses Communautés ou Bailliages où l'on aura des propriétés, soit transmissibles, soit usufruitières ?

Le Bureau avoit déjà déclaré dans ses précédens avis, qu'il ne pensoit pas qu'il fût nécessaire d'être propriétaire pour être éligible, & que, pour pouvoir être électeur, il suffisoit d'avoir son domicile ou une propriété quelconque dans l'étendue de la Communauté ou du Bailliage où se fait l'élection; il ne peut donc admettre de différence entre les propriétés transmissibles & celles usufruitières. Et par ce motif ;

A a

41.ᵉ QUESTION.

Les Bénéficiers ou les possesseurs de fiefs pourront-ils, & pourront-ils seuls se faire représenter par des fondés de procuration ?

Il a été *unanimement* d'avis qu'on pourra être électeur & éligible dans les diverses Communautés ou Bailliages où l'on aura des propriétés, soit transmissibles, soit usufruitières.

Le Bureau a eu d'abord à examiner si l'usage des procurations devoit être permis en lui-même, ou absolument interdit. Le Bureau a observé que la question ne pouvoit s'appliquer qu'aux Assemblées ou de Communautés, ou de Juridictions secondaires, ou de Bailliages principaux ; car il lui paroît sans difficulté que pour l'admission aux États-généraux, aucune procuration ne peut avoir lieu. Les Députés aux États-généraux ne sont que des Délégués, des Représentans ; or, il est de principe que le Délégué ne peut pas déléguer lui-même, parce que la confiance est personnelle. L'importance des objets qui doivent se traiter aux États-généraux, seroit d'ailleurs un motif suffisant pour que cette Assemblée ne reçoive que des Députés personnellement honorés de la confiance publique & des pouvoirs des véritables commettans : il s'agit donc seulement des Assemblées antécédentes. On ne peut disconvenir que l'usage des procurations ne puisse y introduire quelques inconvéniens.

Néanmoins le Bureau, *à la pluralité de vingt-quatre voix contre une*, a considéré que l'interdiction absolue de ces usages priveroit inévitablement beaucoup de membres des Trois-états, de la possibilité d'être comptés au nombre des Citoyens représentés aux États-généraux ; exclusion qui compromettroit le caractère le plus essentiel de cette Assemblée solennelle ; que d'ailleurs le mandat ou la remise d'une procuration est un acte de confiance personnelle généralement autorisé, & qui semble tenir au droit naturel ; qu'enfin l'usage des procurations, à l'effet d'être représenté aux Assemblées des Bailliages principaux, antécédentes aux États-généraux, est formellement admis par des Lettres du Roi aux Baillis en 1651, qui portent : *Voulons que les procurations des absens qui ont droit d'intervenir à cette Assemblée particulière, soient reçues si elles arrivent à temps, pour y compter leurs voix en la forme & manière qui se doit.*

Le Bureau s'étant déterminé d'après ces considérations, à admettre l'usage des procurations pour les Assemblées antécédentes à la tenue des États-généraux, a pensé ensuite que le moyen raisonnable d'éviter les inconvéniens qui en pourroient résulter, est de circonscrire cet usage dans des termes justes & convenables ; il a pensé qu'il seroit à propos que dans les Assemblées de Communautés, les seuls Forains possédant fonds dans ces Communautés, pussent se faire représenter par des fondés de procuration. Cette facilité leur est nécessaire pour la conservation des intérêts que leur donnent leurs possessions locales, tandis que leur domicile dans d'autres Communautés, ou d'autres possessions dispersées, leur donnent d'autres engagemens à remplir, ou d'autres intérêts à surveiller. A l'égard des domiciliés dans chaque Communauté, leur présence dans l'Assemblée peut se présumer, & l'admission

A a ij

de leurs procurations a paru au Bureau préfenter beaucoup plus d'inconvéniens que de motifs de néceffité. Aux Affemblées des Juridictions fecondaires, ou à l'Affemblée préliminaire du Bailliage principal, il ne peut être apporté de procurations, ces Affemblées n'étant compofées que de Députés des Communautés qui ne peuvent pas députer eux-mêmes; mais le Bureau a déjà obfervé fur la trente-feptième queftion, qu'il admettroit un même Député à repréfenter dans ces Affemblées, jufqu'à trois Communautés qui l'auroient nommé, celle dont il feroit membre comprife. Enfin, aux Affemblées générales des Bailliages principaux, il ne peut être apporté de procurations de la part du Tiers-état, par la même raifon qu'il n'y eft compofé que de Députés : mais dans l'Ordre du Clergé & dans celui de la Nobleffe qui s'y préfentent individuellement, le Bureau a penfé qu'il y a lieu d'admettre des procurations de Bénéficiers & de poffeffeurs de fiefs feulement, ceux-là paroiffant avoir toujours été feuls effentiellement appelés aux Affemblées baillivales, où ils ont toujours été cités perfonnellement, & réputés défaillans & amendables à défaut de comparution.

Dans tous les cas où le Bureau penfe que les procurations peuvent être refufées, il eftime qu'il faut qu'il y ait minute authentique de toutes les procurations, contenant les noms des Procureurs fondés, fans qu'aucune procuration donnée en blanc puiffe être admife ; que les fondés de procuration doivent être du même Ordre que les conſtituans, & qu'une même perſonne ne doit être admiſe à repréſenter plus de deux abſens, en conſervant ſa voix perſonnelle; & pour prévenir la caducité de quelques procurations, qui priveroit ceux qui les auroient données de leur influence dans les Aſſemblées, le Bureau croit que dans toutes les procurations à l'effet d'aſſiſter à ces Aſſemblées, il ſeroit à propos que les conſtituans nommaſſent les perſonnes auxquelles ils voudroient tranſmettre les mêmes pouvoirs, à défaut par les premiers Procureurs fondés de ſe trouver en état de les exercer.

42.ᵉ QUESTION.

Si du même titre de bénéfice ou du même fief dépendent des biens ſitués dans différens Bailliages qui députent directement aux États-généraux, le poſſeſſeur aura-t-il le droit d'avoir voix, ou de ſe faire repréſenter dans chaque Bailliage, ou ſeulement dans celui du chef-lieu de ſon bénéfice ou de ſon fief?

Le Bureau a penſé, *à la pluralité de vingt-trois voix contre une, un membre abſent,* que, ſoit par analogie avec ce qu'il a déjà dit ſur la quarante-unième queſtion, ſoit par motif de raiſon, le Bénéficier ou le poſſeſſeur de fief peut dans ce cas ſe trouver ou ſe faire repréſenter dans chacun des Bailliages où ſe trouvent des dépendances de ſon bénéfice ou de ſon fief. Par analogie ; car le Bureau a penſé ſur la quarante-unième queſtion, que les Forains, c'eſt-à-dire, les perſonnes domiciliées dans un lieu & poſſédant des biens dans un autre, peuvent dans celui-ci ſe faire repréſenter : or les Bénéficiers ou poſſeſſeurs de fiefs s'aſſimilent aux domiciliés dans l'endroit où eſt ſitué leur chef-lieu, & aux Forains, dans les lieux où ſont les dépendances de leur bénéfice ou de leur fief; ils doivent donc être reçus à s'y faire repréſenter. Par motif de raiſon ; car ces différences de ſituation entre les chefs-lieux & leurs dépendances peuvent entraîner des régimes fort différens d'administration des biens, à raison des diversités de coutumes; & par conséquent les Bénéficiers ou possédant fiefs ayant plusieurs intérêts locaux à surveiller, différens les uns des autres, quoique dérivant d'un même bénéfice ou d'un même fief, doivent avoir influence & concours dans chacun des Bailliages dont les loix occasionnent cette diversité d'intérêts.

43.ᵉ QUESTION.

Les Bénéficiers ou les possesseurs de fiefs pourront-ils voter, ou donner autant de procurations qu'ils possèdent de bénéfices ou de fiefs dans le ressort du même Bailliage? ne le pourront-ils que dans les différens Bailliages?

Le Bureau, *à la même pluralité de vingt-trois voix contre une, un de ses membres absent*, ne voit aucune difficulté sur cette question.

Les intérêts des Bénéficiers ou des possesseurs de fiefs ne seront toujours que les mêmes sur chacune de ces possessions, en quelque nombre qu'elles soient, sous le ressort du même Bailliage; il seroit donc sans objet de multiplier les individus pour une même cause. Ainsi le Bénéficier ou possesseur de fief ne peut que se présenter lui-même, ou avoir un fondé de procuration dans l'Assemblée du Bailliage, quelque nombre de bénéfices ou de fiefs qu'il possède sous son ressort; mais si ses bénéfices ou fiefs sont situés sous le ressort de différens Bailliages, il pourra se faire représenter dans chacune des Assemblées baillivales.

44.ᵉ QUESTION.

Les non-Nobles possédant des fiefs nobles

Le Bureau pense en premier lieu, que les non-Nobles, quoique possédant des fiefs nobles, sont de l'Ordre du Tiers-état, la distinction des membres des trois Ordres étant personnelle ; & qu'ainsi le non-Noble possédant des fiefs, ne peut néanmoins ni assister aux Assemblées, ni s'y faire représenter que dans l'Ordre du Tiers ; & d'après ce point de vue, l'avis du Bureau sur cette question se trouve dans ceux qu'il a précédemment donnés, *à la même pluralité de vingt-trois voix contre une, un de ses membres absent.* Il a pensé que dans l'Ordre du Tiers-état, les domiciliés ne devoient pas être reçus à envoyer des fondés de procuration ; que les Forains devoient être reçus à en envoyer dans les Communautés où ils possèdent des biens sans y demeurer : cette opinion alternative s'applique aux non-Nobles possédant des fiefs, comme à ceux qui possèdent des biens en roture. Enfin le Bureau a pensé sur la quarante-quatrième question, que le fondé de procuration devoit toujours être du même Ordre que le constituant.

pourront-ils se faire représenter, & par qui ?

Le Bureau a pensé que les Ecclésiastiques possesseurs de bénéfices, & les Nobles possesseurs de fiefs ou biens nobles, devoient seuls dans les deux premiers Ordres avoir la faculté de se faire représenter, & les Forains seuls dans l'Ordre du Tiers ; c'est-à-dire, les possédant fonds, hors du lieu de leur domicile.

45.ᵉ QUESTION.

Accordera-t-on aux Ecclésiastiques & aux Nobles non possédant bénéfices ou fiefs, & aux membres du Tiers-état la faculté de se faire représenter aux élections ?

46.ᵉ QUESTION.

Les mineurs, les veuves, les filles & les femmes possédant divi-

Le Bureau, *à la même pluralité de vingt-trois voix contre une, un membre absent,* ne voit point de doute que toutes les personnes qui forment tête civile, ou qui ont des propriétés en leur nom, ne puissent

sément, pourront-ils se faire représenter, & par qui ?

ou concourir ou se faire représenter dans les Assemblées, celles qui sont en puissance d'autrui demeurant assujetties à n'exercer ces droits que par celui en la puissance de qui elles sont. Ainsi les mineurs pourront sans doute les exercer par leurs tuteurs, qui peuvent leur nommer des fondés de procurations; les veuves, les filles majeures jouissant de leurs droits, peuvent en nommer en leur nom; les femmes possédant divisément des biens non sujets à la puissance maritale, le peuvent de même & toujours dans le même ordre auquel appartient la personne constituante : ces mêmes personnes, mineurs, veuves, filles & femmes ne pourroient entrer elles-mêmes dans les Assemblées.

47.ᵉ QUESTION.

Les Ecclésiastiques, ou les Nobles, ainsi que ceux du Tiers-état qui ne seront pas cités personnellement, pourront-ils voter comme électeurs dans les différens lieux où ils auroient des propriétés, ou seulement dans celui de leur domicile ?

Une conséquence des avis précédens du Bureau décide cette question.

Il n'y a aucune difficulté quant au lieu du domicile, que la question même suppose hors d'incertitude.

A l'égard des lieux de la situation de leurs biens, le Bureau a déjà regardé sur la quarante-unième question le droit de propriété séparé du domicile, comme suffisant pour autoriser les membres du Tiers-état à se faire représenter dans les Assemblées des Communautés où leurs biens sont situés; à plus forte raison les autoriseroit-il à s'y présenter eux-mêmes, & une suite du même point de vue doit être que les Ecclésiastiques ou les Nobles qui ne seront point dans le cas d'être cités personnellement, puissent se présenter eux-mêmes ou se faire représenter dans

48.ème & 49.ème
Questions réunies.

Si les procurations sont admises, combien pourra-t-on en réunir sur la même tête?

Seront-elles générales ou spéciales? & le fondé sera-t-il du même Ordre que son commettant?

Ces procurations pour élire s'étendront-elles à la rédaction des cahiers? & le Procureur fondé aura-t-il pour cette rédaction autant de voix que pour les élections?

Devra-t-on nommer expressément dans la procuration celui à qui on la donnera?

50.e Question.

Les élections se feront-elles à haute voix ou au scrutin?

Distinguera-t-on à

dans les Assemblées des Bailliages sous le ressort desquels ils possèdent des biens, comme de ceux dans lesquels ils sont domiciliés.

Le Bureau s'est déjà expliqué en partie en traitant la quarante-unième question. Il a pensé qu'on ne devoit pas admettre plus de deux procurations sur la même tête, outre la députation personnelle de celui qui en est porteur; que le fondé de procuration devoit être du même Ordre que son commettant; que les procurations devoient être passées en minute & authentiques, & contenir le nom du Procureur fondé & de celui qui pourra le remplacer en cas d'empêchement. Le Bureau pense sur le surplus de ces deux questions, que les procurations ne peuvent être trop spéciales; qu'aucune procuration générale ne peut être admise; qu'elles ne doivent être applicables qu'aux pouvoirs y expliqués; qu'ainsi des procurations qui ne porteroient que pouvoir d'élire, ne peuvent s'étendre à la rédaction du cahier; qu'enfin, pour cette rédaction, si elle est comprise dans les procurations, le Procureur fondé pourra avoir, comme pour l'élection, autant de voix que de procurations, jusqu'au nombre de trois seulement.

Le second Bureau, après avoir examiné cette question, a pensé que pour les élections qui se feront dans les Communautés dans lesquelles il y a souvent des personnes qui ne savent pas écrire, il falloit suivre une forme plus convenable pour elles, & que

B b

cet égard les différentes sortes d'Assemblées ?

51.ᵉ QUESTION.

Pourra-t-on nommer un suppléant dans chaque Ordre pour remplacer le ou les Députés aux États-généraux, en cas de maladie ou de légitime empêchement, lequel n'aura de mission qu'à défaut du Député qu'il sera destiné à remplacer ?

(194)

pour les élections des Députés aux États-généraux, il valoit mieux adopter la forme qui assureroit le maintien d'une plus grande liberté dans le choix. Et par ces motifs:

Le Bureau a été d'avis, *à la pluralité de vingt voix sur vingt-quatre, un membre absent*, que les élections dans les Assemblées de Communautés pour députer au Bailliage, doivent être faites à haute voix, à moins qu'il n'y ait un autre usage ancien & local; & que pour les élections des Députés aux États-généraux, il est bien important d'y procéder par la voie du scrutin.

Le Bureau, *à la pluralité de seize voix contre huit, un membre absent*, observera que l'Assemblée de Notables ne paroît avoir été appelée par le Roi, qu'à le conseiller sur les formes que Sa Majesté peut avoir à suivre ou à prescrire, & non à conseiller les différens Ordres ou départemens des Citoyens sur les précautions qu'ils peuvent avoir à prendre pour la plus sûre & la plus pleine exécution de leurs vœux; que les formes que Sa Majesté peut avoir à suivre ou à prescrire, ont paru au Bureau, dès ses premières délibérations, devoir être tirées uniquement des anciens monumens; que le Bureau a toujours cru devoir porter Sa Majesté à ne rien changer, à ne rien ordonner de nouveau, à ne point s'écarter même des formules usitées; qu'ainsi, en libellant les Lettres de convocation, précisément comme l'ont été celles de 1614, comme le Bureau l'a déjà proposé à Sa Majesté, le Bureau croit que Sa Majesté

52.ᵉ QUESTION.

Si une même personne est nommée Député dans plusieurs Bailliages, sera-t-elle tenue d'opter le Bailliage dont elle voudra être le Représentant; & dans ce cas, sera-t-elle remplacée de droit dans les autres Bailliages, par celui qui, après l'élu, aura réuni le plus de suffrages ?

n'a aucune précaution ultérieure à prendre pour assurer la formation complette de l'Assemblée, ni aucune disposition à prononcer, qui ne l'ait pas été par les Rois ses prédécesseurs, lors des précédentes Assemblées.

Le Bureau pense en premier lieu qu'il n'y a aucune difficulté que le Député nommé par plusieurs Communautés pour les représenter dans des Assemblées de bailliages différens, ne doive opter dans quel bailliage il veut être le Représentant des Communautés qui en dépendent; & il pense que pareillement le Député que plusieurs Bailliages auroient nommé leur Représentant aux États-généraux, doit opter le Bailliage dont il voudra être le Représentant. Dans l'un & l'autre cas, le remplacement de ce Député par celui qui avoit réuni le plus de suffrages après lui, n'est pas sans inconvénient, pouvant arriver que ce second proposé, lors de la nomination, ait eu réellement très-peu de voix; mais le Bureau, *à la pluralité de vingt voix contre trois, deux membres absens,* a considéré que cette circonstance seroit vraisemblablement fort éventuelle & fort rare; qu'il y auroit grand inconvénient & grande difficulté à faire recommencer les Assemblées dont les nominations se trouveroient caduques par un semblable évènement, & que le parti le plus expédient, parce qu'il seroit le plus simple, lui paroissoit être de faire remplacer la nomination caduque par celle qui avoit ensuite réuni le plus grand nombre de voix.

53.ᵉ QUESTION.

Quelle supériorité ou pluralité de suffrages seront nécessaires pour être légitimement élu ?

Le second Bureau ayant examiné cette question, a pensé que si l'on n'exigeoit qu'une majorité de suffrage respective, il seroit possible que le choix du Député ne fût pas conforme au vœu de la pluralité. C'est pourquoi le Bureau a été *unanimement* d'avis qu'il falloit, pour être légitimement élu, avoir plus de la moitié de la totalité des suffrages.

54.ᵉ QUESTION.

Sera-t-il nécessaire de régler l'ordre & la forme que devront suivre les Assemblées où les instructions des Députés aux États-généraux seront délibérées & rédigées, depuis les Assemblées de campagnes, en remontant jusqu'aux Assemblées bailliagères ?

Le Bureau a d'abord observé que la question proposée ne peut être relative qu'aux Assemblées des Bailliages principaux, puisque c'est à ces Assemblées que sont nommés les Députés aux États-généraux, & que sont délibérées & rédigées leurs instructions.

L'ordre & la forme que devront suivre ces Assemblées, paroissent tracés par les Procès-verbaux qui existent des différentes Assemblées de Bailliages, tenues en 1614. & autres États-généraux.

Ils consistent principalement, comme on a déjà eu occasion de le remarquer, dans les réponses aux questions précédentes, en ce que les trois Ordres réunis s'assemblent d'abord au jour indiqué pardevant le Grand-Bailli ou Sénéchal, ou son Lieutenant général, & qu'après la lecture des ordres du Roi, chaque Ordre se retire à part, pour s'occuper des objets portés par les Lettres de convocation.

Après cette séparation, les trois Ordres, chacun dans leur chambre, se nomment un Greffier ou Secrétaire chargé de consigner par écrit leurs délibérations. Ils procèdent ensuite à la nomination de Commissaires pour la rédaction de leurs cahiers de doléances. Ces cahiers étant achevés, lûs, clos, arrêtés & signés, on nomme dans chaque Ordre des Députés pour assister aux États-généraux, y porter les cahiers, & y représenter l'universalité du Bailliage dont les intérêts leur sont confiés; aussi doivent-ils être munis de pouvoirs suffisans pour traiter de tout ce qui peut concerner l'avantage & utilité des Ordres leurs commettans.

Les Députés ayant accepté leur commission, & juré de la remplir avec exactitude & fidélité, on leur fait la remise des cahiers, & ils se rendent directement aux États-généraux.

Le Bureau a *unanimement* pensé que les formalités essentielles doivent se réduire à ces points principaux; & par rapport aux autres formes de détail qui s'y rapportent, il lui paroît qu'il n'y a point d'inconvénient de laisser à chaque Bailliage la faculté d'employer celles qui pourroient être consacrées par l'usage.

PROVINCES réunies à la Couronne depuis 1614.

Dans quelle forme les Provinces réunies à la Couronne depuis 1614, devront-elles être admises à députer aux États-généraux ?

Le Bureau, *à la pluralité de seize voix contre sept, deux membres absens,* a pris l'arrêté suivant :

Le second Bureau, après avoir pris lecture des différens Mémoires proposés sur les formes de convocation qui doivent être observées dans les différentes Provinces réunies à la Couronne depuis 1614, a considéré qu'il n'existe point d'usage par rapport à la convocation des États-généraux du Royaume dans la plupart des Provinces réunies; que chacune de ces Provinces est régie par des formes particulières, soit dans l'ordre de l'administration, foit dans celui de la législation; que le Bureau ne peut pas avoir une connoiffance fuffifante de toutes les circonftances locales qui pourroient & qui devroient influer fur fa délibération; qu'il ne peut pas prendre ces informations qui feroient néceffaires pour le mettre en état de juger des avantages ou des inconvéniens qui peuvent réfulter des plans propofés par chaque Province; que cependant il eft indifpenfable qu'il foit procédé promptement & fans délai dans tout le Royaume à la convocation des Affemblées d'élection & à la nomination des Députés.

Le Bureau a en conféquence cru devoir s'en rapporter avec confiance au vœu de chaque Province & à la fageffe du Roi, en repréfentant à Sa Majefté que les Lettres de convocation font indépendantes des formes qui peuvent être fuivies dans les Provinces réunies, pour tenir ces Affemblées d'élection, & pour nommer les Députés aux États-généraux; qu'il n'y a point de raifon pour que les Lettres de convocation qui leur feront adreffées, ne foient pas énoncées dans les mêmes termes que par le paffé, foit par rapport à la diftinction des trois Ordres, foit par rapport au nombre refpectif des Députés de chaque Ordre; & qu'en général les formes qui feront admifes pour la convocation & la tenue des Affemblées d'élection, & pour la nomination des Députés, ne doivent avoir rien de contraire à la conftitution des États-généraux, & dans l'égalité de leurs pouvoirs & de leurs fuffrages.

Vœu du Bureau.

Le Bureau, empreffé de répondre aux fentimens de juftice qui ont dicté la propofition de Monfeigneur Comte d'Artois, a formé un vœu *unanime*, pour que les charges publiques foient réparties avec la plus jufte égalité, & foient fupportées proportionnellement par tous les Ordres.

Le Bureau a délibéré enfuite fur la propofition faite d'exprimer cette réferve, *fuivant les formes propres* à la conftitution des Ordres & des Provinces; & il a été déterminé, *à la pluralité de feize voix contre huit*, que cette addition, relative à un objet dont le Bureau n'avoit pas eu à s'occuper, n'étoit pas néceffaire.

Le fecond Bureau a terminé fes délibérations en formant un vœu *unanime* pour que Monfeigneur Comte d'Artois demande à Sa Majefté que les avis du Bureau foient imprimés, en obfervant qu'il eft intéreffant que ces arrêtés paroiffent le plus promptement qu'il fera poffible.

Collationné fur l'original, par nous fecond Secrétaire-greffier de l'Affemblée, tenant la plume dans le fecond Bureau, ce 11 Décembre 1788. Signé DU PONT.

TROISIÈME BUREAU.

COMMISSAIRES.

Messieurs,

L'Archevêque de Bordeaux.
Le Duc de Croÿ.
De Vidaud, Conseiller d'État.
Le Procureur général du Parlement de Toulouse.

Le premier vœu du troisième Bureau a été de répondre à la confiance dont Sa Majesté a honoré les Notables, & il s'est occupé sans relâche des résolutions à prendre sur les questions soumises à leur examen.

La plupart de ces questions ont présenté des difficultés d'autant plus embarrassantes, que le Bureau n'a jamais cru pouvoir perdre de vue les loix & les usages que la tradition a conservés. La Monarchie françoise s'est soumise elle-même à des loix & à des coutumes; l'attachement à ces loix & à ces coutumes dans les objets essentiels, est inséparable de l'amour de la Patrie, & c'est de ces sentimens que dépendront toujours sa splendeur & sa gloire. Si la crainte de quelques inconvéniens attachés à des formes anciennes faisoit adopter légèrement des innovations importantes, la constitution d'un grand Empire deviendroit sujette à une versatilité qui seroit le plus grand de tous
les

les maux. La respectable prudence d'un Roi qui hésite quand il s'agit de prononcer des changemens, doit faire la loi à ceux qu'il daigne consulter. Ils ne doivent pas respecter des abus qui nuiroient au principe général de la liberté des élections & des suffrages; mais ils doivent respecter les formes consenties par la Nation, & les faits sont les seuls points fixes qui peuvent les guider dans cette recherche. Ils pensent que la réforme même de certains abus ne doit s'opérer qu'avec lenteur; que pour éviter des inconvéniens connus, on peut tomber dans des inconvéniens plus grands encore; & que vouloir franchir rapidement des principes consacrés par des siècles, c'est s'exposer à des secousses dangereuses. L'habitude des Peuples doit être respectée, & il est à désirer qu'ils respectent eux-mêmes celles de leurs pères; autrement les droits les plus sacrés pourroient dépendre de systèmes nouveaux, & les citoyens que ces systèmes auroient favorisés, pourroient à leur tour être eux-mêmes les victimes de cette même versatilité dont ils auroient donné l'exemple. L'inquiétude que chacun pourroit en concevoir pour son état, seroit le plus grand de tous les maux; & ce n'est que le respect pour les droits, les loix & les propriétés, qui peut maintenir la tranquillité publique. Pénétrés de ces vérités, les membres du Bureau vont proposer à Sa Majesté de faire la convocation des États-généraux suivant les formes anciennes, en les conciliant, autant qu'il sera possible, avec les moyens qui leur ont paru les plus convenables pour rendre la repréfentation & plus libre & plus générale.

Dans le nombre des réfolutions que le Bureau a l'honneur d'offrir à Sa Majefté, il en eft qui ne conviennent qu'à la partie de la France qui compofoit le Royaume à l'époque des derniers États de 1614; d'autres peuvent également s'adapter à toutes les Provinces réunies depuis ce temps à la Couronne. Il eût fallu, pour offrir à Sa Majefté un plan dans lequel elles puffent être entièrement comprifes, réunir tous les renfeignemens qu'elles ont fait paffer à fes Miniftres. Mais le Bureau eft inftruit que les principaux Adminiftrateurs de ces Provinces fe font réunis pour préfenter eux-mêmes le plan le plus capable de leur affurer une jufte repréfentation aux États-généraux, & que Sa Majefté fe propofe de s'en faire rendre compte dans fon Confeil, afin d'y déterminer les règles à obferver pour les élections & les députations. Les membres du Bureau fe font donc uniquement renfermés dans l'examen des queftions qui leur étoient foumifes, relativement aux Provinces qui faifoient partie de la France en 1614, en fe conformant à l'ordre de ces queftions, tel qu'il a été arrêté dans le Comité préfidé par MONSIEUR.

(203)

QUESTIONS.	AVIS DÉFINITIFS *Rédigés par les Commissaires du Bureau, & approuvés.*
1.re QUESTION. *Le nombre des Députés doit-il être en raison des Gouvernemens, des Généralités, des Provinces, des Élections, des Diocèses, des Bailliages !*	Pour se conformer aux anciens usages & pour faire constater dans une forme judiciaire la validité des députations, le Bureau a pensé *unanimement* que la convocation devoit être faite par Bailliages dans toutes les Provinces qui faisoient partie du Royaume en 1614 & 1650, autres que celles qui ont conservé des usages contraires, en proposant néanmoins les rectifications de détail qui tendroient à rendre la représentation plus générale & plus libre. Quant à la question sur la nature que doivent avoir les Bailliages, pour jouir de la prérogative de députer directement aux États-généraux, les résolutions suivantes y répondent suffisamment.
2.e QUESTION. 1.° *De quelle nature doivent être les Bailliages qui auront la prérogative de députer directement aux États-généraux !* 2.° *Doit-on n'accorder cette distinction, quant aux Provinces qui ont député par Bailliages en 1614, qu'aux seuls Bailliages qui ont député directement à cette époque, soit qu'ils eussent ou non des Baillis d'épée !*	Tous les Bailliages qui ont député directement en 1614, ayant la possession pour eux, doivent jouir de la même prérogative s'ils sont dans le même état, même quand ils auroient subi quelque démembrement, un démembrement ne diminuant que l'étendue du ressort, sans changer l'état.

C c ij

3.° *Écartera-t-on de la députation directe les Bailliages qui, ayant eu à cette époque des Baillis d'épée, paroissent n'avoir député que secondairement?*

4.° *Enfin admettra-t-on pour la députation directe les Bailliages créés depuis 1614, avec Baillis d'épée, cas royaux, ressort sur d'autres Juridictions, & ressortissant nuement à un Parlement?*

Tous ceux qui à cette époque n'ont député que secondairement, quel que fût alors leur état, doivent être présumés avoir été jugés par le Roi & par la Nation, & ne doivent députer que de la même manière aux États-généraux de 1789.

Mais ceux qui ont été créés depuis 1614, avec les caractères exprimés dans la question, doivent être admis à la députation directe.

Cet arrêté n'a point passé à l'unanimité des suffrages; ils se sont tous réunis à la vérité pour conserver aux Bailliages qui avoient députe directement aux États-généraux de 1614, le droit d'y députer encore en la même forme. La diversité des avis n'a porté que sur les Bailliages qui à cette époque avoient député secondairement.

Seize ont voté pour les exclure de la députation directe.

1.° Ils ont craint de proposer à Sa Majesté un changement aussi contraire à ce qui s'étoit passé lors des précédentes tenues d'États-généraux, notamment de ceux de 1614, & de s'écarter aussi des formes qui leur ont paru constitutionnelles.

2.° Ils ont considéré en second lieu, que ce seroit rompre la hiérarchie qui existe & a existé depuis cette époque entre les

Bailliages de la première classe & ceux de la seconde, dont les Présidens ne sont que les Lieutenans du Bailli supérieur.

3.° Qu'il n'appartenoit qu'à la Nation assemblée d'accorder une députation directe aux Bailliages qui chercheroient à s'affranchir de cette dépendance.

4.° Que la classe dans laquelle ils avoient consenti d'être rangés en 1614, ôtoit aujourd'hui à ceux qui n'avoient pas changé d'état tout sujet de plainte; que cette question devoit être regardée comme jugée, soit par leur silence, soit par le rejet présumé de leurs réclamations, s'il y en avoit eu de leur part lors des précédentes convocations.

5.° Ils ont considéré qu'ajouter aux cent un Bailliages qui envoyèrent directement aux États de 1614, environ cent trente autres qui leur sont subordonnés, ce seroit plus que doubler aujourd'hui le nombre des Députés aux États-généraux, disproportion qui deviendroit encore plus sensible par l'admission des Représentans des Provinces réunies à la Couronne depuis 1614, & qui composent aujourd'hui la nouvelle France.

6.° Les membres du Bureau qui ont adopté cet avis, ont cru qu'il n'en résultoit aucun désavantage pour les Bailliages du second ordre, dans le sein desquels pourroient également être choisis à l'Assemblée du Bailliage principal, les Députés à envoyer aux États-généraux; qu'enfin ils jouiroient toujours du droit de dresser chacun séparément les cahiers de leurs doléances, & de faire parvenir ainsi à l'Assemblée de la Nation ce qu'ils auroient à lui exposer pour l'intérêt particulier de leur pays.

7.° Mais il leur a paru en même temps que les Bailliages qui depuis 1614 avoient été tirés de la dépendance d'un autre pour former un siége principal, devoient jouir de toutes les prérogatives attachées à cette suprématie; qu'il s'étoit ouvert pour eux depuis cette époque un droit nouveau, & que tout concouroit pour leur accorder une députation directe.

Sur cette question, *six* opinans se sont déterminés pour admettre à la députation directe tous les Bailliages ayant les cas royaux, & ressortissant n'ement aux Cours de Parlement. Les motifs ont été :

1.° De corriger en partie par cette extension, l'imperfection de la mesure adoptée de faire députer par Bailliages.

2.° De prévenir l'inconvénient dans les districts fort étendus, de rencontrer des intérêts divers & opposés qui ne pourroient être convenablement représentés par les mêmes Députés; de prévenir encore par cette subdivision l'inconvénient des minorités trop nombreuses. Il est à desirer sans doute que tous ou du moins le plus grand nombre possible soient & se jugent suffisamment représentés: ce seroit sans doute s'écarter essentiellement du but, que d'admettre un ordre de choses où une portion notable de commettans ne verroit dans le Représentant ni l'homme de son choix, ni celui de sa confiance; or, il est tel grand Bailliage où la minorité pourroit être de cent mille habitans. Subdiviser dans ce cas, c'est donc se rapprocher de la meilleure forme d'élection.

3.° Par ce partage les Assemblées seront moins tumultueuses, & il sera pour chacun des membres moins pénible & moins dispendieux de s'y rendre.

4.° On ne connoît point de droit acquis à un Bailliage, pour en asservir un autre. Les réclamations très-peu nombreuses de ce genre qui ont pu avoir lieu en 1614, & être même respectées provisoirement par les États, ne peuvent se soutenir devant le droit imprescriptible pour tout François à une plus équitable & plus immédiate représentation.

5.° Les États de 1614 n'offrent d'ailleurs à cet égard aucun motif certain de décision.

On y voit députer directement des Bailliages qui ne paroissoient pas avoir de Grands-Baillis, & secondairement des Bailliages qui en étoient pourvus. Sait-on positivement si cet ordre singulier étoit la suite d'un usage ancien & traditionnel? Ne seroit-ce pas un effet assez probable de la répugnance de nos pères à se rendre aux États-généraux? On avoit encore en 1614 peu d'empressement à y assister; on étoit effrayé des frais de voyage & de déplacement. Fera-t-on aujourd'hui porter aux Bailliages, dans cette supposition, la peine d'une négligence passée, & de l'indifférence de leurs prédécesseurs? Dans ce doute & ces obscurités, où l'on ne peut que former des conjectures, ira-t-on chercher le modèle de ce que l'on doit faire aujourd'hui? Plus la règle fixe échappe aux recherches les plus attentives, même dans cette dernière circonstance, plus le principe de la plus exacte représentation possible doit se reproduire avec force : si d'ailleurs la règle n'est pas fixe, l'exemple est constant. En 1588, on trouva vingt-un Bailliages de moins qu'en 1614; il est à présumer qu'il en eût paru bien davantage qu'en 1614, dans l'Assemblée qui devoit avoir lieu en 1651. Ainsi, en appelant aujourd'hui tous les Bailliages, on ne contrarieroit point une règle qui ne paroît rien moins que certaine; on rempliroit les conditions d'une représentation plus parfaite, & l'on se conformeroit à ce que l'on connoît le mieux, à une progression dont il suffit que la trace soit aussi sensible.

On a préféré la mesure des Bailliages à raison des Baillis & de leurs Lieutenans, qui doivent être chargés de l'exécution des ordres du Roi : tous les Bailliages ont donc le droit de députer directement; tous ont un Bailli d'épée existant ou supposé par la loi, puisque le Juge de robe n'est jamais qu'un Lieutenant.

Il est facile à un Grand-Bailli de se transporter dans les divers chefs-lieux des Bailliages distraits du principal, ou d'y être présent par ses Lieutenans. En son absence, la Noblesse se choisit un Président; rien d'ailleurs n'est changé, mais il sera toujours difficile

difficile de ramener au lieu du Bailliage primitif, ceux que l'on a accoutumés à fe rapporter à un autre point plus rapproché d'eux. N'y aura-t-il pas même une forte de contradiction à foumettre aux anciens Bailliages pour la repréfentation, les Bailliages modernes qui en ont été diftraits & rendus indépendans dans l'ordre de la Juftice! Le fentiment & le befoin d'une meilleure repréfentation, s'affimilent trop naturellement au vœu & à la néceffité qui ont produit une plus favorable diftribution de la juftice, pour que les difpofitions exiftantes pour celle-ci ne foient pas appliquées à la repréfentation.

Enfin, on objecte l'excès du nombre des Députés que l'appel de tous ces Bailliages royaux produira; mais ne peut-on pas répondre à cette objection, que la grandeur de ce Royaume & les circonftances actuelles paroiffent exiger une repréfentation nombreufe; que le plus grand des inconvéniens feroit de bleffer la juftice, & de priver une grande partie de la Nation d'une équitable influence dans la compofition d'une Affemblée qui concentrera tous les intérêts; qu'après avoir adopté la mefure des députations par Bailliages, il ne refte plus d'autre moyen d'en rectifier les défectuofités; qu'enfin les États affemblés prendront sûrement les moyens les plus convenables pour rendre leurs délibérations faciles, & pour écarter ou affoiblir l'obftacle du grand nombre.

6.° En appelant ainfi tous les Bailliages à une députation directe, les États-généraux prochains seront toujours les maîtres ou de les accueillir ou de les rejeter ; de compter leurs voix, ou de les subalterner aux voix des anciens Bailliages : ainsi, point d'inconvénient dans leur admission.

3.ᵉ QUESTION.

Les Provinces ou Pays qui ont député en forme de pays d'États en 1614, ou aux trois tenues précédentes, continueront-elles de jouir de cet avantage ?

Par une suite de la réserve exprimée dans la réponse à la première question, le Bureau desirant de se rapprocher, autant qu'il est possible, des anciens usages, a été *unanimement* d'avis que ces Provinces doivent conserver le droit de députer en forme de pays d'États, dès qu'elles justifieront avoir joui de cet avantage, sans y avoir dérogé. Le même avantage pourroit être accordé à une Province dont le Roi jugeroit à propos de convoquer les États-provinciaux, avant l'époque des États-généraux.

4.ᵉ QUESTION.

Aura-t-on égard, pour fixer le nombre des députations que chaque Bailliage enverra aux États-généraux, à leur population ?

La majorité du Bureau pense qu'il seroit trop difficile d'établir une proportion pour la députation des Bailliages aux États-généraux.

Mais il a proposé d'avoir égard à la population des Villes & des Campagnes pour leurs députations aux Assemblées des Bailliages, & cette proportion sera indiquée dans la délibération sur les trente-sixième & trente-septième questions.

Le Bureau s'est occupé à plusieurs reprises de cette question importante : s'il n'avoit eu à la décider que par l'usage, il auroit observé que jusqu'en 1614, les Lettres de convocation ne demandoient qu'un Député de chaque Ordre, sans distinction des Bailliages entr'eux ; qu'en 1650 les Lettres de convocation en demandoient un au moins, ce qui suppose qu'à cette époque on pensoit que la représentation pouvoit sans inconvénient être plus générale ; mais ce qui ne déterminoit encore aucune différence entre les Bailliages, suivant le plus ou le moins d'étendue de leur ressort, puisqu'ils avoient tous la faculté d'envoyer plus d'un Député dans chaque Ordre.

Ou le nombre des députations sera-t-il égal entre tous les Bailliages, sans égard à leur population ?

Et dans le premier cas quelle seroit l'échelle de proportion qu'il faudroit établir entr'eux ?

Le Bureau, pour répondre précisément à la question, l'a donc considérée sous tous les rapports que les Bailliages pouvoient avoir entr'eux, eu égard à leur population, à leur contribution, à leur territoire, à la nature même de leurs impositions très-différentes d'un Bailliage, d'une Province, d'un Gouvernement, à un autre Bailliage, à une autre Généralité, à un autre Gouvernement.

Six membres du Bureau ont persisté, d'après les motifs qui les ont déterminés sur la seconde question, à proposer que tous les Bailliages royaux eussent le droit de députer immédiatement.

Treize membres du Bureau ont pesé les motifs qui ont dû déterminer l'usage contraire, constamment observé dans tous les États-généraux sans réclamation, & ils y ont puisé ce principe de décision.

Ils ont pensé que les cahiers des Communautés de Campagne, des Villes & des Bailliages inférieurs contenus dans le cahier du Bailliage supérieur, suffisoient à tous les éclaircissemens que chaque individu, chaque Paroisse, chaque canton pouvoit donner pour son propre intérêt aux États-généraux ;

que c'étoit dans ces cahiers, beaucoup plus que dans les connoissances locales du Député, qu'on devoit trouver toutes les instructions dont les Représentans de la Nation devoient faire usage; qu'ainsi un seul Député représentoit aussi utilement le plus grand Bailliage, que celui qui étoit le plus resserré dans ses limites. On a ajouté que l'intérêt d'un Pays très-étendu suffisoit seul pour attirer toute l'attention des États, & lui mériter tous les égards que sa population, son industrie, ses charges & ses contributions méritoient; qu'ainsi le seul Député de ce Pays seroit plus sûrement écouté que le Député d'un petit canton, dont l'intérêt, souvent très-important pour son ressort, seroit vraisemblablement à peine aperçu, & seroit presque toujours confondu dans des intérêts beaucoup plus grands; ce qui a donné lieu de les comparer à un Congrès, dans lequel l'Ambassadeur d'une petite République n'a pas certainement autant d'influence que celui d'un grand Royaume; chaque Puissance n'y envoie cependant qu'un Représentant.

Le consentement à donner aux impôts a paru aussi indifférent à l'intérêt particulier des Bailliages, parce qu'alors tous les Députés réunis ne s'occupent que de délibérer sur l'intérêt général; & que, s'il est vrai que le Député d'un Bailliage très-étendu, consent une imposition très-forte en masse, par proportion à celle consentie par le Député d'un ressort très-restreint, il n'en est pas moins vrai que cette imposition répartie sur tous les individus également, n'affecte pas plus un Citoyen de la Province la plus étendue, que le Citoyen de la plus petite Province, si tous deux sont égaux en richesses.

Un autre rapport entre les différens Bailliages méritoit encore d'être discuté; c'est celui de leur intérêt mis en opposition. En effet, leurs impositions, leurs priviléges ne sont pas les mêmes, & il y a presque autant de différence à cet égard, qu'il y a de Bailliages; ainsi il est nécessaire que le plus petit comme le plus grand ait ses Députés; mais un plus grand nombre en raison de la population plus forte a dû paroître inutile : sous ce rapport, les Députés d'un Bailliage sont ses Avocats, & trois suffisent à la cause du plus grand, comme à celle du plus petit; & comme tous les autres Députés en deviennent les Juges, & qu'eux-mêmes ont à leur tour la même cause à défendre, on doit être assuré que les droits respectifs ne seront jamais blessés.

Ces motifs fortifiés par l'adhésion la plus formelle de tous les États-généraux précédens, par des jugemens multipliés, qui, sans égard pour l'étendue des Bailliages, ont forcé tous les Députés du même Ordre d'un même Bailliage, à n'avoir qu'un suffrage, & par le desir de s'écarter le moins possible des usages, ont déterminé *treize voix* à proposer de ne point s'écarter de la forme des anciennes convocations, & par conséquent de ne point distinguer les Bailliages entr'eux.

Un troisième avis est né des débats sur

les deux précédens. Le premier a paru rendre la représentation trop générale, multiplier beaucoup trop le nombre des Députés, & s'écarter d'une manière trop marquée des usages.

Le second a paru ne pas rendre la représentation assez égale, ne pas avoir les égards que méritent les différences des temps, & sur-tout les diverses natures d'impositions inconnues en 1614.

En conséquence, en conservant l'usage de ne convoquer que les Bailliages qui ont droit à la députation directe, *trois voix* ont conclu pour qu'il fût fait trois classes de ces sortes de Bailliages, d'après leur population, leurs contributions aux charges publiques & leur étendue; que la première classe fût restreinte à n'envoyer qu'un Député de chaque Ordre; que la seconde pût en envoyer deux; & que la troisième eût le droit d'en envoyer trois; & que Sa Majesté voulût bien déterminer dans les Lettres de convocation le nombre des Députés à envoyer par chaque Bailliage, suivant celle des trois classes dans laquelle, d'après les proportions données, Elle auroit jugé à propos de les ranger.

5.ᵉ QUESTION.
Quel doit être le nombre respectif des Députés de chaque Ordre ? sera-t-il égal pour chaque députation ?

La question sur le nombre respectif des Députés de chaque Ordre, a excité toute l'attention des membres du Bureau. Animés par le désir le plus ardent de répondre à la confiance dont Sa Majesté les a honorés, & pénétrés de l'importance de cette question, ils ont cru devoir l'examiner sous tous les rapports. Pour cet effet, ils se sont

(215)

d'abord livrés à une étude attentive des faits; ils ont enfuite examiné le droit qui pourroit réfulter, foit des titres que préfentent les monumens de notre Hiftoire, foit de la juftice naturelle qu'ils ont toujours eu en vue. Ils ont fur-tout cherché fcrupuleufement à examiner quels pouvoient être les véritables intérêts du Tiers-état; & enfin ils ont examiné avec le même fcrupule jufqu'à quel point ils pouvoient propofer à Sa Majefté d'étendre fes décifions avant d'avoir affemblé la Nation qu'Elle veut confulter.

En fe livrant à l'étude des faits, ils ont cru devoir s'attacher plus particulièrement aux dernières convocations d'États-généraux. Un feul exemple ifolé ne leur auroit pas paru fuffifant pour fixer leur opinion; mais puifque la Nation s'eft affemblée plufieurs fois fans réclamer contre les formes de fa convocation, ils ont cru devoir confidérer ces formes comme ayant été conftamment adoptées par Elle dans toutes ces Affemblées, & étant devenues effentiellement conftitutionnelles par cette adoption. Ils ont obfervé qu'en cherchant des exemples plus anciens, ils auroient rencontré des temps où l'admiffion des Communes dans les États-généraux étoit encore trop nouvelle, pour qu'on eût pu établir une forme conftante à cet égard; & qu'en remontant à des temps plus reculés encore, ils n'auroient trouvé que des Affemblées compofées des deux premiers Ordres, ou feulement des Prélats, Barons & Grands du Royaume.

(216)

L'examen des Letttes de convocation aux six dernières tenues d'États - généraux (y compris la convocation de 1651 qui est restée sans effet), leur a prouvé que le Roi avoit toujours convoqué un Député de chaque Ordre. Dans une de ces convocations, le Roi a ajouté ces termes: *& non plus;* dans une autre, *au moins;* & dans toutes les autres, il n'y a pas d'autre expression que celle d'*un Député de chaque Ordre*. A la vérité les listes qui sont restées des Députés aux États-généraux, indiquent qu'ils n'ont pas toujours été exactement dans cette proportion, soit parce que plusieurs n'avoient pu s'y rendre, soit parce que quelques Bailliages avoient nommé des Suppléans, ainsi qu'ils pourront encore en nommer cette fois-ci; mais les membres du Bureau ont observé que les États-généraux ayant constamment adopté en 1560, en 1576, en 1588 & en 1614, la forme d'opiner dans chaque Chambre, par Bailliages & par Gouvernemens, le nombre des voix étoit parfaitement égal dans chaque Ordre, quel que fût le nombre des Députés. Ils ont enfin observé que les États-généraux de 1483, dans lesquels on croit trouver un exemple de délibérations prises par tête en une division par six Nations, sont précisément ceux où les Ordres se sont trouvés dans une proportion plus égale, puisque le Tiers-état n'avoit que seize membres de plus que la Noblesse, & onze membres seulement de plus que le Clergé, & que le Procès - verbal de ces États constate, que pour la rédaction

des

(217)

des cahiers, on prit un nombre égal de Députés de chaque Ordre.

L'examen du droit qui réfulte des titres que préfentent les monumens de notre Hiftoire, leur a paru inféparable de l'étude des faits qui viennent d'être rapportés; ils y ont reconnu un droit conftant qui eft une véritable propriété appartenant également à chaque Ordre; ils ont vu par des pièces authentiques que ce droit avoit été également établi, & par les Rois qui avoient ordonné d'opiner par Bailliage dans chaque Chambre, pour maintenir une parfaite égalité entre les voix de chaque Ordre, & par les États-généraux qui ont adopté cette manière de délibérer; ils ont reconnu que fi l'origine du Clergé remonte à l'établiffement de la Religion, l'origine de la Nobleffe remonte à l'établiffement de la Monarchie. En effet, il ne faut pas confondre les abus de la féodalité, les ufurpations des grands Vaffaux qui n'exiftent plus, avec l'origine de cette Nobleffe qui exiftoit bien avant le régime féodal. Dès le temps de Clovis & fes fucceffeurs, il y avoit dans les Gaules des Propriétaires libres, diftingués des autres claffes par leurs fervices & par la nature de leurs poffeffions. Les Loix falique & ripuaire indiquent l'ordre de fucceffion à leurs terres, & la quotité des compofitions pécuniaires relatives à leurs qualités. Ces Propriétaires libres avoient fous eux des Serfs; ils les ont fucceffivement affranchis dans leurs terres, comme les Rois ont affranchi les Communes dans leurs domaines, & ces

E e

Communes n'auroient pas été fondées à disputer les droits de ceux de qui elles tenoient leur existence : mais les membres du Bureau ne se sont pas bornés à l'étude de ce droit constitutionnel ; ils ont également examiné les principes de la justice naturelle, & ils ont reconnu qu'elle peut faire considérer cette question sous plusieurs rapports ; celui de la propriété, celui de la contribution aux charges publiques, celui de la population, & celui des diverses natures d'intérêts.

Il est aisé de se convaincre que sous le rapport de la propriété, les deux premiers Ordres composeroient peut-être plus que les deux tiers de la Nation ; car le Bureau a proposé d'admettre dans ces deux Ordres tous les Nobles & anoblis, tous les Ecclésiastiques engagés dans les Ordres sacrés sans distinction, toutes les Communautés, Colléges, Hôpitaux & membres de l'Ordre de Malte ; & toutes ces classes étant admises parmi le Clergé & la Noblesse, on ne peut se dissimuler que ces deux Ordres possèdent la plus grande partie des propriétés du Royaume ; sur-tout si l'on considère que presque toutes propriétés rurales ne sont que des concessions des Seigneurs, qui, s'étant réservé sur ces concessions des cens ou redevances, en sont encore les propriétaires primitifs, & que ces réserves sont la condition des concessions qui sans cela n'eussent pas existé.

Les membres du Bureau ont observé, sous le rapport de la contribution aux charges publiques, un point de vue plus favorable au Tiers-état; mais ils ont cru devoir diſtinguer les différentes eſpèces de contributions, & quelles ſont celles dont un Ordre a pu être juſqu'à préſent chargé, ſans que les deux autres y participaſſent. Les deux tiers des revenus publics ſont compoſés de droits ſur les conſommations & ſur les contrats ou autres actes de la ſociété; les trois Ordres y contribuent abſolument de la même manière ſans aucune diſtinction. L'autre tiers des revenus de l'État eſt compoſé des impoſitions réelles & perſonnelles; dans ce nombre ſe trouvent compris la Capitation & les Vingtièmes; le Clergé y participe ſous une autre forme, mais la Nobleſſe y contribue comme les autres; & s'il y a quelqu'injuſtice à l'égard de leur répartition, les membres du Bureau expriment ici le vœu le plus formel pour que cette injuſtice ſoit entièrement ſupprimée. Les deux premiers Ordres contribuent donc, pour ces deux genres d'impoſitions, à toutes les dépenſes de l'État, ſoit pour les armées dans leſquelles la Nobleſſe prodigue ſon ſang & ſes revenus, ſoit pour la dignité de la Couronne qu'elle a l'honneur d'approcher de plus près, ſoit pour les frais de la juſtice auxquels les Seigneurs, tant eccléſiaſtiques que laïcs, contribuent encore d'une manière plus particulière par ceux qu'ils ſupportent ſeuls dans leurs terres. Il reſte la Taille & ſes acceſſoires, & la contribution repréſentative de la Corvée; ces objets ne compoſent pas la cinquième partie des charges publiques, & c'eſt à cette partie ſeule que les deux premiers Ordres ne contribuent pas tout-à-fait dans la même proportion que le troisième: mais tous leurs Fermiers y contribuent; presque toutes leurs terres sont affermées; & l'exemption de la Taille, réduite aux seuls domaines qu'ils font valoir par leurs mains, bornée même à un nombre de charrues, ne répond peut-être pas à un cinquantième de cette cinquième partie des charges publiques dont il est ici parlé. Cependant les membres des deux premiers Ordres s'empressent d'exprimer ici chacun individuellement, que leur vœu le plus ardent est que les États-généraux fassent disparoître toute inégalité à cet égard, en proposant ou adoptant des formes d'impositions qui puissent écarter tout arbitraire dans la répartition, leur ôter les caractères qui répugneroient au Clergé & à la Noblesse, & être telles que tous les Ordres & toutes les classes des citoyens puissent supporter toutes les contributions pécuniaires dans une exacte proportion de leurs facultés. Ils adhèrent ici d'avance aux délibérations que la Nation assemblée pourra prendre à cet effet, & ils supplient aussi Sa Majesté de vouloir bien borner toute concession nouvelle de priviléges qui pourroient nuire aux intérêts du Peuple. On vient de voir que les exemptions auxquelles les membres du Bureau voudroient pouvoir renoncer dès aujourd'hui, & qui peuvent malheureusement occasionner des surcharges dans l'intérieur des Communautés, se réduisent à bien peu de chose dans la masse générale; que tous les intérêts généraux sont les mêmes, & que pour juger fi une claffe a de plus grands intérêts qu'une autre, il faut feulement examiner fi elle eft plus nombreufe en population.

Ce rapport de la population eft fans doute celui qui donne le plus d'avantage au Tiers-état; il eft infiniment plus nombreux que les deux premiers Ordres, & fous ce rapport il faudroit peut-être lui donner vingt Repréfentans contre un des deux autres; mais cette feule obfervation a fait fentir aux membres du Bureau combien il étoit impoffible d'admettre une proportion à cet égard. Auffi les Écrivains & les corps de citoyens qui ont fait des demandes pour le Tiers-état, font-ils trop raifonnables pour fe fonder fur ce principe; ils ont bien fenti qu'en réduifant les deux premiers Ordres prefque à rien, ils fe priveroient de protecteurs qui, en foutenant les priviléges conflitutifs de la Nation, défendent auffi ceux du Tiers-état; ils ont feulement propofé qu'on égalifât le nombre relativement à la nature des intérêts. Les membres du Bureau, s'ils s'étoient crus autorifés à cet égard, fe feroient empreffés de répondre à leurs defirs; ils auroient fait plus en faifant ceffer toute différence d'intérêts par la renonciation aux exemptions pécuniaires, & ils auroient fait ceffer par conféquent l'objet de la demande; mais ils ne croiroient pas fervir Sa Majefté, felon l'efprit de juftice & de fageffe qui l'anime, ni la Nation felon fes droits, s'ils lui propofoient de prévenir ou préjuger à cet égard le vœu de cette Nation assemblée: ils se sont donc bornés à continuer l'examen de la question sous ses différens rapports, & l'observation qui vient d'être faite, celle même qui résulte de la proposition faite par quelques citoyens du Tiers-état, leur ont prouvé que les deux rapports de la population & des diverses natures d'intérêts, doivent être considérés en même temps.

Les diverses natures d'intérêts sont relatives aux diverses classes de citoyens, & à leurs diverses professions ; mais comme cette subdivision seroit infinie, le Bureau a cru devoir se borner à considérer deux classes bien distinctes: celle des Propriétaires & celle des non-Propriétaires; celle des Villes & celle des Campagnes. Dans celle des Propriétaires, on a déjà vu que les deux premiers Ordres auroient tout l'avantage ; dans celle des non-Propriétaires, le plus grand nombre est malheureusement dans l'impossibilité absolue de participer à l'Assemblée de la Nation, soit faute de connoissances suffisantes, soit faute de facultés, soit par l'impossibilité de quitter ses foyers ou sa profession; & le Bureau a pensé que si le nombre de Représentans sembloit d'abord devoir être proportionné au nombre des représentés, le nombre d'élus devoit bien plus encore être proportionné au nombre des éligibles. L'autre distinction des deux classes consiste dans celle des Villes & celle des Campagnes: or la population des Villes n'est peut-être pas la dixième partie de celle des Campagnes, & cependant le Tiers-état aux États-généraux est presque entièrement composé d'habitans des Villes ; c'est cependant sous ce rapport qu'il se trouve deux natures d'intérêts bien différens. Les habitans des Campagnes sont les vendeurs, ceux des Villes sont les acheteurs ; les uns sont les producteurs, les autres sont les consommateurs ; l'Agriculture est la principale profession des uns, l'Industrie & le Commerce sont la principale profession des autres. On voit combien il seroit difficile, pour ne pas dire impossible, de proportionner les Représentans de ces deux classes à leur population, relativement à leurs intérêts. Mais ces intérêts précieux des Campagnes sont précisément les mêmes que ceux des Seigneurs ; ils peuvent avoir des difficultés particulières avec leurs Vassaux qui dans ce cas doivent trouver un libre accès dans les Tribunaux, mais les intérêts publics sont absolument identiques. Les Seigneurs ne peuvent augmenter les revenus de leurs fermes, de leurs dîmes & champarts, de leurs moulins & de tous leurs droits, qu'autant que leurs terres sont peuplées, qu'il y a de l'émulation pour la culture & qu'elle est protégée ; enfin ils ne peuvent être riches, qu'autant que leurs Vassaux sont aisés. Non-seulement ils sont les propriétaires de la plus grande partie des terres, ils sont encore les propriétaires primitifs de ces concessions dont on a parlé ci-devant ; & c'est sous ce double rapport de droit & d'identité d'intérêts, que les Seigneurs laïcs & ecclésiastiques étoient autrefois les véritables & les seuls Représentans des Campagnes, tandis que le Tiers-état représentoit le commerce & l'industrie des Villes.

Après avoir ainsi étudié les faits, & examiné les droits & la nature des intérêts, les membres du Bureau ont cherché à connoître ce qui pouvoit être le plus utile pour le Tiers-état.

Ils ont reconnu que dans aucun cas, deux Ordres ne peuvent obliger le troisième en matière de subsides. Ce droit du *veto* assure tous les autres, & il semble juste de ne pas changer cet ordre de choses, avant que la Nation légalement assemblée, ait examiné elle-même ses véritables intérêts; ils ne peuvent être mieux pesés que dans une balance égale des trois Ordres. Les Villes y ont un poids qui excède même la proportion de leur population; les Campagnes, outre les Députés qu'elles pourroient avoir dans le Tiers-état, y sont défendues par les deux premiers Ordres, en raison de la conformité d'intérêts dont on vient de parler. Le Clergé & la Noblesse, ayant sous certains rapports des intérêts divisés, peuvent alternativement, & comme on l'a vu souvent, se réunir aux avis du Tiers-état. Les Curés & presque tout le Clergé du second Ordre, tenant essentiellement au Tiers, défendent ses intérêts dans le premier Ordre, & c'est de cette balance que peut résulter un véritable équilibre; c'est aussi par cette balance que le Souverain peut connoître plus aisément les véritables intérêts des

Peuples;

Peuples; c'est la réunion du Souverain & des trois Ordres ainsi balancés qui constitue réellement la Nation, & les membres du Bureau ne peuvent pas juger des vœux de cette Nation, avant qu'elle soit légalement assemblée. On a vu ci-devant que le temps & le consentement universel ont sanctionné les anciens usages. Les membres du Bureau se sont principalement appliqués à les étudier; ils ont cru pouvoir proposer à Sa Majesté des rectifications de détail, des réformes d'abus qui ne tiennent pas aux formes essentielles; mais s'ils lui proposoient de toucher à ces dernières, la Nation une fois assemblée ne devroit-elle pas craindre de se séparer, puisque pendant sa séparation, des Conseils pourroient également proposer au Souverain des changemens contraires! L'opinion d'une partie des citoyens peut n'être pas celle de l'autre. L'opinion d'un nombre d'Écrivains, celle même de quelques Villes, de quelques Provinces qui diffèrent entr'elles, ne peut pas donner une certitude légale sur l'opinion publique; & les membres du Bureau reconnoissant leur impuissance pour adopter ou rejeter l'une de ces opinions plutôt que l'autre, croient devoir se borner à proposer les formes essentielles sanctionnées par un consentement universel des cinq dernières tenues d'États-généraux. Le vœu de tout bon citoyen doit être de les voir assemblés de nouveau, le plus promptement possible, de voir leurs délibérations paisibles préparer des dispositions dont l'exécution, ordonnée par le Souverain, puisse assurer le bonheur général, sans que leur légalité soit susceptible d'être contestée, & sans que les Tribunaux qui doivent eux-mêmes constater judiciairement la validité des citations & des élections, puissent répandre des doutes à cet égard.

Les membres du Bureau ont pensé que l'attachement aux anciennes formes constamment suivies, étoit le seul guide assuré qu'on pût suivre pour parvenir à ce but desirable; ils n'ont pas cru que l'exemple des Assemblées provinciales & de quelques États provinciaux, fût une autorisation suffisante pour s'en écarter. La répartition des impôts étant la principale fonction des Assemblées provinciales, qui ne tiennent cette attribution que de la concession du Monarque, elles ne peuvent pas servir d'exemple; & un petit nombre d'États provinciaux qui ont adopté une composition semblable, ne peuvent ni obliger la Nation, ni lui servir de modèles, parce que ce qui peut leur convenir à raison de leurs fonctions & de quelques circonstances locales, ne peut pas convenir à l'Assemblée générale d'un grand Empire, dans laquelle les plus grands intérêts pourront être discutés.

Toutes ces réflexions ayant été mûrement pesées, considérant que les formes anciennes de convocation ont été constamment ordonnées par le Souverain, & adoptées par la Nation; que ces formes tiennent aux droits des trois Ordres, & qu'enfreindre ceux des uns sans leur consentement légal, ce seroit exposer ceux de l'autre ; que les divers rapports de propriétés, de contributions, de population & des diverses natures d'intérêts, sont beaucoup plus balancés par ces anciennes formes, qu'ils ne paroissent l'être au premier aperçu ; que la classe précieuse des habitans des Campagnes pourroit se plaindre de de ce qu'on diminueroit l'influence de leurs protecteurs naturels ; que s'exposer aux réclamations des deux premiers Ordres, & peut-être à celle d'une partie du Tiers-état, mieux éclairée sur ses véritables intérêts, ce seroit s'exposer à retarder l'Assemblée de la Nation qu'il presse au Roi de voir réunie autour de lui, à voir leur légalité contestée, ainsi que la validité de leurs délibérations, & ces délibérations demeurer sans effet ; que préjuger à cet égard le vœu de la Nation avant qu'elle soit assemblée, ce seroit lui donner lieu de craindre que dans une autre occasion, on ne rendît de la même manière une décision contraire ; que les deux premiers Ordres pourront être d'autant plus empressés à faire cesser toutes divisions d'intérêts, qu'ils s'apercevront qu'on aura plus respecté leurs droits, & que c'est de la Nation seule qu'il faut attendre ces résolutions généreuses, qui n'ayant qu'un même but, font concourir les vœux & l'intérêt de chacun, à l'intérêt & au bonheur de tous : *seize* membres du Bureau ont pensé qu'il est préférable de se conformer aux anciennes Lettres de convocation, & en conséquence, de convoquer un nombre égal de Députés de chaque Ordre.

Sur cette même question du nombre respectif des Députés des différens Ordres, *huit* opinans ont été frappés des considérations suivantes :

1.° Aucune loi positive n'a déterminé le nombre des Députés des différens Ordres ; d'abord le Tiers n'étoit représenté que par les Députés des *bonnes Villes* qui étoient appelés arbitrairement en nombre très-inégal. Les Lettres de convocation de 1560 portoient ordre de députer *un au moins* de chaque Ordre ; les Lettres postérieures se sont servies des termes *un de chaque Ordre*, & même de ceux-ci, *un, & non plus*. Néanmoins les listes des précédens États-généraux constatent que le Tiers a toujours été plus nombreux, spécialement en 1614 ; ce qui n'auroit pu être, s'il y avoit eu contravention à une loi.

2.° Cette disparité dans le nombre des Députés des différens Ordres, étoit donc ci-devant un effet des dispositions des esprits & des convenances du temps. Aucune loi ne l'avoit établie, elle ne dérogeoit à aucune loi ; elle s'étoit introduite à la faveur de nouvelles circonstances, comme sous Philippe-le-Bel, le Tiers-état échappé des chaînes qui l'asservissoient, étoit devenu un troisième Ordre, comme depuis encore l'élection des membres choisis dans les divers Ordres pour assister aux États-généraux, prit la place d'un autre usage qui y appeloit telle ou telle personne déterminée par la place qu'elle occupoit, ou la nature du fief dont elle étoit investie :

or, il faut convenir que jamais il n'y eut plus de raison d'appeler le Tiers en plus grand nombre. L'accroissement des lumières, les progrès de l'industrie, l'intérêt majeur du Commerce, celui des Capitalistes, l'accroissement progressif ou soudain de Cités immenses, font autant de raisons pour le Tiers d'avoir un plus grand nombre de Représentans qui puissent mieux répondre à sa confiance, & faire valoir ses droits. Cette considération devient encore plus puissante, si l'on pense aux objets qui doivent occuper les prochains États-généraux, & spécialement celui des impôts qui seront reconnus nécessaires, & pour lesquels il est si intéressant, si indispensable d'admettre une égale répartition. On doit espérer que les Ordres privilégiés s'y porteront sans peine ; & l'Ordre du Tiers rendra encore plus hommage à cette disposition patriotique, si l'Assemblée de Notables, composée presque entièrement de privilégiés, invite elle-même le Souverain à convoquer un plus grand nombre de Députés du Tiers.

3.° Si les Lettres de convocation prescrivant un nombre égal de Députés, le Tiers use de la même liberté dont il a usé précédemment, il est à craindre qu'il n'en résulte un trop grand nombre de Députés & une confusion nuisible; si au contraire le Tiers se contient dans les limites de la convocation, cet Ordre se verroit privé des avantages dont il a toujours joui, & auxquels il a plus de droit qu'il n'en eut jamais. Dans cette alternative, n'est-il pas plus digne de la sagesse du Roi de régler avec prudence le nombre des Représentans que le Tiers aura au-dessus des deux autres Ordres !

4.° La proportion des Députés de chaque Ordre devient plus ou moins intéressante suivant la manière de délibérer dans les États-généraux. Il semble que personne ne nie qu'il dépendra toujours des États & des différens Ordres de choisir la méthode qu'ils jugeront la plus convenable ; plusieurs pensent que celle de faire opiner tous les trois Ordres ensemble & par tête, pourra être préférée. Dans le doute, ne convient-il pas d'accorder au Tiers une représentation qui, si l'on opinoit ainsi, pourroit seule lui donner la confiance de concourir avec les deux Ordres privilégiés, & par-là assurer certainement aux États la liberté de délibérer ainsi qu'ils le jugeront à propos ?

Si au contraire les États doivent délibérer par Ordre, comme ils ont fait dans les précédentes tenues, il est bien plus indifférent que le Tiers ait plus ou moins de Représentans ; mais au moins on aura satisfait au desir général qu'il témoigne.

Cette condescendance n'a jamais nui & ne peut nuire à l'indépendance des Ordres, & celui du Tiers, une fois assemblé, sera le maître de réduire les voix à la mesure des Bailliages, comme il en a usé précédemment, ou de déterminer que les opinions y seront recueillies par tête.

Mûs par ces diverses considérations, *six* opinans ont voté pour que les Lettres

(231)

de convocation admissent pour le Tiers un nombre de Députés égal à celui des deux autres Ordres. *Deux* autres compris dans les *seize* du premier avis, frappés de l'uniformité des dernières Lettres de convocation, ont pensé qu'on pourroit se conformer aux Lettres précédentes, en procurant au Tiers une juste compensation indiquée par les annales des États-généraux. Elle consisteroit à proposer à Sa Majesté de convoquer spécialement des Députés des Villes notables du Royaume, suivant le nombre & la mesure qu'Elle fixeroit dans sa sagesse, & d'après leur population & leur importance. Les Députés de ces Villes, choisis par les Communes, entreroient, comme ils ont toujours fait, dans l'Ordre du Tiers, quoique les Communes puissent choisir leurs Députés dans les deux autres Ordres : ainsi le Tiers seroit plus considérable en nombre, quoique néanmoins il n'atteignît pas le nombre double ; ainsi il auroit l'assurance d'avoir des Représentans pris dans les classes les plus distinguées ; & les Villes qui, par le concours de toutes les Communautés de campagne, sont menacées de n'avoir qu'une influence illusoire dans les élections, seroient assurées d'une représentation convenable & très-conforme aux anciens principes qui ont présidé à la formation des États-généraux.

6.° QUESTION.

Quelle a été & quelle pourroit être la forme de délibérer des trois

La forme la plus constante & qu'on ne sauroit contester avoir été observée dans les quatre dernières tenues d'Etats-généraux, a été de délibérer par Ordre & séparément. Cette forme est indiquée par

Ordres dans les États-généraux.

les Ordonnances de 1355 & 1356, & par l'article 135 de l'Ordonnance d'Orléans, rendue fur la demande des États-généraux. D'après de telles autorités, le Bureau ne croit pas qu'il y ait lieu de changer cette forme; il ne penfe pas devoir propofer d'indiquer aux États-généraux la forme dans laquelle ils délibéreront conftamment pendant tout le temps de leur tenue; mais il croit néceffaire d'indiquer la forme de la première délibération, fans quoi le défaut d'accord à cet égard pourroit rendre toute délibération impoffible; & en conféquence de l'ufage conftant ci-deffus cité, il penfe que cette première délibération doit être prife féparément par chaque Ordre.

7.ᵉ QUESTION.

A qui les Lettres de convocation devront-elles être adreffées?

Les Lettres de convocation doivent être adreffées aux Baillis & Sénéchaux, en leur abfence à leurs Lieutenans, & elles doivent leur parvenir par la voie des Gouverneurs: cette règle paroît indiquée par les anciens ufages.

8.ᵉ QUESTION.

Dans quelle forme chacun des trois Ordres fera-t-il convoqué & cité?

Les Baillis & Sénéchaux feront citer par des Huiffiers les Eccléfiaftiques Bénéficiers au chef-lieu de leurs bénéfices.

Ils feront pareillement citer les Gentils-hommes poffédant fiefs au chef-lieu de leurs fiefs.

Enfin, ils feront citer les Communes des Villes, Bourgs & Villages par des Huiffiers, en la perfonne de leur Chef, Syndic, Conful, Agent ou Greffier, & feront pareillement publier cette citation au prône à l'iffue de la Meffe paroiffiale, enfemble par cri public & par affiches.

Ils

9.ᵉ QUESTION.

Les Bénéficiers dans l'Ordre du Clergé, & les possesseurs de fiefs dans l'Ordre de la Noblesse, seront-ils assignés ? seront-ils les seuls assignés ? & où seront-ils assignés ?

Ils adresseront les ordres pour cette citation aux Juges royaux de leur ressort, lesquels les feront passer aux Juges seigneuriaux qui ressortissent d'eux, en exceptant les Juges seigneuriaux qui ressortissent directement aux Cours souveraines, lesquels recevront directement les ordres des Baillis & Sénéchaux. Il est à desirer que cet ordre de citation soit exactement observé dans toutes les Provinces, pour assurer une représentation plus générale & plus fidèle.

Les Ecclésiastiques Bénéficiers seront seuls assignés ou cités individuellement au chef-lieu de leurs bénéfices ; mais tout Ecclésiastique engagé dans les Ordres sacrés, & n'ayant pas de bénéfice, sera cité par la publication & les affiches.

Le Bailli ou son Lieutenant pourra nommer des Délégués dans des chefs-lieux de districts, distribués, autant que faire se pourra, suivant la division adoptée dans les Diocèses. Tous lesdits Ecclésiastiques non Bénéficiers, ainsi que les possesseurs de petits bénéfices simples, & les Curés qui ne voudroient pas s'éloigner pour long-temps de leurs Paroisses, auront la liberté de comparoître devant ces Délégués, & de s'assembler ensuite dans un lieu séparé pour y procéder à la rédaction d'un cahier, & à la nomination d'un ou plusieurs Députés à envoyer à l'Assemblée du Bailliage supérieur.

Les possesseurs de fiefs seront seuls assignés individuellement ; mais tous les Nobles non possédant fiefs se rendront, sur la citation publique, directement à l'Assemblée du Bailli.

10.ᵉ QUESTION.

Les membres du Clergé & de la Noblesse, soit qu'ils soient assignés à leurs bénéfices ou à leurs fiefs, soit qu'ils soient seulement convoqués par les affiches & publications, seront-ils convoqués aux Bailliages inférieurs ou aux Bailliages supérieurs ?

Dix Opinans ont pensé que tous les membres de la Noblesse, soit les possesseurs de fiefs qui doivent être assignés individuellement au chef-lieu de leurs fiefs, soit les Nobles qui le seront par la publication, seront tenus de comparoître au Bailliage supérieur. *Tous* ont été d'avis que les Évêques, Abbés, Députés des Chapitres & Communautés régulières & séculières rentées, seront tenus de comparoître audit Bailliage supérieur; les autres Ecclésiastiques auront le choix d'y comparoître pareillement, ou à l'Assemblée de district, ainsi qu'il a été proposé dans la résolution sur la question précédente : & conformément à ladite résolution, *douze* membres du Bureau ont pensé que puisqu'on accorde aux Gentilshommes non possédant fiefs de concourir à l'Assemblée du Bailliage principal avec les Nobles propriétaires de fiefs, à la nomination des Députés aux États-généraux, & à la rédaction du cahier, il est juste de leur accorder, ainsi qu'aux Ecclésiastiques, l'option ou de se présenter aux Bailliages principaux, ou aux Bailliages inférieurs, ou devant les Juges délégués par le Grand-Bailli pour de certains districts ; sans cela plusieurs d'entr'eux ne pourroient être représentés aux États-généraux.

En effet, il y a sur-tout dans les Provinces éloignées un très-grand nombre de bons Gentilshommes qui, pour avoir peu de fortune, n'en sont pas de moins bonnes maisons ; ils sont quelquefois obligés de cultiver eux-mêmes leurs héritages, & sont par cette raison plus en état de fournir de

(235)

très-bons matériaux pour la rédaction des cahiers : mais ces pauvres Gentilshommes ne pourroient faire les frais d'un voyage considérable pour se rendre au Bailliage principal, éloigné quelquefois de trente, quarante ou cinquante lieues de leur domicile ; ils ne peuvent abandonner leur culture pendant un temps considérable.

Leur naissance, leurs vertus, leurs lumières, semblent exiger qu'on leur laisse l'option de se réunir devant un Juge délégué pour un district voisin de leur demeure, avec plusieurs autres Gentilshommes de leur voisinage ; s'étant fait connoître au Juge, ils se retireront, nommeront entr'eux un Président, éliront un Député à l'Assemblée du Bailliage principal, qu'ils chargeront du cahier qu'ils auront rédigé, & le Juge dressera du tout son Procès-verbal, dont il remettra une expédition au Député ; il en résultera plusieurs avantages.

1.° Les Assemblées de la Noblesse des Bailliages principaux, seront beaucoup moins nombreuses, & conséquemment auront moins d'inconvéniens.

2.° Ces pauvres Gentilshommes se feront plus facilement connoître devant un Juge voisin de leur domicile.

3.° Il n'y a pas d'autre moyen pour qu'un grand nombre de Gentilshommes très-recommandables soient représentés, car on ne leur accorde pas la faculté de donner des procurations. On estime par toutes ces raisons que les Gentilshommes non possédant fiefs, doivent avoir l'option ou de se présenter au Bailliage principal,

11.ᵉ QUESTION.

Dans quelle forme les Ecclésiastiques & les Nobles qui n'auront pas été cités personnellement, justifieront-ils de leurs titres & qualités pour voter?

12.ᵉ QUESTION.

Dans les Assemblées de Bailliages, à qui appartiendra la présidence, quand les Ordres seront réunis?

A qui appartiendra-t-elle dans chacun, lorsqu'ils seront séparés?

Le Bailli d'épée, s'il est présent, présidera-t-il de droit la Noblesse, & en son absence par qui sera-t-elle présidée?

Qui présidera le Clergé?

Qui présidera le Tiers-état?

ou au Bailliage inférieur, ou devant un Juge délégué par le Grand-Bailli pour un certain district.

Les Ecclésiastiques présenteront leurs Lettres de prêtrise, diaconat ou sous-diaconat, & justifieront, par des certificats authentiques, de la contribution dont il sera parlé ci-après.

Quant aux Nobles, le Bureau pense que le Roi pourroit ordonner aux Baillis & à leurs Lieutenans de commettre d'avance dans chaque Bailliage trois Ecclésiastiques, trois Gentilshommes & trois Gradués, auxquels tous ceux qui voudront voter dans l'Assemblée de l'élection, devront demander un certificat de Noblesse.

Les trois Ordres ayant comparu devant le Bailli, chacun desdits Ordres se retirera dans un lieu séparé pour y procéder à l'élection de ses Députés, & lesdits Ordres seront présidés; savoir, le Clergé par celui qui dans l'Ordre hiérarchique tient le premier rang, la Noblesse par le Bailli ou Sénéchal d'épée, & à son défaut par le Président qu'elle se choisira, & le Tiers par le Lieutenant général du Bailliage; sauf néanmoins les droits ou usages suffisamment constatés dans certaines Provinces, Villes, Sénéchaussées ou Bailliages, lesquels continueront d'être observés comme par le passé.

13.ᵉ & 14.ᵉ
QUESTIONS réunies.

Quel âge sera nécessaire pour être électeur ou éligible dans chacun des trois Ordres ?

Quelles conditions seront nécessaires pour être électeur ou éligible dans l'Ordre du Clergé ?

15.ᵉ QUESTION.

Y aura-t-il quelque distinction pour ces deux qualités ; & admettra-t-on quelque proportion entre les différens Ordres qui composent le Clergé ?

Pour être électeur dans l'Ordre du Clergé, il faudra être engagé dans les Ordres, naturalisé & règnicole, avoir l'âge de vingt-cinq ans accomplis, & contribuer aux décimes ou aux impositions portées sur les rôles ; savoir, de dix livres quant aux Bénéficiers, & de vingt livres quant à ceux qui étant engagés dans les Ordres, ne possèdent pas de bénéfices.

Pour être éligible comme Député aux États-généraux, il faudra pareillement être naturalisé & règnicole, avoir vingt-cinq ans accomplis, & être engagé dans les Ordres sacrés ; mais il faudra en outre posséder un bénéfice ou une commanderie : ce sont les seuls titres qui paroissent avoir donné jusqu'ici entrée aux États-généraux, & même dans les Assemblées ordinaires du Clergé.

La distinction entre les électeurs & les éligibles dans l'Ordre du Clergé vient d'être établie.

Aucune proportion ne peut être déterminée entre les différens Ordres qui composent le clergé.

Il semble que la confiance devant déterminer le choix, il n'y a lieu à aucune proportion, si les Bailliages n'envoient qu'un Député de chaque Ordre ; mais si l'on en accorde à quelques-uns un plus grand nombre, il devroit être réglé que parmi les Ecclésiastiques il y en auroit toujours au moins un du premier Ordre du Clergé, & un du second Ordre dudit Clergé.

(238)

16.ᵉ QUESTION.

Un Ecclésiastique engagé dans les Ordres sacrés, ne possédant point de bénéfices, mais ayant un ou plusieurs fiefs, ou des biens ruraux, dans quel Ordre se rangera-t-il ? & si l'on admet le droit de se faire représenter, dans quel Ordre pourra-t-il choisir son Représentant ?

D'après les résolutions sur les questions dix, onze & quatorze, tout Ecclésiastique engagé dans les Ordres, quelle que soit la nature de ses biens, se rangera dans l'Ordre du Clergé.

Son Procureur ou Représentant sera pris dans le même Ordre.

17.ᵉ QUESTION.

Les membres de l'Ordre de Malte seront-ils rangés dans l'Ordre de la Noblesse ou dans celui du Clergé ? & quelles conditions seront nécessaires pour les rendre électeurs ou éligibles dans l'un ou l'autre Ordre ?

Les Grands-Prieurs, Baillis, Commandeurs, Profès & Novices possédant bénéfices ou commanderies, se rangeront dans le Clergé, & justifieront de la contribution de dix livres exigée pour les Bénéficiers.

Les Frères servans ayant bénéfices ou commanderies, se rangeront dans le Clergé aux mêmes conditions.

Les Chevaliers novices qui ne possèdent ni bénéfices ni commanderies, se rangeront dans l'Ordre de la Noblesse, en justifiant qu'ils payent une contribution de vingt livres aux rôles des impositions.

Les Frères servans qui ne possèdent ni commanderies ni bénéfices, se rangeront dans l'Ordre du Tiers, & ne seront éligibles qu'en justifiant d'une contribution de dix livres aux différens rôles réunis : tous devront être naturalisés & règnicoles, & avoir vingt-cinq ans accomplis.

18.ᵉ QUESTION.

Dans quel Ordre seront rangés les Colléges & les Hôpitaux qui pofsèdent des fiefs, des bénéfices ou des biens ruraux ?

Les Colléges & les Hôpitaux, quelle que foit la nature des biens qu'ils pofsèdent, fe rangeront dans l'Ordre du Clergé, & y enverront un Procureur fondé.

19.ᵉ QUESTION.

Quelles conditions feront néceffaires pour être électeur ou éligible dans l'Ordre de la Nobleffe ?

Pour être électeur dans l'Ordre de la Nobleffe, il fuffira d'avoir la Nobleffe acquife & tranfmiffible, d'être naturalifé & règnicole, d'avoir l'âge de vingt-cinq ans accomplis, & de contribuer aux charges publiques fur les rôles d'impofitions; favoir, d'une fomme de dix livres, quant aux Nobles poffédant fiefs, & d'une fomme de vingt livres, quant aux Nobles qui ne pofsèdent pas de fiefs.

Pour être éligible, il faudra être propriétaire de fiefs, être naturalifé & règnicole, & avoir l'âge de vingt-cinq ans accomplis.

Tous les membres du Bureau n'ont pas été du même avis fur la dernière partie de cette réfolution. La pluralité de *feize* contre *fix*, a cru néceffaire d'exiger que le Député de la Nobleffe aux États-généraux eût au moins un fief, & cet avis conferve l'antique ufage dont le Bureau a toujours tâché de fe rapprocher. Les poffeffeurs de fiefs ont le droit d'être cités: la citation dans les Bailliages rappelle l'ufage plus ancien de la citation aux États-généraux, au ban & à l'arrière-ban; elle rappelle le fervice de la perfonne à caufe de fon office ou de son fief: elle doit donc conserver à ceux seulement qui possèdent des fiefs, un droit qui de tout temps leur fut réservé, & il ne doit pas être indifférent de conserver les traces de ces anciens priviléges; ce n'est qu'en s'en écartant qu'on fait disparoître peu-à-peu les principes de la constitution de notre Monarchie. Ils se seroient transmis sans interruption jusqu'à nous, si les États-généraux n'avoient pas été suspendus si long-temps; & nous ne devons pas au moins nous permettre de proposer au Roi de s'en écarter, quand on n'oppose à ces motifs qu'une considération peu faite pour les balancer.

En effet, il est peu important qu'un Noble, riche propriétaire, ne soit pas élu, quand il a négligé de compter au nombre de ses richesses, un des attributs distinctifs de la Noblesse. S'il joint au mérite d'être honoré de la confiance de son Ordre, le desir de lui être utile, sa richesse même l'aidera à se procurer le titre jugé de tout temps nécessaire, & lui fera partager des devoirs de vassalité qui peuvent avoir leurs charges, comme ils ont leurs prérogatives.

C'est avec peine même qu'on s'est départi en faveur des Nobles qui ne possèdent point de fiefs, des usages pratiqués encore en 1614; alors ils n'étoient point admis comme électeurs dans le Corps de la Noblesse; ils étoient membres de la Commune & votoient avec elle. Les priviléges & les anoblissemens qui se sont multipliés depuis cette époque, ont obligé de proposer à Sa Majesté de réunir tous

les

les Nobles, quelles que fuſſent leurs propriétés, pour que le Tiers n'eût pas à ſe plaindre de voir la Commune compoſée d'une très-grande partie de privilégiés, qu'il auroit cru intéreſſés à gêner ſes délibérations & le choix de ſes Députés; mais ſi ces priviléges les appellent à voter dans un Ordre qui en jouit, ils ne ſuffiſent pas pour leur donner une prérogative que l'ancienne conſtitution n'a jamais réſervée qu'aux ſeuls poſſeſſeurs de fiefs, qu'aux vrais Vaſſaux de la Couronne.

Les *ſix* perſonnes de l'avis contraire ont penſé que les États-généraux devant traiter les objets les plus importans & qui intéreſſent non-ſeulement la Nation en général, mais encore les différens individus qui la compoſent, tout citoyen ayant une propriété & par conſéquent un intérêt réel à la choſe publique, ne peut être privé de l'eſpoir d'être élu membre des États-généraux.

Réduire la faculté d'être éligible dans l'Ordre de la Nobleſſe, aux ſeuls Nobles poſſédant fiefs, ce ſeroit exclure une claſſe de citoyens, dont les vertus & les talens pourroient leur mériter la confiance de leurs compatriotes.

Il ſeroit poſſible qu'un Noble jouiſſe de vingt mille livres de rente ſans cependant avoir de fiefs, qu'il ait fait néanmoins une étude particulière & approfondie des moyens de procurer le bonheur à ſa patrie, & qu'en conſéquence ſa probité & ſes lumières le faſſent déſigner par tout ſon canton, comme digne de le repréſenter aux États-généraux.

Mais par la ſeule raiſon qu'il n'auroit pas de fiefs, il ne pourroit être élu.

Cet inconvénient majeur a pu être balancé un moment par une objection forte, tirée de l'exemple des dernières tenues d'États-généraux, où les ſeuls Nobles poſſédant fiefs étoient admis; mais on a répondu à cette objection, que cet uſage doit être uniquement attribué aux impreſſions qu'avoit laiſſées dans nos mœurs le régime féodal; alors un Noble ſans fief n'étoit point admis dans ſon Ordre: aujourd'hui que ces impreſſions ſont entièrement diſſipées, les bornes qu'avoit poſées le régime féodal ne doivent plus ſubſiſter.

Ainſi l'avis a été que tout Noble non-poſſédant fiefs ſera éligible pour les États-généraux, pourvu qu'il juſtifie par les rôles d'impoſitions qu'il paye une contribution de cinquante livres.

Répondu par la réſolution précédente.

20.ᵉ QUESTION.

Les Propriétaires de fiefs ſeront-ils ſeuls admiſſibles aux États-généraux? les Gentils-hommes poſſédant une propriété quelconque, auront-ils le même droit? & quelle devra être l'étendue de la propriété ſeigneuriale ou rurale nécessaire, soit pour être éligible, soit pour être électeur!

21.ᵉ QUESTION.

Sera-t-il convenable d'exiger un certain degré de Noblesse, soit pour être électeur, soit pour être éligible?

Une pluralité de *seize* contre *six*, a encore déterminé qu'il étoit nécessaire, pour être éligible, de prouver quatre degrés de Noblesse & cent ans d'une possession non contestée. L'exemple de tout ce qui se pratique dans les pays d'États, dans toutes les Assemblées provinciales, dans les Chapitres qui ont le plus favorisé la Noblesse, dans le Militaire même, tout a dû conduire à cette détermination. Les nouveaux Nobles y verront l'espérance qu'on laisse à leur postérité; ils s'honoreront encore de donner à l'État des Sujets capables par leurs talens & leurs vertus, d'associer leurs enfans à ces anciennes races qui contribuèrent dans tous les temps, par leurs conseils autant que par leur courage, à la splendeur & à la gloire de la Nation.

Six Opinans ont été d'avis que pour pouvoir être élu Député aux États-généraux, il suffit de jouir de la Noblesse transmissible, sans qu'il soit besoin de prouver plusieurs degrés de Noblesse, & cet avis est fondé sur les motifs suivans :

1.° Tout citoyen en France est nécessairement placé dans l'un des trois Ordres. S'il plaît au Roi d'anoblir un de ses Sujets, celui-ci acquiert aussitôt la Noblesse transmissible, & se trouve par conséquent dans l'Ordre de la Noblesse; il en doit jouir sans restriction & sans trouble, s'il n'en est préalablement privé, soit par la dérogeance, soit par un jugement régulier, & il doit participer à toutes les distinctions, droits & priviléges de cet Ordre.

2.° La Noblesse est une: les services plus ou moins importans qui l'ont procurée, l'époque de la grâce du Roi plus ou moins éloignée, ne peuvent jamais augmenter ni affoiblir les droits incontestables de tous & chacun des membres une fois placés dans cet Ordre.

3.° Lesdits Opinans pensent que la Noblesse transmissible a constamment suffi dans tous les temps aux Nobles pour les rendre éligibles, & que la preuve s'en trouve dans les Procès-verbaux des différentes tenues qui ont eu lieu jusqu'à présent.

4.° Que tout usage contraire seroit une innovation, qui en écartant l'anobli de l'Ordre où le Roi l'avoit placé, suspendroit l'exercice de ses droits.

5.° Que d'un côté, la plupart des Municipalités ayant annoncé leur vœu pour que les anciens ou nouveaux Nobles ne soient plus élus comme Députés du Tiers, ni aux États-généraux du Royaume, ni aux États particuliers des Provinces; & de l'autre côté, la Noblesse venant à exiger quatre degrés de Noblesse pour l'éligibilité, il en résulteroit contre les gens souvent les plus éclairés, qu'ils ne seroient pas représentés, & qu'ils ne pourroient jouir de l'avantage d'être utiles en aucun Ordre à leurs concitoyens.

6.° Que la constitution de l'État, protectrice née de l'harmonie nécessaire entre les trois Ordres, doit venir à la conservation des droits acquis à chacun des individus qui les composent; & qu'il seroit infiniment à craindre qu'en les privant du droit naturel d'être éligibles par l'Ordre dans lequel ils sont une fois parvenus, il n'en résultât une division capable d'empêcher le bien désirable que l'on attend des États-généraux.

22.ᵉ QUESTION.

Quelle seroit alors la participation aux États-généraux des Nobles d'une création récente?

Répondu par les résolutions précédentes; mais quant à ceux dont la Noblesse n'est pas acquise & transmissible, ils se rangeront dans le Tiers-état.

23.ᵉ QUESTION.

Quelles conditions seront nécessaires pour être électeur ou éligible dans l'Ordre du Tiers, soit dans les Communautés de campagne, soit dans les Villes qui ne sont pas dans l'usage de députer directement aux États-généraux?

La forme accoutumée dans chaque Bourg, Village & Communauté de campagne, sera observée dans l'Assemblée qui sera convoquée pour la rédaction des cahiers & la nomination *du* ou *des* Députés, & tous ceux qui ont droit d'assister dans les Assemblées générales & extraordinaires, y seront convoqués suivant l'usage accoutumé.

Dans les Villes, le Corps municipal fera assembler la Commune en la forme accoutumée dans les Assemblées générales & extraordinaires, pour y être procédé tant à la rédaction des cahiers, qu'à l'élection *du* ou *des* Députés.

Tous les Officiers municipaux, les membres des Conseils des Villes, & en général tous ceux qui ayant droit, suivant les usages locaux, d'assister auxdites Assemblées de Villes ou de Campagnes, se trouveront appartenir aux Ordres du Clergé & de la Noblesse, n'auront que voix consultative, attendu le droit personnel qu'ils ont d'avoir voix délibérative dans leur Ordre.

Par ce moyen, le Bureau a cru éviter également & l'inconvénient de changer des usages locaux, & celui d'introduire dans le Tiers-état des suffrages de membres des deux premiers Ordres, sauf le cas d'une députation directe de quelques *bonnes Villes* dont il sera parlé ci-après.

24.ᵉ QUESTION.

La valeur de la propriété susceptible de discussion, doit-elle être prise pour mesure, ou faut-il choisir pour règle la quotité des impositions ?

On a vu précédemment que le Bureau a préféré la quotité d'imposition.

25.ᵉ QUESTION.

Cette mesure de propriété ou de contribution doit-elle varier selon la richesse des Provinces ?

Cette mesure de contribution ne paroît pas devoir varier, vu la modicité du taux auquel on l'a établie.

26.ᵉ QUESTION.

Les membres du Tiers, même les plus riches, tels que les Négocians, les Chefs de Manufactures & les

Toutes les classes de citoyens sont admises, puisqu'on a adopté pour mesure la quotité de l'imposition, soit réelle, soit personnelle, & qu'elle a été fixée à un taux très-modéré.

Capitalistes, n'ayant pas toujours des propriétés foncières, la mesure de l'imposition territoriale peut-elle être généralement applicable à la faculté d'élire ou d'être élu dans le Tiers-état ?

27.ᵉ QUESTION.

Quelles formes devront être observées pour la convocation & la tenue des Assemblées pour les diverses élections ?

Et d'abord pour les Communautés de Campagne ?

Les Seigneurs nobles & les Curés pourront-ils y voter & même y assister ?

La présence d'un Juge ou autre Officier public y sera-t-elle nécessaire ?

Ayant été résolu sur la vingt-troisième question, qu'on suivroit la forme accoutumée dans chaque lieu pour les Assemblées des Villes & des Campagnes, il n'est plus nécessaire de répondre à cette question.

On a vu que les Seigneurs & les Curés y assisteront si l'usage local les y admet, mais qu'ils n'y auroient pas voix délibérative.

La résolution de suivre l'usage décide encore la question sur la présence d'un Juge ou autre Officier public.

28.ᵉ QUESTION.

Ceux qui sont aux gages d'autres personnes, soit ecclésias-

Toute exclusion seroit également contraire & à la liberté des suffrages, & au droit acquis à tout citoyen qui contribue aux charges publiques.

Elle pourroit priver des Communautés

tiques, soit laïques, ou dans leur dépendance quelconque, seront-ils électeurs ou éligibles dans l'Ordre du Tiers-état ?

du suffrage & des lumières des personnes les plus éclairées ; elle seroit humiliante pour une classe nombreuse de citoyens, & elle supposeroit un soupçon de partialité qu'il est prudent d'éviter. Enfin, cette exclusion s'éluderoit aisément, chacun de ceux qui seroient dans ce cas, n'étant pas serf & ne pouvant quitter son état de dépendance pendant quelques jours, & le reprendre ensuite.

En conséquence le Bureau a pensé qu'il ne falloit rien changer aux usages des Villes & des Communautés pour les élections, & qu'il convient d'y admettre comme éligibles sans distinction, tous ceux qui contribuent nominativement aux impositions réelles & personnelles de la somme de dix livres.

29.ᵉ QUESTION.

Les membres du Tiers-état pourront-ils élire pour leurs Députés des membres d'un autre Ordre, ou jouissant des priviléges auxquels leur Ordre ne participe pas ?

Le Bureau a pensé que dans certaines Villes & dans les Campagnes il pourroit être fort difficile de trouver un Député, si ceux qui jouissent de priviléges en étoient exclus. Il a pensé pareillement que dans des Assemblées particulières où tous les membres se connoissent parfaitement, il est probable qu'un privilégié ne sera pas élu s'il n'a pas la confiance de sa Communauté ; & il faut encore observer que dans les cahiers à rédiger pour une Communauté, il sera peu question des intérêts des différens Ordres. Mais il a pensé en même temps que dans l'étendue du Bailliage principal, il ne manquera pas de Sujets à choisir, & qu'il étoit important que les intérêts des Ordres ne fussent pas confondus dans les États-généraux.

En

(249)

En conséquence, le Bureau est d'avis de faire une distinction à cet égard, & que pour ne pas gêner la liberté des Communautés de Villes & de Campagnes, ni celles des Assemblées des Bailliages secondaires, il convient de leur laisser une liberté absolue à cet égard; à la charge que leurs Députés aux Assemblées de Bailliages se rangeront dans l'Ordre du Tiers, quand même ils appartiendroient à l'un des deux autres Ordres; mais que les Députés des trois Ordres aux États-généraux doivent être choisis exclusivement dans chacun des Ordres auxquels ils appartiennent.

30.ᵉ QUESTION.

Les électeurs de quelque Ordre qu'ils soient, pourront-ils élire pour leurs Représentans des personnes absentes ou qui n'auroient pas le droit d'être admises dans l'Assemblée ?

Tous ceux qui auront les qualités ci-devant requises pour être éligibles, pourront être élus soit absens, soit présens, même ceux qui dans certaines Villes n'auroient pas le droit d'assister aux Assemblées ; mais si l'on élit un absent, on élira en même temps une autre personne pour le suppléer, en cas qu'il n'accepte pas.

31.ᵉ QUESTION.

Quelles sont les Villes qui députeront directement aux États-généraux ?

Le Bureau a pensé *unanimement* sur cette question, que les Villes qui ont joui de ce privilége aux trois derniers États-généraux, doivent le conserver, & qu'il faut l'accorder dans les Provinces réunies à la Couronne depuis 1614, à toutes les Villes, qui comme Strasbourg ont une administration particulière, indépendante de l'administration de la Province dans laquelle elles sont enclavées, parcequ'autrement

L i

elles ne feroient pas repréfentées aux États-généraux, & qu'il eſt important que tous les Sujets du Roi aient un Repréfentant dans l'Aſſemblée de la Nation.

Mais il s'eſt élevé deux avis au Bureau, fur la queſtion de favoir ſi d'autres *bonnes Villes* pourroient envoyer un ou pluſieurs Députés aux États-généraux. L'avis du plus grand nombre a été pour la négative; quelques confidérations importantes l'ont déterminé. Les inſtructions adreſſées au Bureau, lui ont fait connoître les prétentions d'un nombre aſſez conſidérable de Villes, toutes fondées ſur des preuves très-anciennes, qu'elles ont envoyé des Députés; mais ces preuves même ont fervi à éclairer fur leurs droits. Dans les temps où les Communes étoient feules admifes à compoſer l'Ordre du Tiers, les feules *bonnes Villes* étoient & devoient être appelées; mais depuis qu'on a reconnu les droits des Campagnes, ils ont été confondus avec ceux des Villes, & les députations n'ont plus été au nom feul des principales municipalités, mais au nom de l'arrondiſſement du Bailliage dont les Villes étoient fouvent le chef-lieu; & les États-généraux ont porté l'attention ſi loin à cet égard, que fouvent ils ont refufé de recevoir le Député d'une Ville, & que ſi quelquefois ils lui ont permis de reſter dans l'Aſſemblée, ce n'a été qu'en le privant de tout fuffrage, & l'obligeant à ne ſe faire entendre que par l'organe du Député d'un Bailliage. L'ufage auquel la majeure partie du Bureau a été conftamment attachée, a donc été un des motifs de l'avis proposé.

Un second motif a encore influé dans l'opinion; on a considéré qu'il pourroit y avoir du danger à supposer aux Villes un intérêt différent de celui des Campagnes, & suffisant pour déterminer à leur donner des Députés particuliers. Ce seroit dans un seul Ordre admettre deux classes distinctes, qui tendroient bientôt à se séparer & à vouloir faire deux Ordres différens. Les Villes ont des Manufactures, des Capitalistes, des Négocians & des Artisans; les Campagnes ont des Agriculteurs: ces deux intérêts doivent se confondre par le secours mutuel qu'ils se prêtent; mais il faut craindre de les séparer & de paroître donner à l'un des deux quelque avantage. Au surplus, l'intérêt des Municipalités ne courra jamais aucun risque, parce qu'il aura toujours un grand nombre de défenseurs, puisque les talens & les lumières seront toujours principalement concentrés dans les Villes, & que les Députés y seront choisis de préférence.

On a pensé encore que le choix seroit bien difficile à faire entre les Villes, car il n'est aucune Capitale qui ne prétendît à cet avantage, & aucune Ville, quel que soit son commerce, qui ne le considérât comme d'une importance assez grande pour devoir fixer l'attention & les regards de la Nation.

Les Villes même privées de tout commerce, redouteroient l'ascendant de celles qui en font un considérable, & pourroient craindre qu'elles ne fuffent facrifiées à la faveur que les autres folliciteroient.

Le Commerce mérite fans doute les plus grands encouragemens; c'eft un des canaux qui fournit le plus de richeffes à l'État: mais la Nation affemblée s'en occupera avec toute l'attention qu'il mérite; elle recevra tous les mémoires qui l'inftruiront de fes droits & de fes prétentions, & elle fera plus éclairée par l'intérêt général dont elle doit s'occuper, que par l'intérêt particulier que feroit valoir le Député de chaque Ville.

Une dernière réflexion a encore influé fur cet avis; la crainte de donner à un Ordre une prépondérance de fuffrages capable de rompre l'équilibre qui de tout temps a été maintenu dans les trois Ordres de l'État. Cet équilibre effentiel à maintenir entre trois Ordres égaux entr'eux, l'affure que chacun fera contenu dans fes juftes bornes; que l'un ne pourra jamais rien contre les deux autres, & que deux ne pourront jamais affujettir le troifième. Si l'on perd les anciennes traces, fi quelque prétexte fuffit à s'écarter des voies accoutumées, on s'aidera bientôt de la fupériorité du nombre pour prétendre à la fupériorité d'influence, & la conftitution recevra une atteinte qu'il fuffit de prévoir, pour qu'il foit prudent de l'éviter. Cet avis a eu *quinze* fuffrages.

L'avis contraire a eu *huit* fuffrages; & voici les motifs.

On penfe qu'après avoir accordé,

comme il est juste, le premier intérêt à l'Agriculture, en donnant à toutes les Communautés de campagne, même aux moins étendues, le droit de concourir à l'élection des Députés, il paroissoit également équitable d'avoir égard à l'intérêt des Villes, souvent très-opposé à celui des Campagnes, & toujours si différent. Les contributions des Villes aux charges publiques sont immenses; les formes d'octrois & de dons gratuits, par lesquels elles contribuent, leur sont spécialement propres & exigent une administration particulière : ainsi la mesure & le mode de leurs contributions demandent que si le malheur des temps nécessite un accroissement d'impôts, elles aient des défenseurs particuliers dans le sein même des États-généraux.

Leur population, leur commerce, leur industrie, ces ressources abondantes de la richesse nationale, sollicitent également en leur faveur. Si le Roi se déterminoit à demander deux Députés de l'Ordre du Tiers, il seroit convenable que l'un d'eux fût pris dans les Villes, & l'autre dans les Campagnes; mais si Sa Majesté n'appelle qu'un seul Député par Bailliage, les Villes pourront être dominées par les Communautés de campagne, & réduites à la nécessité de confier leurs intérêts à un Député qui ne les partageroit pas, qui même en auroit de contraires.

Les plus anciens usages, les plus sûrs indices des principes constitutionnels, nous apprennent que les Députés des *bonnes*

Villes formoient feuls autrefois l'Ordre du Tiers; & même en 1614 les Villes feules ont concouru aux élections dans une notable partie du Royaume. Dans la plupart des Provinces régies par des Etats particuliers, & dont on a cru devoir respecter les formes anciennes, l'Ordre du Tiers n'est encore repréfenté que par les feuls Députés des Villes. Les mêmes principes constitutionnels établissent que les Repréfentans des Villes entrent nécessairement dans l'Ordre du Tiers, & qu'il fera toujours au pouvoir de cet Ordre une fois affemblé, de leur donner les rangs, féances & opinions qu'il jugera convenables. Les Députés des Villes paroissent devoir être choifis, comme ils l'ont toujours été, par tous les États & Corps qui composent les Villes, & l'on ne regarde pas comme douteux que leur choix ne puiffe fe fixer fur tel membre des trois Ordres qu'elles croiront dignes de leur confiance.

Il paroît donc également convenable, eu égard aux circonftances préfentes & aux ufages les plus constitutionnels, de déterminer les Villes qui peuvent être autoriféees à députer. On a déjà obfervé que ce feroit prévenir l'inconvénient que les grandes Villes ne foient trop dominées dans les élections par les Campagnes, mais ce n'eft pas moins assurer aux Campagnes un Repréfentant qui leur foit propre; ce n'eft pas moins fe conformer à la divifion qui a lieu aujourd'hui d'une manière fenfible entre la richeffe nationale qui réfulte de la culture & des travaux du propriétaire foncier, &

celle qui est le fruit d'une industrie active & d'un commerce étendu, qui donnent un prix & une activité de plus à l'Agriculture elle-même; c'est enfin procurer au Tiers-état, suivant le vœu d'une autre délibération, une plus grande représentation, sans sortir des traces constitutionnelles. Quant au choix des Villes qui seront autorisées à députer, comme il doit dépendre de leur importance & de leur population, c'est à la sagesse de Sa Majesté de le déterminer.

32.ᵉ QUESTION.

Dans quelle forme ces Villes doivent-elles procéder à la convocation & à la tenue des Assemblées destinées aux différentes élections?

Ces mêmes Villes concourront-elles en outre à l'Assemblée d'élection de leur Bailliage?

Tout Citoyen domicilié y sera-t-il admis pour être électeur ou éligible sans distinction d'Ordre ni de rang?

La résolution sur la vingt-troisième question indique que les usages locaux & la forme accoutumée seront suivies dans les Assemblées des Villes; mais la même résolution ajoute que les membres Nobles & Ecclésiastiques n'y auront que voix consultative, & cette restriction ne peut pas s'appliquer aux Villes qui députeront directement aux États-généraux; elles ne concourront pas à l'Assemblée du Bailliage.

33.ᵉ QUESTION.

Y a-t-il quelque proportion à observer

Le Bureau estimant que la confiance doit déterminer le choix des Députés, il y auroit de l'inconvénient à déterminer

pour le nombre respectif des Députés des Villes & des Députés des Campagnes ?

une proportion entre les Députés des Villes & les Députés des Campagnes.

34.ᵉ QUESTION.

Si quelques grandes Villes de commerce sont admises à députer directement aux États-généraux, le ou les Députés seront-ils élus parmi les Négocians seuls, & en quelle forme ?

On vient de voir que ces Villes suivront leurs usages locaux : les habitans qui ont droit d'y être électeurs, auront toute liberté pour le choix de leurs Députés.

35.ᵉ QUESTION.

Quelles sont les formes qui devront être observées dans les Villes qui ne députent qu'aux Bailliages secondaires ou principaux ?

Répondu par la résolution sur la vingt-troisième question.

36.ᵉ QUESTION.

Dans quelles proportions les Communautés de campagne ou les Villes, plus ou moins considérables, auront-elles la faculté de nommer des Députés, soit aux Bail-

Le Bureau pense que les Communautés de campagne qui contiennent cent feux & au-dessous, doivent envoyer un Député à l'Assemblée élémentaire du Bailliage ; celles de cent à deux cents feux, deux Députés ; celles de deux cents à trois cents feux, trois Députés ; & jamais plus de trois, quel que soit le nombre des feux.

Le Bureau considérant que les Villes contiennent

liages secondaires, soit aux Bailliages principaux, ou Sénéchaussées ?

contiennent des citoyens des deux premiers Ordres qui assisteront directement à l'Assemblée du Bailliage principal, & pourront y faire valoir les intérêts de ces Villes, est d'avis que les Villes contenant cinq mille habitans & au-dessous, pourront n'envoyer qu'un Député ; celles de cinq mille à douze mille habitans, deux Députés ; celles de douze mille à vingt mille habitans, trois Députés, & autant de Députés de plus qu'elles auront de fois dix mille habitans de plus.

37.ᵉ QUESTION.

Quel sera le nombre des Députés que les Bailliages ou Juridictions secondaires auront le droit d'envoyer au Bailliage principal, suivant le nombre facultatif des Députés des Villes, & des Communautés de campagne qui composent leur ressort ?

Le Bureau est d'avis qu'il est convenable que les Assemblées élémentaires des Bailliages secondaires envoient à l'Assemblée du Bailliage principal, un Député sur dix de ceux dont elle sera ou dont elle auroit pu être composée, selon le nombre des Députés que les Communautés de Villes & de Campagnes seront autorisées à envoyer, si Sa Majesté adopte la résolution précédente.

38.ᵉ QUESTION.

Chaque Bailliage principal ne sera-t-il pas obligé de suivre la même règle de proportion, & d'avoir pour cet effet une Assemblée préliminaire ?

Si tous les Députés des Villes & Communautés de campagne, du ressort immédiat du Bailliage principal, assistoient à son Assemblée, tandis que toutes celles du ressort immédiat des Bailliages secondaires n'y auroient qu'un Député sur dix, il en résulteroit une injustice manifeste à l'égard de ces dernières, & les membres du Bureau qui n'ont pas été d'avis d'admettre

K k

(258)

tous les Bailliages, estiment qu'il est indispensable que les Villes & Communautés de campagne du ressort immédiat du Bailliage principal, aient comme les autres une Assemblée élémentaire, de laquelle il sera envoyé pareillement un Député sur dix à l'Assemblée générale dudit Bailliage principal.

39.ᵉ QUESTION.

Les Ordres doivent-ils délibérer séparément aux Assemblées qui députent directement aux États-généraux ?

La résolution sur la douzième question, indique que les trois Ordres se sépareront pour l'élection de leurs Députés. Il semble convenable qu'ils délibèrent de même séparément pour la rédaction de leurs cahiers particuliers, à moins qu'ils ne conviennent de se réunir pour la rédaction du cahier général.

40.ᵉ QUESTION.

Pourra-t-on être électeur ou éligible dans les diverses Communautés ou Bailliages où l'on aura des propriétés, soit transmissibles, soit usufruitières ?

Tous ceux qui ont les conditions exigées ci-dessus dans le Tiers-état, peuvent être électeurs & éligibles dans les Assemblées de Villes & de Communautés ; mais pour pouvoir être électeurs, il faut qu'ils se trouvent en personne auxdites Assemblées, à moins que dans certaines Villes ou Communautés il n'y ait un usage suffisamment constaté, qui permette de se faire représenter par procureur.

41.ᵉ QUESTION.

Les Bénéficiers ou les possesseurs de fiefs pourront-ils & pourront-ils seuls se faire représenter par des fondés de procuration ?

Dans l'Ordre du Clergé & de la Noblesse, les seuls Bénéficiers & Nobles possédant plusieurs bénéfices & fiefs, situés en différentes Provinces ou dans différens Bailliages, auront le droit de se faire représenter dans les Assemblées du Bailliage supérieur où ils auront été cités, en justifiant de la contribution de dix livres sur les rôles de chacun des Diocèses ou Com-

42.ᵉ QUESTION.

Si du même titre de bénéfice ou du même fief, dépendent des biens situés dans différens Bailliages qui députent directement aux États-généraux, le possesseur aura-t-il le droit d'avoir voix ou de se faire représenter dans chaque Bailliage, ou seulement dans celui du chef-lieu de son bénéfice ou de son fief ?

43.ᵉ QUESTION.

Les Bénéficiers ou possesseurs de fiefs pourront-ils voter ou donner autant de procurations qu'ils possèdent de bénéfices ou de fiefs dans le ressort du même Bailliage ? ne le pourront-ils que dans les différens Bailliages ?

44.ᵉ QUESTION.

Les non Nobles possédant des fiefs nobles

munautés, dans lesquels sont situés, ou dans lesquelles sont imposés les bénéfices ou fiefs à raison desquels ils auront été cités.

Par une suite de la résolution précédente, plusieurs bénéfices réunis sous un même titre, mais ayant eu chacun nature de bénéfice distinct avant leur réunion, de même plusieurs fiefs réunis sous une même dignité, mais ayant eu chacun nature de fief distinct avant la réunion, donneront droit de se faire représenter dans différens Bailliages supérieurs, lorsqu'ils seront situés sous différens de ces Bailliages.

Cette faculté n'existera que pour ceux qui posséderont des fiefs ou bénéfices dans différens Bailliages, sans qu'ils puissent en user pour plusieurs fiefs ou bénéfices dépendans du même Bailliage supérieur.

Les propriétaires de fiefs qui ne sont pas Nobles, ne pourront ni assister à l'Assemblée de la Noblesse, ni donner de procuration pour s'y faire représenter.

pourront-ils se faire représenter, & par qui ?

Leur place est dans l'Ordre du Tiers.

45.ᵉ QUESTION.

Accordera-t-on aux Ecclésiastiques & aux Nobles non possédant bénéfices ou fiefs, & aux membres du Tiers-état, la faculté de se faire représenter aux élections ?

Les Ecclésiastiques & les Nobles qui ne possèdent ni bénéfices ni fiefs, n'étant pas individuellement cités, ne doivent pas jouir de la prérogative de se faire représenter.

Quant aux possesseurs de biens ruraux dans l'Ordre du Tiers, il a déjà été dit que les usages particuliers des Villes & des Campagnes devoient être observés; en sorte que le droit de s'y faire représenter dépendra des usages locaux.

46.ᵉ QUESTION.

Les mineurs, les veuves, les filles & les femmes, possédant divisément, pourront-ils se faire représenter, & par qui ?

Les mineurs, les veuves, les filles & les femmes Nobles possédant fiefs divisément & cités individuellement, pourront seuls être représentés, en justifiant de la contribution de dix livres, pourvu que leurs procureurs fondés aient les qualités requises pour être électeurs dans l'Ordre de la Noblesse.

Quant à l'Ordre du Tiers, les usages établis dans chaque Ville & Communauté doivent être observés.

47.ᵉ QUESTION.

Les Ecclésiastiques ou les Nobles, ainsi que ceux du Tiers-état qui ne seront pas cités personnellement, pourront-ils voter comme électeurs dans les dif-

Ayant été résolu précédemment que tous ceux qui ne sont pas cités individuellement n'ont pas le droit de se faire représenter, le Bureau a pensé que tous ceux désignés dans cette question, qui possèdent des biens en différens lieux, ne pourront y voter qu'autant que les différentes époques des Assemblées leur permettroient de s'y trouver en personne, en exceptant toute-

férens lieux où ils auroient des propriétés, ou feulement dans celui de leur domicile?

48.ᵉ QUESTION.

Si les procurations font admifes, combien pourra-t-on en réunir fur la même tête?

Seront-elles générales ou fpéciales? & le fondé fera-t-il du même Ordre que fon commettant?

Ces procurations pour élire s'étendront-elles à la rédaction des cahiers? & le procureur fondé aura-t-il pour cette rédaction autant de voix que pour les élections?

fois les Villes & Communautés où un ufage local permettroit de fe faire repréfenter.

On a vu que les procurations ne feront admifes que pour les poffeffeurs de bénéfices & de fiefs, ainfi que dans les Villes & Communautés où elles font admifes par l'ufage. Le même procureur fondé ne pourra réunir que deux procurations, ce qui lui donnera trois fuffrages pour l'élection du Député; mais il n'en aura qu'un pour la rédaction du cahier.

Les procurations doivent être générales.

Le Bureau, après s'être affuré que l'ufage a varié, que quelquefois les procurations ont été rejetées, que d'autres fois elles ont été admifes, a cru devoir propofer au Roi de les permettre; mais il a penfé qu'elles devoient être générales, parce que des pouvoirs limités pour l'élection, auroient le double inconvénient ou d'obliger à un mauvais choix, ou de rendre inutile pour un fecond fcrutin un fuffrage capable de faire pencher la balance pour le plus digne.

Il propofe qu'elles foient données à une perfonne du même Ordre, pour éviter la confufion des Ordres; enfin, qu'elles foient nulles pour la rédaction des cahiers, puifqu'ils font le réfultat d'une difcuffion dans laquelle on ne peut pas voter pour celui qui ne l'a pas entendue.

49.ᵉ QUESTION.

Devra-t-on nommer expressément dans la procuration celui à qui on la donnera?

Le Bureau a pensé que le nom du procureur fondé devoit être compris dans la procuration, & que pour s'en assurer, il devoit en être gardé minute par le Notaire. Le motif de cette précaution est sensible; on a voulu éviter qu'il ne fût fait une sorte de trafic des procurations, & que la personne à qui on en auroit adressé plus de deux, n'en commît elle-même une autre pour la remplacer. L'intrigue qu'il est essentiel de bannir, pourroit aussi accaparer un grand nombre de suffrages, & échapperoit à la précaution indiquée de ne pouvoir disposer que de trois suffrages.

Sa Majesté sera suppliée de vouloir bien exempter du droit de contrôle tous les actes qui auront rapport à la convocation des États-généraux.

50.ᵉ QUESTION.

Les élections se feront-elles à haute voix ou au scrutin?

Distinguera-t-on à cet égard les différentes sortes d'Assemblées?

L'élection des Députés des Villes & des Campagnes sera faite à haute voix ou au scrutin, suivant l'usage qui y est pratiqué; mais les élections dans les Bailliages secondaires ou principaux, doivent être faites au scrutin, & recommencées jusqu'à ce que plus de la moitié des suffrages soit réunie sur une même personne.

51.ᵉ QUESTION.

Pourra-t-on nommer un suppléant dans chaque Ordre pour remplacer le ou les Députés aux États-généraux en cas de maladie ou de légitime empê-

Il sera loisible à chaque Ordre de nommer des suppléans pour remplacer *le* ou *les* Députés en cas de maladie ou légitime empêchement; par ce moyen aucun Bailliage ne sera privé de l'avantage d'être représenté aux États-généraux.

chement, lequel n'aura de miffion qu'à défaut du Député qu'il fera deftiné à remplacer?

52.ᵉ QUESTION.

Si une même perfonne eft nommée Député dans plufieurs Bailliages, fera-t-elle tenue d'opter le Bailliage dont elle voudra être le Repréfentant? & dans ce cas fera-t-elle remplacée de droit dans les autres Bailliages, par celui qui, après l'élu, aura réuni le plus de fuffrages?

La perfonne élue dans différens Bailliages fera tenue d'opter, & la réfolution fur la trentième queftion indique le moyen de la remplacer dans les Bailliages dont elle n'aura pas accepté la députation, le remplacement pouvant être indépendant des fuppléans dont il vient d'être parlé.

53.ᵉ QUESTION.

Quelle fupériorité ou pluralité de fuffrages feront néceffaires pour être légitimement élu?

Répondu par la réfolution fur la cinquantième queftion.

54.ᵉ QUESTION.

Sera-t-il néceffaire de régler l'ordre & la forme que devront fuivre les Affemblées où les inftructions des Députés aux États-généraux

Il a déjà été délibéré fur la trente-neuvième queftion, que chaque Ordre fe retirera dans un lieu féparé, pour procéder à l'élection de *fon* ou de *fes* Députés, & qu'il fera de même délibéré féparément par Ordre fur la rédaction du cahier, à moins que les trois Ordres ne conviennent

seront délibérées & rédigées, depuis les Assemblées de Campagnes, en remontant jusqu'aux Assemblées bailliagères!

de se réunir pour la rédaction d'un cahier général.

Les mêmes formes seront observées pour les instructions à donner par les Bailliages à leurs Députés aux États-généraux ; mais il est indispensable qu'outre ces instructions, les Députés soient munis des pouvoirs les plus amples pour délibérer librement sur tous les objets, & principalement sur tous ceux indiqués dans les Lettres de convocation.

Cette délibération a été *unanime* ; tout le Bureau a senti la nécessité d'exiger les pouvoirs les plus amples, parce que c'est le seul moyen d'obtenir des États-généraux quelque détermination sur les objets importans qui leur seront soumis par le Gouvernement.

Il est fâcheux de prévoir que si l'on n'y pourvoit pas d'avance, les procurations seront illimitées sur tout ce qu'on appellera des redressemens de griefs, & qu'elles pourront être restreintes sur les moyens à prendre pour consolider la dette publique, & pourvoir aux besoins urgens des finances de l'État. Quelques écrits répandus avec profusion peuvent donner à cet égard des craintes fondées, & c'est à Sa Majesté à peser dans sa sagesse, à quel point Elle doit, dans les instructions qu'Elle ordonnera de publier, & dans les Lettres de convocation, insister sur la nature des pouvoirs à donner aux Députés.

Le Bureau peut seulement exprimer le vœu que les Représentans de la Nation
ne

ne soient pas restreints dans leurs pouvoirs. Dès qu'ils seront réunis, leur premier regard se portera sur cet important & majestueux édifice d'un Gouvernement qui seul a résisté aux révolutions de treize siècles ; ils verront que les principes les mieux combinés en ont rendu la base immuable, & que l'Empire François ne doit pas au hazard & aux circonstances l'avantage d'être le plus ancien, le plus grand & le plus redoutable des Empires de l'Europe ; ils respecteront, ils chériront cet heureux accord de principes. Sans doute ils observeront des négligences, des abus, des fautes même ; le temps & la main des hommes laissent par-tout leur empreinte ; mais uniquement attachés à les faire disparoître & à en prévenir le retour, ils prouveront à nos rivaux, qu'une Nation dont le caractère distinctif a toujours été le sentiment de l'honneur & l'amour de son Roi, ne s'occupe que de ses ressources, quand de grands maux exigent de grands sacrifices, & que tous les Ordres, comme tous les cœurs, n'ont plus qu'un intérêt, celui de la gloire du Roi & de la Patrie.

Tels sont les sentimens que le Bureau a l'honneur de confier au premier Prince du Sang. Il le supplie de vouloir bien en porter à Sa Majesté les témoignages ; il sera le garant de la pureté des motifs qui ont dirigé ses délibérations. C'est au Prince qui vient de donner un généreux exemple de désintéressement & de bienfaisance dans les terres de son apanage & de ses domaines, à attester au Roi & à la Nation l'impatience des membres de son Bureau, de voir les Ordres auxquels ils ont l'honneur d'appartenir, user de leur plus belle prérogative, en concourant dans l'Assemblée des États-généraux, à tout ce qui pourra établir la plus parfaite égalité dans la répartition des subsides, à soulager les classes souffrantes des citoyens, & à assurer le bonheur & la gloire de la Nation & du Monarque.

Collationné à l'original, par nous Écuyer, premier Commis de l'Administration générale des finances, envoyé par M. le Directeur général des finances, sur la demande de Monseigneur le Duc d'Orléans, pour servir de Secrétaire au Bureau. Versailles, le dix Décembre mil sept cent quatre-vingt-huit. Signé DE VILLIERS DU TERRAGE.

QUATRIÈME BUREAU.

QUESTIONS.	AVIS.
1.re QUESTION. *Le nombre des Députés doit-il être en raison des Gouvernemens, des Généralités, des Provinces, des Élections, des Diocèses, des Bailliages ?*	En raison des Bailliages. Unanimement.
2.e QUESTION. *1.° De quelle nature doivent être les Bailliages qui auront la prérogative de députer directement aux États-généraux ?*	Ils doivent avoir trois caractères ; un office de Bailli d'épée, la connoissance des cas royaux, le ressort immédiat aux Cours.
2.° Doit-on n'accorder cette distinction, quant aux Provinces qui ont député par Bailliages en 1614, qu'aux seuls Bailliages qui ont député directement à cette époque, soit qu'ils eussent ou non des Baillis d'épée ?	Par conséquent, on doit admettre non-seulement les premiers ;

(268)

3.° Écartera-t-on de la députation directe les Bailliages qui, ayant eu à cette époque des Baillis d'épée, paroissent n'avoir députe que secondairement ?

Mais encore les seconds ;

4.° Enfin admettra-t-on pour la députation directe, les Bailliages créés depuis 1614, avec Baillis d'épée, cas royaux, ressort sur d'autres Juridictions, & ressortissant nuement à un Parlement ?

Et enfin les troisièmes.

Unanimement.

3.ᵉ QUESTION.

Les Provinces ou Pays qui ont députe en forme de Pays d'États en 1614, ou aux trois tenues précédentes, continueront-elles de jouir de cet avantage ?

On pense qu'on doit conserver leurs usages.

Unanimement.

4.ᵉ QUESTION.

Aura-t-on égard, pour fixer le nombre des députations que chaque Bailliage enverra aux États-généraux, à leur population ?

Ou le nombre des députations sera-t-il

La population ne paroît être ni une base suffisante, ni une base suffisamment connue.

Unanimement.

égal entre tous les Bailliages, sans égard à leur population ?

Et dans le premier cas, quelle seroit l'échelle de proportion qu'il faudroit établir entr'eux ?

5.ᵉ QUESTION.

Quel doit être le nombre respectif des Députés de chaque Ordre ? sera-t-il égal pour chaque députation ?

6.ᵉ QUESTION.

Quelle a été & quelle pourroit être la forme de délibérer des trois Ordres dans les États-généraux ?

7.ᵉ QUESTION.

A qui les Lettres de convocation devront-elles être adressées ?

8.ᵉ QUESTION.

Dans quelle forme chacun des trois Ordres sera-t-il convoqué & cité ?

Il doit être respectivement égal dans chaque Ordre pour chaque députation.

Unanimement.

La délibération par Ordre paroît un point essentiel de notre constitution.

Unanimement.

Aux Gouverneurs des Provinces; & par eux, aux Baillis ou à leurs Lieutenans.

Unanimement.

Suivant les formes anciennes. On doit assigner personnellement les Ecclésiastiques à leurs bénéfices, les Nobles dans leurs fiefs, & généralement tous les autres citoyens par la proclamation publique, & par la citation particulière des Paroisses & Communautés.

Unanimement.

9.ᵉ QUESTION.

Les Bénéficiers dans l'ordre du Clergé, & les possesseurs de fiefs dans l'Ordre de la Noblesse seront-ils assignés ? seront-ils les seuls assignés ? & où seront-ils assignés ?

La réponse à la question précédente, satisfait également à celle-ci.

Unanimement.

10.ᵉ QUESTION.

Les membres du Clergé & de la Noblesse, soit qu'ils soient assignés à leurs bénéfices ou à leurs fiefs, soit qu'ils soient seulement convoqués par les affiches & publications, seront-ils convoqués aux Bailliages inférieurs ou aux Bailliages supérieurs ?

Ils doivent être en général cités aux Bailliages supérieurs, sauf les usages particuliers.

Unanimement.

11.ᵉ QUESTION.

Dans quelle forme les Ecclésiastiques & les Nobles qui n'auront pas été cités personnellement, justifieront-ils de leurs titres & qualités pour voter ?

Les Ecclésiastiques en justifieront par la représentation de leurs Lettres d'Ordres; & quant aux Nobles, les anciens usages, la discussion contentieuse des titres de Noblesse, l'exhibition du rôle de Capitation, des certificats souscrits par d'autres Gentilshommes, l'établissement d'une commission qui feroit choisie parmi la Noblesse du Bailliage, sont cinq moyens à peu-près égaux, dont Sa Majesté voudra bien

12.ᵉ QUESTION.

Dans les Assemblées de Bailliages, à qui appartiendra la présidence, quand les Ordres seront réunis ?

À qui appartiendra-t-elle dans chacun, lorsqu'ils seront séparés ?

Le Bailli d'épée, s'il est présent, présidera-t-il de droit la Noblesse ? & en son absence par qui sera-t-elle présidée ?

Qui présidera le Clergé ?

Qui présidera le Tiers-état ?

13.ᵉ QUESTION.

Quel âge sera nécessaire pour être électeur ou éligible dans chacun des trois Ordres ?

14.ᵉ QUESTION.

Quelles conditions seront nécessaires pour être électeur ou éligible

peser & déterminer le choix dans sa sagesse.

Unanimement.

Aux Baillis.

Le Bailli d'épée doit la présider.

Par le Doyen d'âge, sous la présidence duquel on procédera à l'élection d'un Président.

L'Évêque ou son Grand-vicaire, ou l'Ecclésiastique le plus constitué en dignité.

Le premier Officier de robe-longue.

Unanimement.

Vingt-cinq ans accomplis.

Unanimement.

Pour être électeur, posséder un bénéfice ou être constitué dans les Ordres sacrés ; pour être éligible, posséder un bénéfice & être constitué dans les

dans l'Ordre du Clergé ?

15.ᵉ QUESTION.

Y aura-t-il quelque distinction pour ces deux qualités ? & admettra-t-on quelque proportion entre les différens Ordres qui composent le Clergé ?

16.ᵉ QUESTION.

Un Ecclésiastique engagé dans les Ordres sacrés, ne possédant point de bénéfices, mais ayant un ou plusieurs fiefs ou des biens ruraux, dans quel Ordre se rangera-t-il ? & si l'on admet le droit de se faire représenter, dans quel Ordre pourra-t-il choisir son Représentant ?

17.ᵉ QUESTION.

Les membres de l'Ordre de Malte seront-ils rangés dans l'Ordre de la Noblesse ou dans celui du Cler-

Ordres sacrés, ou engagé par des vœux solennels.

Unanimement.

La distinction est établie ci-dessus. Quant à la proportion entre les deux Ordres du Clergé, elle paroît difficile à établir; mais leur réunion dans la Chambre ecclésiastique est de principe.

Unanimement.

Dans l'Ordre du Clergé.

Unanimement.

Les Commandeurs dans l'Ordre du Clergé, parce qu'ils sont Bénéficiers & Religieux, les Chevaliers profès dans aucun Ordre, parce qu'ils sont morts civilement, les Chevaliers non profès dans

gé ! & quelles condi-
tions feront néceffaires
pour les rendre électeurs
ou éligibles dans l'un
ou l'autre Ordre ?

18.ᵉ QUESTION.

Dans quel Ordre fe
rangeront les Colléges
& les Hôpitaux qui
pofsèdent des fiefs, des
bénéfices ou des biens
ruraux ?

19.ᵉ QUESTION.

Quelles conditions
feront néceffaires pour
être électeur ou éligible
dans l'Ordre de la No-
bleffe ?

20.ᵉ QUESTION.

Les Propriétaires de
fiefs feront-ils feuls
admiffibles aux États-
généraux ? les Gentils-
hommes, poffédant une
propriété quelconque,

dans l'Ordre auquel ils appartiennent, parce qu'ils ne font pas Religieux.

Unanimement.

Les Colléges, les Hôpitaux & les Univerfités appartiendront à l'Ordre du Clergé, & s'y feront repréfenter par une perfonne de cet Ordre, ainfi que les Chapitres, Corps & Communautés régulières ou féculières qui fe feront repréfenter, fuivant leurs ufages, par des Députés qui feront également éligibles. Les Communautés non rentées ne pourront être admifes ni aux Affemblés d'élection, ni aux États-généraux.

Unanimement.

Pour être électeur, il fuffit d'avoir la Nobleffe tranfmiffible; pour être éligible, il faut y joindre la poffeffion d'un fief ou d'un fonds non noble que le Bureau croit pouvoir apprécier à deux mille livres au moins de revenu.

Unanimement.

La réponfe précédente fatisfait à toutes ces queftions.

auront-ils le même droit? & quelle devra être l'étendue de la propriété seigneuriale ou rurale nécessaire, soit pour être éligible, soit pour être électeur?

21.e QUESTION.

Sera-t-il convenable d'exiger un certain degré de Noblesse, soit pour être électeur, soit pour être éligible?

Idem.

22.e QUESTION.

Quelle seroit alors la participation aux États-généraux, des Nobles d'une création récente?

Idem.

23.e QUESTION.

Quelles conditions seront nécessaires pour être électeur ou éligible dans l'Ordre du Tiers, soit dans les Communautés de Campagne,

Tout chef de famille payant des impositions en son nom dans une Communauté, ou tout propriétaire y possédant des biens, à l'exception néanmoins des membres du Clergé & des Nobles d'une Noblesse transmissible, pourront être électeurs pour l'Ordre du Tiers dans les Assemblées de cette Communauté.

Les Communautés de Campagne ne pourront député à l'Assemblée des Bailliages, des particuliers payant chez elles moins de dix livres d'impositions foncières.

soit dans les Villes qui ne sont pas dans l'usage de députer directement aux États-généraux ?

Ni les Villes des particuliers payant chez elles moins de quinze livres de toute espèce d'impositions.

Les Assemblées de Bailliages ne pourront député aux États-généraux des particuliers payant moins de cinquante livres d'impositions.

Unanimement.

24.ᵉ QUESTION.

La valeur de la propriété, susceptible de discussion, doit-elle être prise pour mesure, ou faut-il choisir pour règle la quotité des impositions ?

La réponse précédente satisfait à cette question.

Unanimement.

25.ᵉ QUESTION.

Cette mesure de propriété ou de contribution doit-elle varier selon la richesse des Provinces ?

On ne le pense pas.

Unanimement.

26.ᵉ QUESTION.

Les membres du Tiers, même les plus riches, tels que les Négocians, les Chefs de Manufactures & les Capitalistes, n'ayant pas toujours des propriétés foncières, la mesure de l'imposition ter-

La réponse au N.º 23 satisfait à cette question.

Unanimement.

ritoriale peut-elle être généralement applicable à la faculté d'élire ou d'être élu dans le Tiers-état ?

27.ᵉ QUESTION.

Quelles formes devront être observées pour la convocation & la tenue des Assemblées pour les diverses élections ?

Et d'abord pour les Communautés de Campagne ?

Les Seigneurs Nobles & les Curés pourront-ils y voter, & même y assister ?

Ils ne pourront même y assister.

La présence d'un Juge ou autre Officier public y sera-t-elle nécessaire ?

La présence de l'un ou de l'autre sera nécessaire.

Unanimement.

28.ᵉ QUESTION.

Ceux qui sont aux gages d'autres personnes, soit ecclésiastiques, soit laïques, ou dans leur dépendance quelconque, seront-ils électeurs ou éligibles dans l'Ordre du Tiers-état ?

La réponse au N.º 23 satisfait encore à cette question.

Unanimement.

29.ᵉ QUESTION.

Les membres du Tiers-état pourront-ils élire pour leurs Députés des membres d'un autre Ordre, ou jouissant des priviléges auxquels leur Ordre ne participe pas ?

Ils ne le pourront pas.

Unanimement.

30.ᵉ QUESTION.

Les électeurs, de quelque Ordre qu'ils soient, pourront-ils élire pour leurs Représentans des personnes absentes, ou qui n'auroient pas le droit d'être admises dans l'Assemblée ?

On peut élire l'absent, pourvu qu'il ait d'ailleurs les qualités requises pour chaque Ordre.

Unanimement.

31.ᵉ QUESTION.

Quelles seront les Villes qui députeront directement aux États-généraux ?

Toutes celles qui ont député, soit en 1614, soit antérieurement, sans préjudice des titres particuliers que d'autres pourroient invoquer.

Unanimement.

32.ᵉ QUESTION.

Dans quelle forme ces Villes doivent-elles procéder à la convocation & à la tenue des Assemblées destinées aux différentes élections ?

Il est desirable que la représentation des Villes soit la plus étendue & la plus générale; & jusqu'à ce que ce vœu puisse être réalisé, les usages anciens paroissent devoir être suivis.

Ces mêmes Villes concourront-elles en outre à l'Assemblée d'élection de leur Bailliage?

Cela ne paroîtroit pas juste.

Tout Citoyen domicilié y sera-t-il admis pour être électeur ou éligible, sans distinction d'Ordre ni de rang?

Les Villes qui auront un droit de suffrage distinct de celui du Bailliage, éliront au moins un Député & trois au plus dans chacun des trois Ordres; & dans la même proportion entr'eux les frais de ces Députés seront supportés par leurs Ordres respectifs.

Unanimement.

33.ᵉ QUESTION.

Y a-t-il quelque proportion à observer pour le nombre respectif des Députés des Villes & des Députés des Campagnes?

Il est à souhaiter que lorsqu'il y aura plusieurs Députés, il en soit toujours pris un parmi les habitans des Campagnes.

Unanimement.

34.ᵉ QUESTION.

Si quelques grandes Villes de commerce sont admises à députer directement aux États-généraux, le ou les Députés seront-ils élus parmi les Négocians seuls, & en quelle forme?

C'est dans ces Villes sur-tout qu'il importe de choisir les trois Députés, à l'effet d'en consacrer un spécialement à la classe du Commerce, ce qui rendroit inutile toute nouvelle institution.

Unanimement.

35.ᵉ QUESTION.

Quelles sont les formes qui devront être

La réponse au N.º 32 s'applique à cette question.

Unanimement.

obfervées dans les Villes qui ne députent qu'aux Bailliages fecondaires ou principaux ?

36.ᵉ QUESTION.

Dans quelle proportion les Communautés de Campagne, ou les Villes plus ou moins confidérables, auront-elles la faculté de nommer des Députés, foit aux Bailliages fecondaires, foit aux Bailliages principaux ou Sénéchauffées ?

Les Communautés de Campagne pourront envoyer deux Députés par Paroiffe.

Et quant aux Villes, elles pourront envoyer autant de fois deux Députés qu'elles renferment de Paroiffes.

Unanimement.

37.ᵉ QUESTION.

Quel fera le nombre des Députés que les Bailliages ou Juridictions fecondaires auront le droit d'envoyer au Bailliage principal, fuivant le nombre facultatif des Députés des Villes & des Communautés de Campagne qui compofent leur reffort ?

Les Députés des Bailliages fecondaires à l'Affemblée du Bailliage principal, y auront autant de voix qu'ils repréfenteront de Communautés; cependant aucun de ces Députés n'aura plus de dix voix.

Unanimement.

38.ᵉ QUESTION.

Chaque Bailliage principal ne fera-t-il

Cela eft indifpenfable.

Unanimement.

pas obligé de suivre la même règle de proportion, & d'avoir pour cet effet une Assemblée préliminaire ?

39.ᵉ QUESTION.
Les Ordres doivent-ils délibérer séparément aux Assemblées qui députent directement aux États-généraux ?

Sauf quelques usages particuliers, il a été plus généralement observé que les Ordres se sont séparés, soit pour le choix de leurs Députés, soit pour la confection de leurs cahiers.

Unanimement.

40.ᵉ QUESTION.
Pourra-t-on être électeur ou éligible dans les diverses Communautés ou Bailliages où l'on aura des propriétés, soit transmissibles, soit usufruitières ?

On en sera susceptible dans chacun de ces Bailliages, pourvu qu'on réunisse d'ailleurs les qualités exigées pour chaque Ordre.

Unanimement.

41.ᵉ QUESTION.
Les Bénéficiers ou les possesseurs de fiefs pourront-ils, & pourront-ils seuls se faire représenter par des fondés de procuration ?

Toute personne ayant la qualité requise pour être électeur, pourra se faire représenter par un fondé de pouvoir choisi dans son Ordre.

Unanimement.

42.ᵉ QUESTION.
Si du même titre de bénéfice ou du même

La réponse au N.º 40 s'applique aussi à cette question.

Unanimement.

On

fief dépendent des biens situés dans différens Bailliages qui députent directement aux États-généraux, le possesseur aura-t-il le droit d'avoir voix, ou de se faire représenter dans chaque Bailliage, ou seulement dans celui du chef-lieu de son bénéfice ou de son fief?

43.ᵉ QUESTION.

Les Bénéficiers ou les possesseurs de fiefs pourront-ils voter ou donner autant de procurations qu'ils possèdent de bénéfices ou de fiefs dans le ressort du même Bailliage? ne le pourront-ils que dans les différens Bailliages?

On ne donnera qu'une voix pour tous ses biens dans le même Bailliage, & par conséquent on n'y pourra donner qu'une seule procuration.

Unanimement.

44.ᵉ QUESTION.

Les non Nobles, possédant des fiefs nobles, pourront-ils se faire représenter, & par qui?

Ils le pourront par une personne du même Ordre.

Unanimement.

45.ᵉ QUESTION.

Accordera-t-on aux Ecclésiastiques & aux

La réponse au N.° 40 satisfait pareillement à celle-ci.

Unanimement.

Nobles, non possédant bénéfices ou fiefs, & aux membres du Tiers-état, la faculté de se faire représenter aux élections ?

46.ᵉ QUESTION.

Les mineurs, les veuves, les filles & les femmes possédant divisément, pourront-ils se faire représenter, & par qui ?

Ils peuvent être représentés; savoir, les mineurs, par leurs tuteurs ou toutes autres personnes de l'Ordre desdits mineurs; & les autres, par des fondés de pouvoirs choisis dans leur Ordre.

Unanimement.

47.ᵉ QUESTION.

Les Ecclésiastiques ou les Nobles, ainsi que ceux du Tiers-état qui ne seront pas cités personnellement, pourront-ils voter comme électeurs dans les différens lieux où ils auroient des propriétés, ou seulement dans celui de leur domicile ?

La réponse au N.° 40 satisfait encore à cette question.

Unanimement.

48.ᵉ QUESTION.

Si les procurations sont admises, combien pourra-t-on en réunir sur la même tête ? Seront-elles générales ou spéciales ? & le fondé sera-t-il du

Personne ne pourra, outre la voix, réunir plus de trois procurations de commettans du même Ordre que lui.

Ces procurations seront spéciales.

Ces procurations pour élire s'étendront-elles à la rédaction des cahiers ? & le procureur fondé aura-t-il pour cette rédaction autant de voix que pour les élections ?

Et elles s'étendront à l'approbation des cahiers rédigés par les Commissaires qu'aura choisis l'Assemblée, lors de laquelle approbation le procureur fondé aura autant de voix que pour les élections.

Unanimement.

49.ᵉ QUESTION.

Devra-t-on nommer expressément dans la procuration, celui à qui on la donnera ?

Cette obligation ne paroît pas indispensable.

Unanimement.

50.ᵉ QUESTION.

Les élections se feront-elles à haute voix ou au scrutin ? Distinguera-t-on à cet égard les différentes sortes d'Assemblées ?

Les élections se feront à haute voix dans toutes les Assemblées où il n'y a point d'usages contraires.

21 voix contre 3.

51.ᵉ QUESTION.

Pourra-t-on nommer un suppléant dans chaque Ordre pour remplacer le ou les Députés aux États-généraux, en cas de maladie ou de légitime empêchement, lequel n'aura de mission, qu'à défaut du Député qu'il sera destiné à remplacer ?

Pour éviter les suppléans & leur nombre indéfini, il paroîtroit préférable d'ordonner par les Lettres de convocation, qu'il seroit envoyé un Député au moins, & trois au plus pour chaque Ordre ; mais en quelque nombre que soient ces Députés, les usages comme les principes exigent qu'ils n'aient qu'un suffrage.

Unanimement.

52.ᵉ QUESTION.
Si une même personne est nommée Député dans plusieurs Bailliages, sera-t-elle tenue d'opter le Bailliage dont elle voudra être le Représentant ? & dans ce cas, sera-t-elle remplacée de droit dans les autres Bailliages, par celui qui, après l'élu, aura réuni le plus de suffrages ?

Elle sera tenue d'opter; & au moyen de la faculté donnée à chaque Bailliage d'élire jusqu'à trois Députés par chaque Ordre, le remplacement ne sera pas nécessaire.

Unanimement.

53.ᵉ QUESTION.
Quelle supériorité ou pluralité de suffrages seront nécessaires pour être légitimement élu ?

Plus de la moitié, & dans le cas où personne n'auroit cette pluralité, on procéderoit à une nouvelle élection, dans laquelle on se réduiroit à choisir entre les deux personnes qui auroient eu le plus grand nombre de voix lors de la première délibération.

Unanimement.

54.ᵉ QUESTION.
Sera-t-il nécessaire de régler l'ordre & la forme que devront suivre les Assemblées, où les instructions des Députés aux États-généraux seront délibérées & rédigées, depuis les Assemblées de campagne, en remontant jusqu'aux Assemblées bailliagères ?

Les usages anciens en indiquent suffisamment l'ordre & les formes.

Unanimement.

MOTIFS
DES AVIS PRÉCÉDENS,

Rédigés par les Commissaires du Bureau, & approuvés.

COMMISSAIRES.

Messieurs,

L'Évêque de Blois.
Le Duc DE BÉTHUNE-CHAROST.
DUPLEIX DE BACQUENCOURT, Conseiller d'État.
DE NÉVILLE, Maître des Requêtes.
Le Premier Président du Parlement de Besançon.
Le Premier Échevin de Paris.

Avant de se livrer à cette lecture, il faut observer que pour régler le nombre des Députés aux États-généraux, il étoit nécessaire de connoître le point d'où l'on partiroit. L'article 15 de la troisième division a paru être celui qu'on devoit généralement adopter, & il a amené un nouvel ordre d'examen & de questions qui n'a pas essentiellement changé celui qu'avoit établi Monsieur le Directeur général.

En conséquence, le Bureau a pensé qu'il rempliroit avec exactitude les ordres du Roi, en réunissant à la fois & la série des questions rédigées le 28 Novembre, & l'ordre du plan tracé par Monsieur le Directeur général.

Ainsi les motifs se diviseront naturellement en quatre parties : *composition, convocation, élections, instructions*, dans chacune desquelles on trouvera & les motifs généraux & ceux qui s'appliquent plus particulièrement à chacune des cinquante-quatre questions.

COMPOSITION.

Première Section.

Le Roi en raſſemblant de nouveau près de ſa perſonne, les Notables déjà convoqués en 1787, & en excitant leur zèle par les marques les plus honorables de ſa confiance, avoit déclaré ſes intentions par un Arrêt de ſon Conſeil du 5 Octobre de cette année : *Le Roi veut que les États-généraux ſoient compoſés d'une manière conſtitutionnelle, & que les anciens uſages ſoient reſpectés dans tous les Règlemens applicables au temps préſent.*

Le Miniſtre des Finances, au milieu de cette Aſſemblée & ſous les yeux du Roi, s'exprimoit ainſi : *Le Roi ſait quel reſpect on doit avoir pour les antiques uſages d'une Monarchie; c'eſt par leur filiation que tous les droits conſtitutifs acquièrent un nouveau degré de force, & aſſurent le maintien de l'ordre public, en oppoſant de ſalutaires obſtacles à l'amour inconſidéré des innovations.*

Ce vœu du Souverain ſi fortement exprimé, a dû être notre premier guide; il a dû fixer les premières idées de tous les Notables; & en remontant aux différentes époques des États-généraux, le quatrième Bureau a retrouvé de ſiècle en ſiècle les mêmes formes établies.

Motifs de la 1.ere queſtion. Les Députés des trois Ordres aux États-généraux de 1483, 1560, 1576, 1588 & 1614, ont été choiſis dans les Aſſemblées de Bailliages & Sénéchauſſées par leurs Ordres reſpectifs. Les Lettres de convocation de 1649, 1650 & 1651 conſacrent la ſuite non-interrompue de cette forme judiciaire & légale qui atteint dans les Villes & les Campagnes juſqu'au dernier individu réuniſſant les caractères & les droits du citoyen. La volonté du Monarque eſt annoncée par des Lettres miſſives, adreſſées directement aux Baillis, Sénéchaux ou leurs Lieutenans ; ces ordres ſont signifiés par des Ordonnances de justice, revêtues de toutes leurs formes. Quelle incertitude, quels obstacles n'éprouveroit-on pas, si l'on vouloit à un moyen si simple & si respecté, en substituer un autre ! On a donc regardé l'appel par Bailliages & Sénéchauſſées, comme un des points les plus constans de notre histoire & de notre droit public.

Mais comme depuis 1614, plusieurs Bailliages nouveaux avoient été créés avec les mêmes prérogatives que les anciens ; comme on pouvoit prendre en considération les Provinces réunies à la France depuis cette époque, il falloit examiner attentivement quelle étoit la nature de ces Juridictions royales qui seules avoient joui d'un pareil privilége ; on a reconnu qu'il n'avoit été accordé qu'au siége de la résidence immédiate des Baillis & Sénéchaux d'épée créés en titre d'office. 2.e Question.

Ils rendoient autrefois la justice personnellement, & ayant remplacé les *Missi Dominici* *, parcouroient les Provinces pour y maintenir le bon ordre ; ils veilloient sur les justices inférieures, rendoient compte à nos Rois des plaintes de leurs Sujets ; enfin ils recevoient seuls les mandemens pour l'Assemblée des Nobles & des Communes. Souvent attachés à la suite de la Cour, ou employés dans les armées, ils négligèrent peu-à-peu les fonctions de Juges, & elles leur furent interdites définitivement par plusieurs de nos Ordonnances ; mais d'une part ils conservèrent le commandement des armes, & de l'autre ils eurent des Lieutenans de robe-longue, qui devoient intituler les Sentences du nom de leurs Baillis & Sénéchaux.

* Bruſſel-Du-cange.

Par l'Ordonnance d'Orléans & sur les représentations des États-généraux de 1560 *(1)*, on exigea qu'ils fussent nobles de nom & d'armes ; ils restèrent Commandans & Capitaines du ban & de l'arrière-ban ; & ce n'étoit qu'en

_____

(1) Édit de Cremieu, & Ordonnances d'Orléans & de Blois de 1535, 1560 & 1579.

leur absence que les Nobles pouvoient choisir un autre Chef. C'est sous ce double point de vue qu'il a fallu considérer les Titulaires revêtus de ces offices, tout-à-la-fois militaires & civils, commandant la Noblesse en personne, & rendant la justice par leurs Lieutenans, soit dans les Villes principales de leur résidence, soit dans d'autres Villes de leur arrondissement ; ils avoient tous la connoissance des cas royaux & le ressort immédiat aux Parlemens.

C'est en suivant ces caractères principaux, qu'on a vu par des relevés faits du nombre des Bailliages & Sénéchaussées qui existoient en 1614, qu'il n'y en avoit eu que cent un qui eussent député directement aux États-généraux, & cent trente-deux qui n'avoient député que secondairement, parce que ces cent trente-deux siéges n'étoient pas placés dans le lieu de la résidence principale du Bailli ou du Sénéchal d'épée, & qu'il n'y avoit que des Lieutenans qui rendoient la justice en leurs noms ; indépendamment du respect dû aux anciens usages, une considération peut-être plus forte encore s'opposoit à l'admission directe des Députés des Bailliages secondaires aux États-généraux. En effet, ce système ôteroit au Clergé & à la Noblesse le droit de comparoître personnellement devant le Bailli ou Sénéchal d'épée, & obligeroit ces deux Ordres de se présenter devant des Officiers de robe-longue, qui jusqu'alors leur avoient été étrangers, & à qui les Lettres de convocation n'ont jamais été adressées directement. Toute autre forme substituée à l'ancienne auroit pu être contredite & faire naître des obstacles. Lorsqu'il *presse* autant à Sa Majesté d'assembler les États-généraux, il faut craindre de suivre des routes nouvelles & d'arrêter le libre cours des députations, en s'écartant des formes antiques.

Ces motifs ont fait penser qu'il falloit admettre pour la députation directe aux États-généraux de 1789, non-seulement tous les Bailliages & Sénéchaussées royales qui ont

joui

joui de cette diſtinction, tant aux États de 1614, qu'aux précédens (ce titre de poſſeſſion a paru reſpectable, & à l'abri de toute atteinte); mais encore tous ceux qui avant ou depuis 1614 ont été érigés avec les mêmes caractères diſtinctifs, quand même ils n'auroient député que ſecondairement aux mêmes États de 1614.

Cette compoſition par Bailliages peut ſervir d'exemple & de modèle pour les Provinces plus récemment unies à la Couronne; mais il exiſtoit en 1614 des Villes & des Pays d'États qui ont eu des formes différentes de députation: tels ſont le Dauphiné, la Bretagne, la Provence, les Villes d'Arles & de Marſeille, & peut-être quelques autres. Il paroît juſte de ne pas contrarier leurs uſages conſacrés par le temps & par une poſſeſſion immémoriale, par des contrats ou des traités dont nos Souverains ont garanti l'exécution. 3.ᵉ Queſtion.

Le Bureau, en n'admettant pas comme élémens de députation, les diviſions par Gouvernemens, par Généralités, par Provinces, par Élections, par Diocèſes, a reconnu que la population pouvoit ſans doute préſenter encore une échelle de proportion. 4.ᵉ Queſtion.

Mais indépendamment de l'inſuffiſance des éclairciſſemens qu'on auroit pu ſe procurer, combien de difficultés de détail auroit-on rencontrées dans cette pénible carrière ! On peut ſaiſir facilement ſans doute les points extrêmes des différences en plus ou en moins ; mais comment arriver ſur tous les objets à une préciſion arithmétique ! Une ſuite de ſiècles pendant leſquels il ne paroît pas y avoir eu de réclamations, ne forme-t-elle pas un préjugé en faveur des anciens uſages ! En accordant la faculté de nommer juſqu'à trois Députés par chaque Ordre, n'aſſure-t-on pas en effet la repréſentation la plus libre & la plus étendue ? On évitera d'ailleurs non-ſeulement la confuſion d'un nombre arbitraire de ſuppléans, mais encore la dépenſe dont ils ſurchargeroient les Provinces.

O o

L'essentiel ne sera-t-il pas rempli, quand un nombre suffisant de Députés se présentera pour apporter les doléances de toutes les parties du Royaume ! Ces Députés n'omettront rien sans doute de tout ce qui pourra concerner ou leurs Provinces respectives, ou l'intérêt commun & général.

6.ᵉ Question. En cherchant à déterminer le nombre respectif de chaque Ordre, il a paru préalable de se fixer sur leur manière de délibérer aux États-généraux. Monsieur le Directeur général l'avoit préjugé, lorsqu'il disoit à l'Assemblée : *Il est vraisemblable qu'en vous occupant du nombre des Représentans de chaque Ordre en particulier, vous serez conduits à prendre connoissance de la manière dont les États-généraux ont délibéré anciennement, & peut-être encore de la manière dont il vous paroîtroit désirable qu'ils le fissent ; car la fixation de ce nombre respectif est d'une conséquence majeure, lorsque les trois Ordres se réunissent en commun ; elle est moins importante, lorsqu'ils opèrent séparément & forment constamment une voix distincte.*

Il eût été impossible de ne pas répondre à une invitation si positive, quand même l'importance de la matière n'eût pas elle seule indispensablement forcé d'en établir les principes, en parcourant les monumens de notre histoire, depuis cinq siècles, sur cette question.

En 1302, sous Philippe-le-Bel, on a la preuve la plus manifeste de la séparation des Ordres, puisque indépendamment du compte que les Historiens rendent de cette Assemblée, on sait que le Clergé, la Noblesse & le Tiers-état écrivirent chacun séparément une lettre à Rome.

Sous le Roi Jean, en 1355, on trouve ces termes dans l'article premier de l'Ordonnance du 28 Décembre : *Lesdites aides cesseroient du tout, se n'étoit sur ce pourvu par tous les trois États, d'un accord & consentement, sans ce que la voix de deux États puisse conclure la tierce.*

Les articles 5 & 6 portent la même disposition.

L'article 27 s'exprime d'une manière encore plus positive : *Ils nous feront aide convenable, selon la délibération* des trois États, sans ce que les deux puissent lier le tiers; & si les trois États étoient d'accord ensemble, la chose demeureroit sans détermination.

Plus de deux cents ans après, l'Ordonnance d'Orléans de 1560 a confirmé de nouveau ces maximes anciennes.

On lit dans l'article 135 : *En toute Assemblée d'États-généraux ou particuliers des Provinces où se fera l'octroi de deniers, les trois États s'accorderont de la cote-part & portion que chacun desdits États portera, & ne le pourront le Clergé & la Noblesse seuls, comme faisant la plus grande partie.*

On voit donc clairement consacrée dans ces Ordonnances l'indépendance de chacun des trois Ordres, non-seulement pour l'octroi de l'imposition, mais encore pour la répartition proportionnelle entr'eux.

Ces Loix solennelles & fondamentales n'ont jamais été révoquées, & sont encore en pleine vigueur.

Si l'on y joint ce qui résulte de toutes les Lettres de convocation, soit qu'elles citent une personne, soit qu'elles en citent davantage, soit qu'elles en citent une au moins, on reconnoîtra qu'elles citent toujours dans des proportions égales pour chacun des trois Ordres, avec les formes qui leur sont propres. Si indépendamment de l'exemple de 1302, on considère que depuis 1560 chaque Ordre a formé son cahier séparé, il est impossible de ne pas reconnoître qu'une des maximes les plus constantes de notre droit public, est que chaque Ordre doit délibérer séparément. On opposeroit inutilement que le cahier de 1483 fut rédigé en commun; ce fait, loin de contredire le principe de l'équilibre des Ordres, l'établit, puisque les Rédacteurs furent choisis d'un vœu commun en nombre égal dans chaque Ordre *(a)*.

---

(2) Conclusum est quòd una quæque pars sex daret viros, duos Ecclesiasticos, duos Nobiles & duos Tertii-status, essentque numero simul 36; & hi codices numeratos examinarent, communesque facerent. Masselin, Procès-verbal des États-généraux tenus en 1483.

(292)

Comment résister à des exemples si rapprochés, si multipliés, soutenus par les Ordonnances les plus formelles, & par une exécution constante qui embrasse une révolution de cinq cents années ! Il seroit superflu sans doute d'en dire davantage, mais on pourroit facilement établir que cet équilibre est également avantageux aux trois Ordres, en conservant la constitution monarchique & les pouvoirs intermédiaires & dépendans qui forment une chaîne non interrompue depuis le Souverain jusqu'au dernier Sujet. Cet équilibre maintient chaque Ordre dans sa liberté individuelle, & il donne au résultat de leurs délibérations un juste poids & une autorité suffisante. Par cet équilibre, l'intérêt de tous les Ordres, & spécialement l'intérêt du Tiers-état, est plus solidement assuré que par tout autre système. Sa liberté est absolue, soit qu'il s'agisse du consentement de l'impôt, soit que l'on en discute la répartition, soit que d'autres objets appellent la délibération, & l'Ordre du Tiers-état ne dépend que de lui-même : quelle autre constitution pourroit lui être aussi favorable !

5.e Question.

Ce point de droit établi, il sembleroit moins important peut-être de déterminer quel doit être le nombre respectif des Députés de chaque Ordre ; cependant en 1483, 1560, 1576, 1588, 1614, 1649, 1650 & 1651, les trois ont été appelés en proportions égales. Toutes les Lettres de convocation le prouvent, & il seroit superflu d'en rappeler les dispositions ; mais il est nécessaire de relever une erreur qui s'est propagée dans presque tous les nouveaux écrits.

On y confond constamment le nombre des Députés avec celui des suffrages. Il est sans doute possible que dans aucune Assemblée d'États-généraux, le nombre des Députés de chaque Ordre ne se soit pas trouvé par le fait numériquement égal, quoiqu'ils eussent été convoqués dans les mêmes proportions par les Lettres du Prince ; mais cette inégalité apparente n'en produisoit aucune dans le nombre des suffrages.

Si dans un même Bailliage on trouve plusieurs Députés du Clergé, de la Noblesse & du Tiers-état, il n'en est pas moins constant que l'ordre des délibérations n'en étoit pas altéré, puisque ces Députés ne formoient jamais dans leur Bailliage & dans leur Ordre qu'une seule voix & un seul suffrage. Ainsi ce principe constant & uniforme d'égalité n'a jamais été violé depuis 1302 jusqu'à présent, & il est aisé de se convaincre qu'il est intimement lié avec la constitution essentielle des Ordres, qu'il fait partie des droits acquis à chacun d'eux, & que la conservation leur en est garantie par la protection que le Prince leur doit, parce que le Monarque ne peut pas plus altérer les droits des Sujets, que les Sujets ne peuvent attenter au droit du Souverain. Si l'on se permettoit de donner à aucun des trois Ordres quelque supériorité, peut-on calculer quels en seroient les effets funestes ! La jalousie, la mésintelligence, la discorde gagneroient bientôt tous les esprits, au lieu de cette fraternité *(a)* précieuse qui doit lier tous les Ordres. Ce n'est donc pas seulement l'intérêt de la conservation des anciens usages, ni la considération du respect dû aux monumens de notre droit public & de notre histoire ; c'est encore la crainte de voir naître dans le sein des États-généraux des difficultés qui absorberoient un temps qui ne doit être consacré qu'au bien public; c'est la crainte de voir troubler cette *harmonie,* *sans laquelle toutes les lumières & toutes les bonnes intentions deviennent inutiles,* qui a déterminé le quatrième Bureau à supplier le Roi de ne pas permettre qu'il soit porté aucune atteinte à cette proportion dans les députations, à cette

Arrêt du Conseil du 5 Octobre 1788.

---

(2) Le Président de Mesmes, Lieutenant Civil, parlant à la Noblesse au nom du Tiers, aux États de 1614, établit ces principes de fraternité & d'égalité dans un discours rapporté par Florimond Rapine, page 151 : *Les trois Ordres,* dit-il, *sont frères, enfans de leur mère commune, la France...... Le Clergé est l'aîné, la Noblesse le puîné, le Tiers-état le cadet, &c.*

égalité de suffrages entre les Ordres, qu'il regarde comme la sauve-garde de l'État, & comme le plus ferme appui de la constitution & de la liberté civile & politique.

CONVOCATION.

Seconde Section.

7.e Question.   L'Assemblée des États-généraux doit offrir la réunion de tous les Sujets du Roi, représentés par les fondés de pouvoirs qu'ils auront *tous* été *appelés* à choisir *librement* & d'une manière authentique, car c'est l'intégrité de la représentation qui constitue l'essence de l'Assemblée. Si tous les citoyens n'étoient pas convoqués, ils ne seroient pas tous représentés, & des formes solennelles peuvent seules constater que la convocation a été universelle. Ces principes ont déterminé dans tous les temps l'emploi des Tribunaux territoriaux, qui ont la juridiction immédiate sur toutes les classes des citoyens, & par eux s'est établi ce mécanisme heureux qui fait arriver les ordres du Souverain jusqu'au dernier de ses Sujets, & qui reporte jusqu'au trône les cris & les douleurs du pauvre, comme les tributs du riche, & les remontrances de tous. C'est aux Baillis des Provinces que les Lettres de convocation étoient adressées, parce qu'ils étoient les premiers des Juges ordinaires, parce que la compétence des cas royaux leur étoit dévolue, parce que, à l'exclusion des autres Juges royaux, la connoissance des différends des Nobles leur étoit assurée : c'est donc à eux seuls que l'adresse doit en être faite ; eux seuls, en effet, peuvent donner aux ordres du Roi la publicité légale qui leur est nécessaire ; ils peuvent seuls citer à leur Tribunal toutes les classes de citoyens, parce qu'aucune n'en méconnoît la juridiction, & la loi n'a confié qu'à eux les moyens nécessaires pour convoquer, pour constater les contraventions, & même pour les punir, si cela pouvoit devenir nécessaire; car, si c'est un droit pour le Sujet de se faire entendre du Prince, c'est aussi un devoir pour lui de donner conseil quand le Souverain le lui demande, & assistance, quand les besoins l'exigent. Ainsi la nécessité se réunit à l'usage pour exiger que l'adresse des Lettres de convocation soit faite aux Baillis & Sénéchaux d'épée ou leurs Lieutenans; & puisque les Gouverneurs des Provinces sont en possession de recevoir directement ces Lettres, pour les faire distribuer avec plus d'exactitude & de célérité aux Baillis de leurs Gouvernemens, cette forme paroît également utile à conserver.

Le premier devoir du Bailli, quand les Lettres de convocation lui sont parvenues, doit être de convoquer & de citer les trois Ordres dans les formes qui sont propres à chacun d'eux. On remarque dans toutes les dernières convocations, que les Ecclésiastiques étoient personnellement assignés dans leurs bénéfices, ainsi que les Nobles dans leurs fiefs, & l'on se demande quelle doit être la forme de citation à l'égard des Nobles qui ne possèdent pas de fiefs, & des Ecclésiastiques qui n'ont pas de bénéfices; on se demande même si les uns & les autres doivent être appelés avec l'Ordre dont ils font partie, quoiqu'ils ne joignent pas à leur qualité personnelle le caractère de propriété ou de possession qui paroît avoir anciennement déterminé seul leur admission. L'exposition succincte des principes, semble devoir lever tout doute à cet égard.

8.ᵉ & 9.ᵉ Questions.

Dans les premiers siècles de l'Église, on ne conféroit point d'Ordre sans fonctions ni administration; aucun Ecclésiastique n'étoit promu aux Ordres sacrés, ni même aux Ordres mineurs, qu'on ne lui affectât en même temps, non pas un bénéfice (les biens de l'Église étoient encore possédés en commun), mais une place déterminée dans une Église. Lors du partage des biens ecclésiastiques, chaque portion fut assignée à chaque fonction; aucun de ceux qui étoient engagés dans les Ordres sacrés, ne fut exclus de cette diſtribution, & il étoit alors vrai de dire qu'il n'y avoit pas d'Eccléſiaſtique ſans bénéfice, & que le bénéfice étoit la preuve de l'Ordre. Dans cet état des choſes, il eſt ſenſible que lorſqu'on convoquoit les Bénéficiers, on convoquoit l'Ordre entier de l'Égliſe : telle eſt l'origine de la convocation par voie d'aſſignation donnée aux Bénéficiers; il eſt évident qu'en les citant, on citoit tout le Clergé. Cet uſage a ſubſiſté long-temps après le changement de cette diſcipline; mais en ſurvivant aux principes, il les atteſte encore : dans la ſuite on a, pour les beſoins du miniſtère eccléſiaſtique, ordonné beaucoup plus de Prêtres qu'il n'y avoit de bénéfices. La validité de ces ordinations a été conteſtée; le Concile de Latran a condamné ce doute, parce qu'il laiſſoit dans l'incertitude le caractère de pluſieurs Prêtres; mais en même temps il a voulu que les Évêques aſſuraſſent la ſubſiſtance de ceux qu'ils auroient ordonnés ſans titre. De ce moment le titre patrimonial a pris la place du titre vraiment eccléſiaſtique; & dans l'état préſent, le premier Ordre du Clergé eſt le ſeul qui ait conſervé l'ancienne diſcipline, puiſque dans la perſonne des Prélats, l'Ordre & le bénéfice ne font qu'un. Mais la maxime antique vouloit que tout l'Ordre du Clergé fût convoqué; il l'étoit, en convoquant les ſeuls Bénéficiers, lorſqu'ils le compoſoient ſeuls; & quand cet Ordre eſt compoſé d'autres membres qui n'ont pas de bénéfices, c'eſt être fidèle au même principe, que d'appeler généralement ceux ſans la convocation deſquels l'intégrité de l'Ordre ne ſeroit pas convoquée. A la vérité il ſeroit impoſſible de les citer perſonnellement comme les Bénéficiers dont le titre offre une indication ſûre, dans un domicile certain; mais la citation générale par la voie des afſiches & des proclamations, eſt ſuffiſante, & leur droit eſt aſſuré.

Le même raiſonnement s'applique à la Nobleſſe. L'Ordre entier étoit convoqué par les aſſignations que l'on donnoit dans les chefs-lieux du fief. Dans le temps où les fiefs
n'étoient

n'étoient possédés que par des Nobles, & où il n'y avoit presque pas de Noble qui n'en possédât. Ce régime a duré long-temps ; on s'étoit accoutumé à confondre l'idée du fief avec celle du service militaire, l'idée du service militaire avec la noblesse du guerrier ; & les deux rapports de la dignité du fonds & de celle du possesseur étoient tellement identifiées dans les esprits, que la possession du fief étoit elle seule la preuve de sa qualité personnelle. Il a fallu un texte précis de nos loix pour faire cesser cette fiction. L'article 258 de l'Ordonnance de Blois, a décidé que *les Roturiers & non Nobles achetant fief noble, ne seroient pour ce anoblis, ni mis au rang & dignité des Nobles, de quelque valeur & revenu que fussent les fiefs par eux acquis.* Mais cette Ordonnance n'est que de 1579 ; les États de 1588 & même ceux de 1614 l'ont suivie de trop près, pour qu'il y eût un grand intérêt à changer l'usage, & l'on s'est encore contenté d'assigner les Nobles qui possédoient des fiefs. Aujourd'hui que la plupart des Nobles n'en possèdent pas, aujourd'hui que les effets royaux, les placemens sur les corporations, les rentes constituées sur les particuliers, forment une portion si considérable des fortunes, le retour exact aux anciennes règles devient nécessaire, & il est indispensable de s'écarter de l'usage, même pour consacrer le principe qui le fit naître. C'est la Noblesse entière qui a le droit d'être représentée, c'est la Noblesse entière qu'il faut convoquer pour qu'elle élise ses Représentans ; & en continuant de citer par des assignations personnelles, données dans les chefs-lieux des fiefs, les Nobles qui en possèdent, rien ne peut dispenser de convoquer les autres par la citation générale qui est l'objet des affiches & des proclamations.

Cette réunion de tous les Ecclésiastiques dans leur Ordre, de tous les Nobles dans le leur, en conservant à chacun l'influence qu'il doit avoir, garantit au Tiers-état cette portion si intéressante de la Nation, l'avantage de discuter seul ses intérêts, de ne redouter aucun de ses défenseurs, & de n'être représenté que par lui-même. Et tel est l'avantage du respect pour les anciennes maximes, que leur observation assure les droits de tous les Ordres; ils ont tous été sagement combinés par cette constitution qui a été si souvent méconnue ou calomniée, & dont on aime mieux nier l'existence que d'en jouir: c'est elle pourtant qui a tout fait pour nos propriétés, en réservant exclusivement à la Nation, la liberté de juger les besoins de l'État, & d'y proportionner ses dons; c'est elle qui a fondé l'équilibre de tous les Ordres, en conservant l'indépendance de chacun; c'est elle enfin, qui remettant au Souverain tous les autres pouvoirs, ne l'arma d'une pleine autorité, que pour qu'il pût balancer efficacement les passions de tous, & les faire conspirer à l'intérêt commun. L'harmonie entre tous les Ordres en sera le garant le plus certain, & ils ne seront jamais plus unis que lorsqu'ils ne seront pas confondus.

Lorsque les Communes furent appelées pour la première fois en participation de la chose publique, elles n'étoient certainement représentées ni par aucun Ecclésiastique, ni par aucun Noble.

C'est à ces premiers temps qu'il faut se reporter, pour reconnoître les principes dans toute leur pureté; & quelque différence qu'une longue suite de siècles ait dû introduire dans nos mœurs, il importe aujourd'hui, comme alors, que chaque Ordre n'ait point de défenseurs étrangers à ses intérêts. C'est le motif qui a décidé le quatrième Bureau à proposer que l'entrée dans l'Assemblée des Communautés fût interdite aux Ecclésiastiques & aux Nobles. Ces Communautés doivent être d'ailleurs citées par l'assignation donnée à la personne de leur *Syndic*, & tous les autres membres qui les composent auront, comme par le passé, un avertissement suffisant dans les affiches & les proclamations.

10.ᵉ Question. On a demandé si les membres du Clergé & de la Noblesse seroient appelés aux Bailliages inférieurs ou aux Bailliages supérieurs. C'est constamment au Bailliage supérieur que le droit commun les appelle ; cependant il a été reconnu que dans quelques Provinces, les deux premiers Ordres avoient été appelés aux Bailliages inférieurs ; & comme il est vraisemblable que c'est pour leur commodité que cet usage a été introduit, le Bureau a pensé qu'il étoit juste qu'il fût conservé. On a enfin demandé dans quelle forme les Eccléfiastiques & les Nobles, qui n'auroient pas été cités personnellement, justifieroient de leurs titres & qualités personnels.

La réponse est aisée pour les Eccléfiastiques ; ils justifieront de leurs lettres d'Ordres. La forme à établir relativement aux Nobles, présente plus de difficultés, & l'ufage ancien n'offre aucune lumière. La discussion contentieuse des lettres de Noblesse, seroit fans contredit la plus légale ; mais on ne peut se dissimuler en même temps qu'elle seroit & la plus longue & la plus dispendieuse. Une Commission choisie parmi les Nobles du Bailliage, feroit disparoître fans doute ces difficultés ; mais d'un autre côté, n'en seroit-elle pas naître beaucoup d'autres, & tant de Tribunaux d'attribution créés au même instant dans tout le Royaume, pour juger des questions d'État si intéressantes, n'exciteroient-ils aucune réclamation de la part des Cours ?

11.ᵉ Question.

La représentation de l'extrait des rôles des impositions paroît séduisante au premier coup-d'œil ; mais en y réfléchissant, la Taille ne présente aucun moyen, puisque le Noble la paye comme le Roturier en Pays cadastré, & que même en Pays non cadastré, il la paye encore par la voie de ses Fermiers. Son privilége si exagéré se réduit donc à la foible exemption de la Taille personnelle, & fous ce rapport, comme le rôle n'offriroit qu'une preuve négative, il feroit infuffifant. Le Vingtième est une imposition générale ; il n'admet en principe aucun privilége, & s'il existe des disproportions dans fa répartition, ce font des erreurs de fait qui n'ont aucun rapport avec les priviléges de la Noblesse. On ne peut donc tirer aucune preuve pour

P p ij

la qualité des perfonnes, de la repréfentation des rôles des Vingtièmes. Refte la Capitation, feule impofition dont il feroit poffible de tirer quelques lumières; mais elles feroient infuffifantes, moins parce que l'état de tous ceux qui font portés fur le rôle de la Capitation noble, n'eft pas fuffifamment conftaté, que parce que tous les Nobles ne font pas portés fur ce rôle, & que dans plufieurs Provinces un grand nombre de Gentilshommes préfèrent d'être impofés fur le rôle rural, parce qu'ils payent moins fur le rôle rural, qu'ils ne payeroient s'ils étoient impofés fur le rôle de la Nobleffe.

Un dernier moyen fe préfente, & c'eft celui des certificats délivrés par quatre Gentilshommes; ce moyen eft légal, puifqu'il eft prefcrit par l'article 10 de l'Ordonnance de 1510, pour la preuve de la Nobleffe des Gradués; mais ne feroit-il pas à craindre que quelques-uns de ces certificats ne fuffent délivrés avec un peu trop de facilité!

Tels font les moyens que le quatrième Bureau a jugés les plus propres à fournir la preuve des titres & des qualités perfonnels. Chacun de ces moyens a fes avantages, aucun n'eft fans inconvénient; le Roi peut feul les pefer dans fa fageffe, & déterminer celui qui mérite d'être adopté.

ÉLECTIONS.
Troifième Section.

La compofition régulière des États-généraux fuppofe non-feulement une convocation univerfelle & une citation générale ou individuelle de tous les citoyens, mais encore une élection *libre* des Repréfentans de la Nation; & de ce qu'elle doit être libre, il ne s'enfuit pas qu'elle ne doive être foumife à aucune règle. Il eft néceffaire de requérir des conditions, foit dans les électeurs de ces Repréfentans, foit dans ceux qui doivent être élus. Il eft des qualités communes aux uns & aux autres; il en eft de communes à tous les Ordres; enfin il en eft de particulières, foit aux électeurs, soit aux éligibles dans chacun des trois Ordres qui constituent la Nation.

La première qualité à requérir de tous les électeurs & éligibles de tous les Ordres, semble être celle d'un âge compétent. Le Bureau a cru que celui de vingt-cinq ans accomplis devoit être préféré, comme l'âge le plus commun de la majorité dans le Royaume, & parce que, même dans les Provinces où la majorité particulière est fixée au-dessous de cet âge, celui de vingt-cinq ans est cependant encore requis & nécessaire pour toutes les fonctions publiques. En vain opposeroit-on à cette règle l'exemple des talens prématurés ; les exceptions du génie ne peuvent servir de règle.

13.ᵉ Question.

Une autre question commune aux électeurs & aux éligibles, est d'être de l'Ordre qu'ils représentent. Le Bureau a reconnu la distinction des Ordres comme un principe constitutionnel, & l'équité seule exigeoit que l'influence de chaque Ordre dans les délibérations fût égale, & que l'admission d'aucun étranger n'en pût rompre l'équilibre.

29.ᵉ Question.

Chaque Ordre a pour déterminer les qualités des électeurs & des éligibles, des règles qui lui sont propres. Dans le Clergé, l'intérêt de la possession foncière se joint au lien qui attache un citoyen à l'Église.

14.ᵉ Question.

Le Bénéficier a intérêt à la chose publique par son bénéfice, & les autres membres sont attachés à l'Église ou par les Ordres sacrés, ou par des vœux solemnels; le Bureau a pensé en même temps devoir graduer les qualités requises, en proportion de l'importance de la représentation. En se contentant du bénéfice ou des Ordres sacrés pour les Ecclésiastiques qui devront être électeurs, il a désiré dans les éligibles la réunion de ces deux titres. Les Supérieurs réguliers ont dû lui paroître éligibles, & il a dû exclure les simples Religieux qui sont morts civilement. Les Chapitres doivent constamment députer, ainsi que toutes les Communautés, à l'exception de celles qui ne sont pas rentées,

15.ᵉ Question.

& qui ne tenant à la Société par aucune propriété, ont paru n'avoir point ce droit; tandis qu'on a cru qu'il étoit juste de l'accorder aux Communautés de filles rentées, à la charge de se faire représenter par des fondés de pouvoirs de l'Ordre du Clergé.

18.ᵉ Question. Cette même faculté de se faire représenter, d'après ces principes, ne pouvoit être refusée à ces établissemens mixtes, que leur objet attache autant à la Religion qu'à la Société; les Hôpitaux qui soulagent les malades & reçoivent les indigens, les Universités & les Colléges de qui dépend l'enseignement, ont donc paru également dans le cas d'envoyer des fondés de pouvoirs de l'Ordre du Clergé aux élections, éligibles eux-mêmes pour les États-généraux, s'ils ont les qualités exigées pour y être Représentans de cet Ordre.

15.ᵉ Question. Il est de principe que la Chambre ecclésiastique des États-généraux n'est légalement constituée, qu'autant qu'elle est composée des membres des deux Ordres du Clergé; mais en même temps il seroit trop difficile de fixer entre ces deux Ordres une proportion déterminée.

16.ᵉ Question. Quant aux Ecclésiastiques qui ne seroient pourvus d'aucuns bénéfices, mais qui auroient, soit des fiefs, soit des biens ruraux, il seroit impossible, d'après les principes adoptés par le Bureau, de les ranger dans un autre Ordre que celui du Clergé, auquel l'admission aux Ordres sacrés les unit par des liens indissolubles.

17.ᵉ Question. L'Ordre de Malte étant un Ordre religieux, appartient au Clergé qui l'a toujours adopté. Les Commandeurs doivent être assimilés aux Bénéficiers; les Chevaliers profès sont des Religieux morts civilement, & les Chevaliers non profès qui n'ont point de commanderie ni de bénéfice, doivent rester dans l'Ordre auquel ils appartiennent: en conséquence, les commanderies ou les bénéfices sont les qualités qui doivent rendre éligibles aux États-généraux pour l'Ordre du Clergé.

Les principes qui exigent que les Eccléfiaftiques foient irrévocablement engagés par les Ordres facrés, conduifent à établir que les Nobles qui ont une nobleffe tranfmiffible & irrévocablement acquife, doivent feuls conftituer l'Ordre de la Nobleffe. On ne reconnoît en France qu'un Ordre de Nobleffe : quoique l'opinion affigne bien des degrés différens de confidération parmi les Nobles, la loi affigne à tous les mêmes priviléges; & dès que la Nobleffe tranfmiffible eft irrévocablement acquife, elle donne à l'anobli le plus récent, comme au Noble dont l'origine remonte aux temps les plus reculés, les mêmes avantages & les mêmes droits. 21.e & 22.e Queftions.

Tous les Nobles étant admis à l'élection de leurs Repréfentans, il a fallu déterminer les conditions qui feroient exigées pour l'éligibilité. Pour les Eccléfiaftiques, on a exigé un bénéfice; il étoit naturel d'exiger des Nobles la poffeffion, foit d'un fief, quelle que foit fa valeur, foit d'un fonds non noble que le Bureau croit pouvoir apprécier à deux mille livres de revenu. Cette difpofition eft fondée fur la confidération que l'intérêt qu'on prend au bien de l'État, augmente communément en raifon des propriétés, & que d'ailleurs rien de ce qui peut donner de l'importance aux propriétés foncières, n'eft étranger aux véritables intérêts d'un État agricole. 19.e Queftion.
20.e Queftion.

Quant aux membres qui peuvent être électeurs ou éligibles dans l'Ordre du Tiers-état, après en avoir écarté par un principe de juftice, tous les citoyens qui appartiennent à l'un des deux autres Ordres, le Bureau a cru devoir faire participer, tant à l'élection des Repréfentans qu'à la confection des cahiers, tous les chefs de famille. Il donne ce nom à tout citoyen qui paye en fon nom des impofitions, & qui, contribuant aux charges de l'État, a par conféquent autant d'intérêt à fa profpérité, que de droit à concourir à ce qui peut la préparer. 23.e Queftion.

Mais en même temps, il a cru devoir demander que les

Députés aux Bailliages payassent au moins dix livres d'impositions foncières.

Quant aux Villes qui ne députent point directement aux États-généraux, on a considéré que si l'on exigeoit, comme condition essentielle, le payement d'impositions foncières, on écarteroit des élections les Manufacturiers, les Négocians, les Capitalistes qui habitent plus ordinairement les Villes, & qui par leur industrie donnent au Commerce toute sa valeur & son activité. En conséquence, on s'est borné à demander quinze livres d'impositions, de quelque nature qu'elles fussent. Cette proposition conserve aux biens ruraux la faveur qui leur est dûe, & elle concilie les intérêts des autres branches qui contribuent à l'accroissement & à la circulation du numéraire.

La proportion observée dans les deux autres Ordres a dû pareillement être appliquée à celui du Tiers, & il a paru juste d'exiger des Représentans du Tiers-état aux États-généraux, le payement d'une imposition de cinquante livres. La modicité des impositions demandées n'a paru rendre nécessaire aucune variété de taxe d'une Province à l'autre.

25.ᵉ Question.

En demandant qu'aucun citoyen ne fût élu dans l'Ordre du Tiers-état, s'il ne payoit une imposition en son nom, on a écarté ceux qui seroient dans une dépendance servile, & il ne faut pas confondre cette dépendance avec d'autres rapports qui, s'ils devenoient des motifs d'exclusion, léseroient les droits qu'ont les propriétaires à la représentation nationale.

Tous les membres du Clergé & de la Noblesse ayant leur place assignée dans leurs Ordres respectifs, ne pourroient être admis dans les Assemblées de Communautés, sans jouir d'une double influence qu'il n'est pas juste de leur accorder; mais si les Seigneurs ou possesseurs de fiefs sont de l'Ordre du Tiers, rien ne paroît devoir les en exclure, puisqu'ils ne tiennent qu'à l'Ordre du Tiers.

La présence d'un Officier public est d'autant plus nécessaire, que

que le Curé ni le Seigneur n'y feront pas préfens; d'ailleurs l'authenticité des élections & des pouvoirs doit être conftatée d'une manière légale, & ne peut l'être que par un Officier public.

Les perfonnes abfentes ont paru devoir être fufceptibles d'être élues, pourvu qu'elles appartinffent à l'Ordre qui les choifira, & qu'elles réuniffent les qualités requifes dans chaque Ordre, foit pour y être électeurs, foit pour y être éligibles. 30.e Queftion.

Cette difpofition conduit à reconnoître dans tous les citoyens la faculté d'être électeurs & éligibles dans chaque Bailliage où ils pofsèdent foit des bénéfices, foit des fiefs, foit des biens ruraux, ainfi que dans les Villes où ils payent le taux d'impofition exigé, fans pouvoir dans aucun cas, pour le même Bailliage principal, avoir plus d'une voix, & par conféquent fans pouvoir donner plus d'une procuration pour chaque Ordre. Il paroît également jufte de donner à ces citoyens la faculté de fe faire repréfenter par des fondés de pouvoirs, choifis dans l'Ordre auquel ils appartiennent. 40.e Queftion.
41.e Queftion.
43.e Queftion.
44.e Queftion.

Cette faculté doit auffi être accordée aux Supérieures des Communautés de filles, qui fe feront repréfenter par des Eccléfiaftiques fufceptibles eux-mêmes d'être électeurs dans leur Ordre. Les veuves, les filles & les femmes qui pofsèdent divifément des biens contribuant aux impofitions, ne femblent pas devoir être exclues de cette repréfentation, & les mineurs à qui la loi accorde une protection fpéciale, doivent jouir du même avantage: leurs tuteurs, s'ils font de leur Ordre, font leurs Repréfentans-nés; s'ils n'en font pas, la loi qui fubftitue dans tous les actes légaux leurs volontés à celles de leurs pupilles, doit les autorifer à fonder des procureurs du même Ordre que les mineurs qu'ils doivent repréfenter.

En admettant les procurations, il eft effentiel qu'elles ne 48.e Queftion.

Q q

puiſſent procurer à aucun individu une influence trop prépondérante, & qu'aucun citoyen, outre ſa voix, ne puiſſe en réunir plus de trois. Cela eſt d'autant plus juſte, que ces procurations ſpéciales doivent donner pouvoir de concourir à la fois aux élections & à l'approbation des cahiers qui ſont rédigés par des Commiſſaires nommés à cet effet.

52.ᵉ Queſtion. Lorſqu'une même perſonne ſe trouvera élue dans pluſieurs Bailliages, elle ſera tenue d'opter, par le principe qu'un citoyen ne doit pas avoir plus d'influence qu'un autre dans une Aſſemblée nationale; & comme on accorde à chaque Bailliage la faculté d'élire juſqu'à trois Députés par chaque Ordre, l'abſence d'un ſeul Député dans un Ordre, ne paroît pas rendre ſon remplacement abſolument néceſſaire.

53.ᵉ Queſtion. Les Repréſentans devant être ceux qui ont réellement le vœu de leurs commettans, ce vœu ne peut être conſtaté que par une majorité qui réuniſſe plus de la moitié des ſuffrages. S'ils ſont partagés ſur pluſieurs têtes, il devient néceſſaire de ſoumettre à une nouvelle délibération le choix des deux membres qui ont réuni le plus de voix, afin que les ſuffrages n'ayant à ſe déterminer qu'entre deux, confèrent néceſſairement à l'un ou l'autre par une majorité inconteſtable, le caractère de véritable & légal Repréſentant. Dans le cas où il ſeroit néceſſaire de procéder à l'élection de pluſieurs Députés, la même forme devroit être employée ſucceſſivement pour chacun d'eux.

31.ᵉ Queſtion. Cette règle s'applique également aux Villes qui ont été admiſes à députer directement, ſoit qu'elles jouiſſent, comme Paris, du droit d'avoir un ſuffrage ſéparé, ſoit que, comme dans toutes les autres, leurs voix ſoient confondues avec celles des Bailliages.

32.ᵉ Queſtion. Dans ces Villes, la forme des Aſſemblées relatives aux élections, laiſſe bien des choſes à deſirer; mais il ſeroit impraticable de remédier à ces inconvéniens pour les États-généraux de 1789; & ſi l'on vouloit le tenter, on auroit à craindre tout à la fois d'en retarder beaucoup la tenue, & de faire naître un grand nombre de difficultés qu'il est plus sage de prévenir.

Ces Villes ne paroissent pas devoir concourir aux élections de leurs Bailliages, en vertu du même principe qui a fait exclure les Ecclésiastiques & les Nobles des Assemblées des Paroisses, & pour ne donner ni aux personnes, ni aux Communautés une double influence. Au reste, les Villes qui pourroient avoir, comme Paris, un droit de suffrage, devroient élire au moins un, & au plus trois membres de chaque Ordre, parce que d'une part, elles sont assimilées à tous les Bailliages principaux à qui cette même faculté est accordée, & que de l'autre, il est essentiel de maintenir l'équilibre qui doit exister entre chaque Ordre, & qu'une faveur accordée à une Ville, quelqu'importans que puissent être les motifs, ne doit pas le déranger. Il paroît juste en même temps de faire supporter à chaque Ordre, les frais de ses Députés respectifs.

L'encouragement de l'agriculture & l'intérêt des Campagnes semblent exiger que les Représentans des Villes, & les Bailliages députant aux États-généraux, admettent des propriétaires des Campagnes, & des Cultivateurs instruits; & comme chacune de ces Villes ou Bailliages peut porter le nombre de ses Représentans jusqu'à trois de chaque Ordre, il est à desirer qu'il y ait toujours dans les Députés du Tiers-état, au moins un habitant des Campagnes.

Si les intérêts de l'agriculture demandent que les Bailliages ne négligent pas d'élire des Députés des Campagnes, ceux du Commerce réclament des Représentans de la part des grandes Villes, où il occupe une classe nombreuse de citoyens qui peuvent appartenir individuellement à plusieurs Ordres, mais ne peuvent en former un séparé, puisque les trois parties constitutives de l'État ne peuvent être que les *trois Ordres qui forment la Nation.* Il est donc important que

33.ᵉ Question.

34.ᵉ Question.

ces Villes s'empreffent de jouir de la faculté qui leur eft accordée d'élire trois Députés de l'Ordre du Tiers, & d'en affecter un fpécialement à la claffe du commerce.

Par les difpofitions ci-deffus, toutes les claffes de citoyens verront leurs intérêts défendus, & concourront toutes à l'avantage commun. Il ne refte plus qu'à établir les formes qui doivent être obfervées dans les Bailliages fecondaires & principaux.

36.ᵉ Queftion. Chaque Communauté de campagne doit envoyer deux Députés au Bailliage fecondaire, & chaque Ville, autant de fois deux Députés qu'elle renfermera de Paroiffes.

38.ᵉ Queftion. Les Bailliages principaux devront former d'abord une affemblée particulière pour réunir les Députés de la Ville de leur fiége dans la proportion fixée pour les Villes, aux Députés qui repréfenteront les autres Villes & Communautés, fans quoi la Ville du Bailliage principal auroit une prépondérance beaucoup trop forte fur toutes les

37.ᵉ Queftion. autres Villes & fur les Campagnes; & comme il fe peut que des Députés, fur-tout des Campagnes, foient dans le cas de repréfenter plufieurs Communautés, le même efprit qui a fait borner le nombre des procurations pour la repréfentation individuelle des citoyens, femble devoir interdire à ces Députés de repréfenter plus de dix Communautés & d'avoir plus de dix voix.

Lorfque les Députés des différens Ordres fe réuniffent au Bailliage principal, l'ufage le plus général eft que les Ordres fe féparent; celui du Tiers-état, préfidé par le pre-

12.ᵉ & 29.ᵉ Queftions. mier Officier de robe-longue, refte au lieu où s'eft tenue l'Affemblée commune, tandis que le Clergé fe retire à l'évêché ou dans quelque autre lieu, préfidé par l'Évêque ou fon Grand-Vicaire, ou à leur défaut, par l'Eccléfiaftique le plus conftitué en dignité.

Le Bailli d'épée a le droit de préfider la Nobleffe qui fe rend ou chez lui, ou au lieu qu'il a défigné pour remplir le même objet; & en cas d'abfence du Bailli d'épée, la Nobleffe doit fe choifir un Préfident. Mais comme pour le choisir, il faut une élection, la présidence de l'Assemblée dans laquelle on y procédera, paroît devoir être dévolue au Gentilhomme le plus âgé.

L'usage a toujours été de faire dans toutes les Assemblées relatives aux États-généraux, les élections à haute voix. Le Bureau a pensé que cet usage antique ne doit pas être changé légèrement, que cette innovation entraîneroit dans les Assemblées des Campagnes des difficultés insurmontables, & auroit plus d'inconvénient que d'avantage.

50.ᵉ Question.

INSTRUCTIONS.

Quatrième Section.

L'obligation de conserver les anciennes formes, a été jusqu'à ce moment un des principaux motifs qui ont décidé les avis du Bureau sur les précédentes sections; ce motif est encore celui qui a influé davantage sur son opinion, lorsqu'il a pensé que les usages anciens indiquent suffisamment l'ordre & les formes des différentes Assemblées dans lesquelles les Députés doivent recevoir leurs instructions.

Ces Assemblées sont de trois espèces, celles des Communautés, celles des Bailliages secondaires, celles enfin des Bailliages qui députent directement.

La forme de ces diverses Assemblées est consacrée par l'usage de toutes les dernières tenues, & ne paroît jamais avoir varié. Toujours les Communautés de campagne, réunies devant le Juge du lieu, ou un autre Officier public; toujours les Assemblées des Bailliages secondaires, devant le Bailli ou Juge du second Ordre, ont procédé à l'élection de leurs Députés & à la rédaction de leurs cahiers. Enfin, l'Assemblée du Bailliage principal, après avoir été indiquée par le Bailli ou son Lieutenant qui en fait l'ouverture, se divise, & chaque Ordre s'occupe séparément dans le lieu qui lui eſt deſtiné, de choiſir ſes Repréſentans, & de leur donner ſes inſtructions.

C'eſt ainſi que dans ces Aſſemblées élémentaires les unes des autres, depuis le plus obſcur habitant des Campagnes, juſqu'aux principaux membres des deux premiers Ordres, chaque citoyen a coopéré à la nomination importante des Députés, à la confection non moins importante des cahiers de doléances.

Cette gradation heureuſe a appelé tous les ſuffrages, toutes les volontés, comme elle a ſervi à exprimer tous les vœux & tous les beſoins. Quelle forme nouvelle pourroit réunir plus d'avantages avec plus de ſimplicité; & ne doit-on pas à la ſageſſe qui a établi ces uſages, autant de reſpect qu'à l'antiquité qui les a conſacrés !

Le Bureau, toujours conſtant dans les principes qui ont dicté ſes avis dans ces importantes diſcuſſions, croit, en s'attachant aux formes antiques, mettre aux pieds de Sa Majeſté un nouveau témoignage de ſa reſpectueuſe fidélité.

Après avoir épuiſé toutes les diviſions du travail qui lui a été préſenté, après avoir recherché dans les monumens de l'Hiſtoire, la ſuite des faits qui atteſtent la conſtitution, après avoir indiqué ceux ſur leſquels repoſe plus eſſentiellement la Monarchie depuis tant de ſiècles, après avoir établi l'égalité des trois Ordres, en nombre, en voix, en pouvoirs, comme le principe de l'autorité du Souverain, autant que de la tranquillité des Sujets & de la proſpérité de tous, le Bureau n'a plus qu'un vœu à former. Déjà l'année dernière ſon zèle pour la choſe publique lui avoit fait déſirer que les impôts & les charges pécuniaires fuſſent réparties avec la plus parfaite égalité; n'écoutant que leur patriotiſme, & oubliant les priviléges de leurs Ordres, les membres du Bureau ne réclamoient que celui de ſervir l'État avec plus d'éclat & de dévouement. Ils renouvellent avec empressement l'expression du même desir : puissent leurs vœux devenir dans l'Assemblée des États-généraux, le sentiment commun d'une Nation qui s'est montrée dans tous les temps aussi généreuse que sensible !

Le Bureau supplie le Roi d'agréer l'hommage de son zèle; il ose implorer, pour le mettre à ses pieds, l'organe du Prince auguste qui le préside.

Collationné, conforme à la minute étant entre mes mains. A Paris, le neuf Janvier mil sept cent quatre-vingt-neuf. Signé GROUVELLE, Secrétaire des Commandemens & du Cabinet de S. A. S. M.gr le P.ce de Condé.

CINQUIÈME BUREAU.

COMMISSAIRES.

Messieurs,

L'Évêque d'Alais.
Lenoir, Conseiller d'État.

SIRE,

Nous apportons à Votre Majesté le vœu du Bureau présidé par Monseigneur le Duc de Bourbon, sur les différentes questions qu'il vous a plu de soumettre à notre examen. Animés du plus ardent desir de répondre à la confiance dont Votre Majesté nous a honorés, de seconder ses intentions, d'en préparer l'exécution paisible & uniforme, d'en assurer le succès, nous avons cherché à nous pénétrer des vues d'équité, d'ordre & de bienfaisance qui ont déterminé Votre Majesté à convoquer les États-généraux de son Royaume, dans la forme la plus régulière & la plus convenable.

Aussitôt que nous nous sommes vus, Sire, réunis par vos ordres, le premier vœu du Bureau a été de supplier Monseigneur le Duc de Bourbon de porter aux pieds de Votre Majesté l'hommage de notre juste reconnoissance pour la résolution qu'Elle a manifestée de convoquer au commencement de l'année prochaine les États-généraux de son Royaume. Il étoit digne de Votre Majesté de concerter avec les Représentans de vos fidèles Sujets, les moyens de réparer les maux de l'État, & d'assurer à jamais le bonheur de vos Peuples, qui est votre unique but, & qui est inséparable

du

du maintien de l'autorité que vous avez reçue de vos ancêtres.

Après cette effusion de sensibilité, le Bureau s'est livré sans retardement & sans relâche à l'exécution de vos ordres. En cherchant la forme la plus régulière à donner aux États de 1789, il a été nécessairement conduit à examiner celles qui ont été observées dans la convocation des précédens États. Il a vu dans les faits qui ont été remis sous ses yeux, des usages continuement & uniformément suivis, & d'autres qui paroissent avoir varié & pour les temps & pour les lieux. Quelques-uns de ces usages sont parfaitement connus ; quelques autres laissent de l'incertitude, au moins dans leurs détails. Le Bureau ne s'est point arrêté à la seule convocation de 1614 ; il est remonté jusqu'en 1483, époque précieuse, en ce qu'elle offre l'origine de la constitution actuelle de nos États-généraux. Ce fut alors que le droit d'y siéger cessant d'être personnel, fut rendu aux trois Ordres de la Nation, qui depuis l'ont exercé par voie de représentation. C'est à cet intervalle qui embrasse trois siècles, & qui présente six convocations d'États, que le Bureau s'est fixé. Ce sont les usages observés constamment, perpétuellement, uniformément pendant ce temps, qui forment la base des observations qu'il a l'honneur de présenter à Votre Majesté.

C'est un principe général que la sagesse dicte aux Rois, de se conformer, autant qu'ils le peuvent, aux usages anciens, & de ne les changer que lorsqu'ils y sont forcés par la nécessité. La science du Gouvernement consiste plus à obéir avec une sage lenteur à l'empire inévitable du temps, aux progrès plus ou moins sensibles des connoissances, qu'à franchir par une marche rapide tous les intervalles qui doivent séparer les grands changemens. L'autorité de l'usage consolide celle des Souverains, & les peuples se soumettent avec plus de docilité aux maximes & aux formes qu'ils sont accoutumés à révérer. Les vices de l'état actuel sont connus,

& les remèdes possibles; mais qui peut calculer les inconvéniens d'un changement ! qui osera répondre de les prévenir ou de les corriger ?

Le vœu sur la convocation des États-généraux est universel dans la Nation; mais sur la manière de les composer, il y a & il doit y avoir une multitude d'opinions. Rien n'est démontré à cet égard, & l'on voit éclore autant de systèmes qu'il existe de préjugés, de prétentions, d'intérêts, de passions. Tout dans cette matière est sujet à contestation, tout, excepté les faits : les faits sont les seuls points fixes autour desquels on puisse se rallier dans cette mobilité générale d'opinions. Si Votre Majesté avoit à accorder le bienfait des États-généraux à une Nation qui n'en eût jamais possédé, que de difficultés n'éprouveroit-elle pas dans leur composition ? & ne doit-elle pas se croire heureuse de trouver des principes consacrés par le laps de plusieurs siècles, & munis plusieurs fois de l'approbation nationale !

Votre Majesté, SIRE, desire concilier à la formation des États-généraux la confiance de ses Peuples; & ce qui est le vœu de votre cœur, est en même temps la nécessité des circonstances. Dans quel temps fut-elle plus nécessaire cette précieuse harmonie entre le Gouvernement & la Nation, que lorsqu'il s'agit de ranimer le crédit public, ce nerf de l'État que la confiance seule peut resserrer ! quel fruit pourroit-on attendre des États-généraux, lorsque ses membres y apporteroient des préventions, & que le Ministère les verroit arriver avec inquiétude ! Mais cette confiance si essentielle au succès des États, au bonheur de Votre Majesté, à la prospérité de son règne, à la félicité de son Peuple, c'est à la conformité aux anciens usages qu'elle est attachée. Si l'on voyoit le Gouvernement s'écarter des formes anciennement usitées, l'esprit d'indépendance qui se soulève de toute part, & qui saisit si avidement les moindres prétextes, ne manqueroit pas de lui chercher des motifs, de lui prêter des projets, d'interpréter ses intentions, de calomnier ſes vues. L'uſage antérieur à tous les intérêts actuels, ne peut être ſuſpect d'en favoriſer aucun ; il eſt, par ſa nature même, propre à diſſiper les ſoupçons & à établir la confiance.

Et ſavons-nous encore ſi la Nation aſſemblée approuveroit les changemens qu'auroient propoſés les Notables ? ſavons-nous ſi elle ſe reconnoîtroit ſous la forme nouvelle dont on l'auroit revêtue ? Ce ſeroit donner à Votre Majeſté un conſeil bien dangereux, que de lui propoſer une compoſition que les États-généraux pourroient déſavouer. Les uſages anciens affranchiſſent de cette crainte. La Nation ſe retrouvera aſſemblée en 1789 comme elle l'étoit en 1614, avec cette ſeule différence que le nombre de ſes membres augmenté, lui atteſtera ſa nouvelle grandeur.

Enfin, SIRE, & cette conſidération ſera ſûrement celle qui vous touchera le plus, l'obſervation des uſages conſtans, perpétuels, uniformes, eſt non-ſeulement utile & néceſſaire, elle eſt encore juſte. Conſacrés par l'aſſentiment de la Nation entière & de ſes Souverains, ces uſages forment parmi nous un droit public national ; ils ont conféré & affermi des droits qu'il ne ſeroit pas juſte d'ébranler. Non, SIRE, ce ne ſera pas le Monarque qui, à la vue des difficultés que préſente la convocation des États-généraux, a eu la noble modeſtie d'héſiter, dont l'autorité s'eſt arrêtée devant cette multitude de droits, & qui a voulu, avant de prononcer ſur leur validité, raſſembler encore ſes fidèles Notables ; ce ne ſera pas ce Monarque équitable qui renverſera ces prérogatives que tant d'Aſſemblées nationales & tant de Rois ont reſpectées. Sans doute, dans les États-généraux, il ſera poſſible à la Nation réunie à ſon Roi, de réformer quelques-uns de ſes uſages ; il ſera même peut-être convenable qu'à celles de ſes formes qui préſentent le plus d'imperfections & qui tiennent le moins à la conſtitution du Royaume, elle ſubſtitue des formes nouvelles auſſi conſtitutionnelles & plus utiles ; mais nous devons à la confiance dont Votre Majesté nous honore, & à notre propre conscience, de vous dire que les droits concédés à divers Corps de l'État, ne peuvent leur être enlevés que par la même autorité dont ils les tiennent, & que le droit public ne doit être changé que de la manière dont il a été formé.

Il seroit donc possible d'imaginer pour les États-généraux une forme de composition plus parfaite, mais il seroit dangereux de vouloir l'établir ; sa nouveauté seroit un inconvénient plus grand que tous ceux que l'on prétendroit écarter. Il seroit imprudent d'ébranler les fondemens d'une constitution vénérable par son antiquité, & sur-tout dans ces temps difficiles, remarquables dans l'histoire des Empires, par une fermentation qui annonce de grands orages ; par une inquiétude jalouse sur la nature & les limites de tous les pouvoirs ; par l'incertitude des opinions entre les formes antiques & les idées nouvelles ; par un choc violent entre l'autorité accoutumée à commander, & la subordination qui s'efforce de se soustraire au joug.

C'est du calme de la raison, c'est du cours paisible & réglé des affaires publiques, c'est de l'examen tranquille & réfléchi des avantages ou des dangers inséparables de toutes les révolutions, que l'on peut espérer un résultat certain sur ce qu'il sera utile de conserver ou de changer.

Ainsi le Bureau n'a pas cru devoir poursuivre un fantôme de perfection qu'il n'auroit pas même espéré d'attendre. Il a voulu proposer à Votre Majesté, non pas le Règlement qu'on pourroit croire le plus parfait en lui-même, mais le plus parfait que les circonstances permettent, le plus parfait que la France puisse recevoir.

D'après cette considération, il s'est attaché fortement à ceux des usages qu'il a trouvés constans, perpétuels, uniformes, & il en a fait la base de tous ses avis.

Mais en se prescrivant de les suivre religieusement, il a cru devoir s'affranchir de tous les vains scrupules. Aussi éloigné de l'esprit de servilité, que de celui d'innovation, & attaché aux usages anciens, sur-tout par principe d'équité, il n'a pas cru devoir étendre son respect jusqu'aux formes de détail qui lui ont paru contrarier les maximes primitives de la justice en matière de représentation, la liberté & l'universalité des suffrages. Beaucoup moins encore s'est-il assujetti à ceux des usages qu'il n'a trouvés ni constatés avec certitude, ni universellement observés. Il a pensé que des formes qui n'ont été usitées que dans certains temps, dans certains lieux, ne pouvoient s'arroger cette autorité nécessaire pour former le droit public national, & il s'est efforcé de les ramener à une précieuse uniformité, en les rapprochant des usages les plus communs, autant qu'ont pu le permettre les loix de l'équité.

Le principe fondamental de ces délibérations étant déterminé, nous allons, SIRE, répondre aux différentes questions que vous avez daigné nous faire proposer. Un même tableau réunira les questions, notre avis sur chacune d'elles, & des observations qui développeront les motifs de nos opinions. Nous les soumettons à votre sagesse, & nous supplions Votre Majesté, lorsqu'Elle les pesera dans sa justice, de les accueillir avec les mêmes sentimens de bonté dont Elle nous a honorés.

QUESTIONS.	AVIS ET MOTIFS Rédigés par les Commissaires du Bureau, & approuvés.
1.re & 2.de QUESTIONS réunies. *Le nombre des Députés doit-il être en raison des Gouvernemens,*	AVIS. Les États-généraux de 1789 doivent être formés, convoqués & composés par Bailliages ou Sénéchauſ-

des Généralités, des Provinces, des Élections, des Diocèses, des Bailliages?

1.° De quelle nature doivent être les Bailliages qui auront la prérogative de députer directement aux États-généraux?

2.° Doit-on n'accorder cette distinction, quant aux Provinces qui ont député par Bailliages en 1614, qu'aux seuls Bailliages qui ont député directement à cette époque, soit qu'ils eussent ou non des Baillis d'épée?

3.° Écartera-t-on de la députation directe les Bailliages qui, ayant eu à cette époque des Baillis d'épée, paroissent n'avoir député que secondairement?

4.° Enfin admettra-t-on pour la députation directe les Bailliages créés depuis 1614, avec Baillis d'épée, cas royaux, ressort sur d'autres juridictions, & ressortissant nuement à un Parlement?

sées, pour les Provinces du Royaume qui ont député aux États-généraux précédens en cette même forme.

Dans les Provinces qui en 1614 députèrent par Bailliages ou Sénéchaussées, on admettra à la députation immédiate,

1.° Les Bailliages ou Sénéchaussées qui députèrent alors, & qui sont restés Bailliages royaux.

2.° Tous les Bailliages ou Sénéchaussées qui réunissent les caractères suivans :

De relever nuement des Cours souveraines;

D'avoir ressort & juridiction sur d'autres Siéges royaux ou seigneuriaux;

De connoître des cas royaux;

D'avoir un Office de Bailli ou Sénéchal d'épée, particulier & non commun avec d'autres Siéges.

Unanimement.

MOTIFS.

L'exemple de six convocations d'États-généraux, la difficulté des circonstances, le danger d'adopter des formes contraires à la tradition de trois siècles, la tranquillité publique, attachée peut-être au maintien des formes les plus constamment suivies,

(319)

la crainte de retarder l'exécution des vues ultérieures de Sa Majesté, par des obstacles imprévus, la possibilité de concilier les usages anciens avec une représentation légale & suffisante de toute la Nation, ne permettoient pas de se livrer à des vues de perfection, dont le succès auroit été au moins incertain.

La forme de la convocation par Bailliages ou Sénéchaussées étant ainsi déterminée, il étoit essentiel de faire connoître les Bailliages qui jouiroient du droit de député directement aux États-généraux.

La France n'est point telle aujourd'hui qu'elle étoit en 1614; un grand nombre de Provinces y ont été réunies depuis cette époque, & ces Provinces n'ayant point encore député aux États-généraux, plusieurs même d'entr'elles n'étant point partagées en Bailliages ou Sénéchaussées, il étoit impossible de leur appliquer des formes qui leur sont étrangères.

Il est encore nécessaire d'observer que la France, telle qu'elle existoit en 1614, comprenoit des Pays d'États qui étoient dans l'usage & la possession de député aux Assemblées nationales, dans une forme qui leur étoit propre & particulière.

Ce sont ces différentes considérations qui nous ont déterminés à partager l'ordre de notre travail entre les Provinces de l'ancienne France qui ont député en 1614 par Bailliages ou Sénéchaussées, entre les Pays d'États qui ont député en corps d'États, & enfin entre les Provinces réunies au Royaume depuis 1614.

Quant aux Provinces qui ont député en 1614 par Bailliages ou Sénéchauſſées, il nous a paru que la juſtice & la convenance exigeoient que tous les Bailliages ou Sénéchauſſées qui ont été convoqués en 1614, pour députer immédiatement, fuſſent également convoqués pour les États de 1789.

Leur admiſſion aux États-généraux de 1614, forme en leur faveur un droit acquis ; ils réuniſſent le titre & la poſſeſſion.

Nous n'avons excepté que ceux qui ont perdu le caractère de Bailliages royaux, parce que les actes de juridiction qui doivent accompagner la convocation des États-généraux, ne peuvent être exercés que par les Juges royaux.

Nous n'avons pas cru devoir reſtreindre le droit de députation immédiate aux ſeuls Bailliages qu ont député en 1614.

Nous avons reconnu qu'à cette époque on admit des Bailliages qui n'avoient point député aux États précédens, & qu'en 1649 on adreſſa des Lettres de convocation à quelques Bailliages qui n'en avoient point reçu en 1614 ; que cette augmentation a dû être déterminée par des motifs de juſtice ; que ces motifs ont pu être fondés ſur ce que ces différens Bailliages avoient acquis dans l'intervalle de 1588 à 1649, les mêmes titres & les mêmes caractères que les Bailliages immédiats ; que les mêmes conſidérations ſollicitoient en faveur de pluſieurs Bailliages qui pouvoient, depuis 1649 juſqu'à nos jours, s'être élevés au même rang.

Il eût

Il eût été à desirer que l'on eût pu se procurer toutes les connoissances nécessaires pour fixer avec précision la nature de ces caractères. Au défaut d'un titre positif, nous avons réuni tous ceux qui nous ont paru le plus conformes au droit & à la justice ; ils paroissent faciles à constater. Il est probable qu'ils ont autrefois déterminé le droit de députation immédiate.

Enfin la décision du Roi doit sur un objet de ce genre trancher toute difficulté, & prévenir toute réclamation.

3.ᵉ QUESTION.

Les Provinces ou Pays qui ont député en forme de Pays d'États en 1614, ou aux trois tenues précédentes, continueront-elles de jouir de cet avantage ?

AVIS.

Les Provinces de Bretagne, de Provence & de Dauphiné seront convoquées & députeront aux États-généraux, en leur manière accoutumée.

Unanimement.

MOTIFS.

Ces trois Provinces ont député aux États de 1614, sous une forme qui leur étoit particulière.

L'une de ces trois Provinces n'a point perdu sa constitution primitive, & les deux autres l'ont recouvrée ou perfectionnée.

Il est convenable de leur laisser l'exercice d'un droit qui leur étoit acquis, & qui a paru dans les États antérieurs remplir le vœu d'une représentation suffisante.

Le Bureau ne s'est pas occupé spécialement des Provinces de Bourgogne & de Languedoc, qui en 1614 députèrent par Bailliages & Sénéchauffées.

Les Provinces qui n'ont point député en 1614, mais qui avoient député aux États antérieurs, se réduiront à la Flandre & à l'Artois. Cette dernière Province a des États constitués dans une forme propre à offrir une juste représentation.

4.ᵉ QUESTION.

Aura-t-on égard pour fixer le nombre des députations que chaque Bailliage enverra aux États-généraux, à leur population ?

Ou le nombre des députations sera-t-il égal entre tous les Bailliages, sans égard à leur population ?

Et dans le premier cas, quelle seroit l'échelle de proportion qu'il faudroit établir entr'eux ?

AVIS.

Le Bureau n'a pas cru qu'il fût nécessaire de proportionner le nombre des Députés à la population des Bailliages.

Unanimement.

MOTIFS.

Le projet d'accorder aux différens Bailliages un nombre de Députés proportionné à leur population, séduit au premier coup-d'œil ; il présente un ordre de proportion & de justice qui frappe d'abord ; mais en l'approfondissant avec attention, on revient de cette première illusion, & l'on voit que cette formation d'États-généraux contraire à l'usage constant, qui est la loi suprême en cette matière, n'est pas même conforme aux principes stricts de l'équité.

C'est un fait certain & au-dessus de toute contestation, que depuis 1483, jamais on n'a eu égard à la population des Bailliages pour fixer le nombre de leurs Députés.

Dans ces temps, comme à préfent, ces Bailliages étoient infiniment inégaux en nombre d'habitans, & richeffes, & impofitions; & cependant le Roi convoquoit de chaque Bailliage un nombre égal de Députés. En 1483, c'étoit un Député par Ordre & non plus; en 1560, c'étoit un Député au moins. Toutes les autres Lettres de convocation ont conftamment appelé un Député de chaque Ordre. De même avant l'époque de 1483, lorfque le droit d'affifter aux États étoit perfonnel & appartenoit aux Prélats, aux hauts Barons & à certaines Villes, pouvoit-il y avoir une proportion entre le nombre de ces délibérans, & la population des Provinces d'où ils arrivoient? L'ufage conftant, immémorial & continu eft donc contraire au projet de proportionner le nombre refpectif des Députés à la population des Bailliages, & cette confidération feule détermineroit le Bureau, toujours fidèle à fes principes, à le rejeter.

Mais le Bureau ne s'eft pas borné à confidérer la queftion fous ce premier point de vue; il a cru devoir l'examiner dans l'ordre de l'équité. Ce qui eft de juftice ftricte, eft que toutes les parties de l'État foient repréfentées aux États-généraux; mais eft-il également jufte que chacune d'elles ait un nombre de Repréfentans proportionné, foit à fa population, foit à fa richeffe, foit à fa contribution aux charges publiques? c'eft ce qui paroît au moins très-douteux. On ne trouve dans aucune administration cette proportion établie. Nos Provinces d'États, nos Assemblées municipales, les Assemblées du Clergé sont toutes composées de parties inégales qui cependant ont chacune un nombre égal de Députés ; il en est de même des Nations étrangères. L'Angleterre, la Hollande, la Suisse, tous les Pays où l'administration est confiée à des Représentans, n'admettent aucune proportion entre le nombre de ces Représentans, & les masses particulières d'intérêts que chacun d'eux représente. Dira-t-on que l'injustice domine par-tout, & asservit tant de pays si jaloux de leurs droits, & éclairés par un long usage sur les moyens de les conserver ?

Quel est donc le motif qui a réuni toutes les Nations, toutes les administrations, sur le principe de l'égalité de la représentation, malgré l'inégalité des parties représentées ? Il faut le chercher dans la nature même de la chose.

Lorsque des Représentans sont chargés de soutenir un intérêt commun à toutes les parties qu'ils représentent, & qu'il ne peut y avoir entre ces parties aucun sujet de contestation, il n'y a point d'inconvénient à proportionner le nombre des Représentans à la masse des intérêts que chacun d'eux représente, & c'est par ce principe que le Bureau propose de régler le nombre des Députés des Paroisses aux Assemblées de Bailliages par le nombre de feux ; mais lorsque les intérêts confiés à ces Représentans, sont opposés les uns aux autres, il est essentiel, pour conserver la justice, que chaque représentation ait une force égale. Sans cette égalité, les parties les moins représentées seroient opprimées par les autres. Ainsi, dans un Congrès les Puissances les plus foibles sont aussi fortement représentées que celles qui sont les plus considérables.

De même, lorsqu'il s'agit de répartir une contribution dans une Communauté, si dans l'Assemblée de cette Communauté, la quantité des suffrages étoit proportionnée à l'intérêt, en sorte que celui qui a le plus de propriétés, eût un plus grand nombre de voix, on verroit bientôt les riches s'emparer de la répartition, & la régler à leur volonté. Il en est de même de toutes les Assemblées composées de Représentans qui apportent des intérêts opposés les uns aux autres : ces intérêts peuvent n'être pas égaux, mais ils sont distincts ; ils doivent donc être tous représentés ; ils sont opposés, ils doivent donc être représentés également. Il faut que dans le conflit chacun d'eux ait une force égale à celle des autres, pour qu'il puisse les alléguer & se défendre contre eux. L'intérêt du petit pays est moins grand en soi, que celui de la vaste Province ; mais il est aussi grand, aussi précieux pour lui ; il a le même droit à le défendre, il doit donc avoir les mêmes moyens.

L'une des fonctions principales des États-généraux, est de répartir les impositions entre les diverses parties qui composent le Royaume ; il y a donc entre toutes ces parties une opposition d'intérêts. C'est du choc, du balancement de tous ces intérêts que résultera l'intérêt général. Il est donc juste que chacun de ces intérêts soit également balancé, également défendu, pour que l'un ne soit pas emporté par les autres. Que l'on suppose l'inégalité proportionnelle dans la représentation établie, les Bailliages qui auront le plus grand nombre de suffrages, pourront concevoir l'idée d'en abuser. L'abus est toujours voisin de la supériorité : ils pourront se concerter entr'eux pour acquérir de la prépondérance, pour diminuer leurs charges, & les reporter sur les plus foibles ; ce sera à eux que s'adressera la séduction, par eux que se grossira l'intrigue.

Mais qu'on établisse au contraire l'égalité de représentation, il ne peut plus y avoir de prétention particulière; tous les intérêts se réuniroient contr'elle, & lui opposeroient chacun une force égale à celle qu'elle pourroit déployer. Ainsi l'égalité bannit presque l'idée de l'intrigue : il ne peut y avoir entre des intérêts opposés & égaux en force, qu'un centre commun de réunion, c'est la justice; ils ne peuvent faire entr'eux qu'un pacte, c'est d'être équitables. Concluroit-on de ces principes, que la division du Royaume en parties inégales est indifférente, & que, pourvu que ces parties soient également représentées, il n'importe pas qu'elles aient une juste proportion entr'elles ! Le Bureau est bien éloigné d'adopter cette conséquence; il pense au contraire qu'il seroit infiniment desirable que pour la députation

(327)

aux États-généraux, le Royaume fût divisé en parties qui eussent entr'elles une égalité morale. Il fait des vœux sincères pour que la prochaine Assemblée des États-généraux s'occupe d'une division plus exacte, qui fasse disparoître cette monstrueuse différence entre des Bailliages composés de plus de huit cents mille habitans, & d'autres qui en contiennent à peine douze mille ; mais il croit qu'il n'y a d'autre moyen de rétablir la proportion dans la représentation, que l'égalité des divisions. En rendant égales les parties qui feront les députations, l'égalité des Représentans s'identifiera avec leur proportion ; mais tant que la division du Royaume sera inégale, le Bureau pense & croit avoir démontré qu'il vaut mieux accorder à chaque partie un nombre égal de Représentans, qu'un nombre proportionné. Il croit que la proportion entre les Représentans, pourroit finir par former une disproportion réelle entre les charges, & que pour une justice idéale qu'on poursuivroit, on courroit le risque d'opérer une injustice véritable.

5.e QUESTION.

Quel doit être le nombre respectif des Députés de chaque Ordre? sera-t-il égal pour chaque députation?

A V I S.

Le Bureau a observé que les Lettres de convocation de 1560 portoient que chaque Ordre enverroit *au moins un Député;*

Que les Lettres de convocation de 1576, 1588, 1614, 1649,

exigeoient *un Député de l'Église, de la Noblesse & du Tiers-État;*

Que ces différentes énonciations avoient plutôt pour objet de maintenir l'égalité respective des suffrages de chaque Ordre, que de fixer avec précision le nombre des Députés;

Que les différens Procès-verbaux des États-généraux prouvoient en effet, que dans l'usage on s'étoit écarté de la disposition littérale des Lettres de convocation;

Qu'il pourroit résulter des inconvéniens de cette espèce de liberté arbitraire & indéfinie;

Qu'il seroit digne de la sagesse de l'Assemblée de Notables de prévenir ces inconvéniens, en proposant à Sa Majesté de prescrire aux différens Bailliages ou Sénéchaussées une règle uniforme.

Le Bureau considérant encore qu'un seul Député de chaque Ordre ne pourroit pas toujours suffire à la variété & à la multiplicité des objets qui doivent fixer l'attention des prochains États-généraux, a délibéré de proposer à Sa Majesté d'ordonner que les Lettres de convocation pour les

États-généraux

États-généraux de 1789, portent qu'il sera envoyé deux Députés, & *non plus*, de chaque Ordre pour chaque Bailliage, lesquels entr'eux deux ne formeront qu'une seule voix.

Il résultera de cette disposition, la faculté de choisir les Députés dans les différentes classes de chaque Ordre.

Unanimement.

MOTIFS.

Le Bureau a voulu dans sa délibération prévenir deux grands inconvéniens.

Le premier eût été de rendre la représentation nationale du Royaume, qui compte vingt-quatre millions d'individus, trop foible si l'on eût réduit le nombre des Députés à un seul de chaque Ordre par Bailliage.

Le second a été de laisser ce nombre indécis & illimité, conformément à l'ancien usage. Une trop grande affluence auroit pu produire le trouble & la confusion.

D'ailleurs le Bureau a pensé que la multiplicité des objets qui doivent occuper les États-généraux, exigeoit un nombre raisonnable de Députés. Il a cru prendre un juste milieu, en déterminant le nombre des Représentans de chaque Ordre à deux par Bailliage.

Enfin, le Bureau a cru apercevoir qu'il

en résulteroit pour chaque Ordre de pouvoir choisir ses Députés dans les différentes classes.

C'est même par cette considération, que plusieurs membres du Bureau pensoient que l'on devoit prescrire formellement que les Députés de chaque Ordre seroient pris dans différentes classes du même Ordre; mais le plus grand nombre a cru que le choix devant être uniquement inspiré par la confiance, il suffiroit d'en laisser la faculté, sans en prescrire l'obligation.

Quant au nombre respectif de chaque Ordre, le Bureau a jugé que ce nombre devoit être égal pour chacun des trois Ordres; que toutes les Lettres de convocation pour les États-généraux le portent expressément, & que les considérations les plus importantes ne permettent pas de s'en écarter.

6.ᵉ QUESTION.

Quelle a été & quelle pourroit être la forme de délibérer des trois Ordres dans les États-généraux ?

A V I S.

Quant à la forme de délibérer dans les États-généraux, le Bureau a reconnu que l'usage le plus ancien & le plus constant déterminoit la délibération par Ordre;

Que cette forme fut consacrée sur la demande du troisième Ordre par les États de 1355;

Qu'elle fut rappelée dans la célèbre Ordonnance du 28 décembre de la même année, articles 6 & 15;

Qu'elle fut renouvelée dans les États de 1356, & confirmée par l'Ordonnance du Dauphin, Regent pendant la captivité du Roi son père;

Que les États de 1483 se divisèrent à la vérité par Nations, mais qu'il résulte du Procès-verbal de ces États, que l'on prit un nombre égal de Députés de chaque Ordre dans chaque Nation, pour la rédaction des cahiers;

Qu'il n'existoit même dans cette Assemblée aucun motif d'intérêt pour un Ordre en particulier, de solliciter la forme de délibération par tête, puisque chaque Ordre étoit exactement composé d'un nombre égal de Députés;

Que les États de Blois en 1576, ont exprimé le même vœu que les États de 1355 & de 1356;

Que ce vœu a été constamment suivi pour les délibérations des États-généraux de 1560, 1576, 1588 & 1614.

Le Bureau a encore observé que ce principe est devenu l'une des maximes les plus constantes de notre droit public;

Qu'il paroît appartenir à la nature même de notre Gouvernement ;

Qu'il fert à maintenir cet équilibre parfait qui prévient toutes les invafions d'un ou de deux Ordres fur un autre ;

Qu'il eft plus favorable au véritable intérêt du Tiers-état, parce qu'il lui donne la force néceffaire pour repouffer toute entreprife contraire à fes droits ;

Qu'il conferve la diftinction des rangs intermédiaires, fans lefquels la Monarchie ne peut exifter ;

Qu'il l'empêche de tendre à l'ariftocratie, ou de defcendre vers la démocratie ;

Qu'il contient tous les Ordres dans leurs limites naturelles, fous l'empire d'un modérateur unique dont l'autorité paternelle veille aux droits de tous & aux intérêts de chacun.

Le Bureau déterminé par toutes ces confidérations, a penfé qu'il n'y avoit lieu de rien changer à l'ancienne forme de délibérer *par Ordre* dans les États-généraux, & que tout changement qui feroit jugé néceffaire & convenable, ne pourroit être adopté que par une délibération *par Ordre*.

Mais en même temps tous les membres du Bureau ont cru devoir renouveler le vœu que la dernière Assemblée de Notables avoit déjà formé, pour que les charges publiques soient réparties avec la plus juste égalité, & soient supportées proportionnellement par les trois Ordres, selon les formes propres à la constitution des Ordres & des Provinces.

23 voix contre 1.

MOTIFS.

La délibération énonce les motifs & les principes qui l'ont dictée. Nous croyons cependant devoir ajouter quelques réflexions qui leur prêtent une nouvelle force.

En vain dans ces derniers temps on a voulu dénaturer les faits sur cette question importante; tous les monumens les plus authentiques & les Historiens les plus accrédités se réunissent pour confirmer le vœu du Bureau.

Les auteurs de l'Histoire de France disent expressément que le premier article dont on convint aux États de 1355, & dont on fit une loi invariable, fut que tout ce qui seroit proposé par les États, n'auroit de validité qu'autant que les trois Ordres réunis y concourroient unanimement, & que la voix de deux Ordres ne pourroit lier ni obliger le troisième qui auroit refusé son consentement.

Ce qui fut décidé en 1355, a été invariablement observé dans toutes les Assemblées nationales depuis cette époque.

On a voulu élever des doutes sur les États de Tours au sujet du nombre des Députés & de la forme d'opiner.

Quant au nombre des Députés, si quelqu'un devoit en être instruit, c'étoit certainement *Jean Masselin*, qui fut l'ame de cette célèbre Assemblée, qui en dirigea les opérations, & qui a laissé une relation extrêmement curieuse de ce qui s'y passa, dans un manuscrit dont une copie authentique se trouve à la bibliothèque du Roi.

Or, *Masselin* dit lui-même, qu'il ne sait pas exactement les noms de tous les Députés: *Alii etiam Legati fuêre, sed quos nominatim singulos dicere non possum*.

Mais au défaut d'un calcul positif, on a la preuve de l'égalité du nombre respectif de chaque Ordre, par la déclaration que fait *Masselin* lui-même au commencement de son ouvrage : *Regulariter verò quisque Baillivatus singulos singulorum Statuum Legatos, nec plures habebat*.

On voit aussi par la relation de Masselin, combien les États de Tours furent attentifs à la distinction des Ordres dans toutes leurs opérations.

S'il s'agit d'inscrire les noms des Députés : *In his conscribendis præcedit, sicut jure debet, Ecclesia, dehinc Nobilitas,* 3.° *Plebeïus Status*.

S'il est question de choisir des Commissaires dans chacune des six Nations pour la rédaction des cahiers : *Conclusum est quod unaquæque pars sex daret viros, duos Ecclesiasticos, duos Nobiles, & duos Tertii-status, essentque numero 36, & hi codices numeratos examinarent, communesque facerent; tuncque nominati recepti & jurati sunt.*

Si l'on veut prévenir le trouble & la confusion dans une discussion importante : *Ad confusionem vitandam, nobis bonum videbatur ut ab unâquâque parte tres viri probati singulorum Statuum nominarentur ac deputarentur.*

Enfin on a supposé qu'aux États de Tours on avoit opiné par tête, & nous voyons cependant par la relation de *Masselin*, que le Président des États ayant voulu proposer cette forme d'opiner, elle fut rejetée avec indignation : *Verùm quoniam partitio illa sex-partita non æquabiliter facta videtur.... rectum propter apparet per Baillivatus ante capita harum rerum deliberationes fieri, & non more hactenùs observato; quod ubi dixit, continuò his dictis clamor & aliis attollitur non ferentibus quidem hanc novitatem, quòd captiosa.* Ce qui fit abandonner ce projet.

Quant aux États-généraux qui se sont tenus depuis ceux de Tours en 1483, personne ne conteste que toutes les délibérations n'y aient été prises par Ordre.

Nous nous sommes bornés à attester les usages anciens & les dispositions formelles établies par les délibérations solennelles des États-généraux ; nous avons ramené les principes qui ont déterminé la néceffité du concours unanime des trois Ordres pour former une décifion nationale ; tel étoit l'objet de notre miffion: mais nous avons évité de prononcer fur le degré d'autorité que peuvent avoir les États-généraux pour déranger cette forme; nous n'avons point demandé fi les Députés aux Etats-généraux n'auroient pas befoin d'un pouvoir fpécial de leurs commettans pour donner un confentement légitime & fuffifant à une innovation auffi importante dans fon objet & dans fes conféquences. Cette queftion fi délicate demanderoit l'étude la plus approfondie des principes conftitutifs de tous les Gouvernemens, & de celui de la France en particulier. Elle étoit étrangère aux queftions qui occupent le Bureau; mais il étoit effentiel de déterminer dans quelle forme fe manifefteroit le premier vœu des États-généraux. Cette forme étoit prefcrite par l'ufage & par des décifions pofitives. Tel a été l'objet de notre délibération.

En vain on oppoferoit l'exemple de quelques États provinciaux. Les États provinciaux ne concourent point aux grands objets de la légiflation & de l'adminiftration générale; ils ne prononcent point fur les principes conftitutifs de chaque Ordre. Chargés de la répartition des impôts, il étoit convenable d'accorder au Tiers-état une force fuffifante pour prévenir le danger & l'injuftice d'une répartition inégale.

Enfin, nous avons terminé notre délibération par renouveler le vœu que l'Affemblée

de

de Notables avoit déjà formé en 1787 pour la répartition égale de toutes les charges publiques sur tous les Ordres de l'État. Ce vœu que l'honneur a dicté, que la justice réclame & que la nécessité commande, sera ratifié par les Ordres réunis dans l'Assemblée de la Nation. Les Ordres privilégiés n'ont d'autre privilège, en matière de contributions, que celui de donner un consentement libre à l'établissement des subsides. Ce privilège leur étoit commun avec le Tiers-état; le Tiers-état l'avoit perdu par l'interruption des Assemblées nationales, & par la substitution de la formalité de l'enregistrement aux anciennes formes légales. Le Souverain va rendre à la Nation le droit qui lui appartenoit, & les prochains États-généraux ne feront que ce que les anciens Etats-généraux ont toujours fait, puisqu'ils n'ont jamais accordé de subsides qui n'aient été également répartis sur les trois Ordres. Les États de 1355, 1356, en offrent des preuves incontestables.

7.ᵉ QUESTION.

A qui les Lettres de convocation devront-elles être adressées ?

AVIS.

Les Lettres de convocation doivent être adressées aux Baillis & Sénéchaux ou leurs Lieutenans, & envoyées avec la Lettre du Roi aux Gouverneurs & Lieutenans généraux des Provinces, pour les faire parvenir aux Baillis & Sénéchaux, ou leurs Lieutenans.

Unanimement.

8.ᵉ QUESTION.

Dans quelle forme chacun des trois Ordres sera-t-il convoqué & cité ?

MOTIFS.

Cette forme est ancienne, elle a été la plus constamment adoptée; on n'aperçoit aucun motif pour la changer.

L'envoi des Lettres de convocation aux Gouverneurs, a uniquement pour objet de faire parvenir les ordres du Roi adressés aux Baillis ou Sénéchaux, ou leurs Lieutenans, avec autant de célérité que d'exactitude.

AVIS.

Les citations des électeurs doivent être faites à la requête des Procureurs du Roi des Bailliages & Sénéchaussées, dans la manière accoutumée; & pour assurer l'exécution des formes, Sa Majesté sera suppliée de leur envoyer les protocoles ci-devant usités.

Unanimement.

MOTIFS.

Si la convocation de la Nation est un des actes les plus éminens de la prérogative royale, l'avantage de représenter ou d'être représenté dans l'Assemblée de la Nation, est un droit précieux pour chaque citoyen; c'est ce double intérêt qui a déterminé nos Souverains, depuis une époque déjà très-ancienne, à confier aux Baillis ou Sénéchaux l'exécution de leurs ordres, pour tout ce qui est relatif à la convocation des États-généraux, afin que tous les actes qui doivent accompagner une opération si solennelle, fussent remplis avec toute la régularité des formes judiciaires, & que les intentions du Souverain fussent manifestées & connues de tous les citoyens.

Nous croyons devoir donner ici le précis des actes qui doivent suivre l'ordre de convocation.

Aussitôt que les Baillis & Sénéchaux, ou leurs Lieutenans, ont reçu les ordres du Roi, 1.° ils rendent sur les conclusions du Ministère public, une Ordonnance pour la publication à leur audience des Lettres du Roi, & l'enregistrement ès regiftres de leurs Bailliages.

2.° La publication à son de trompe & cri public, impression & affiches dans les carrefours & lieux accoutumés, des Lettres du Roi & de leurs Sentences & Ordonnances.

3.° L'envoi par copie aux Siéges particuliers, Comtés, Baronnies & Châtellenies de leur reffort.

4.° Ils enjoignent aux trois Ordres de leur reffort, Ecclésiastiques, Nobles & gens du Tiers-état, savoir, aux deux premiers de se rendre, & au troisième d'envoyer des Députés au Bailliage, pour l'Assemblée qui doit s'y tenir au jour marqué.

5.° Ils enjoignent également aux habitans de chaque paroisse de la Ville, même siége du Bailliage, de s'assembler pour nommer des Députés, dreffer leurs cahiers

U u ij

de remontrances, & les envoyer à l'Assemblée générale du Bailliage.

6.° Ils recommandent aux Députés des paroisses, tant de la Ville principale que des environs, de venir à l'Assemblée générale, munis de pouvoirs suffisans pour présenter leurs cahiers & pour concourir à la nomination des Députés aux États-généraux.

7.° Ils indiquent le jour & le lieu où doit se tenir l'Assemblée du Bailliage.

8.° Leurs Ordonnances portent la menace de donner défaut, sous les peines conformes à la loi, contre ceux qui ne comparoîtront, sans une excuse valable.

9.° Ils expédient des commissions à leurs Huissiers & Sergens, pour qu'ils aient à faire toutes les diligences nécessaires pour procurer la prompte exécution des ordres du Roi & des Ordonnances desdits Baillis ou Sénéchaux.

Les Baillis, Sénéchaux, ou leurs Lieutenans, en adressant les Lettres du Roi & leurs Ordonnances aux Juges du second Ordre de leur ressort, les accompagnent de lettres missives.

Il y a deux sortes de Juges du second Ordre, les uns ayant un ressort composé, & les autres un ressort simple.

Le ressort composé suppose des Justices inférieures qui en relèvent.

Le ressort simple est celui dont aucune autre Justice ne relève.

Aussitôt que les Juges du second Ordre

ont reçu les Lettres du Roi & les Ordonnances des Baillis & Sénéchaux, ils en donnent communication aux Procureurs du Roi, pour qu'ils aient à prendre les conclusions d'usage en pareil cas.

Ils rendent ensuite, sur le réquisitoire du Ministère public, une Ordonnance à peu-près semblable à celle des Baillis & Sénéchaux, pour la lecture & publication à l'audience, l'enregistrement au Greffe, la publication à son de trompe, envoi de copies aux Fabriciens des différentes Paroisses, pour que les Ordonnances soient publiées par les Curés & Vicaires, aux prônes des Messes paroissiales, & en retirer certificat; injonction aux Maires & Échevins des Villes pour assembler les Corps & les Communautés des Marchands & Artisans; envoi aux Juges inférieurs du troisième Ordre; & commission pour assigner les Ecclésiastiques & Nobles pour comparoître aux lieu & jour indiqués, à l'Assemblée générale du Bailliage.

Enfin les Juges du troisième Ordre, c'est-à-dire ceux des Châtellenies, Baronnies & autres Seigneuries qui relèvent immédiatement des Juges royaux du second Ordre, & médiatement des Baillis & Sénéchaux.

Ces Juges du troisième Ordre ordonnent également la lecture, la publication & l'enregistrement en leur Justice, des Lettres, Ordonnances & Commissions; l'envoi aux Fabriciens & Curés des Paroisses, tant du lieu que du district, à l'effet de publication aux prônes ; enfin l'injonction aux habitans de ces Paroisses de s'assembler & de se conformer aux intentions de Sa Majesté, & aux mandemens des Baillis.

C'est ainsi que la voix du Souverain vient frapper l'oreille de tous les citoyens, à quelque rang, à quelque distance du trône qu'ils se trouvent placés, en parcourant tous les degrés que la loi a établis dans l'ordre des Juridictions.

Mais un intervalle de cent soixante-quatorze ans ayant dû nécessairement faire perdre la trace des anciennes formes, il paroît indispensable de prévenir les inconvéniens qui pourroient résulter de l'incertitude, de l'impéritie ou de la diversité arbitraire qui s'introduiroient dans l'exécution des ordres du Roi.

C'est cette considération qui a déterminé le Bureau à supplier Sa Majesté de vouloir bien adresser aux Baillis ou Sénéchaux le recueil des formules propres à les guider dans l'exercice de leur ministère.

9.ᵉ QUESTION.

Les Bénéficiers dans l'Ordre du Clergé, & les possesseurs de fiefs dans l'Ordre de la Noblesse, seront-ils assignés ! seront-ils les seuls assignés, & où seront-ils assignés !

AVIS.

Tous Bénéficiers & tous Seigneurs de fiefs seront assignés, les uns à leurs bénéfices, les autres au manoir principal de leurs fiefs.

Les Bénéficiers & les Nobles possesseurs de fiefs, comparoîtront à l'Assemblée générale du Bailliage.

Les non Nobles, possesseurs de

fiefs, voteront dans les Assemblées de Paroisses.

Les Ecclésiastiques non Bénéficiers & les Nobles non possesseurs de fiefs, ne seront pas assignés à domicile, mais seront compris dans les citations générales par proclamation, publication & affiches, pour assister à l'Assemblée générale du Bailliage ou Sénéchaussée.

22 voix contre 2.

MOTIFS.

Comme dans la férie des questions qui suivent, il n'en est aucune qui établisse positivement si la possession d'un bénéfice ou la propriété d'un fief est nécessaire pour siéger dans l'Ordre du Clergé & de la Noblesse, on croit devoir ramener à cet article les observations qui en dépendent.

Cette question est l'une de celles qui ont été le plus vivement agitées dans le Bureau. Quelques Notables pensoient que la possession d'un fief devoit être réunie à la qualité de Noble pour pouvoir siéger dans l'Ordre de la Noblesse, & qu'il étoit nécessaire d'être titulaire d'un bénéfice pour voter dans l'Ordre du Clergé.

Ils fondoient leur opinion, 1.° sur ce que la constitution Françoise n'avoit jamais connu un Ordre de non Nobles, mais un Ordre du Tiers-état; que ce Tiers-état étoit la Commune qui renfermoit la généralité des citoyens ; que dans cette Commune étoient compris tous les citoyens quelconques par leur seule qualité de citoyens ; que par une disposition particulière au Gouvernement François & à quelques autres Nations, disposition qui dérivoit de la nature du Gouvernement féodal, on avoit séparé de la Commune les possesseurs de fiefs ; que ces fiefs se trouvoient entre les mains des Ecclésiastiques & des Laïcs de la Cour du Prince, ce qui avoit produit la distinction de l'Ordre du Clergé & de la Noblesse ; que les membres de l'Ordre du Clergé avoient été placés au premier rang, non à cause de la nature de leurs possessions, mais par le sentiment de respect attaché à leur caractère de Ministres de la religion ; & que la Commune devoit ensuite comprendre toute la généralité des citoyens quelconques qui ne possédoient ni bénéfices ni fiefs, sans distinction de rang, de naissance & de profession, ainsi qu'en Angleterre on ne connoît de Nobles que les Pairs ecclésiastiques & laïcs, parce qu'ils sont censés représenter les possesseurs de grands fiefs.

Que ces principes étoient conformes à la nature du Gouvernement féodal qui formoit en France le droit public & national pour les propriétés ; que le Gouvernement civil en Angleterre étoit fondé sur les mêmes principes, parce qu'elle les avoit empruntés de la France, & qu'elle les avoit conservés dans toute leur pureté, à cause de ses Assemblées périodiques qui

préviennent

préviennent toujours l'altération des principes du Gouvernement.

2.° Les partisans de cette opinion se fondoient sur l'autorité de nos États provinciaux qui exigent encore la possession d'un fief réunie à la qualité de Noble, pour être admis dans l'Ordre de la Noblesse; que ces États-provinciaux nous retraçoient la forme & les principes de notre ancien Gouvernement; que l'exemple des États de Bretagne, bien loin de combattre ce système, en offroit la preuve, puisqu'on y exigeoit pour preuve de Noblesse, trois partages nobles sur des biens nobles, ce qui supposoit dans le principe une possession féodale.

3.° Ils réclamoient en leur faveur les formes qui s'observent encore dans tous les actes qui accompagnent ou qui suivent la convocation des États-généraux, puisque ces actes ne s'exercent qu'en vertu du pouvoir judiciaire qui émane de la puissance féodale; qu'ils viennent parcourir tous les différens degrés de la Juridiction royale ou seigneuriale, jusqu'aux dernières limites de l'empire féodal, & qu'ils s'évanouissent pour ainsi dire aussitôt qu'ils cessent d'apercevoir l'image de la puissance féodale.

4.° Ils s'étayoient de l'autorité de l'usage, de l'opinion des auteurs qui ont le plus récemment écrit sur cette matière, de l'exemple de la Prévôté de Paris & de quelques autres Provinces.

5.° Ils disoient enfin que tous les avantages & prérogatives accordés aux anoblis,

X x

étoient des opérations fiscales & non des privilèges constitutionnels, que la nature & les principes du Gouvernement ne pouvoient pas changer par un brevet, par une concession, par une grâce particulière du Prince.

A ces raisons ils ajoutoient des considérations puissantes qui pouvoient influer sur la délibération du Bureau ; qu'il seroit impolitique dans des circonstances où l'on s'occupoit à réunir les trois Ordres par les liens des mêmes intérêts & des mêmes sentimens, en supprimant toutes les distinctions pécuniaires, d'aller former autour du Tiers-état une barrière qui n'avoit jamais existé dans notre Gouvernement ; qu'en le réduisant à la seule classe des Roturiers, c'étoit établir entre cet Ordre & les deux autres, non une distinction assez naturelle dans un Gouvernement monarchique, composé de rangs intermédiaires, mais un mur de séparation élevé par l'orgueil & l'injustice ; que ce seroit pour ainsi dire marquer les membres du Tiers-état d'un signe d'humiliation qui entretiendroit une haine, une jalousie & une division éternelle.

Mais les partisans de l'opinion qui a prévalu à la pluralité de 22 voix contre 2, ont opposé à ces motifs les raisons suivantes :

1.° Les Ecclésiastiques non Bénéficiers, & les Nobles non Seigneurs de fiefs, jouissent incontestablement de tous les droits des autres Nobles, & sur tout autre point ils font partie du Clergé & de la Noblesse. Il faudroit donc, pour les en exclure, relativement aux Assemblées d'élection, des titres précis. Toute exception a besoin de preuves, on n'en donne point contre eux.

2.° Les Lettres de convocation qui font les loix de la matière, ne distinguent point entre les Bénéficiers & les autres Ecclésiastiques, entre les Nobles & les possesseurs de fiefs; au contraire, elles opposent au Tiers-état les Ecclésiastiques & les Nobles.

3.° Les assignations données par les Baillis, & dont on se fait un grand argument pour le système contraire, ne prouvent rien; d'abord, parce qu'indépendamment des assignations personnelles, il y a une autre forme de citation générale par proclamations, publications & affiches; & ensuite, parce qu'il n'est pas vrai que ces assignations n'aient été données qu'aux Bénéficiers & aux possesseurs de fiefs. On n'a cité sur toute la France que trois exemples de semblables assignations; mais outre qu'il faudroit un usage universel pour dépouiller des Ecclésiastiques & des Nobles du droit de siéger dans leurs Ordres, ces trois faits n'ont aucun poids. A Troyes, on assigne les Ecclésiastiques à leurs bénéfices, *mais tous & chacun Gentilshommes à leurs maisons seigneuriales ou autres*. A Auxerre, ce sont les Nobles que l'on assigne à leurs maisons seigneuriales, ou en la personne de leurs Procureurs fiscaux, mais tous les Ecclésiastiques par le ministère des Grands-Vicaires:

ainsi ces deux faits isolés ne prouvent qu'une variété dans les usages, soit relativement aux lieux, soit relativement aux Ordres. L'exemple de la Prévôté de Paris est plus positivement établi; mais la multitude de Noblesse qui y demeure, place cette Capitale dans un cas d'exception. D'ailleurs dans l'Assemblée du Tiers à Paris, on ne voit pas d'Ecclésiastiques non Bénéficiers, ni de Nobles non possesseurs de fiefs. A ces trois exemples on oppose tous les autres connus. Les assignations y sont portées à tous Ecclésiastiques & Nobles, à toutes personnes Ecclésiastiques, Nobles & Gentilshommes. Ainsi l'universalité qui seule pourroit établir l'exception, lui est contraire.

4.° Dans le temps du régime féodal, le droit d'assister aux États - généraux étoit personnel; mais d'abord, alors même ce n'étoient pas les Bénéficiers & les possesseurs de fiefs qui y assistoient, c'étoient les Prélats & hauts-Barons; ensuite il n'y avoit de Tiers-état que les Députés des *bonnes Villes*. Il étoit tout simple que ces Villes députassent selon la forme dans laquelle elles étoient composées, c'est-à-dire, Clergé, Noblesse & Tiers-état. Il seroit difficile de montrer que parmi ces Députés des *bonnes Villes*, il n'y avoit ni Bénéficiers, ni propriétaires de fiefs. Enfin, depuis que le système féodal est tombé, que les États ont été formés par représentation & non par droit personnel, que tous les Nobles ont participé aux priviléges de la Noblesse, que les Roturiers ont été admis à la possession des fiefs, il a été impossible que les Ecclésiastiques non Bénéficiers & les Nobles non Seigneurs ne fissent pas partie des Ordres auxquels leur profession ou leur naissance les attache; aussi depuis ce temps n'en voit-on aucun dans les Assemblées du Tiers-état.

5.° L'exemple de l'Angleterre ne prouve rien, puisqu'il n'y a de privilége que pour les Lords.

6.° Celui de nos États-provinciaux ne prouve pas davantage, parce que leurs usages varient absolument. Il y en a où les possesseurs de fiefs n'ont pas séance, mais seulement les Seigneurs à clocher; il y en a d'autres où tout Noble a le droit de siéger.

7.° La partie du système qui relégue les Ecclésiastiques non Bénéficiers, & les Nobles non Seigneurs parmi le Tiers-état, n'est appuyée sur aucune preuve, ni même sur aucune probabilité. Cette partie est cependant essentielle au système; car il faut bien que ces Ecclésiastiques & ces Nobles siégent dans quelque Ordre.

8.° Aux considérations de l'inconvénient, on en oppose de bien plus fortes. Faire descendre l'Ecclésiastique & le Noble dans l'Ordre du Tiers, c'est le dégrader; placer des Privilégiés dans l'Ordre des non Privilégiés, c'est faire tort à cet Ordre & l'affoiblir. Loin que le Tiers-état desire l'introduction des Ecclésiastiques non Bénéficiers, ou des Nobles non Seigneurs, il la redoute au contraire, & avec raison, comme nuisible à ses intérêts.

Tous ces motifs ont déterminé les membres du Bureau, au nombre de vingt-deux contre deux, à prononcer que la possession d'un fief ou le titre d'un bénéfice ne seroient pas nécessaires pour voter dans l'Ordre de la Noblesse, ou dans celui du Clergé.

10.ᵉ QUESTION.

Les membres du Clergé & de la Noblesse, soit qu'ils soient assignés à leurs bénéfices ou à leurs fiefs, soit qu'ils soient seulement convoqués par les affiches & publications, seront-ils convoqués aux Bailliages inférieurs ou aux Bailliages supérieurs ?

AVIS.

La décision de cette question est comprise dans la délibération précédente, qui porte que les Ecclésiastiques non Bénéficiers & les Nobles non possesseurs de fiefs ne seront pas assignés à domicile, mais seront compris dans les citations générales par proclamation, publication & affiches, pour assister à l'Assemblée générale du Bailliage ou Sénéchaussée.

Unanimement.

MOTIFS.

Les Ecclésiastiques & les Nobles jouissent d'un droit personnel ; ils ont le privilége d'être appelés personnellement & immédiatement. Les Bailliages secondaires ne députent à l'Assemblée générale du Bailliage que des Représentans qui n'exercent plus un droit personnel, & qui deviennent, pour ainsi dire, mandataires du district qu'ils représentent. Ce seroit donc restreindre l'exercice d'un droit personnel, libre & indépendant, que d'assujettir les Ecclésiastiques & les Nobles à se rendre aux Bailliages secondaires ; ce seroit au moins une formalité inutile.

11.ᵉ QUESTION.

Dans quelle forme les Ecclésiastiques & les Nobles qui n'auront pas été cités personnellement, justifieront-ils de leurs titres & qualités pour voter?

AVIS.

Les Ecclésiastiques qui n'auront pas été cités personnellement, justifieront par un extrait baptistaire légalisé, qu'ils sont âgés de vingt-cinq ans révolus, & constateront leur admission aux Ordres sacrés par leurs lettres d'ordination.

Les Nobles non cités personnellement, produiront également un extrait baptistaire, légalisé en forme, pour prouver qu'ils sont âgés de vingt-cinq ans révolus.

Et celui qui dans l'Ordre de la Noblesse se présenteroit à l'Assemblée générale du Bailliage pour être électeur, & dont la Noblesse acquise ou transmissible ne seroit pas encore reconnue, sera tenu de se soumettre à la décision provisoire de l'Assemblée particulière de la Noblesse, sans que cette décision puisse porter préjudice à ses droits, ou lui en acquérir aucuns.

Unanimement.

MOTIFS.

Le Bureau ayant prononcé que le droit de voter dans l'Ordre du Clergé & de la Noblesse étoit indépendant de la possession d'un bénéfice ou d'un fief, il a exigé pour l'Ordre du Clergé vingt-cinq ans révolus & l'admission aux Ordres sacrés ; & pour celui de la Noblesse le même âge, avec la preuve présumée ou constatée de la Noblesse acquise & transmissible.

La justice & la convenance déterminoient l'âge de vingt-cinq ans ; c'est communément l'âge de majorité, où l'on acquiert la faculté de disposer de sa personne & de ses biens. Il eût été choquant de voir un mineur à qui les loix refusent le droit de contracter valablement dans des actes de famille, prononcer sur les objets les plus intéressans de la législation & de l'administration, sur les questions les plus importantes du droit public, & même sur tous les intérêts d'une grande Nation.

Le Bureau a pareillement exigé pour l'Ordre du Clergé, l'engagement dans les Ordres sacrés, ou la profession religieuse par des vœux solennels.

C'est alors qu'on est irrévocablement lié à l'Ordre ecclésiastique, qu'on participe à ses priviléges, qu'on est séparé dans l'Ordre de la religion & de la société, des autres classes de citoyens.

Ces deux conditions sont faciles à constater pour l'Ordre du Clergé, puisque l'extrait baptistaire, les lettres d'ordination,

ou

ou l'acte d'émission des vœux suffisent pour en fournir la preuve.

Mais la preuve de noblesse acquise & transmissible est souvent plus équivoque, & il étoit impossible d'ériger une Assemblée de Noblesse en tribunal, pour prononcer sur une question aussi délicate.

Ainsi la présomption générale & la connoissance publique, lui ont paru suffisantes en faveur de ceux qui se présentent pour être admis à voter dans l'Ordre de la Noblesse.

Cependant le Bureau a prévu qu'il pourroit s'introduire dans les différentes Assemblées de Noblesse, des usurpateurs qui prétendroient ou qui s'arrogeroient des droits qui ne leur appartiendroient pas; il a voulu remédier à cet inconvénient par un tempérament assez satisfaisant; il exige que ceux dont la noblesse ne seroit pas suffisamment reconnue, se soumettent à la décision provisoire de l'Assemblée de la Noblesse du Bailliage.

Les véritables Nobles n'auront rien à redouter; il n'y aura que ceux dont la Noblesse équivoque n'est pas confirmée par la notoriété publique, qui seront traduits à cette Assemblée. La preuve de noblesse qu'on exige est simple & si facile à constater, qu'elle ne peut donner lieu à aucune discussion compliquée.

Cependant le Bureau considérant que plusieurs faux Nobles admis ou tolérés dans ces Assemblées, pourroient s'en prévaloir pour s'en faire un titre de noblesse; que de véritables Nobles pourroient être rejetés sur des soupçons injustes; que ces Assemblées de Noblesse n'ont aucun caractère légal pour prononcer sur l'état des citoyens, a pensé que la décision provisoire de l'Assemblée de la Noblesse ne pourroit conférer aucun droit à ceux qui en auroient obtenu une décision favorable, ni former un préjugé contre ceux qu'elle auroit rejetés.

12.ᵉ QUESTION.

Dans les Assemblées de Bailliages, à qui appartiendra la présidence, quand les Ordres seront réunis ?

A qui appartiendra-t-elle dans chacun, lorsqu'ils seront séparés ?

Le Bailli d'épée, s'il est présent, présidera-t-il de droit la Noblesse, & en son absence par qui sera-t-elle présidée ?

Qui présidera le Clergé ?

Qui présidera le Tiers-état ?

AVIS.

Tous les électeurs des trois Ordres doivent comparoître à l'Assemblée générale du Bailliage ou Sénéchaussée, & prêter serment devant le Bailli ou Sénéchal, ou son Lieutenant.

Après l'appel, le jugement de défaut prononcé contre les non comparans, & la prestation du serment, les trois Ordres se sépareront pour procéder à leurs élections.

L'Ordre du Clergé se formera dans son Assemblée particulière, suivant les usages accoutumés.

L'Assemblée de la Noblesse se tiendra pardevant le Bailli d'épée, & à son défaut pardevant le plus âgé.

Et l'Ordre du Tiers-état s'assemblera pardevant le premier Officier du Bailliage ou Sénéchaussée.

Les élections des trois Ordres consommées, & leurs cahiers rédigés, le procès-verbal en sera rapporté au Bailli, Sénéchal ou son Lieutenant, pour être réuni au procès-verbal de l'Assemblée générale.

Unanimement.

MOTIFS.

L'expression de présider les élections a paru équivoque. L'acte qui réunit les électeurs des trois Ordres, en présence du Bailli ou Sénéchal, ou son Lieutenant, ne lui donne ni le titre, ni les droits attachés ordinairement à la présidence de toute Assemblée. Il exerce en ce moment les fonctions de Commissaire du Roi, pour veiller à l'exécution de ses ordres, manifester ses intentions, assurer l'ordre & la police de l'Assemblée, prononcer sur sa légitimité, porter jugement de défaut contre les absens sans cause valable, & rappeler à tous les Ordres de citoyens, réunis sous ses yeux, la sainteté de leurs obligations par la foi du serment. Il est en même temps le Ministre du Souverain & celui de la loi, mais il n'est point le Président de l'Assemblée.

Cette Assemblée convoquée selon des formes judiciaires, constituée légalement par des actes juridiques, supposoit nécessairement une juridiction dans ce Ministre qui donne, au nom du Prince & de la loi, une exiſtence politique à cette réunion de différens Ordres de citoyens.

Dès que la forme de convocation par Bailliages ou Sénéchauſſées étoit adoptée, le Bailli, Sénéchal ou ſon Lieutenant poſſédoit ſeul le caractère & le pouvoir néceſſaires pour exercer la juridiction.

Mais auſſitôt que tous les actes juridiques ſont conſommés, chaque Ordre rentre dans l'exercice des droits, des uſages & des formes qui lui ſont propres.

Nous avons dit que l'Ordre du Clergé ſe formeroit dans ſon Aſſemblée particulière, ſuivant ſes uſages accoutumés, parce que nous avons reconnu par un grand nombre d'exemples, qu'en ſe ſéparant des deux autres Ordres, il procédoit à ſon élection, ſous la préſidence du plus conſtitué en dignité.

Nous avons attribué au Bailli ou Sénéchal d'épée le droit de préſider la Nobleſſe, parce que ſon titre le place naturellement à la tête de la Nobleſſe dans toutes les circonſtances où la Nobleſſe forme un Corps.

Au défaut du Bailli d'épée, nous lui avons ſubſtitué le plus âgé des membres de la Nobleſſe, pour prévenir toutes les rivalités & toutes les prétentions.

Enfin l'Ordre du Tiers ſe forme en préſence du premier Officier du Bailliage, en vertu du droit attaché à ſon office, dont le caractère peut contribuer au maintien de l'ordre & de la police.

Les trois Ordres, après avoir conſommé leur droit d'élection, ſe réuniſſent encore pour remettre au Bailli, Sénéchal ou son Lieutenant, le résultat de leurs élections ou leurs cahiers; parce que ces cahiers particuliers forment le cahier de l'Assemblée générale du Bailliage; parce que les Députés de chaque Ordre deviennent les Représentans de tout le Bailliage ; parce qu'ils empruntent alors leurs pouvoirs & leur caractère du même acte qui a réuni tous les Ordres de citoyens en un seul corps, au nom du Prince & de la loi.

13.ᵉ & 14.ᵉ QUESTIONS réunies.

Quel âge sera nécessaire pour être électeur ou éligible dans chacun des trois Ordres ?

Quelles conditions seront nécessaires pour être électeur ou éligible dans l'Ordre du Clergé ?

AVIS.

Pour être électeur & éligible dans l'Ordre du Clergé, il faudra ou être titulaire de bénéfices payant décimes ou autres impositions, ou être engagé dans les Ordres sacrés, ou être lié par des vœux solennels; & dans tous les cas, avoir 25 ans révolus & dans chacun des trois Ordres.

Les Chapitres des Églises cathédrales éliront dans leurs Assemblées capitulaires, & selon leurs formes ordinaires, les Députés pour l'Assemblée générale du Bailliage.

Les Chapitres des Églises collégiales éliront de la même manière; savoir, ceux composés de douze Chanoines & au-dessous, un Député, & ceux qui sont composés de plus de douze Chanoines, deux Députés pour la même Assemblée.

Les Colléges de Bénéficiers sujets à la résidence, & ayant manse commune, connus sous le nom de Chapelains, de Mépartistes, de Consortistes, Communalistes, ou autres dénominations quelconques, seront assimilés aux Chapitres de Collégiales.

Les Dignitaires des Églises, soit cathédrales, soit collégiales, auront droit de voter pour les élections dans les Assemblées capitulaires, quand même ils ne seroient pas Chanoines.

Les Bénéficiers de l'ordre inférieur des Églises cathédrales & collégiales, & les Ecclésiastiques constitués dans les Ordres sacrés, attachés auxdites Églises, ayant droit ou obligation d'assister à l'office canonial, pourront députer deux d'entr'eux, à l'effet de voter pour lesdites élections dans l'Assemblée capitulaire.

Les Abbés soit réguliers, soit commendataires, les Prieurs en titre de bénéfices séculiers & réguliers, les Chapelains titulaires, les Curés & Vicaires des paroisses, les Ecclésiastiques constitués dans les Ordres sacrés & non bénéficiers, les Chevaliers de Malte compris dans l'Ordre du Clergé, comparoîtront individuellement.

Les Communautés de Religieux rentés ou non rentés, & de Chanoines réguliers, éliront capitulairement dans leurs formes accoutumées, un de leurs membres, pour voter auxdites Assemblées.

Les Communautés de Religieuses rentées ou non rentées pourront se faire représenter par un fondé de procuration, choisi dans l'Assemblée capitulaire, & ayant les qualités requises pour voter dans l'Assemblée du Bailliage.

Les Chapitres de Chanoinesses, feront à l'instar des Collégiales, & pourront envoyer à l'Assemblée du Bailliage, un ou deux fondés de procuration de la qualité requise, suivant le nombre de prébendes qui composent le Chapitre.

Unanimement.

MOTIFS.

Le Bureau a déjà développé à la dixième question, les motifs qui l'ont déterminé à exiger l'âge de vingt-cinq ans révolus, ainsi que l'engagement dans les Ordres sacrés ou la profession religieuse, pour être électeur & éligible dans l'Ordre du Clergé.

Mais la délibération dont nous rendons compte, prononce que tout titulaire de bénéfice est électeur & éligible dans l'Ordre du Clergé; & elle ajoute, comme condition essentielle, que le bénéfice doit payer décimes ou autres impositions. Le Bureau a voulu prévenir l'abus du titre de Bénéficier; il existe en effet une multitude de titres, de bénéfices sans charges, sans revenus, sans fonctions. Il eût été injuste de donner à ces titulaires des droits qui n'eussent été fondés que sur un titre chimérique & illusoire.

La délibération porte: *titulaire de bénéfices payant décimes ou autres impositions*, parce que les décimes sont une forme d'imposition particulière au Clergé de France, & que le Clergé de plusieurs provinces du Royaume contribue aux charges publiques & locales sous une forme différente & sous une autre dénomination.

Nous avons réuni sous cette même question tout ce qui est relatif aux élections de l'Ordre du Clergé.

Nous n'avons pas redouté d'entrer dans des détails nécessaires, & qui deviennent même intéressans, lorsqu'ils ont pour objet de fixer tous les droits respectifs, & de prévenir le désordre ou l'injustice.

Nous avons distingué dans les différens Ordres qui composent le Clergé, ceux qui sont réunis sous la forme de corporations,
comme

comme les Chapitres & Communautés, foit féculières, foit régulières. Ces corporations feront repréfentées par des Députés, au choix defquels chaque membre du Corps aura concouru par un fuffrage libre & perfonnel.

Nous avons agité s'il ne feroit pas utile de réunir les Curés & les Vicaires, fous la forme d'arrondiffement, de diftrict, de doyenné & d'archiprêtré. On auroit voulu prévenir une affluence trop nombreufe & l'abandon du fervice des Paroiffes.

Mais on a obfervé que tous les Nobles jouiffant du droit d'affifter & de comparoître perfonnellement, les Curés & les Vicaires devoient avoir le même droit; que tel étoit l'ancien ufage, auquel il feroit injufte de déroger; que les Curés & Vicaires, placés conftamment par la nature de leurs fonctions, au milieu du peuple des Villes & des Campagnes, pourroient rendre témoignage de fa misère, de fes reffources, de fes befoins, & prêter un appui favorable à cette claffe fi intéreffante; qu'enfin la facilité de pouvoir fe faire repréfenter par procureur, remédieroit aux inconvéniens de la défertion abfolue de tous les Miniftres de l'Églife, attachés au fervice des Paroiffes.

15.ᵉ QUESTION.

Y aura-t-il quelque diftinction pour ces deux qualités? & admettra-t-on quelque proportion

A V I S.

Il n'y aura aucune diftinction pour être électeur & éligible, & les divers Ordres du Clergé concourront aux élections dans la forme propofée par

entre les différens Ordres qui composent le Clergé ?

la délibération sur la douzième question.

Unanimement.

Motifs.

Le Bureau n'a pas cru devoir établir de distinction entre la qualité d'électeur & d'éligible.

La première pensée qui se présente, est peut-être d'exiger pour les éligibles un plus grand intérêt à la chose publique pour la qualité ou la propriété. Il paroît que cette considération a frappé les Législateurs de plusieurs constitutions.

On ne sait cependant, en réfléchissant avec attention sur la nature & l'origine des sociétés, si la qualité d'électeur n'exigeroit pas un plus grand intérêt que celle d'éligible. Le droit d'élection est fondé sur l'intérêt individuel de chaque membre de la société. Pour jouir de ce droit, il faut donc avoir un intérêt réel ; mais la qualité d'éligible exige seulement la confiance, & lorsqu'il est élu, il réunit sur sa tête tous les intérêts divers de tous les membres du Corps dont il est le Représentant : il est obligé dès-lors de se dépouiller de son intérêt particulier, de son existence personnelle, pour s'investir d'une existence morale, & pour se remplir de l'intérêt général.

Le Bureau a évité de se livrer à toutes ces discussions peut-être trop subtiles ; il n'a considéré dans chacun des trois Ordres que la qualité de citoyen, & cette qualité communique les mêmes droits pour être électeur & éligible.

Quant à la seconde partie de la question, *quelle proportion sera observée entre les divers Ordres du Clergé ?* nous avons pensé qu'elle étoit relative aux Assemblées d'élection, & nous avons exprimé notre vœu sur cet objet dans la délibération sur la douzième question.

Mais si cette question avoit pour objet de fixer le nombre des membres du premier & du second Ordre ecclésiastique, le nombre des Évêques, des Abbés, des Chanoines, des Curés, des Commandeurs de Malte qui doivent avoir séance aux États-généraux, nous répondrions que la convocation par Bailliages ou Sénéchaussées, ne permettoit pas de fixer ces différentes proportions.

Que dans tel Bailliage on donneroit la préférence à l'Évêque, dans tel autre aux Chanoines, dans tel autre aux Curés.

Que plusieurs Bailliages n'ont point d'Évêque dans leur ressort; qu'il auroit fallu prononcer que tel Bailliage députeroit un Évêque, & que tel autre n'en députeroit point.

Cette décision, cette espèce de règlement eussent été arbitraires & insolites. Par quels principes, par quels motifs auroit-on accordé à un Bailliage le droit de députer un Évêque, & l'auroit-on refusé à un autre !

Ce qui paroît d'abord juste & équitable

dans ce principe, devient une injuſtice dans l'application, en gênant la liberté.

C'eſt la confiance qui doit déterminer le choix, & la liberté des élections deviendroit illuſoire, ſi parmi les électeurs il en étoit un ſeul qui ne pût être choiſi par leurs ſuffrages, en étant appelé par leur confiance.

Si jamais les États-généraux adoptent quelque autre forme de convocation que celle par Bailliages ou Sénéchauſſées, il ſera peut-être facile d'établir ces différentes proportions.

16.ᵉ QUESTION.

Un Eccléſiaſtique engagé dans les Ordres ſacrés, ne poſſédant point de bénéfice, mais ayant un ou pluſieurs fiefs ou des biens ruraux, dans quel Ordre ſe rangera-t-il! & ſi l'on admet le droit de ſe faire repréſenter, dans quel Ordre pourra-t-il choiſir ſon Repréſentant!

AVIS.

Tout Eccléſiaſtique lié aux Ordres ſacrés, appartient à l'Ordre du Clergé, & jouira par conſéquent du droit de ſe faire repréſenter dans l'Ordre du Clergé.

Voyez la délibération ſur la douzième queſtion.

Unanimement.

17.ᵉ QUESTION.

Les membres de l'Ordre de Malte ſeront-ils rangés dans l'Ordre de la Nobleſſe ou dans celui du Clergé! & quelles conditions ſeront

AVIS.

Les Baillis, les commandeurs & Chevaliers de l'Ordre de Malte pourront être électeurs & éligibles; ſavoir, dans l'Ordre du Clergé, les Profès, les Titulaires de commanderies ou de bénéfices ecclésiastiques; dans l'Ordre de la Noblesse, les non Profès ne possédant ni commanderies ni bénéfices.

Quant à la proportion, voyez la délibération sur la treizième question.

Unanimement.

MOTIFS.

Les Baillis, Commandeurs & Chevaliers de l'Ordre de Malte peuvent être considérés sous quatre rapports.

Ou ils sont simplement Profès & ils appartiennent à l'Ordre ecclésiastique par la nature de leurs engagemens;

Ou ils possèdent des commanderies, & ils appartiennent encore à l'Ordre du Clergé par la nature de leurs biens;

Ou ils sont simplement Titulaires de bénéfices ecclésiastiques, ce qui les place incontestablement dans l'Ordre ecclésiastique;

Ou enfin ils sont Chevaliers non profès, & ne possédant ni commanderies ni bénéfices, & ils appartiennent, sous ce dernier rapport, à l'Ordre de la Noblesse.

L'avis du Bureau développe ces quatre rapports avec précision & clarté, & ne laisse ni équivoque ni incertitude dans la décision.

nécessaires pour les rendre électeurs ou éligibles dans l'un ou l'autre Ordre?

18.ᵉ QUESTION.

Dans quel Ordre se rangeront les Colléges & les Hôpitaux qui

AVIS.

Les Bureaux d'administration des Colléges & Hôpitaux nommeront des fondés de pouvoirs, ayant les qualités

possèdent des fiefs, des bénéfices ou des biens ruraux. requises pour voter dans l'Ordre du Clergé.

Unanimement.

MOTIFS.

En plaçant les Représentans des Colléges & Hôpitaux dans l'Ordre du Clergé, le Bureau ne s'est point dissimulé que ces établissemens étoient des Corps mixtes, qui appartenoient également à l'Ordre ecclésiastique & à l'Ordre civil; mais il a considéré que dans l'origine, les Colléges & Hôpitaux étoient encore plus ecclésiastiques que laïcs; qu'une partie de ces établissemens fut fondée & dotée par des membres de l'Ordre du Clergé; que l'administration en avoit même été confiée aux Évêques d'une manière plus spéciale; que les changemens survenus dans cette forme d'administration, avoient conservé à l'Ordre ecclésiastique la juste influence qu'il peut prétendre sur des établissemens aussi intéressans pour la religion que pour la société; que les contrats passés depuis plus de deux siècles entre le Roi & le Clergé, autorisoient les Chambres ecclésiastiques à comprendre les Colléges & les Hôpitaux dans leurs impositions; que ce motif avoit déterminé récemment plusieurs Assemblées provinciales à demander au Gouvernement que les vingtièmes des biens des Hôpitaux fussent compris dans la portion du Clergé; qu'enfin, dans la nécessité absolue de placer les Représentans des Hôpitaux & des

Colléges dans un Ordre quelconque, il avoit paru plus convenable de les placer dans celui du Clergé.

D'ailleurs le Bureau a été fidèle aux principes de la justice dans l'objet essentiel, celui du choix des Représentans des Colléges & Hôpitaux. Il n'a point abandonné ce choix à l'Ordre ecclésiastique exclusivement ; ce seront les Bureaux d'administration qui choisiront les Représentans. Ces Bureaux sont constitués dans une forme légale ; tous les membres qui les composent, soit Ecclésiastiques, soit Laïcs, influeront également sur le choix de leurs Représentans, & on ne leur imprime aucune gêne contraire à une juste liberté, en les astreignant à choisir un Représentant dans le même Ordre que celui qui est ordinairement placé à leur tête.

19.ᵉ QUESTION.

Quelles conditions seront nécessaires pour être électeur ou éligible dans l'Ordre de la Noblesse ?

A V I S.

Pour être électeur & éligible dans l'Ordre de la Noblesse, il suffira d'avoir vingt-cinq ans révolus, & de jouir de la Noblesse acquise & transmissible.

Unanimement.

M O T I F S.

L'âge de vingt-cinq ans révolus est une condition requise pour être électeur & éligible dans l'Ordre de la Noblesse, comme dans celui du Clergé & du Tiers-état. On en a déjà développé les raisons.

Les précédens États-généraux n'ayant exigé aucun degré de noblesse pour être admis à leurs Assemblées, les Notables ne pouvoient pas établir des principes plus rigoureux & plus exclusifs que les États-généraux eux-mêmes.

Par Nobles, on est donc convenu d'entendre tous ceux qui jouissent de la noblesse acquise & transmissive.

Ainsi toute place, toute charge, tout office, tout grade qui ne donne que la jouissance personnelle des priviléges de la noblesse personnelle, ne suffit pas pour placer dans l'Ordre de la Noblesse celui qui en est revêtu.

Et celui qui possède une charge qui ne confère la noblesse transmissible qu'au second ou au troisième degré, & après l'exercice fixé par les loix, n'est censé avoir acquis la noblesse transmissible, que lorsque la condition est remplie & que le terme énoncé dans son titre est arrivé.

20.ᵉ QUESTION.

Les propriétaires de fiefs feront-ils seuls admissibles aux États-généraux ? les Gentils-hommes possédant une propriété quelconque, auront-ils le même droit ? & quelle devra être l'étendue de la propriété seigneuriale ou rurale nécessaire, soit

AVIS.

Répondu par l'avis sur la septième question.

AVIS.

(369)

21.ᵉ QUESTION.

Sera-t-il convenable d'exiger un certain degré de noblesse, soit pour être électeur, soit pour être éligible?

AVIS.

Répondu par l'avis sur les quatorzième & quinzième questions.

22.ᵉ QUESTION.

Quelle seroit alors la participation aux États-généraux des Nobles d'une création récente?

AVIS.

Dès que la noblesse acquise & transmissible suffit pour donner le droit de voter dans l'Ordre de la Noblesse, la participation aux États-généraux des Nobles d'une création moderne, sera égale à celle des Nobles de l'antiquité la plus reculée.

23.ᵉ QUESTION.

Quelles conditions seront nécessaires pour être électeur ou éligible dans l'Ordre du Tiers, soit dans les Communautés de Campagne, soit dans les Villes qui ne sont pas dans l'usage de députer directement aux États-généraux?

AVIS.

Tout citoyen sera électeur & éligible dans l'Ordre du Tiers-état, pourvu qu'il ait vingt-cinq ans révolus.

Unanimement.

MOTIFS.

Le Bureau en écartant la question relative au droit exclusif que peut donner le titre de propriétaire, pour représenter dans toutes les Assemblées nationales ou provinciales, question susceptible des plus

A a a

grandes difficultés, a pensé que la qualité de citoyen suffiroit pour être électeur & éligible dans l'Ordre du Tiers-état, parce que les États-généraux délibérant sur tous les objets qui intéressent les citoyens, la simple qualité de citoyen donnoit droit de représenter & d'être représenté dans les Assemblées nationales.

Ainsi tous les citoyens qui ne sont pas compris dans l'Ordre du Clergé & de la Noblesse, pourront voter dans celui du Tiers-état.

24.ᵉ QUESTION.

La valeur de la propriété, susceptible de discussion, doit-elle être prise pour mesure; ou faut-il choisir pour règle la quotité des impositions ?

A V I S.

La qualité de citoyen donnant entièrement le droit d'être électeur & éligible dans l'Ordre du Tiers-état, la valeur de la propriété & la mesure de la contribution sont absolument indifférentes.

Unanimement.

25.ᵉ QUESTION.

Cette mesure de propriété ou de contribution doit-elle varier selon la richesse des Provinces ?

A V I S.

Répondu par l'avis sur la question précédente.

26.ᵉ QUESTION.

Les membres du Tiers, même les plus riches, tels que les

A V I S.

La qualité de citoyen donnant le droit d'être électeur & éligible dans

Négocians, les Chefs de Manufactures, & les Capitalistes, n'ayant pas toujours des propriétés foncières, la mesure de l'imposition territoriale peut-elle être généralement applicable à la faculté d'élire ou d'être élu dans le Tiers-État?

27.ᵉ QUESTION.

Quelles formes devront être observées pour la convocation & la tenue des Assemblées pour les diverses élections?

Et d'abord pour les Communautés de Campagne?

Les Seigneurs nobles & les Curés pourront-ils y voter, & même y assister?

La présence d'un Juge ou autre Officier public y sera-t-elle nécessaire?

l'Ordre du Tiers, tout Négociant, tout Chef de Manufactures, tout Capitaliste, en un mot, tout citoyen quelconque qui n'aura pas perdu son état civil, sera représenté, ou pourra représenter lui-même.

AVIS.

Les Assemblées d'élections pour les Communautés de Campagne doivent embrasser la généralité des citoyens. Tout citoyen qui n'a pas perdu son état civil, qui est domicilié dans le Royaume, & qui ne jouit pas du droit de voter dans l'Ordre du Clergé & de la Noblesse, sera admis à donner son suffrage.

Les Curés & les Ecclésiastiques rangés dans l'Ordre du Clergé, & les Seigneurs nobles qui pourront siéger dans l'Ordre de la Noblesse, ne pourront voter dans les Assemblées de Campagne.

Ces Assemblées seront tenues pardevant un Juge, ou pardevant un Officier public.

Unanimement.

Motifs.

Nous avons déjà exposé en détail toutes les formalités qui doivent précéder les Assemblées d'élections.

Nous avons cru nécessaire d'exprimer que toutes les Assemblées d'élections des Communautés de Campagne doivent embrasser l'universalité des citoyens.

Ce sont ces Assemblées élémentaires qui forment la classe la plus nombreuse & la plus intéressante de la société, & cette multitude immense ne pouvant pas agir par elle-même, tous ceux qui la composent doivent au moins être appelés au choix de ses Représentans.

La présence d'un Juge ou d'un Officier public est indispensable pour maintenir l'ordre & la tranquillité dans une Assemblée populaire, sur-tout dans le moment où elle est réunie pour exercer l'acte le plus imposant de sa liberté. Sans doute sa liberté ne doit pas être contrainte; mais il importe qu'elle ne dégénère pas en licence. C'est une réflexion qu'il suffit de faire sentir, sans qu'il soit nécessaire de la développer.

La délibération du Bureau prononce que les Seigneurs & les Curés ne pourront pas voter dans les Assemblées d'élections des

Campagnes; elle a évité de leur interdire le droit d'y affifter, & ce n'a pas été fans motif. Il eft des lieux où leur préfence peut être utile, lorfqu'ils y font appelés par la confiance. Ils peuvent fouvent par leurs confeils & par leur confidération perfonnelle, prévenir le défordre & la confufion. Nos Provinces éloignées renferment un grand nombre de Communautés dont les malheureux habitans ne peuvent agir & parler que par l'organe & l'infpiration d'un Curé ou d'un Seigneur, pour fuppléer à leur impéritie & à leur inexpérience; enfin dans plufieurs des Provinces, les Curés font membres des Affemblées municipales, & Sa Majefté Elle-même en étendant à tout fon Royaume le grand bienfait des adminiftrations provinciales, & en formant dans l'intérieur de ces adminiftrations, des Affemblées paroiffiales, a attribué à tous les Curés le droit d'y affifter.

Nous foumettons ces différentes confidérations à Votre Majefté pour en apprécier le mérite.

28.ᵉ QUESTION.

Ceux qui font aux gages d'autres perfonnes, foit ecclésiafliques, foit laïques ou dans leur dépendance quelconque, feront-ils électeurs ou éligibles dans l'Ordre du Tiers-état?

AVIS.

Tout citoyen fans exception doit être électeur & éligible. Les Députés des Villes, Bourgs & Villages formant Communautés, qui doivent affifter pour le Tiers-état à l'Affemblée générale du Bailliage, feront nommés dans les Affemblées les plus générales

& les plus solennelles, suivant l'usage de chaque lieu.

Unanimement.

Motifs.

La qualité de citoyen ne peut admettre ni exception ni exclusion. Comment imaginer que la condition passagère & momentanée d'être aux gages d'un Seigneur ecclésiastique ou laïc, pourroit offrir un motif raisonnable d'exclusion !

La généralité même de la question en indiquoit le vice & les inconvéniens. Comment assigner la ligne où l'on est sous la dépendance d'un Seigneur ecclésiastique ou laïc, & la ligne où l'on est affranchi de cette dépendance ! Combien n'existe-il pas de manières d'être aux gages d'une autre personne, depuis les premiers personnages de l'État qui environnent le trône, jusqu'aux dernières classes de citoyens ! Si l'on établit une distinction, sur quoi sera-t-elle fondée ! elle sera nécessairement arbitraire ; & si elle est arbitraire, à quel point, à quel degré s'arrêtera-t-on !

Mais si l'on veut examiner ensuite la question sous le rapport particulier qui en étoit sans doute l'objet, ne sont-ce pas les Fermiers des Seigneurs ecclésiastiques & laïcs, qui sont ordinairement les principaux habitans des Campagnes, les plus riches, les plus éclairés sur les véritables intérêts du peuple ! en privant le peuple de la liberté de leur donner sa confiance, on le prive de ses véritables appuis, de ses défenseurs naturels. Mais vouloit-on réduire la question sous un rapport encore plus circonscrit ! a-t-on voulu borner l'exclusion aux personnes à gages attachées au service domestique d'une autre personne ! pourquoi descendre dans un pareil détail ! pourquoi contredire la loi générale dans la crainte d'un danger imaginaire & d'un inconvénient sans vraisemblance ! Au reste, le Bureau se réfère à ce qui a été dit dans sa réponse à cette question.

29.ᵉ QUESTION.

Les membres du Tiers-état pourront-ils élire pour leurs Députés des membres d'un autre Ordre, ou jouissant des priviléges auxquels leur Ordre ne participe pas!

AVIS.

Les Députés aux États-généraux seront choisis chacun dans leur Ordre.

Le Tiers-état n'aura la faculté de choisir des personnes d'un autre Ordre, qu'autant qu'elles lui seront attachées, lors de l'élection, par leur titre ou qualité d'Officiers municipaux.

Unanimement.

MOTIFS.

Ou la liberté de choisir des Représentans dans un autre Ordre, devoit être commune aux trois Ordres, ou la liberté du choix devoit être concentrée dans chaque Ordre : aucun motif raisonnable ne pouvoit légitimer une exception contre le Tiers-état.

En supposant même que la liberté de choisir des Représentans dans tous les

Ordres, eût été commune à tous les Ordres, il est évident que cette liberté eût été illusoire; il est vraisemblable que les deux premiers Ordres n'auroient pas emprunté des Représentans au troisième.

Il est également vraisemblable que cette liberté n'auroit servi qu'à donner au Tiers-état des Représentans étrangers, au lieu de ses Représentans naturels. On sent toute l'impression que la naissance, les charges, la crainte, l'espérance, le nom d'un homme puissant & accrédité, en un mot, le poids imposant des considérations, auroit produit sur une Assemblée de Campagne, de Ville, de Bailliage. Ainsi le Tiers-état auroit été représenté par des Députés qui auroient eu un intérêt personnel absolument différent, & souvent entièrement contraire à celui de l'Ordre qu'ils auroient représenté.

Le Tiers-état doit jouir de tous ses droits & de toute sa force. Ce seroit l'affoiblir que de lui offrir la facilité funeste de choisir ses Représentans dans le Clergé ou la Noblesse. Dès que l'on a séparé la Nation entre des privilégiés & des non privilégiés, il faut que cette distinction se retrouve dans la représentation de la Nation, au moins jusqu'au moment où il n'existera plus de priviléges pécuniaires, mais uniquement des prérogatives d'honneur, de rang & de distinction.

Cependant des Représentans du Tiers-état pourront être choisis parmi les Officiers municipaux, parce que leur titre les rend membres essentiels du Tiers-état, &

parce

parce qu'ils doivent souvent ce titre à la confiance du Tiers-état.

30.ᵉ QUESTION.

Les électeurs, de quelque Ordre qu'ils soient, pourront-ils élire pour leurs Représentans des personnes absentes ou qui n'auroient pas le droit d'être admises dans l'Assemblée?

AVIS.

Les personnes absentes ayant les qualités requises, pourront être élues.

Unanimement.

MOTIFS.

La question, telle qu'elle est présentée, offre deux objets de décision également intéressans.

Les personnes absentes de l'Assemblée d'élection, pourront-elles être élues par les électeurs du même Ordre?

Les électeurs pourront-ils députer les membres d'un Ordre différent?

Quant au premier point, le Bureau a pensé qu'on ne devoit pas interdire aux électeurs la liberté de donner leurs suffrages à une personne absente; il semble même qu'un pareil choix honore encore plus & les électeurs & les Représentans. Il prouve au plus haut degré la liberté des élections, la confiance des électeurs, & le mérite de celui qui sera élu malgré son absence; il écarte le soupçon de l'intrigue, l'influence des considérations personnelles, l'inconvénient que l'on paroît redouter de la forme de donner les suffrages à haute voix. Il est vraisemblable que tout Député qui sera choisi par une Assemblée à laquelle il n'aura point assisté, aura été appelé à cette mission honorable par l'estime, l'opinion & la confiance générale de ses concitoyens.

Quant au second point, nous avons déjà exposé notre opinion sur la question précédente. Nous n'aurions point hésité à accorder à tous les Ordres indistinctement la liberté de choisir leurs Représentans dans un Ordre différent, si nous n'avions pas considéré que cette liberté seroit illusoire, qu'elle tourneroit au désavantage du troisième Ordre seulement, parce qu'il étoit vraisemblable que les deux premiers Ordres choisiroient toujours leurs Représentans dans leurs Assemblées, & que le Tiers-état seroit au contraire exposé au danger d'être représenté par des membres d'un Ordre différent; qu'il étoit convenable, sur-tout dans les circonstances actuelles, de ne point affoiblir le Tiers-état, en le privant de ses défenseurs naturels ; que d'ailleurs il avoit déjà manifesté son vœu sur cet objet par plusieurs délibérations publiques, & que ce vœu devoit être rempli, puisqu'il étoit conforme au principe de la justice & de l'égalité qui doit balancer les trois Ordres.

Dans l'impossibilité de laisser aux trois Ordres une liberté qui n'eût été favorable qu'aux deux premiers, & qui auroit été illusoire pour le troisième, il a bien fallu circonscrire le choix des Députés dans les membres de chaque Ordre. Chaque Député ne sera point combattu par l'opposition de son intérêt personnel avec l'intérêt général de l'Ordre dont il sera le Représentant ; & cette disposition remédie à un des grands inconvéniens que l'on a reprochés aux précédens États-généraux, où le Tiers-état étoit représenté en grande partie par des Députés qui appartenoient à l'Ordre de la Noblesse.

31.ᵉ QUESTION.

Quelles seront les Villes qui députeront directement aux États-généraux ?

AVIS.

La ville de Paris députera directement aux États-généraux.

Les autres Villes du Royaume qui justifieront qu'elles ont député directement aux trois dernières Assemblées d'États - généraux, continueront de jouir du même droit.

Unanimement.

MOTIFS.

La suite des Procès-verbaux des précédens États - généraux, nous annonce que la ville de Paris a joui incontestablement du privilége de députer immédiatement aux États-généraux.

Il paroît que les autres grandes Villes du Royaume, si l'on n'en excepte qu'un très-petit nombre, ont député concurremment avec les autres Villes, Bourgs & Villages de leur Bailliage.

Accorder à toutes les Villes présumées grandes Villes, le droit de députation immédiate, eût été une innovation arbitraire, dangereuse & injuste.

Cette innovation eût été arbitraire,

puisque l'on ne peut pas assigner la ligne à laquelle doit s'arrêter la dénomination de grande Ville.

Si elle eût été trop restreinte, on eût été injuste envers plusieurs; si elle avoit été trop étendue, on seroit retombé dans l'inconvénient que le Bureau a voulu éviter, celui de multiplier excessivement le nombre des Députés.

Enfin elle eût été dangereuse. On auroit concentré toute la représentation du Tiers-état dans les Villes dont les intérêts sont souvent bien différens & quelquefois contraires à l'intérêt des Campagnes. Les grandes Villes auroient eu des Députés particuliers; on n'auroit pas pu les dépouiller du droit & de la possession où elles sont de députer concurremment avec les Bailliages; elles auroient conservé encore une grande influence dans les Assemblées d'élections, & la représentation du Tiers-état, c'est-à-dire du peuple, n'auroit été que la représentation de la municipalité des Villes.

Nous avons dit que la Ville de Paris jouissoit de la possession de députer directement aux États-généraux. Nous n'avons pas prétendu qu'il n'y eût quelques autres Villes qui ne fussent autorisées à réclamer le même privilége fondé sur une possession constante; mais c'est à elles à en offrir la preuve, & au Conseil du Roi à prononcer sur leurs titres.

Nous finirons par une observation sur Marseille & Arles, dont les noms se retrouvent au nombre de celles qui ont joui d'une députation immédiate. Il est essentiel d'observer qu'elles n'ont point député comme Villes, mais comme Pays distincts & séparés, comme administrations particulières & indépendantes des États de Provence.

32.ᵉ QUESTION.

Dans quelle forme ces Villes doivent-elles procéder à la convocation & à la tenue des Assemblées destinées aux différentes élections ?

Ces mêmes Villes concourront-elles en outre à l'Assemblée d'élection de leur Bailliage ?

Tout citoyen domicilié y sera-t-il admis pour être électeur ou éligible, sans distinction d'ordre ni de rang ?

AVIS.

La Ville de Paris députera directement aux États-généraux dans sa forme ordinaire.

Unanimement.

MOTIFS.

Nous avons proposé de conserver à la Ville de Paris le privilége de députer directement aux États-généraux, parce que nous avons respecté le juste droit qu'elle réclame en vertu d'une possession constante & immémoriale.

Les mêmes monumens qui nous attestent sa possession, renferment le détail des formes qu'elle a suivies pour exercer son droit. Parmi ces formes, celles qui concernent la convocation des Corps, Communautés, Jurandes & Corporations, paroissent exactes & régulières ; mais il n'en est pas de même de celles qui sont relatives à la convocation des habitans Bourgeois de Paris. Il est évident que les simples habitans des Campagnes sont représentés dans une forme plus régulière & plus exacte que les Bourgeois de Paris.

Nous ne devons pas diffimuler que les vices de l'ancien ufage follicitent un changement. Toutes les Communautés, Corps, Jurandes & Corporations font appelées; elles envoient leurs Députés, & ces Députés font nommés par un choix libre; mais les habitans connus fous le nom de Bourgeois, qui ne tiennent à aucune corporation, font convoqués par les Quartiniers. Il eft vraifemblable que les Quartiniers étoient autrefois nommés par le Corps municipal, & alors en choififfant eux-mêmes un certain nombre d'habitans, ce choix paroiffoit infpiré par le Corps municipal; mais tout eft actuellement changé. Ces charges de Quartiniers font érigées en Offices de finances; elles n'appartiennent plus au Corps municipal, & il eft impoffible de laiffer fubfifter un abus dont il réfulteroit que la plus nombreufe partie des citoyens de Paris feroit appelée par un pouvoir devenu pour ainfi dire étranger à la Municipalité, & ne devroit pas leur nomination aux fuffrages de leurs concitoyens. Il paroît que cet abus a excité des réclamations dès 1614; on n'y remédia pas alors, mais le Corps municipal de Paris eft aujourd'hui trop éclairé pour ne pas propofer lui-même une forme plus équitable & plus analogue aux principes établis par le Bureau fur les élections.

33.ᵉ QUESTION.

Y a-t-il quelque proportion à obferver

AVIS.

Les Bourgs & Villages formant

Communautés, enverront deux Députés à l'Assemblée du Bailliage, ou Sénéchauffée, ou Jurisdiction dont ils ressortissent immédiatement.

pour le nombre respectif des Députés des Villes & des Députés des Campagnes ?

Unanimement.

MOTIFS.

Nous avons fixé le nombre des Députés des Bourgs & Villages à deux, parce que les Procès-verbaux des Assemblées relatives aux précédens États-généraux, nous ont transmis que tel étoit l'usage le plus commun.

D'ailleurs ce nombre est indifférent; ce ne sera qu'au moment où ces Députés seront arrivés à l'Assemblée qui doit nommer les Députés aux États-généraux, qu'il sera intéressant de fixer des règles de proportion, relatives à l'importance des différentes Communautés de campagne. Le Bureau exposera sur la trente-sixième question, la forme qu'il a cru devoir indiquer pour fixer cette proportion avec équité.

34.ᵉ QUESTION.

Si quelques grandes Villes de commerce sont admises à députer directement aux États-généraux, le ou les Députés seront-ils élus parmi les Négocians seuls, & en quelle forme ?

AVIS.

Le Bureau ne pense pas qu'on doive accorder aux Villes de Commerce le privilége spécial de députer immédiatement aux États-généraux.

16 voix contre 8.

MOTIFS.

Le Bureau ne s'est pas diffimulé que le

Commerce du Royaume ne soit prodigieusement augmenté, & ne soit, pour ainsi dire, créé depuis 1614, & cette considération avoit porté plusieurs membres du Bureau à attribuer le droit de députation immédiate au Commerce des Villes de Lyon, Rouen, Bordeaux & Nantes: Marseille y avoit été également compris, mais les Administrateurs du Commerce de Marseille avoient eux-mêmes prévenu le Ministère qu'ils ne sollicitoient aucune exception, & qu'ils préféroient d'être compris dans la députation générale de la ville & pays de Marseille.

Quelque favorables que parussent ces motifs qui sollicitoient une distinction pour le Commerce des quatre Villes que nous venons de nommer, le Bureau a été arrêté par des considérations importantes.

1.° Il eût été également dangereux de trop étendre ou trop restreindre le nombre de ces Villes de Commerce, & l'on peut appliquer à leur égard les mêmes réflexions que nous avons exposées pour rejeter les demandes en faveur des grandes Villes.

2.° Les Commerçans forment une corporation, & plusieurs autres professions forment aussi des corporations. Pourquoi admettre l'une & rejeter les autres!

3.° On auroit peut-être tenté d'ériger cette corporation ou ordre en Corps essentiel; car qui peut dire le terme où l'on s'arrêtera, lorsqu'on abandonne le principe!

4.° Le Bureau a déjà exprimé son vœu pour

pour que le Roi autorisât chaque Bailliage à envoyer deux Députés de chaque Ordre; & l'un des motifs qui a déterminé le Bureau à solliciter cette disposition, a été qu'elle offriroit la facilité de choisir les Députés dans les différentes classes de chaque Ordre. Ainsi le choix des Bailliages peut se fixer sur des Commerçans dans les Villes qui doivent au commerce leur splendeur & leur opulence.

5.° Les États-généraux peuvent s'éclairer sur les grands intérêts du commerce, par les Députés mêmes des Bailliages qui auront été pris dans la classe des Commerçans, par les mémoires qui pourront leur être adressés, par les députations que les Chambres de commerce pourront envoyer auprès des États-généraux.

6.° Enfin, l'Angleterre dont toute la grandeur & la puissance sont fondées sur le commerce, l'Angleterre si attentive à étendre les progrès du commerce & à lui accorder toute la faveur qu'il mérite, n'a pas cru devoir donner aux membres de cette corporation une représentation nationale. Ce sont les Villes, Bourgs & Comtés qui députent au Parlement, & ce ne sont point les Corps ni les Professions.

35.° QUESTION.

Quelles sont les formes qui devront être observées dans les Villes qui ne dépen...

A V I S.

Dans les Assemblées générales des Villes qui députent soit aux Bailliages secondaires, soit aux Bailliages prin-

Bailliages secondaires ou principaux ?

cipaux, il sera nommé des Députés pour voter auxdites Assemblées de Bailliages secondaires ou principaux; savoir, pour chaque Ville de vingt mille habitans & au-dessus, douze Députés; pour celles de dix à vingt mille habitans, huit Députés; & pour celles au-dessous de six mille habitans, six Députés.

Unanimement.

MOTIFS.

Le Bureau a cherché à établir la proportion qui lui a paru la plus juste & la plus raisonnable pour le nombre des Députés, entre les Villes & les Campagnes. Ce sera au Gouvernement à rectifier cette proportion, si elle lui paroît ou trop forte ou trop foible.

36.ᵉ QUESTION.

Dans quelle proportion les Communautés de Campagne ou les Villes plus ou moins considérables, auront-elles la faculté de nommer des Députés, soit aux Bailliages secondaires, soit aux Bailliages principaux ou Sénéchaussées ?

AVIS.

Les Villes députeront au Bailliage principal ou au Bailliage secondaire, dans la proportion indiquée par la réponse à la question précédente.

Les Bourgs & Villages formant Communautés, enverront comme on l'a déjà dit, deux Députés à l'Assemblée du Bailliage ou Sénéchaussée, ou autre Juridiction dont ils ressortissent immédiatement.

Dans ces Assemblées, soit du ressort immédiat du Bailliage principal ou Sénéchaussée, soit des ressorts des Siéges inférieurs, les cahiers apportés par les Députés des Villes, des Paroisses & Communautés, seront réunis en un seul; & de plus il sera nommé des Députés pour l'Assemblée générale du Bailliage ou Sénéchaussée, dans la proportion d'un Député par deux cents feux.

Unanimement.

MOTIFS.

La seconde partie de la délibération exprime une disposition souverainement équitable, & par laquelle on remédie à une injustice évidente de l'usage qui paroissoit le plus généralement adopté.

Les Bailliages supérieurs renferment un certain nombre de Bourgs & Communautés qui en dépendent immédiatement; mais ces Bailliages supérieurs ont également dans l'étendue de leur ressort, des Bailliages inférieurs qui enveloppent aussi un certain nombre de Bourgs & de Communautés.

Par l'usage qui étoit le plus généralement adopté, les Bourgs & Communautés du ressort des Bailliages inférieurs se réunissoient pour former leurs cahiers, & envoyer à l'Assemblée générale deux Députés au nom de toutes les Paroisses du Bailliage inférieur.

Les Bourgs & Communautés du Bailliage supérieur envoyoient au contraire chacun deux Députés à l'Assemblée générale; en sorte qu'une seule Paroisse du Bailliage supérieur avoit autant de Députés dans l'Assemblée générale, que vingt ou trente Paroisses du Bailliage inférieur.

La délibération & la forme proposées par le Bureau, remédient à une injustice aussi sensible.

Elles conservent les Assemblées des Bailliages inférieurs, conformément à l'ancien usage ; mais ces Assemblées enverront un Député par cent feux, comme les Assemblées des Bailliages supérieurs n'enverront également qu'un Député par cent feux.

La mesure par feux nous a paru la plus constante de toutes & la plus facile à vérifier, parce que dans un grand nombre de Provinces, les rôles d'impositions sont fixés par feux.

37.ᵉ QUESTION.

Quel sera le nombre des Députés que les Bailliages ou Juridictions secondaires auront le droit d'envoyer au Bailliage principal, suivant le nombre facultatif des Députés des Villes & des Communautés de campagne qui composent leur ressort ?

AVIS.

La réponse à cette question se trouve renfermée dans la réponse à la question précédente.

38.ᵉ QUESTION.

Chaque Bailliage principal ne sera-t-il pas obligé de suivre la même règle de proportion, & d'avoir pour cet effet une Assemblée préliminaire ?

A V I S.

Chaque Bailliage principal sera obligé de suivre la même règle de proportion, & d'avoir pour cet effet une Assemblée préliminaire des Villes & Communautés qui ressortissent immédiatement, & cette Assemblée aura les mêmes fonctions que celle du Bailliage secondaire.

Unanimement.

MOTIFS.

Cette décision est une application du principe que le Bureau a établi pour fixer la proportion par feux dans les Bailliages inférieurs.

Cette proportion deviendroit illusoire, & on laisseroit subsister en partie l'injustice de l'usage ancien, si elle n'étoit pas adoptée pour les Bailliages supérieurs, & si les Paroisses des Bailliages supérieurs étoient maintenues dans la possession d'envoyer deux Députés à l'Assemblée générale, sans égard au nombre de feux qu'elle peut renfermer.

Mais pour fixer cette proportion entre les Paroisses des Bailliages supérieurs, il est nécessaire qu'elles se réunissent en une Assemblée, dans laquelle on réglera le nombre des Députés qu'elles enverront à l'Assemblée générale d'élections, relativement au nombre de leurs feux.

(390)

39.ᵉ QUESTION.

Les Ordres doivent-ils délibérer séparément aux Assemblées qui députent directement aux États-généraux ?

A V I S.

On a déjà développé sur la huitième question, la forme dans laquelle les trois Ordres doivent procéder à leurs délibérations & à leurs députations dans les Assemblées générales des Bailliages.

40.ᵉ QUESTION.

Pourra-t-on être électeur ou éligible dans les diverses Communautés ou Bailliages où l'on aura des propriétés, soit transmissibles, soit usufruitières ?

A V I S.

Nul ne pourra avoir plus d'un suffrage personnel dans la même Assemblée, quoiqu'il y apporte plusieurs titres; ainsi le membre du Tiers-état réunissant plusieurs propriétés dans la même Paroisse, & l'Ecclésiastique ou le Noble possédant plusieurs bénéfices ou plusieurs fiefs dans le même Bailliage, ne pourront avoir qu'une seule voix dans les Assemblées où ils auront le droit d'assister.

Unanimement.

M O T I F S.

Aussitôt qu'on est membre d'une corporation, on n'y apporte qu'un seul titre; on ne doit y jouir que d'un seul droit; on ne peut y avoir qu'un seul suffrage.

Les membres du Clergé & de la Noblesse comparoissent directement & personnellement à l'Assemblée générale des

Bailliages. L'Assemblée générale du Bailliage est pour eux ce que l'Assemblée de la Ville ou de la Paroisse est pour le membre du Tiers-état. Les uns & les autres n'y apportent qu'un seul titre; c'est un droit personnel qu'ils exercent chacun dans sa corporation respective; ils ne peuvent donc jouir que d'un seul suffrage, ils n'ont qu'un intérêt; il répugneroit que cet intérêt pût se subdiviser, se partager: c'est le citoyen Ecclésiastique, c'est le citoyen Noble, c'est le citoyen du Tiers-état qui est assigné.

Si l'on se fût livré à des subdivisions de propriété dans la même corporation, il auroit fallu fixer la valeur d'un suffrage sur une mesure quelconque; cette mesure une fois donnée, auroit dû conférer plusieurs suffrages, non-seulement au propriétaire de plusieurs propriétés distinctes & séparées, mais encore au possesseur d'une seule propriété dont la valeur réelle auroit excédé la mesure convenue. Un seul riche propriétaire dans une Communauté, dans un Bailliage, auroit réuni un nombre illimité de suffrages; il seroit devenu le maître des élections; il auroit nommé à son gré le Député de la corporation, & le Représentant de la corporation n'auroit été effectivement que le procureur fondé d'un seul individu.

41.ᵉ QUESTION.

Les Bénéficiers ou les possesseurs de fiefs pourront-ils, & pourront-ils seuls se faire repré-

AVIS.

Dans les Assemblées générales des Bailliages ou Sénéchaussées, les membres du Clergé & de la Noblesse

senter par des fondés de procuration? | pourront se faire représenter par des personnes de leur Ordre. Ceux du Tiers-état étant délégués, ne pourront jouir de cette faculté.

Unanimement.

MOTIFS.

La réponse est plus étendue que la question. Le Bureau ayant décidé à la très-grande pluralité des voix, que les Bénéficiers & les possesseurs de fiefs ne composoient pas seuls l'Ordre du Clergé & de la Noblesse; que tout Ecclésiastique étoit membre de l'Ordre du Clergé, & tout Noble membre de celui de la Noblesse; que les uns & les autres jouissoient d'un droit individuel & personnel, il a bien fallu leur appliquer aux uns & aux autres les mêmes facultés & les mêmes prérogatives. Dès que le principe n'établissoit aucune distinction entre les uns & les autres, il étoit impossible de les distinguer dans les effets. On ne pouvoit pas contester aux Bénéficiers & aux possesseurs de fiefs le droit de se faire représenter. Les Ecclésiastiques sans bénéfices & les Nobles sans fiefs étant placés dans le même Ordre en vertu d'un droit personnel, il falloit bien leur accorder les mêmes facultés.

Mais il n'en est pas de même des Députés du Tiers-état aux Assemblées générales des Bailliages. Ils ne sont dans ces Assemblées que les procureurs ou les délégués des Villes, Bourgs & Communautés qui les députent, & l'axiome de droit prononce qu'un délégué ne peut déléguer.

42.ᵉ QUESTION.

Si du même titre de bénéfice ou du même fief dépendent des biens situés dans différens Bailliages qui députent directement aux États-généraux, le possesseur aura-t-il le droit d'avoir voix ou de se faire représenter dans chaque Bailliage, ou seulement dans celui du chef-lieu de son bénéfice ou de son fief ?

AVIS.

Un seul titre ne pouvant conférer qu'un seul droit, celui qui possédera dans l'étendue de plusieurs Bailliages, des biens dépendans du même bénéfice ou de la même seigneurie, ne pourra avoir de voix qu'au Bailliage du même lieu.

Unanimement.

MOTIFS.

Unité de titre, unité de droit, unité de suffrages.

Le principe établi, on en applique les conséquences à tous les cas qui peuvent être prévus, & ces conséquences deviennent la loi générale & commune à tous les Ordres.

La décision rendue par les États de 1614 contre l'Évêque de Chartres, confirme la vérité du principe & la sagesse de notre délibération. Ce Prélat possédoit plusieurs terres & fiefs dépendans du titre de son Évêché, dans l'étendue de divers Bailliages. Il fut député aux États-généraux par trois Bailliages, mais les États l'obligèrent à choisir le Bailliage dans lequel il préféreroit de donner son suffrage, & restreignirent son droit à un seul Bailliage.

43.ᵉ QUESTION.

Les bénéficiers ou les possesseurs de fiefs pourront-ils voter ou donner autant de procurations qu'ils possèdent de bénéfices ou de fiefs dans le ressort du même Bailliage? ne le pourront-ils que dans les différens Bailliages?

AVIS.

Si les bénéfices ou les fiefs dépendent d'un seul & même titre, ils ne pourront voter ou donner de procurations que dans l'Assemblée générale du Bailliage du chef-lieu.

Mais celui de l'Ordre du Clergé ou de la Noblesse, qui possède par des titres différens, plusieurs bénéfices ou seigneuries distinctes dans différens Bailliages, comme celui de l'Ordre du Tiers-état qui a des propriétés dans diverses Paroisses, aura droit de suffrage pour les Ordres du Clergé & de la Noblesse à l'Assemblée générale de chaque Bailliage, ou pour l'Ordre du Tiers-état à chaque Assemblée de Paroisse.

Unanimement.

MOTIFS.

Cette délibération renferme deux décisions. La première étoit déjà préjugée par nos délibérations précédentes.

La seconde en est une conséquence, quoiqu'elle conduise à un résultat différent.

Plusieurs bénéfices ou plusieurs fiefs dépendans du même titre, ne peuvent donner qu'un seul droit, & par conséquent qu'un seul suffrage, en vertu du principe que nous avons établi : unité de titre,

(395)

unité de droit, unité de suffrages ; mais si l'on possède plusieurs titres, on acquiert plus de droits, & par conséquent plus de suffrages.

44.ᵉ QUESTION.

Les non Nobles possédant des fiefs nobles pourront-ils se faire représenter, & par qui ?

AVIS.

Les non Nobles possédant des fiefs nobles, pourront voter dans l'Assemblée de la Paroisse de leur fief, ou s'y faire représenter par une personne du Tiers-état.

MOTIFS.

Le Bureau ayant décidé que la qualité de Noble pouvoit seule donner le droit de voter dans l'Ordre de la Noblesse, le possesseur de fief, non Noble, ne peut y siéger ; il faut bien cependant qu'il puisse donner son suffrage, puisqu'on ne peut au moins le déposséder de la qualité de citoyen. Ne pouvant appartenir à l'Ordre de la Noblesse, il ne lui reste que celui du Tiers-état. Il aura donc le droit de voter dans l'Assemblée de la Paroisse où le chef-lieu de son fief est situé ; & s'il préfère de s'y faire représenter, il ne pourra confier sa procuration qu'à un membre du Tiers-état, parce que tout Noble est exclus des Assemblées de la Commune.

45.ᵉ QUESTION.

Accordera-t-on aux Ecclésiastiques & aux Nobles non possédant

AVIS.

Les Nobles non possédant fiefs, & les Ecclésiastiques non possédant

Ddd ij

bénéfices ou fiefs, & aux membres du Tiers-état, la faculté de se faire représenter aux élections ?

bénéfices, pourront se faire représenter dans l'Assemblée générale du Bailliage.

Les membres du Tiers-état pourront se faire représenter à l'Assemblée de la Paroisse.

Unanimement.

MOTIFS.

Tout Ecclésiastique & tout Noble est appelé à l'Assemblée générale du Bailliage par un droit individuel & personnel ; il peut donc s'y faire représenter.

Les Députés du Tiers-état à l'Assemblée générale du Bailliage, n'y sont appelés que comme les Représentans des Villes, Bourgs & Villages qui leur confient leurs pouvoirs : ils sont délégués, ils ne peuvent donc pas déléguer.

Mais dans les Assemblées de Paroisse, chaque citoyen est appelé par un droit individuel & personnel attaché à sa seule qualité de citoyen. Il jouit alors des mêmes droits attribués aux Nobles & aux Ecclésiastiques pour les Assemblées générales du Bailliage ; il peut donc se faire représenter dans l'Assemblée de la Paroisse.

46.ᵉ QUESTION.

Les mineurs, les veuves, les filles & les femmes possédant divisément, pourront-ils se

AVIS.

Les veuves, les filles majeures & les femmes possédant divisément, pourront se faire représenter par des fondés de procuration de leur Ordre.

faire repréſenter, & par qui!

Les mineurs feront repréſentés par leurs tuteurs, s'ils font du même Ordre qu'eux; ſinon les tuteurs pourront fonder de leur procuration des perſonnes du même Ordre que leurs pupilles.

Unanimement.

MOTIFS.

Les veuves, les filles majeures & les femmes poſſédant diviſément, ont ſouvent des droits à exercer dans l'ordre civil. Elles contractent valablement, elles ont des intérêts à ſoutenir, des poſſeſſions à défendre; elles contribuent aux charges publiques; elles ont un pouvoir indépendant & perſonnel reconnu par la ſociété & par la loi : elles doivent donc être appelées aux Aſſemblées d'élections pour concourir au choix des Députés qui doivent ſtipuler pour elles. Ne pouvant comparoître en perſonne à ces Aſſemblées, il eſt juſte qu'elles puiſſent s'y faire repréſenter; mais le Bureau toujours fidèle aux principes qu'il a établis ſur la diſtinction de l'Ordre de la Nobleſſe & du Tiers-état, exige que leurs Repréſentans ſoient placés dans le même Ordre où elles ſont placées par leur naiſſance.

Il en eſt de même des pupilles; les mêmes raiſons parlent en leur faveur. Le tuteur Noble d'un pupille Noble le repréſentera dans l'Ordre de la Nobleſſe. Si le tuteur n'eſt pas Noble & que le pupille le soit, il nommera un fondé de procuration; en un mot, il faut que le pupille ait un Repréfentant de fon Ordre.

47.ᵉ QUESTION.

Les Eccléfiaftiques ou les Nobles, ainfi que ceux du Tiers-état qui ne feront pas cités perfonnellement, pourront-ils voter comme électeurs dans les différens lieux où ils auroient des propriétés, ou feulement dans celui de leur domicile ?

AVIS.

La réponfe à cette queftion fe trouve comprife dans une partie de celles qui la précèdent.

Les Eccléfiaftiques & les Nobles qui ont des propriétés différentes dans divers Bailliages, pourront voter, quoique non cités perfonnellement dans les Affemblées générales de ces divers Bailliages, comme les membres du Tiers-état qui ont des propriétés dans différentes Paroiffes, peuvent voter ou fe faire repréfenter dans les Affemblées d'élections de ces différentes Paroiffes.

On en a déjà développé les raifons.

Unanimement.

48.ᵉ QUESTION.

Si les procurations font admifes, combien pourra-t-on en réunir fur la même tête ?

Seront-elles générales ou fpéciales ? & le fondé fera-t-il du même Ordre que fon commettant ?

AVIS.

Les procurations feront pardevant Notaires, & revêtues de toutes les formes ; elles contiendront le nom du fondé de pouvoir, & elles exprimeront fpécialement la faculté d'élire un Député, de concourir à la nomination de Commiffaires pour la rédac-

Ces procurations pour élire s'étendront-elles à la rédaction des cahiers? & le procureur fondé aura-t-il pour cette rédaction autant de voix que pour les élections?

tion des cahiers, & généralement de faire tout ce que le mandant auroit pu faire dans l'Assemblée générale du Bailliage, & dans l'Assemblée particulière pour les élections des Députés & pour la rédaction des cahiers.

Le fondé de pouvoir doit être du même Ordre que le commettant.

Nul ne pourra être porteur de plus de deux procurations; de sorte qu'il ne pourra donner que trois suffrages, y compris le sien.

Les mêmes principes relatifs aux procurations du Clergé & de la Noblesse dans les Assemblées générales des Bailliages, doivent avoir lieu pour le Tiers-état dans les Assemblées de Paroisses.

Unanimement.

MOTIFS.

On l'a déjà dit, les membres du Clergé & de la Noblesse sont directement & individuellement appelés aux Assemblées générales des Bailliages. Ils jouissent d'un droit personnel qui leur est acquis par leur qualité; ils peuvent donc se faire représenter, lorsqu'ils ne peuvent pas, ou lorsqu'ils ne veulent pas exercer leur droit.

Il n'en est pas de même des Députés du Tiers-état aux Assemblées générales des Bailliages, parce qu'ils n'y affiftent que comme procureurs ou délégués.

Mais les membres du Tiers-état rentrent dans l'exercice & toute la plénitude de leurs droits dans les Affemblées de Paroiffes, Villes & Commnautés. Là ils font appelés individuellement en leur qualité de citoyens, ils exercent un droit perfonnel ; ils peuvent donc s'y faire repréfenter lorfqu'ils ne peuvent pas l'exercer perfonnellement.

On a cru devoir prefcrire la forme des procurations, la nature des pouvoirs qu'elles doivent renfermer, & les formalités qui doivent les accompagner.

Il étoit convenable que le fondé de pouvoir fût du même Ordre que celui ou celle dont émane la procuration.

On a limité à deux le nombre des procurations dont un membre du même Ordre pourra être porteur. On a redouté qu'une feule perfonne réuniffant dans fa main la force & le pouvoir de plufieurs, ne parvînt à acquérir une influence trop fenfible, une prépondérance dangereufe, & à maîtrifer une Affemblée entière.

C'eft toujours dans les premiers momens où l'on recouvre la liberté, que l'on en connoît mieux le prix, que l'on craint le plus de la perdre, & que l'on devient plus attentif & plus fevère dans le choix des précautions qui doivent la conferver ou l'affurer.

AVIS

49.ᵉ QUESTION.

Devra-t-on nommer expressément dans la procuration celui à qui on la donnera?

AVIS.

Voyez la réponse à la question précédente.

50.ᵉ QUESTION.

Les élections se feront-elles à haute voix, ou au scrutin?

Distinguera-t-on à cet égard les différentes sortes d'Assemblées?

AVIS.

Les suffrages pour toutes les élections doivent être recueillis par tête & à haute voix, & non par acclamation ni par scrutin.

Unanimement.

MOTIFS.

Les élections par scrutin paroissent plus favorables à la liberté.

Les élections à haute voix ne sont pas contraires à la liberté, & sont plus conformes aux sentimens d'honneur, de franchise & de loyauté qui caractérisent un Gouvernement dont l'honneur est le principe.

On a voulu cependant prévenir ces élections tumultueuses, où l'acclamation devient un attentat contre la liberté ; où elle n'est souvent qu'un moyen perfide pour étouffer la voix des sages qui est toujours moins éclatante & plus modérée.

C'est le motif qui a déterminé le Bureau à exiger que tous les électeurs fussent appelés pour donner leurs suffrages par têtes.

51.ᵉ QUESTION.

Pourra-t-on nommer un suppléant dans chaque Ordre pour remplacer le ou les Députés aux États-généraux, en cas de maladie ou de légitime empêchement, lequel n'aura de mission qu'à défaut du Député qu'il sera destiné à remplacer?

52.ᵉ QUESTION.

Si une même personne est nommée Député dans plusieurs Bailliages, sera-t-elle tenue d'opter le Bailliage dont elle voudra être le Représentant; & dans ce cas sera-t-elle remplacée de droit dans les autres Bailliages, par celui qui après l'élu aura réuni le plus de suffrages?

A V I S.

On ne nommera point de suppléant, mais pour remédier à l'inconvénient indiqué dans la question, on pourra adopter le moyen proposé dans la délibération suivante.

A V I S.

Celui qui aura été nommé Député dans plusieurs Bailliages aux États-généraux, sera tenu d'opter le Bailliage dont il voudra être le Représentant, & il sera remplacé dans chacun des autres Bailliages par celui qui aura réuni après lui le plus de suffrages.

Il en sera de même à l'égard du Député, qui pour cause de maladie, ou quelques empêchemens légitimes, ne pourra remplir sa mission.

Unanimement.

M O T I F S.

Nous avons déjà dit qu'aux États de 1614, l'Évêque de Chartres ayant été nommé Député par plusieurs Bailliages, les

États l'obligèrent d'opter le Bailliage dont il préféreroit d'être le Repréfentant. Une délibération précife & folennelle des États-généraux juftifie notre décifion, & nous difpenfe d'en développer les motifs. Il a paru convenable & jufte de ne point laiffer fans Repréfentant les Bailliages qui perdroient le Député qu'ils auroient choifi. Le moyen que nous propofons eft fimple, jufte & légitime ; il remédie à tous les inconvéniens.

Il doit en être de même à l'égard du Député qui, pour caufe de maladie ou quelques empêchemens légitimes, ne pourra remplir fa miffion.

L'un des principaux motifs qui nous ont déterminés à fupplier le Roi de convoquer deux Députés de chaque Ordre par Bailliage, a été non-feulement d'offrir aux Bailliages la facilité de choifir leurs Repréfentans dans les claffes de chaque Ordre, mais encore de fuppléer à ceux que la maladie ou quelque caufe légitime empêcheroit de remplir leur miffion. Le fecond Député que le Bureau a demandé, repréfenteroit pour celui qui manqueroit; ou bien, fi Sa Majefté jugeoit que tout Député nommé & arrêté par une impoffibilité abfolue, devroit être remplacé, le moyen que nous avons propofé pourroit également être adopté fans inconvénient.

53.ᵉ QUESTION.

Quelle fupériorité ou pluralité de fuffrages

AVIS.

Celui-là fera élu qui réunira en fa faveur le plus grand nombre de

seront nécessaires pour être légitimement élu ?

suffrages; & quand les suffrages seront également partagés, on recommencera l'élection, seulement entre ceux qui auront eu un nombre égal de voix.

Unanimement.

MOTIFS.

Le Bureau a balancé avec impartialité les avantages ou les inconvéniens qui pouvoient résulter de la manière d'apprécier la pluralité des suffrages; il a parfaitement senti qu'en combinant différentes suppositions, il arriveroit peut-être que le Député d'un Bailliage n'auroit obtenu que la dixième partie des suffrages de l'Assemblée d'élection; mais il s'est convaincu en même temps qu'il falloit toujours donner la préférence à la méthode la plus simple, sur-tout dans les Assemblées nombreuses. D'ailleurs la pluralité relative est la plus ordinairement admise dans les Corps, Compagnies, Sociétés, & l'expérience atteste que par-tout où l'on a voulu compliquer les formes d'élections, on a multiplié les lenteurs & les inconvéniens, sans réussir à écarter toutes les manœuvres de l'intrigue & de la séduction.

En cas de partage, on doit recommencer l'élection, mais seulement entre ceux qui ont obtenu un nombre égal de voix. Alors la pluralité relative ne présente pas même la crainte du plus léger inconvénient; tous les électeurs sont avertis &

(405)

fixés sur un nombre limité, & celui qui obtient la pluralité, devient incontestablement le Représentant de l'universalité.

54.ᵉ QUESTION.

Sera-t-il nécessaire de régler l'ordre & la forme que devront suivre les Assemblées où les instructions des Députés aux États-généraux seront délibérées & rédigées, depuis les Assemblées de campagne, en remontant jusqu'aux Assemblées bailliagères ?

A V I S.

Le Bureau s'en réfère à l'énoncé de ses délibérations, & à l'exposé des motifs qu'il en a présentés, touchant les questions qui ont rapport aux Assemblées d'élections, ainsi qu'à la formation & rédaction des cahiers.

Unanimement.

Provinces réunies à la Couronne depuis 1614.

Le Bureau n'a pas cru devoir exposer son sentiment touchant les formes dans lesquelles les Provinces réunies à la Couronne depuis 1614, devront être convoquées aux États-généraux, & devront y députer.

Le Bureau, après avoir invité Messieurs les Notables des différens Bureaux qui ont des rapports avec ces Provinces, de se rassembler pour conférer entr'eux à ce sujet, a pensé devoir s'en référer entièrement aux résultats de leurs conférences.

Sa Majesté y trouvera ce qu'ils ont jugé convenable de proposer, relativement à l'état & à la constitution de ces Provinces, ce qui suffit pour déterminer la sagesse & la justice de Sa Majesté. *Signé* L. H. J. DE BOURBON....... LENOIR. *Et plus bas*, ROBIN.

SIXIÈME ET DERNIER BUREAU.

QUESTIONS.

AVIS ET MOTIFS

Rédigés par le Commissaire du Bureau, & approuvés.

COMMISSAIRE.

Monsieur DE LA GALAISIÈRE, Conseiller d'État.

1.ʳᵉ QUESTION.

Le nombre des Députés doit-il être en raison des Gouvernemens, des Généralités, des Provinces, des Élections, des Diocèses, des Bailliages ?

AVIS.

Le Bureau est d'avis d'admettre la division par Bailliages & Sénéchaussées.

Unanimement.

MOTIFS.

Le Roi a convoqué l'Assemblée de Notables pour la consulter sur la meilleure forme à donner à la composition des États-généraux; mais il a en même temps manifesté l'intention la plus expresse de ne s'éloigner que le moins possible des anciennes formes & des usages reçus.

Or, le Bureau a reconnu que depuis l'époque où les États-généraux ont pris en France une forme régulière, jamais il n'y avoit eu de variation dans cette manière de les convoquer, puisque les Lettres de convocation de 1483, 1560, 1576, 1588, 1614, 1649 & 1651, ont été constamment adressées aux Baillis & Sénéchaux.

Le Bureau a estimé qu'il étoit convenable de conserver l'ancien usage : 1.° parce qu'en supposant qu'il fût reconnu nécessaire de changer une forme aussi constamment observée, & par-là devenue respectable, on ne pourroit proposer un nouveau plan que d'après un travail très-approfondi, qui consommeroit beaucoup de temps & exigeroit des bases exactes & certaines qui manquent absolument à l'Assemblée.

2.° Parce que le Roi a annoncé lui-même qu'il desiroit que les anciennes formes fussent conservées, & que les circonstances exigeant impérieusement que les États-généraux s'assemblent le plus tôt possible, il ne faut pas même courir le risque de faire naître des réclamations qui retarderoient les délibérations sur des objets bien plus pressans.

2.° QUESTION.

1.° De quelle nature doivent être les Bailliages qui auront la prérogative de députer directement aux États-généraux ?

2.° Doit-on n'accorder cette distinction, quant aux Provinces

AVIS.

Le Bureau est d'avis de proposer au Roi de convoquer tous les Bailliages royaux & les Sénéchaussées royales aujourd'hui existans, soit qu'ils aient député directement ou indirectement aux États-généraux de 1614, soit qu'ils aient été démembrés ou créés depuis cette époque, pourvu

qui ont député par Bailliages en 1614, qu'aux seuls Bailliages qui ont député directement à cette époque, soit qu'ils eussent ou non des Baillis d'épée ?

3.° Écartera-t-on de la députation directe les Bailliages qui ayant eu à cette époque des Baillis d'épée, paroissent n'avoir député que secondairement ?

4.° Enfin admettra-t-on pour la députation directe, les Bailliages créés depuis 1614, avec Baillis d'épée ?

qu'ils eussent alors ou qu'ils aient acquis depuis, 1.° la qualité de Bailliages ou Sénéchaussées royales ;

2.° Le ressort direct au Parlement ;

3.° La connoissance des cas royaux ;

4.° Enfin l'obligation de faire recevoir & prêter serment à leurs Officiers au Parlement, soit que ces Bailliages ou Sénéchaussées aient ou non à leur tête des Baillis d'épée.

18 voix contre 6.

MOTIFS.

Il paroît constant qu'en 1614, cent un Bailliages seulement ont député directement aux États-généraux, & que cent trente-un autres n'y ont député qu'indirectement. Le Bureau a recherché les causes de cette différence, & l'on a cru s'apercevoir qu'elles tenoient à la distinction de ceux de ces Siéges qui avoient un Bailli d'épée ; & ce motif paroissoit fondé sur ce que les Baillis d'épée étoient originairement Juges de la Noblesse, qu'ils convoquoient le ban & arrière-ban & marchoient à leur tête ; mais les éclaircissemens qui ont été envoyés depuis au Bureau par le Gouvernement, lui ont fait reconnoître son erreur, ou au moins lui ont fait naître de grands doutes. Il a vu que dans les cent un Bailliages qui avoient député directement, il y en avoit plusieurs qui n'avoient pas de Baillis d'épée, tandis qu'il en existoit dans plusieurs des

Bailliages

Bailliages qui n'avoient député qu'indirectement; il a donc présumé que ce n'étoit pas ce principe qui avoit fondé cette distinction entre la députation directe & la députation indirecte.

Dans l'incertitude des motifs qui avoient pu établir cette différence, le Bureau a cherché un moyen de remédier à un inconvénient extrêmement frappant, celui de la disproportion énorme qui existe entre les différens Bailliages qui ont député directement en 1614. Celui de Poitou, par exemple, contient six cents mille ames; celui de Gex douze mille, & ils avoient l'un & l'autre le même nombre de Députés aux États-généraux. Le Bureau a imaginé d'abord qu'on pourroit accorder aux Bailliages un nombre de Députés proportionné à leur population respective, en les classant d'après les états de population absolue & relative qu'il avoit espéré d'obtenir; mais ces états n'étant point dressés, & ne pouvant l'être d'ici à long-temps, & la classification devenant conséquemment impossible, il a embrassé le parti dont on a rendu compte.

Ce parti paroît fondé en raison & en justice. 1.° L'arrangement qu'il adopte fait cesser, au moins en partie, l'inégalité choquante qui existe entre les ressorts des Bailliages qui ont député directement, puisque ces ressorts en renferment aujourd'hui un grand nombre d'autres qui ont tous les caractères que le Bureau exige pour qu'ils soient convoqués.

2.° Les Bailliages royaux revêtus de toutes ces qualités, ont véritablement les mêmes droits que les Bailliages anciens; ils exercent leur juridiction sur tous les Ordres, & l'on voit même que les Lettres de convocation sont adressées aux Baillis ou à leurs Lieutenans: ainsi un Lieutenant général de Bailliage est censé être le Bailli, quand il n'y a point de Bailli supérieur, & quand il y en a un, il le représente; il est même fort douteux que les Bailliages revêtus des caractères que le Bureau leur suppose, consentissent aujourd'hui à ne paroître qu'indirectement aux États-généraux, & les prétentions qu'ils élèveroient, occasionneroient plus de débats qu'on n'en peut craindre de la part des Baillis d'épée qui pourroient croire leur sort dégradé par la concurrence qu'admet le Bureau.

3.° Il ne paroît pas qu'il y ait de raison péremptoire pour exiger que les nouveaux Bailliages qui seront convoqués, aient été créés avec des Baillis d'épée; d'abord, parce qu'il paroît constant, comme on l'a déjà observé, que dans le nombre de ceux qui ont député directement en 1614, plusieurs n'en avoient point; ensuite, parce que les Baillis d'épée ne sont pas aujourd'hui ce qu'ils étoient dans leur institution. Ces offices devenus vénaux, sont à présent remplis par des personnes, sinon de tout état, au moins d'extraction très-différente; plusieurs anoblis en possèdent. On assure même que la Noblesse n'a pas toujours été exigée ou prouvée aux Parties casuelles, quand on les a levés. Les Ordres privilégiés auroient donc autant de répugnance à comparoître pardevant plusieurs de ces nouveaux Baillis, que pardevant le Lieutenant général d'un Bailliage royal, qui n'auroit point de Bailli d'épée.

4.° La convocation à l'Assemblée prochaine d'un plus grand nombre de Bailliages qu'il n'en a paru directement en 1614, ne peut pas être regardée comme une innovation.

Il est bien difficile de se persuader que les changemens que l'intervalle de cent soixante-quinze ans amène dans un grand Royaume, ne puissent pas exiger au bout de ce temps un nombre de députations plus considérable à l'Assemblée nationale; d'ailleurs cet accroissement de Siéges convoqués est fondé en exemples. Le Bureau a vu que quatre-vingts Bailliages seulement avoient député directement aux États de 1576; qu'il s'en présenta vingt de plus à ceux de 1588, & que sur les difficultés qui leur furent faites par l'Assemblée des États, le Roi leur envoya par M. de Marles une décision portant que ces vingt nouveaux Bailliages devoient députer directement comme les quatre-vingts autres. Il est incertain s'ils ont été admis aux États mêmes de 1588; mais il est constant qu'ils l'ont été à ceux tenus immédiatement après en 1614, & que la décision du Roi n'a donné lieu à aucunes réclamations.

Cependant l'avis qu'on vient de présenter, n'a passé qu'à la pluralité des voix;

il a été fortement combattu par cinq de Messieurs les Opinans, qui ont cru qu'on ne devoit convoquer directement que les cent un Bailliages qui l'ont été aux États de 1614. Ils se fondent sur ce que c'est une espèce de contradiction que d'adopter la forme de 1614, & de s'en écarter en multipliant le nombre des Bailliages qui ont été alors convoqués, tandis qu'on ignore encore ce qui a constitué cette distinction entre ces cent un Bailliages, & les cent trente-un qui n'ont député qu'indirectement. Il leur paroît que c'est une véritable innovation, & qu'elle feroit naître des prétentions sans nombre de la part de tous les Siéges; qu'ils soutiendroient qu'ils ont tous les caractères qu'on exige dans l'opinion opposée. Ces Messieurs d'ailleurs ne pensent pas comme la pluralité, qu'il résulte une grande injustice de l'inégalité des ressorts des anciens Bailliages, parce que les intérêts d'un arrondissement quelconque étant les mêmes pour tous les individus qui le composent, ces intérêts peuvent être aussi bien défendus par un que par plusieurs Députés : ils jugent d'ailleurs que le parti proposé remédieroit bien imparfaitement à l'inégalité des ressorts des anciens Bailliages, puisqu'en convoquant même les nouveaux, il règneroit toujours une grande disproportion entre leur arrondissement ; qu'enfin cette inégalité se rencontrera nécessairement par-tout, puisqu'une paroisse de vingt mille habitans n'aura pas plus de Députés qu'une Paroisse de cinq cents.

(413)

Enfin un de Meſſieurs les Opinans a propoſé de maintenir l'ancienne forme de convocation par grands Bailliages, mais de propoſer à Sa Majeſté d'accorder à chaque grand Bailliage le droit de nommer un Député de chaque Ordre par chacune juridiction royale du reſſort des grands Bailliages, comme le moyen le plus légal d'approcher d'une repréſentation proportionnée à l'étendue de la population.

Ce moyen a été défendu par le motif de laiſſer les anciens Baillis dans l'exercice de tous leurs droits, & combattu par le motif que tous les Bailliages royaux, formés du démembrement des anciens, auroient été créés aux mêmes droits & jouiſſent aujourd'hui d'une parfaite indépendance, en ſorte que leurs juſticiables ne voudroient pas vraiſemblablement reconnoître la convocation qui ſeroit faite par les anciens Baillis qui leur ſont devenus abſolument étrangers.

Les ſix Opinans qui n'ont point embraſſé l'avis paſſé à la pluralité, ſe ſont réunis pour ſoutenir qu'en convoquant tous les Bailliages royaux, il y en auroit dans leſquels il ne ſe trouveroit pas aſſez de Nobles pour former un Ordre, & que dans le Clergé, il ne ſe préſenteroit ſouvent que des Curés. Ces raiſons ont été repouſſées par la pluralité, & il a réſulté de la controverſe, que chacun a perſiſté dans ſon opinion.

3.ᵉ QUESTION.

Les Provinces ou Pays qui ont député en

AVIS.

Le Bureau eſt d'avis que les Provinces qui ont député en forme de

forme de Pays d'États en 1614, ou aux trois tenues précédentes, continueront-elles de jouir de cet avantage ?

Pays d'États en 1614, & aux trois États antérieurs, doivent député dans la même forme.

Unanimement.

MOTIFS.

Le Bureau n'a vu aucune raison pour changer un usage depuis si long-temps observé, & de donner atteinte à une forme que les Pays d'États regardent comme tenant à leur constitution. Ces Provinces se sont crues jusqu'ici suffisamment représentées par les Députés envoyés par leurs États. Si quelques-unes forment à cet égard des réclamations, le Roi y statuera dans son Conseil.

AVIS.

Le Bureau est d'avis qu'il n'a point à délibérer sur cette question.

Unanimement.

MOTIFS.

Cette question tombe par la délibération prise par le Bureau sur la seconde question. On voit dans ses motifs qu'il avoit d'abord pensé à adopter ce moyen; mais qu'à défaut de bases qu'il n'a pu se procurer pour classer les Bailliages à raison de leur population, il a embrassé un autre parti.

4.ᵉ QUESTION.

Aura-t-on égard pour fixer le nombre des députations que chaque Bailliage enverra aux États-généraux, à leur population ?

Ou le nombre des députations sera-t-il égal entre tous les Bailliages, sans égard à leur population ?

Et dans le premier cas, quelle seroit l'échelle de proportion qu'il faudroit établir entr'eux ?

5.ᵉ QUESTION.

Quel doit être le nombre respectif des Députés de chaque Ordre ? sera-t-il égal pour chaque députation ?

AVIS.

Le Bureau est d'avis que ce nombre doit être, comme il l'a toujours été, égal pour chaque Ordre.

18 voix contre 6.

MOTIFS.

Ce nombre a toujours été égal pour les trois Ordres; ainsi la question seroit vaine, si l'on ne supposoit pas la possibilité de rompre cette égalité.

Peut-on & faut-il la rompre ?

Le Bureau a reconnu que les deux premiers Ordres ne formant aucunes réclamations, & n'ayant aucun intérêt à changer la proportion égale qui subsiste entr'eux, la question se réduisoit à savoir si l'on accorderoit au Tiers-état un nombre de Députés qui le mît en égalité avec les deux autres Ordres réunis.

Le Tiers-état renferme la classe de citoyens la plus utile, & dix fois plus nombreuse que les deux autres Ordres ensemble; il supporte la plus forte partie des charges publiques; ses intérêts sont évidemment en opposition avec ceux des Ordres privilégiés, qui ont encore, pour étouffer sa voix, tous les avantages que donnent la naissance, le rang, le crédit & la fortune. Est-il juste que le Tiers-état n'ait dans les délibérations de la Nation que la moitié de l'influence donnée aux deux premiers Ordres réunis ? Là où les intérêts sont opposés, la mesure de l'influence ne doit-elle pas être en proportion avec celle des intérêts ? La première Assemblée de Notables semble avoir préjugé la question, en adoptant sans réclamations le plan qui lui fut présenté pour la formation des Assemblées provinciales, où le Tiers-état a autant de voix à lui seul que les deux autres Ordres ensemble.

Que craint-on de l'égalité qui seroit accordée au Tiers-état avec les deux autres Ordres réunis ? Si l'on opine par Ordre dans les États-généraux, l'augmentation du nombre des Députés du Tiers-état devient indifférente, puisque l'Ordre entier n'auroit qu'une voix ; mais ce qui seroit indifférent pour son degré d'influence, ne le seroit pas pour la défense de ses intérêts. Le Tiers-état renferme dans son sein plusieurs classes de citoyens bien distinctes, une partie de la Magistrature inférieure, les Bourgeois des Villes, les Capitalistes, les Commerçans, toutes les professions industrielles, enfin, tous les habitans de la Campagne. Ne seroit-il pas juste qu'il eût un plus grand nombre de Députés pour stipuler des intérêts si variés ?

Si, ce qu'on ne sauroit présumer, les États-généraux se déterminoient jamais à faire opiner par tête, les deux Ordres privilégiés, n'auroient-ils pas mille moyens de séduction & de pouvoir pour détacher des voix du Tiers-état, tandis que ce dernier
Ordre

Ordre n'auroit aucune reſſource pour acquérir la prépondérance.

Tels ſont les moyens employés par les ſix défenſeurs de la cauſe du Tiers-état.

Ces moyens ont été combattus par les dix-huit Opinans qui ſont d'avis de maintenir l'égalité entre les trois Ordres.

Ils ont d'abord examiné ſi la juſtice étoit bleſſée par le rapport de l'influence que le Tiers-état a eue juſqu'ici dans les délibérations nationales, avec celle des deux autres Ordres.

Quels ſont les objets qui ſont traités aux États-généraux !

D'abord les abus qui peuvent exiſter dans le Gouvernement, & dont on demande la réforme. Les trois Ordres ont un intérêt commun à la ſuppreſſion de ceux qui bleſſent toutes les claſſes de la ſociété ; ils doivent donc avoir à cet égard un même degré d'influence dans les délibérations qui y ont rapport. Quant aux abus dont un Ordre peut ſouffrir en particulier, c'eſt à cet Ordre qu'il appartient de les expoſer & de les combattre ; & pour exercer cette faculté, le Tiers-état n'a pas beſoin d'un plus grand nombre de Députés qu'il n'en a eu juſqu'à ce jour, puiſqu'il peut employer à la rédaction du cahier de ſes doléances, tous les coopérateurs qu'elle exige.

La formation du cahier n'eſt pas à la vérité la délibération ſur le cahier ; mais aſſurément il n'eſt pas préſumable que les deux premiers Ordres ſuppriment ou

Ggg

restreignent les plaintes particulières que le Tiers-état auroit à former : cette injustice exciteroit de trop grands murmures.

Si les États-généraux proposent au Roi de nouvelles loix, ou quelques changemens dans les anciennes, cet objet intéresse également tous les Ordres.

C'est donc celui des subsides qui peuvent être demandés par le Roi à la Nation, qui peut produire pour le Tiers-état un intérêt particulier, & peut-être même opposé à celui des autres Ordres ; & ce seroit seulement dans ce cas qu'il pourroit se plaindre de l'inégalité de son influence : mais il faudroit pour cela que les subsides demandés n'atteignissent que la classe du Tiers-état, & que les deux autres Ordres privilégiés en fussent exempts. On est en général persuadé que les Ordres privilégiés ne payent presque rien, & que la dernière classe des contribuables supporte presque toutes les charges. Cette opinion a tellement prévalu, qu'elle est devenue la source de toutes les plaintes du Tiers-état, & qu'elle a amené insensiblement le mouvement extraordinaire qui l'agite dans ce moment-ci : il est nécessaire de l'approfondir ; & il résultera peut-être de cette discussion, qu'elle n'est fondée que sur un mal-entendu.

Les impôts que la Nation supporte se divisent en impôts directs & en impôts indirects. Ces derniers qui résultent des droits exigés sur les consommations, sont évidemment supportés par tous les individus, à raison de leur fortune, & nul ne peut y échapper.

Les impôts directs sont la Capitation, les Vingtièmes, la Taille & tout ce qui y est accessoire.

Le Clergé & la Noblesse ne sont exempts ni de Capitation ni de Vingtièmes. Si le Clergé paroît n'y être pas assujetti, il en doit payer la représentation équivalente, & il la paye en effet par ses dons gratuits. Quant à la Noblesse, elle supporte ces deux impôts dans la même proportion & dans la même forme que le Tiers-état.

Quant à la Taille & aux contributions qui y sont accessoires, le Clergé & la Noblesse en sont personnellement exempts; mais il faut observer d'abord que dans toutes les Provinces cadastrées, qui forment une assez grande partie de la France, ils ne jouissent pas de cette exemption, puisque la Taille est assise sur les fonds, dans quelques mains qu'ils se trouvent. Ce privilége n'existe donc pour eux que dans les Pays d'Élection; mais il est très-reconnu que presque tous les fonds qui appartiennent à ces deux Ordres, sont mis en valeur par des Fermiers qui payent la Taille & les contributions accessoires, & qui en font la déduction au propriétaire sur le prix de leur bail.

Il y a plus, c'est que dans le fait, les Fermiers des Nobles & Ecclésiastiques sont taxés en général beaucoup plus haut qu'ils ne devroient l'être, parce que les anciens

Administrateurs ont senti que c'étoit un moyen de soulager la dernière classe, & en cela l'arbitraire a eu la justice pour motif.

Le privilége des deux premiers Ordres se réduit donc pour ainsi dire à cet égard, au petit nombre d'Ecclésiastiques & de Gentilshommes qui font valoir leurs propriétés par leurs mains.

Le Bureau a observé que ces Ecclésiastiques & Gentilshommes sont pour la plupart extrêmement pauvres ; que les derniers donnent des citoyens à l'État & des Officiers à l'armée, & que l'exemption dont ils jouissent, est pour eux le seul moyen de subsistance : le Tiers-état convient d'ailleurs que l'exemption restreinte dans cette classe est d'une légère conséquence, & que par conséquent elle le grève foiblement.

Il résulte de cet exposé, que les deux premiers Ordres ne sont exempts dans le fait que d'une très-foible partie des charges auxquelles le Peuple est assujetti.

Il est vrai que les vérifications des propriétés du Clergé n'ayant pas été faites jusqu'ici, les Peuples ont pu supposer qu'il avoit intérêt à en cacher la valeur, parce qu'apparemment sa contribution par le don gratuit, n'atteignoit pas la proportion de cette valeur.

Il est vrai aussi que les propriétaires de l'Ordre de la Noblesse n'ont employé que trop souvent leur crédit pour obtenir de l'Administration de très-fortes modérations sur la Capitation & sur-tout sur les

Vingtièmes, & que les faveurs ont retombé nécessairement sur la classe des simples contribuables.

Mais des extensions de fait ne sont pas des priviléges de droit, & il n'est question que de faire rentrer les priviléges des deux premiers Ordres dans leurs bornes, pour qu'ils ne pèsent plus sur le troisième que d'une manière très-insensible.

Le Clergé peut conserver sa forme de répartition & de recouvrement sans nuire aux autres Ordres : ce n'est pas la forme, mais la quotité de sa contribution qui les intéresse ; & lorsque les propriétés du Clergé auront été soumises à des vérifications auxquelles il ne paroît plus s'opposer, il sera facile de régler cette quotité dans la proportion de ce que les autres Ordres supportent.

Au reste, les abus très-grands qui se sont introduits dans la répartition des charges publiques, vont cesser, & ce n'est pas le moment de s'en plaindre. Non-seulement les Ordres privilégiés consentent à payer désormais les impôts en proportion de leurs propriétés ; mais quand ils n'auroient pas cette intention juste & généreuse, les Assemblées provinciales, chargées désormais de la répartition, y auront bientôt rétabli l'égalité : ce sera d'ailleurs vraisemblablement les premiers objets dont les États-généraux s'occuperont.

Lorsqu'on a accordé au Tiers-état dans les Assemblées provinciales le même nombre de voix qu'aux deux autres Ordres réunis, les Notables ont reconnu que dans ces Assemblées de Pays & de Province, où l'objet principal de discussion est la répartition des impositions entre tous les contribuables, il n'y avoit point d'inconvénient à proportionner son influence à la mesure de son intérêt particulier ; mais aux États-généraux où s'agitent les grands objets qui concernent la Nation entière, la justice ne sera point blessée, si le Tiers-état reprenant son niveau, se retrouve en égalité avec chacun des deux autres Ordres, & les Notables n'encourront point le reproche d'inconséquence, en admettant pour les Assemblées de la Nation un autre principe que pour les Assemblées provinciales.

Une observation très-importante achève de prouver qu'il n'est point contraire au principe d'équité, que le Tiers-état n'ait pas plus d'influence aux États-généraux que chacun des deux autres Ordres.

Quel est le Tiers-état qui a jusqu'ici été représenté & qui le sera toujours aux Assemblées nationales ! Ce ne sont point les Agriculteurs, les habitans de la campagne ; ils seront sans doute convoqués comme les autres citoyens ; ils pourront participer aux élections, mais le choix de leurs Représentans tombera toujours sur des habitans des Villes : des gens de la campagne n'accepteroient point une pareille mission ; cette classe d'hommes n'a jamais paru & ne paroîtra jamais à des Assemblées qui les éloigneroient pendant long-temps de leurs foyers, & les distrairoient du travail journalier qui les fait vivre. Le Tiers-état, tel qu'il est nécessairement représenté, n'est donc composé que des habitans des Villes, & ce sont les Villes seules qui demandent aujourd'hui à avoir dans les Assemblées nationales une influence égale à celle des deux autres Ordres réunis.

Le Bureau a pensé que les efforts qu'elles font dans ce moment-ci pour obtenir cet avantage, & la fermentation qu'ils occasionnent, ne servent qu'à mieux en faire apercevoir le danger.

Mais en supposant que l'influence du Tiers-état dans les délibérations de la Nation, ne fût pas dans une proportion absolument exacte avec son intérêt, le Bureau ne se permettroit pas de proposer au Roi de changer une règle qui se trouve établie depuis que la Commune a été appelée aux États-généraux, & qui a toujours été constamment observée: il s'est cru lié pour ainsi dire pour la convocation des États-généraux & leur composition, par des usages qui n'ont consacré que des formes ; il ne proposera pas de s'en écarter, pour donner atteinte à un principe que non-seulement l'usage a rendu respectable, mais qu'il seroit bien dangereux d'ébranler, parce qu'il est pour ainsi dire la base de la Monarchie. Il y a toujours eu trois Ordres en France, & la plus parfaite égalité a toujours régné entr'eux. C'est cette égalité précieuse, ce balancement de pouvoirs, qui ne permettant pas qu'aucun puisse prédominer, maintient dans l'État cet équilibre parfait qui assure sa tranquillité & sa conservation. Le Bureau pense qu'on ne peut rompre cette égalité sans altérer les principes constitutionnels de la Monarchie; que si le Tiers-état acquéroit une influence égale à celle des deux autres Ordres réunis, il n'y auroit plus, à proprement parler, que deux Ordres dans l'État, & que bientôt peut-être ils seroient tous confondus, ce qui produiroit un désordre dont les effets sont incalculables.

Le Bureau convient que si l'on continue à opiner par Ordre dans les États-généraux, il deviendroit assez indifférent que le Tiers-état eût deux voix au lieu d'une; mais alors qui peut l'engager à les demander! mais enfin il est possible que les États-généraux changent cet usage, & qu'on se décide quelque jour à opiner par tête; il est même vraisemblable que c'est cette espérance qui excite dans ce moment-ci les réclamations du Tiers-état; mais on peut dire qu'il connoît mal ses intérêts, puisque dans cette supposition il perdroit l'avantage dont il jouit, en vertu des loix du Royaume, de pouvoir en matières de subsides, rendre nul par son opposition le consentement des deux autres Ordres. Cet avantage seul achève de démontrer, qu'en maintenant l'égalité qui a toujours existé entre les trois Ordres, on ne blesse en aucune manière la justice ni les intérêts du Tiers-état.

6.e QUESTION.	*A V I S.*
Quelle a été & quelle	Le Bureau est d'avis que depuis plus

6.e QUESTION.

Quelle a été & quelle

A V I S.

Le Bureau est d'avis que depuis plus

pourroit être la forme de délibérer des trois Ordres dans les États-généraux ?

plus de trois siècles, les États-généraux paroissent avoir toujours opiné par Ordre, & que toute autre forme seroit une contravention à l'ancien usage.

Unanimement.

MOTIFS.

Il n'est pas aisé de saisir le sens que présente la question ainsi posée. En la subdivisant, la première partie n'est susceptible d'aucune controverse, & la seconde ouvre un champ bien vaste & bien déterminé.

Il n'est pas douteux que l'usage constamment suivi depuis près de trois siècles dans les Assemblées d'États-généraux, a été d'y opiner par Ordre. On cite une seule occasion où l'on prétend qu'on y a dérogé; c'est aux États de Tours tenus en 1483; mais rien n'est moins établi que cette assertion. A la vérité l'Assemblée se divisa en six Nations ou Bureaux, dans chacun desquels les trois Ordres se confondirent; mais on assure que lorsqu'il fut question de recueillir les suffrages dans chaque Nation, on appela d'abord les Députés du Clergé, ensuite ceux de la Noblesse, enfin ceux du Tiers-état; & que, quoiqu'ils eussent délibéré en commun, leurs voix furent prises par Ordre.

Quand la dérogation à l'usage seroit prouvée par cet exemple unique, elle auroit pu être produite par des circonstances particulières que nous ne pouvons connoître;

mais toujours est-il constant que dans les quatre tenues subséquentes, on a opiné par Ordre, ce qui suffit bien pour établir l'usage.

La seconde partie de la question seroit très-difficile à résoudre. On demande dans quelle forme les États-généraux pourroient délibérer? Cette forme pourroit se combiner de vingt manières différentes: tout ce qu'on peut donc répondre à cette partie de la question, c'est qu'on ne peut, sans contrevenir aux usages reçus, opiner autrement que par Ordre.

Le Bureau a cru qu'il étoit nécessaire qu'il restreignît infiniment son avis sur cette question, qui pourroit en faire naître d'autres dont la discussion seroit dangereuse.

7.ᵉ QUESTION.

A qui les Lettres de convocation devront-elles être adressées?

AVIS.

Le Bureau est d'avis que les Lettres doivent être adressées aux Baillis & Sénéchaux ou leurs Lieutenans, & envoyées aux Gouverneurs pour les leur faire passer.

Unanimement.

MOTIFS.

Le Bureau a reconnu que cet usage avoit été assez généralement observé, & qu'il étoit convenable de laisser jouir les Gouverneurs de cette prérogative.

8.ᵉ QUESTION.

Dans quelle forme

AVIS.

Le Bureau a été d'avis que les

chacun des trois Ordres sera-t-il convoqué & cité?

Nobles continueront à être cités ou assignés, comme par le passé, aux fiefs, & les Ecclésiastiques à leurs bénéfices. Tous les autres Nobles, jouissant de la noblesse personnelle & transmissible, âgés de vingt-cinq ans, originaires du Bailliage, ou qui y sont domiciliés, ou qui y possèdent quelques propriétés, & tous Ecclésiastiques âgés de vingt-cinq ans, engagés dans les Ordres sacrés, originaires du Bailliage, seront convoqués à son de trompe ou par les voies ordinaires de publication, pour venir se ranger chacun dans leur Ordre. Le Tiers-état dans les Villes & Campagnes, sera pareillement convoqué à son de trompe, affiches & publications aux prônes des Paroisses.

Unanimement.

MOTIFS.

Le Bureau a reconnu que pour toutes les tenues d'Assemblées d'États-généraux, les Nobles avoient toujours été assignés & cités à leurs fiefs, & les Ecclésiastiques à leurs bénéfices.

Cet usage a dû nécessairement s'introduire dans un temps où tous les Nobles avoient un fief, & tous les Ecclésiastiques un bénéfice; mais depuis que le nombre des Nobles s'est prodigieusement accru, soit par des lettres de noblesse, soit par des charges qui en confèrent les priviléges, depuis que le bénéfice n'a plus dépendu de l'office, & que l'Église ayant changé sa discipline à cet égard, a cru nécessaire d'ordonner des Prêtres, sans qu'ils fussent pourvus en même temps de titres de bénéfices, ce qui a fait entrer une multitude d'individus dans l'état ecclésiastique, les principes adoptés originairement pour la convocation du Clergé & de la Noblesse ne peuvent plus recevoir d'application.

Si les Bénéficiers & les Nobles possédant fiefs, étoient seuls convoqués, il faudroit rejeter dans le Tiers-état tous les individus de ces deux classes qui n'ont ni fiefs ni bénéfices, & il seroit à craindre, ou que le Tiers-état ne refusât de les y admettre, ou qu'ils ne voulussent pas eux-mêmes en faire partie.

Le Bureau a observé que les anoblis jouissant de bonne foi & sur des titres avoués, des priviléges de la noblesse, il seroit très-injuste de les priver d'un des plus précieux, celui de siéger dans leur Ordre. Cependant, pour s'écarter le moins possible de l'ancien usage, & parce que les fiefs & bénéfices sont les seuls domiciles connus, le Bureau a estimé que les assignations & citations devoient être faites, comme par le passé, aux fiefs & aux bénéfices; mais que tous les Nobles jouissant de la noblesse personnelle & transmissible, âgés de vingt-

(429)

cinq ans, & tous Eccléfiaftiques engagés dans les Ordres facrés, doivent être convoqués à fon de trompe, pour venir fe ranger chacun dans leur Ordre, & que c'étoit la feule diftinction que la juftice permît d'admettre entre les Nobles & Eccléfiaftiques poffédant fiefs & bénéfices, & les Nobles & Eccléfiaftiques privés de cet avantage. La Nobleffe ne forme qu'un Ordre en France; à la vérité le Clergé en forme deux, mais comme ils jouiffent l'un & l'autre des priviléges de la Nobleffe, il n'y a point de diftinction à adopter entre eux.

9.ᵉ QUESTION.

Les Bénéficiers dans l'Ordre du Clergé, & les poffeffeurs de fiefs dans l'Ordre de la Nobleffe, feront-ils affignés? feront-ils feuls affignés, & où feront-ils affignés?

A V I S.

Le Bureau eft d'avis que la réponfe à la huitième queftion rend celle-ci fans objet.

Unanimement.

10.ᵉ QUESTION.

Les membres du Clergé & de la Nobleffe, foit qu'ils foient affignés à leurs bénéfices ou à leurs fiefs, foit qu'ils foient feulement convoqués par les affiches & publications, feront-ils convoqués aux

A V I S.

Le Bureau eft d'avis que la réponfe à la huitième queftion rend encore celle-ci fans objet.

Unanimement.

Bailliages inférieurs ou aux Bailliages supérieurs?

11.ᵉ QUESTION.

Dans quelle forme les Ecclésiastiques & les Nobles qui n'auront pas été cités personnellement, justifieront-ils de leurs titres & qualités pour voter?

AVIS.

Le Bureau est d'avis qu'il n'y a rien à prescrire sur cet objet.

Unanimement.

MOTIFS.

Le Bureau est convaincu que l'état des personnes étant parfaitement connu dans les Provinces, aucun n'osera se présenter dans un Ordre où il n'auroit pas les titres nécessaires pour être admis. Au reste, ce seroit à l'Ordre même à en faire justice.

12.ᵉ QUESTION.

Dans les Assemblées de Bailliages, à qui appartiendra la présidence, quand les Ordres seront réunis?

A qui appartiendra-t-elle dans chacun, lorsqu'ils seront séparés?

Le Bailli d'épée, s'il est présent, présidera-t-il de droit la Noblesse? & en son absence par qui sera-t-elle présidée?

Qui présidera le Clergé?

AVIS.

Le Bureau a été d'avis que les anciens usages continueront d'être observés lorsqu'ils seront constatés par Procès-verbaux ou autres pièces authentiques; & dans le cas où l'ancien usage ne seroit pas connu, la présidence du Clergé appartiendra à celui auquel l'ordre de la hiérarchie la défère; celle de la Noblesse sera éligible à la pluralité des suffrages dudit Ordre; celle du Tiers appartiendra au Lieutenant général ou premier Officier du Siége royal, qui ne pourra cependant,

Qui présidera le Tiers-état ?

à raison de son office, assister à la rédaction des cahiers.

19 voix contre 4.

MOTIFS.

Il a paru au Bureau qu'en maintenant les anciens usages qui seroient constatés par Procès-verbaux ou autres pièces authentiques, on préviendroit toutes réclamations de la part des Ordres qui pourroient avoir eu jusqu'ici des formes particulières.

Quatre de Messieurs les Opinans ont insisté vivement pour que le Tiers-état eût la faculté d'élire son Président; ils se fondent sur ce que la présence d'un Lieutenant général ou premier Officier du Siége imposeroit quelquefois assez à l'Assemblée pour la déterminer à l'élire pour Député : mais le Bureau a pensé que cette crainte étoit imaginaire; que les relations d'un Lieutenant général avec le Tiers, n'étoient pas assez grandes pour lui donner un degré d'influence dans l'Assemblée; que ces Assemblées deviendroient extrêmement tumultueuses; si l'on n'y maintenoit le bon ordre & la police, & qu'il paroissoit que suivant l'usage généralement observé, le Tiers-état avoit toujours été présidé par un Officier de ce genre.

AVIS.

Le Bureau a été d'avis qu'il falloit avoir vingt-cinq ans.

Unanimement.

13.ᵉ QUESTION.

Quel âge sera nécessaire pour être électeur ou éligible dans chacun des trois Ordres ?

MOTIFS.

Le Bureau a considéré que pour pouvoir stipuler d'aussi grands intérêts que ceux qui seront agités dans l'Assemblée de la Nation, il étoit convenable qu'on eût atteint l'âge requis par les loix, pour contracter valablement des engagemens personnels. Par les mêmes motifs, un mineur ne peut concourir aux élections des Représentans de la Nation.

14.ᵉ QUESTION.

Quelles conditions seront nécessaires pour être électeur ou éligible dans l'Ordre du Clergé ?

AVIS.

Le Bureau a été d'avis que pour qu'un Ecclésiastique fût électeur, il falloit, 1.° qu'il eût vingt-cinq ans révolus.

2.° Qu'il fût engagé dans les Ordres sacrés.

3.° Qu'il fût originaire du Bailliage, ou possédant dans ledit Bailliage un bénéfice payant décime au moins égale à celle que payent les Curés à portion congrue, dans le Diocèse où est situé le bénéfice.

Que pour être éligible, il falloit qu'il fût âgé de vingt-cinq ans, qu'il fût engagé dans les Ordres sacrés, & qu'il possédât un bénéfice payant décime au moins égale à celle que

payent

payent les Curés à portion congrue dans le Diocèse où est situé le bénéfice.

Unanimement.

MOTIFS.

Le Bureau n'a exigé d'un Ecclésiastique pour être électeur, que d'être originaire du Bailliage, ou d'y posséder un bénéfice. Il exige au contraire sans alternative cette dernière condition pour qu'il soit éligible, parce que les intérêts étant en mesure des propriétés, la qualité de propriétaire lui a paru plus nécessaire pour être éligible que pour être électeur.

S'il exige moins du Noble pour l'éligibilité, c'est qu'il a reconnu qu'un grand nombre d'Ecclésiastiques ne tenoient leur droit que de l'état qu'ils ont embrassé, tandis que le Noble tient le sien de sa naissance.

15.ᵉ QUESTION.

Y aura-t-il quelque distinction pour ces deux qualités ? & admettra-t-on quelque proportion entre les différens Ordres qui composent le Clergé ?

AVIS.

Le Bureau a été d'avis que chaque Ordre ne devant dans son avis avoir qu'un Député, il n'étoit pas possible d'observer une proportion entre les deux Ordres du Clergé.

21 voix contre 3.

MOTIFS.

Le Bureau ne s'est pas dissimulé qu'il étoit fâcheux qu'on ne pût observer une proportion entre les Ordres du Clergé; le bien de la chose exigeroit en effet que les Députés fussent choisis de préférence dans le premier Ordre. Trois membres du Bureau ont proposé d'accorder à chaque Ordre deux Députés au lieu d'un; mais le Bureau a reconnu que ce moyen qui doubleroit l'Assemblée des États-généraux déjà bien nombreuse, ne remédieroit même pas à l'inconvénient qu'on voudroit éviter, puisqu'une grande partie des Bailliages où se font les élections, n'ont pas même d'Eccléfiaftiques du premier Ordre.

16.ᵉ QUESTION.

Un Ecclésiastique engagé dans les Ordres sacrés, ne possédant point de bénéfices, mais ayant un ou plusieurs fiefs ou des biens ruraux, dans quel Ordre se rangera-t-il? & si l'on admet le droit de se faire représenter, dans quel Ordre pourra-t-il choisir son Représentant?

A V I S.

L'avis du Bureau est que les Ecclésiastiques possédant fief, doivent être assignés à leurs fiefs, & ceux qui ne possèdent que des biens ruraux, convoqués à son de trompe; mais qu'ils doivent les uns & les autres se ranger dans l'Ordre du Clergé.

Unanimement.

M O T I F S.

Les motifs de cet arrêté sont les mêmes que ceux qui ont décidé l'avis du Bureau fur la huitième question; il répondra sur l'objet des procurations, en répondant à des questions subséquentes.

17.ᵉ QUESTION.

Les membres de l'Or-

A V I S.

Le Bureau a été d'avis que les

dre de Malte seront-ils rangés dans l'Ordre de la Noblesse, ou dans celui du Clergé? & quelles conditions seront nécessaires pour les rendre électeurs ou éligibles dans l'un ou l'autre Ordre?

Baillis, Commandeurs, Profès & Chevaliers possédant des bénéfices, soit de l'Ordre, soit tous autres bénéfices ecclésiastiques, ainsi que les Chevaliers servans profès ou possédant bénéfices, seront de l'Ordre du Clergé.

Les Chevaliers qui n'ont point fait de vœux, & qui ne possèdent aucun bénéfice, feront partie de l'Ordre de la Noblesse.

Les Chevaliers servans non profès, & ne possédant point de bénéfices, feront rangés dans le Tiers-état.

Unanimement.

MOTIFS.

On a hésité si l'on n'admettroit pas l'Ordre entier de Malte dans celui du Clergé, comme Ordre religieux; le Bureau a observé que les membres de cet Ordre ne menoient point une vie cénobitique, que ses membres dispersés n'avoient aucune obligation à remplir, tant qu'ils n'étoient pas liés par des vœux, ou qu'ils ne possédoient pas de bénéfices; en sorte qu'un simple Chevalier de Malte étoit plutôt destiné qu'attaché à un état.

18.ᵉ QUESTION.

Dans quel Ordre se rangeront les Colléges

AVIS.

Le Bureau a été d'avis de n'admettre ni les Colléges ni les Hôpi-

& les *Hôpitaux qui possèdent des fiefs, des bénéfices ou des biens ruraux ?*

taux à se faire représenter dans aucune Assemblée.

Unanimement.

Motifs.

Les Colléges & Hôpitaux sont sous la protection des trois Ordres; ce sont des mineurs sous la tutelle du public; leurs biens sont régis, mais non possédés par leurs Administrateurs; ces biens n'appartiennent pas à des individus, mais à des établissemens dont les trois Ordres sont également intéressés à défendre les droits & les propriétés.

19.ᵉ QUESTION.

Quelles conditions seront nécessaires pour être électeur ou éligible dans l'Ordre de la Noblesse ?

Premier Avis.

L'avis du Bureau a été que le Noble seroit électeur, s'il avoit vingt-cinq ans révolus, s'il étoit originaire ou domicilié dans le Bailliage, ou s'il y possédoit quelques propriétés.

17 voix contre 4.

Motifs.

Deux de Messieurs les Opinans demandoient que pour être électeur, on fût possesseur de fiefs, & deux autres, qu'on fût chef de famille.

Le Bureau n'a pas cru devoir exiger ces conditions. En restreignant la faculté d'élire aux possesseurs de fiefs, on établiroit une distinction entre les Nobles qui ne forment qu'un Ordre, & de même entre les Ecclésiastiques qui, quoiqu'en formant deux suivant la hiérarchie de l'Église, n'en composent cependant qu'un relativement à la représentation aux États-généraux.

Il a paru de même qu'il n'étoit pas juste d'exiger la qualité de chef de famille pour être électeur, attendu qu'un fils de famille, âgé de vingt-cinq ans, quoique non marié & sans biens échus, a cependant toujours une portion d'intérêt dans la chose publique.

SECOND AVIS.

Le Bureau a été d'avis que pour qu'un Noble fût éligible, il falloit qu'il eût vingt-cinq ans, qu'il fût originaire du Bailliage, ou qu'il y fût domicilié, ou qu'il payât 100 livres de contribution foncière ou personnelle.

20 voix contre 3.

MOTIFS.

Les trois Opinans qui n'ont point embrassé l'avis de la pluralité, auroient désiré qu'on n'admît aucunes conditions pour être éligible. Leur motif étoit de n'écarter aucun de ceux en qui les électeurs pouvoient placer leur confiance.

Mais le Bureau a pensé que les conditions qu'il exigeoit, ne pouvoient exactement écarter que la classe des Nobles, réduite à un état de pauvreté absolue, puisqu'il n'y a point d'individus dans cet Ordre à qui l'on puisse supposer les qualités nécessaires pour paroître décemment en qualité de Député, qui ne paye au moins cent livres de contribution foncière ou personnelle.

Les deux avis dont on vient de rendre compte, répondent aux onzième, douzième & treizième questions du discours de Monsieur le Directeur général.

20.ᵉ 21.ᵉ 22.ᵉ 23.ᵉ 24.ᵉ 25.ᵉ & 26.ᵉ QUESTIONS réunies.

Les propriétaires de fiefs seront-ils seuls admissibles aux États-généraux ? les Gentilshommes possédant une propriété quelconque, auront-ils le même droit ? & quelle devra être l'étendue de la propriété seigneuriale ou rurale nécessaire, soit pour être éligible, soit pour être électeur ?

Sera-t-il convenable d'exiger un certain degré de Noblesse, soit pour être électeur, soit pour être éligible ?

Quelle seroit alors la participation aux États-généraux des Nobles d'une création récente ?

AVIS.

Le Bureau est d'avis que tout contribuable âgé de vingt-cinq ans, domicilié dans la Paroisse ou la Ville qui l'aura député, puisse être électeur dans le Bailliage.

Et qu'il puisse être éligible s'il est âgé de vingt-cinq ans, domicilié dans le Bailliage, & payant au moins trente livres d'impositions, soit foncière, soit personnelle.

Unanimement.

MOTIFS.

Le Bureau a cru qu'on ne pouvoit se rendre trop facile sur les conditions à exiger pour les électeurs, & s'il demande une contribution de trente livres pour être éligible, c'est pour écarter la dernière classe des citoyens, qui n'est point supposée pouvoir représenter décemment pour son Ordre aux États-généraux.

Les seizième & dix-septième questions

Quelles conditions feront nécessaires pour être électeur ou éligible dans l'Ordre du Tiers, soit dans les Communautés de campagne, soit dans les Villes qui ne sont pas dans l'usage de députer directement aux États-généraux ?

La valeur de la propriété, susceptible de discussion, doit-elle être prise pour mesure, ou faut-il choisir pour règle la quotité des impositions ?

Cette mesure de propriété ou de contribution doit-elle varier selon la richesse des Provinces ?

Les membres du Tiers-état, même les plus riches, tels que les Négocians, les Chefs de Manufactures & les Capitalistes, n'ayant pas toujours des propriétés foncières, la mesure de l'imposition territoriale peut-elle être généralement applicable à la faculté d'élire ou d'être élu dans le Tiers-état ?

du discours de Monsieur le Directeur général, se rapportent en effet à celle qu'on vient d'exposer.

Le Bureau n'a pas cru qu'il fût possible d'avoir égard à la richesse des Provinces, pour fixer la contribution qu'il exige pour l'éligibilité, attendu que cette proportion de richesse entre les Provinces, est si inconnue ou au moins si incertaine, qu'elle ne peut offrir aucunes bases, & ceci répond à la seizième question du discours.

Quant à la dix-septième, le Bureau en n'adoptant que la contribution & non la propriété pour être éligible, n'exclut de cette faculté ni les Négocians, ni les Chefs de Manufactures, ni les Capitalistes.

27.ᵉ QUESTION.

Quelles formes devront être observées pour la convocation & la tenue des Assemblées pour les diverses élections?

Et d'abord pour les Communautés de campagne?

Les Seigneurs nobles & les Curés pourront-ils y voter, & même y assister?

La présence d'un Juge ou autre Officier public y sera-t-elle nécessaire?

AVIS.

Le Bureau est d'avis de prescrire aux Paroisses ou Communautés de campagne de se conformer dans leurs Assemblées pour leurs élections aux formes établies pour leurs Assemblées générales, sans qu'en aucun cas les Curés ou Seigneurs puissent y voter.

Unanimement.

MOTIFS.

Le Bureau n'a pas cru qu'il fût nécessaire d'établir de nouvelles règles pour les Assemblées de Paroisses ou Communautés, attendu qu'il s'en tient journellement, & que les formes en sont très-connues. Le Bureau a seulement ajouté, *Assemblées générales*, parce que pour les cas ordinaires, la plupart des Assemblées de Paroisses ou de Communautés, ne sont composées que des Officiers desdites Paroisses & Communautés, d'élus ou d'espèces de conseils politiques que plusieurs ont à leur tête. Dans les cas au contraire qui intéressent l'universalité des habitans, tous sont convoqués & s'assemblent, & c'est aux formes observées dans ces Assemblées générales, que le Bureau renvoie les Paroisses & Communautés pour l'élection de leurs Députés.

Il n'a pas cru devoir laisser aux Seigneurs & aux Curés la faculté de voter dans ces Assemblées, attendu qu'ils peuvent exercer cette faculté dans leur Ordre.

AVIS.

28.ᵉ QUESTION.

Ceux qui sont aux gages d'autres personnes, soit ecclésiastiques, soit laïques, ou dans leur dépendance quelconque, seront-ils électeurs ou éligibles dans l'Ordre du Tiers-état ?

A V I S.

Le Bureau a été d'avis de n'exclure de cette double faculté que les personnes gagées à titre de domesticité.

Unanimement.

MOTIFS.

Le Bureau a jugé que cette exclusion n'auroit plus de bornes, s'il l'étendoit à toutes les personnes qui ont quelques relations de dépendance avec les Nobles & Ecclésiastiques, & il a cru devoir distinguer les professions serviles, de celles qui peuvent être honorables, quoique rétribuées.

29.ᵉ QUESTION.

Les membres du Tiers-état pourront-ils élire pour leurs Députés des membres d'un autre Ordre, ou jouissant des priviléges auxquels leur Ordre ne participe pas ?

A V I S.

Le Bureau est d'avis de laisser au Tiers-état la liberté de se faire représenter par des Députés des autres Ordres.

Unanimement.

MOTIFS.

Le Bureau a pensé qu'il seroit injuste de gêner la liberté du Tiers-état à cet égard, liberté dont il paroît avoir toujours joui & dont il n'est point à craindre qu'on abuse, l'expérience ayant prouvé que les Députés du Tiers-état choisis dans un autre Ordre que le sien, avoient toujours été les plus ardens à défendre les intérêts de leurs commettans. On a opposé que dans le temps où les Ecclésiastiques & les Nobles possédant bénéfices ou fiefs, étoient seuls convoqués, il étoit simple que le Tiers-état pût choisir ses Représentans parmi les Nobles & Ecclésiastiques, puisque le plus grand nombre d'entr'eux étoient rejetés dans la Commune ; mais que le Bureau ayant proposé de faire rentrer tous les membres du Clergé & de la Noblesse indistinctement chacun dans leur Ordre, ils deviennent étrangers à celui du Tiers-état, & que l'instruction & les lumières se rencontrant aussi communément dans le dernier Ordre que dans les deux premiers, il n'étoit pas nécessaire que le Tiers-état cherchât hors de son sein des défenseurs pour qu'il en trouvât d'éclairés ; qu'il résulteroit de cette liberté une confusion dans les Ordres qu'il paroîtroit convenable d'éviter, sur-tout lorsqu'aucun motif ne rend ce mélange nécessaire.

Mais ces raisons ont cédé à une réflexion qui a été jugée sans replique ; c'est qu'un grand nombre de Villes ayant à leur tête des Gentilshommes ou des Magistrats nobles, on priveroit le Tiers-état d'élire pour Députés les personnes qui sont les plus dignes de sa confiance, s'il ne pouvoit choisir des Nobles pour ses Représentans.

30.e QUESTION.

Les électeurs de quelque Ordre qu'ils soient, pourront-ils élire pour leurs Représentans des personnes absentes ou

AVIS.

Le Bureau est d'avis que les électeurs peuvent choisir leurs Députés parmi les absens.

Unanimement.

(443)

qui n'auroient pas le droit d'être admises dans l'Assemblée ?

MOTIFS.

Le Bureau n'a aperçu aucun motif pour exclure les absens, pourvu qu'ils eussent les qualités exigées dans chaque Ordre, pour l'éligibilité.

31.ᵉ QUESTION.

Quelles seront les Villes qui députeront directement aux États-généraux ?

AVIS.

L'avis du Bureau est d'admettre la députation directe, avec voix séparées, des Villes, s'il en est qui aient joui jusqu'à présent de ce droit.

Que quant aux Villes qui ont envoyé jusqu'ici des Députés particuliers, mais dont les voix se sont confondues avec celles des Bailliages, elles continueront à jouir de ce privilége.

Que quant aux Villes qui ayant acquis depuis 1614 un certain degré d'importance, se trouveroient dans le cas d'obtenir aujourd'hui le même avantage que ces dernières, le Roi sera supplié de faire examiner dans son Conseil les motifs de leurs demandes & d'y statuer.

13 voix contre 10.

MOTIFS.

Le Roi peut seul statuer sur les réclamations multipliées des Villes qui demandent d'être admises à envoyer des Députés particuliers aux États-généraux, leurs titres n'étant point connus de l'Assemblée, & étant d'ailleurs très-probable que chaque jour amenera de nouvelles demandes de cette espèce.

Il paroît constant que les Villes de Paris & Rouen ont député directement aux États-généraux, & qu'Arles & Marseille ont envoyé directement des Députés des trois Ordres ; mais il paroît qu'elles ont député à titre de Pays & de territoire. On ne connoît que Paris qui soit incontestablement en possession d'envoyer des Députés avec voix séparées ; il est fort douteux que Rouen ait joui de ce privilége, & l'on ne voit pas qu'aucune autre Ville ait cru jusqu'ici avoir des titres pour être assimilée à celle de Paris.

Les voix des Députés que toutes les autres Villes ont envoyés particulièrement aux États-généraux, se sont toujours confondues avec les voix des Bailliages. On présume que les Villes qui sollicitent aujourd'hui ce privilége, n'étendent pas plus loin leurs prétentions.

Dix des Opinans ont pensé que le Roi, après s'être fait rendre compte des motifs sur lesquels ces réclamations sont fondées, pourroit accorder le droit de députation, avec voix séparées, à celles des Villes de son Royaume qui auroient acquis des titres pareils à ceux des Villes qui seroient en possession de cet avantage. Ils se sont fondés sur ce que la justice exige que les mêmes faveurs soient accordées aux mêmes titres,

(445)

& que le Bureau semble avoir déjà adopté ce principe, puisqu'il a proposé d'admettre à la convocation directe tous les Bailliages qui depuis 1614, ont acquis les mêmes caractères que les anciens Bailliages.

Mais le Bureau a observé qu'aucune Ville n'ayant jusqu'ici demandé d'être assimilée à celles qui auroient pu avoir des Députés avec voix séparées, il est à présumer qu'elles ont toutes reconnu qu'elles n'avoient point de titre pour l'obtenir. En effet, Paris ne peut se comparer à aucune Ville du Royaume, & l'on a déjà remarqué qu'Arles & Marseille avoient député comme Pays; ainsi, si leurs Députés ont eu des voix distinctes, il n'en résulte pas un exemple qui puisse être cité par aucune Ville du Royaume.

Sa Majesté jugera sans doute qu'il seroit très-dangereux d'étendre le privilége des Députations avec voix séparées, puisqu'elles tendroient à rompre l'égalité entre les Ordres; & dans le cas où Elle jugeroit devoir accorder ce droit à quelques nouvelles Villes, Elle seroit suppliée de ne le conférer qu'à la condition d'envoyer un Député de chaque Ordre pour maintenir l'égalité.

32.ᵉ QUESTION.

Dans quelle forme ces Villes doivent-elles procéder à la convocation & à la tenue des Assemblées destinées

A V I S.

Le Bureau est d'avis que ces Villes doivent se conformer aux usages qu'elles ont jusqu'à présent suivis pour leurs Assemblées les plus générales, & dans lesquelles elles font aux différentes élections ?

Ces mêmes Villes concourront-elles en outre à l'Assemblée d'élection de leur Bailliage ?

Tout citoyen domicilié y sera-t-il admis pour être électeur ou éligible, sans distinction d'Ordre ni de rang ?

33.ᵉ & 34.ᵉ
QUESTIONS réunies.

Y a-t-il quelque proportion à observer pour le nombre respectif des Députés des Villes & des Députés des Campagnes ?

Si quelques grandes Villes de commerce sont admises à députer directement aux États-généraux, le ou les Députés seront-ils élus parmi les Négocians seuls, & en quelle forme ?

leurs élections particulières ; que ces Villes doivent concourir aux Assemblées bailliagères, & que tout citoyen domicilié qui a le droit d'être admis aux Assemblées générales, doit l'être à celle-ci.

Unanimement.

MOTIFS.

Le Bureau a pensé qu'ayant adopté les principes de s'écarter le moins possible des usages reçus, il n'y avoit point de raison pour prescrire des formes réelles dans le cas dont il s'agit.

AVIS.

Le Bureau est d'avis que les Députés doivent être pris indifféremment dans tous les Ordres de citoyens.

Unanimement.

MOTIFS.

Le Bureau a pensé que si l'on accordoit des Députés choisis parmi les Commerçans seuls, il faudroit en accorder de même à toutes les classes distinctes de citoyens, telles que les Fabricans, les Agriculteurs, les Capitalistes, &c. que le plus grand nombre des Villes commerçantes ont des Chambres de commerce, qu'il y a à Paris des Chambres du commerce qui stipulent les intérêts de leurs commettans; qu'enfin si les Commerçans ont quelques demandes à former, les États-généraux recevront leurs mémoires, & que le commerce d'une Ville étant pour elle un des objets du plus grand intérêt, il est à présumer que les Députés qu'elle nommera, quoique choisis indifféremment dans tous les Ordres de citoyens, n'en défendront pas avec moins de zèle les intérêts de son commerce.

35.ᵉ QUESTION.

Quelles sont les formes qui devront être observées dans les Villes qui ne députent qu'aux Bailliages secondaires ou principaux?

A V I S.

Le Bureau est d'avis, que les Villes qui députent aux Bailliages, soit premiers, soit secondaires, doivent continuer à observer les formes qu'elles ont toujours suivies, & concourir dans les deux cas à l'Assemblée bailliagère.

Unanimement.

36.ᵉ QUESTION.

Dans quelle proportion les Communautés de campagne ou les Villes plus ou moins considérables auront-elles la faculté de nommer des Députés, soit aux Bailliages secondaires, soit aux Bailliages principaux ou Sénéchaussées?

A V I S.

Le Bureau est d'avis qu'il suffit qu'il soit envoyé deux Députés par Communautés de Ville & de Campagne, sans égard à leur population respective, sauf pour les Villes, les usages contraires constatés par Procès-verbaux aux autres pièces authentiques.

Unanimement.

MOTIFS.

Le Bureau a senti qu'il étoit impossible de régler une proportion pour le nombre de Députés de Ville à Ville, & moins encore entre les Paroisses & Communautés de Campagne. Telle Ville a six Paroisses & n'a que dix mille habitans; telle autre avec le même nombre d'habitans, n'a qu'une Paroisse; il en est de même des Campagnes. Quand on fixeroit leur proportion, ce ne pourroit jamais être que jusqu'à la concurrence d'un certain nombre de feux, au-delà duquel les plus grandes inégalités reparoîtroient. Dans l'impossibilité de fixer une règle qui établisse la proportion, le Bureau a préféré de donner un nombre égal de Députés à toutes les Communautés de Ville & de Campagne, en réservant seulement les usages des Villes, pour ne pas priver celles qui auroient la possession d'envoyer un plus grand nombre de Députés de la faculté d'exercer un droit acquis.

37.ᵉ QUESTION.

Quel sera le nombre des Députés que les Bailliages ou Juridictions secondaires auront le droit d'envoyer au Bailliage principal, suivant le nombre facultatif des Députés des Villes & des Commu-

AVIS.

Le Bureau est d'avis, qu'il faut régler le nombre des Députés que le Bailliage secondaire enverra au Bailliage principal d'après le nombre de Députés que les Communautés ressortissant aux Bailliages secondaires avoient le droit d'y envoyer.

Le Bureau a pensé que le nombre de ces

nautés de campagne qui composent leur ressort ?

de ces Députés pourroit être réglé à un par dix Communautés.

Unanimement.

MOTIFS.

Le Bureau a craint que si l'on régloit le nombre des Députés que le Bailliage secondaire enverra au Bailliage principal, par le nombre effectif des Députés que les Communautés ressortissant aux Bailliages secondaires y auroient envoyé, l'influence que doit avoir le Bailliage ne se trouvât diminuée par la négligence des Communautés qui n'auroient point usé ou qui auroient usé incomplétement du droit qui leur est accordé.

38.ᵉ QUESTION.

Chaque Bailliage principal ne sera-t-il pas obligé de suivre la même règle de proportion, & d'avoir pour cet effet une Assemblée préliminaire ?

AVIS.

Le Bureau est d'avis que chaque Bailliage principal tienne une Assemblée préliminaire, dans laquelle il réduira à un Député par dix Paroisses, Villes ou Communautés de son ressort immédiat, le nombre de Députés qui y auront été envoyés par lesdites Communautés de son ressort immédiat.

Unanimement.

MOTIFS.

Le Bureau a senti qu'il étoit indispensable d'exiger que le Bailliage principal fît lui-même ce triage, sans lequel les Paroisses ressortissant immédiatement au Bailliage principal, auroient une trop grande supériorité d'influence sur les Paroisses & Communautés ressortissant au Bailliage secondaire, puisque dix de ces dernières Communautés n'auroient qu'un Député, tandis que les premières en auroient un pour chacune d'elles.

39.ᵉ QUESTION.

Les Ordres doivent-ils délibérer séparément aux Assemblées qui députent directement aux États-généraux ?

AVIS.

Le Bureau est d'avis que les Ordres doivent délibérer séparément aux Assemblées qui députent directement aux États-généraux, sauf les usages contraires.

Unanimement.

MOTIFS.

Le Bureau a pensé que cette forme étoit assez indifférente, & qu'il ne pouvoit y avoir d'inconvénient à renvoyer aux usages reçus.

40.ᵉ QUESTION.

Pourra-t-on être électeur ou éligible dans les diverses Communautés ou Bailliages où l'on aura des propriétés, soit transmissibles, soit usufruitières ?

AVIS.

Le Bureau est d'avis que le propriétaire dans plusieurs districts peut être électeur, pourvu qu'il paroisse en personne à l'Assemblée d'élection, & éligible par-tout où il a des propriétés, & que s'il est élu dans plusieurs endroits, il soit obligé d'opter.

Unanimement.

MOTIFS.

Le Bureau ne sauroit expliquer pour quoi il exige de l'électeur qu'il comparoisse en personne, sans rendre compte de la délibération qu'il a prise relativement aux procurations.

On n'a point posé en question précise & détachée, si l'on admettroit ou si l'on rejetteroit les procurations. Cependant, comme il n'étoit pas possible de s'expliquer sur plusieurs questions subséquentes, sans avoir agité celle-ci, le Bureau a cru devoir en faire un objet de délibération séparée, & son avis est de proscrire absolument toutes procurations.

Unanimement.

MOTIFS DE CET AVIS.

Le Bureau a regardé comme un très-grand abus la facilité de se faire représenter tant aux Assemblées d'élections qu'à l'Assemblée des états-généraux.

Il a estimé que le droit d'élire & de siéger aux États, comme Député, étoit un droit individuel qu'on ne pouvoit exercer qu'en personne; que si la faculté de se faire représenter étoit accordée à tout le monde, la multitude des procurations deviendroit innombrable, si l'on exigeoit qu'il y eût autant de Représentans que de Représentés; & que si l'on toléroit que le même individu pût être chargé de plusieurs procurations, cette facilité donneroit lieu à un abus révoltant, en ce que chacun qui ne peut donner qu'un suffrage à un Député, lui en donneroit autant que le nombre de ses procurations le permettroit.

Le Bureau a considéré que si cette faculté de se faire représenter étoit bornée aux possesseurs de bénéfices & de fiefs, il en résulteroit une injustice criante pour les Ecclésiastiques & Nobles qui n'en possèdent point, & qu'il a cru cependant devoir ranger indistinctement dans les classes du Clergé & de la Noblesse.

Que les femmes veuves possédant divisément, ainsi que les mineurs, ne peuvent avoir aucun droit de se faire représenter ; qu'ils n'ont pas celui de siéger dans les Assemblées municipales, & qu'il faut regarder les Assemblées d'États-généraux comme de grandes Assemblées des municipalités du Royaume; qu'il n'est point à craindre que les intérêts des veuves ou femmes possédant divisément, ainsi que ceux des mineurs restent sans défense, puisque les uns ont des Tuteurs, les autres des Officiers de justice & Gens d'affaires qui sont individuellement électeurs & éligibles.

On voit que le Gouvernement avoit adopté ces principes, puisqu'en 1614, deux mois avant la tenue des États, Louis XIII fit un Règlement pour proscrire absolument toutes procurations. Le Bureau a eu sous les yeux les lettres motivées qu'il écrivit les 21 & 28 Juillet 1614 à M. de la Châtre, Gouverneur du *Berry*, conformément à ce Règlement, dans lesquelles il défend expressément d'admettre sous aucun prétexte aucune procuration, soit dans les Assemblées d'élections, soit aux États-généraux. Cette décision a paru au Bureau d'autant plus frappante, qu'elle a réglé le dernier état des choses. On objecte à la vérité que les Lettres de convocation de 1651 la révoquent; mais ces derniers États convoqués n'ont pas été assemblés. Les Lettres de 1649 n'avoient pas levé ces défenses; on ne voit pas ce qui peut avoir donné lieu deux ans après à cette dérogation; mais comme on vient de l'observer, la loi a été exécutée, & la dérogation n'a pu l'être.

Cette délibération du Bureau répond d'avance à un assez grand nombre de questions ultérieures.

41.ᵉ QUESTION.

Les Bénéficiers ou les possesseurs de fiefs pourront-ils, & pourront-ils seuls se faire représenter par des fondés de procuration?

A V I S.

La délibération précédente répond à cette question.

42.ᵉ QUESTION.

Si du même titre de bénéfice ou du même fief dépendent des biens situés dans différens

A V I S.

Le Bureau est d'avis qu'on ne pourra voter que dans le chef-lieu du bénéfice ou fief, l'assignation ne

Bailliages qui députent directement aux Etats-généraux, le poſſeſſeur aura-t-il le droit d'avoir voix, ou de ſe faire repréſenter dans chaque Bailliage, ou ſeulement dans celui du chef-lieu de ſon bénéfice ou de ſon fief ?

pouvant être donnée dans l'extenſion de ce bénéfice ou fief.

Unanimement.

43.ᵉ QUESTION.

Les Bénéficiers ou les poſſeſſeurs de fiefs pourront-ils voter ou donner autant de procurations qu'ils poſsèdent de bénéfices ou de fiefs dans le reſſort du même Bailliage ? ne le pourront-ils que dans les différens Bailliages ?

A V I S.

Cette queſtion eſt réſolue par la délibération ſur les procurations.

44.ᵉ QUESTION.

Les non Nobles poſſédant des fiefs nobles pourront-ils ſe faire repréſenter, & par qui ?

A V I S.

Cette queſtion eſt réſolue par la délibération ſur les procurations.

45.ᵉ QUESTION.

Accordera-t-on aux Eccléſiaſtiques & aux Nobles non poſſédant bénéfices ou fiefs, & aux membres du Tiers-

A V I S.

Cette queſtion eſt réſolue par la délibération ſur les procurations.

état, la faculté de se faire représenter aux élections ?

46.ᵉ QUESTION.
Les mineurs, les veuves, les filles & les femmes possédant divisément pourront-ils se faire représenter, & par qui ?

A V I S.
Cette question est résolue par la délibération sur les procurations.

47.ᵉ QUESTION.
Les Ecclésiastiques ou les Nobles, ainsi que ceux du Tiers-état qui ne seront pas cités personnellement, pourront-ils voter comme électeurs dans les différens lieux où ils auroient des propriétés, ou seulement dans celui de leur domicile ?

A V I S.
L'avis du Bureau a été, que les Ecclésiastiques & les Nobles convoqués à son de trompe & par les voies de proclamation ordinaires, seroient électeurs & éligibles comme les possesseurs de bénéfices & de fiefs, ce qui répond à la présente question.

48.ᵉ QUESTION.
Si les procurations sont admises, combien pourra-t-on en réunir sur la même tête ?
Seront-elles générales ou spéciales ? & le fondé sera-t-il du même Ordre que son commettant ?
Ces procurations pour

A V I S.
Cette question est résolue par la délibération sur les procurations.

élire s'étendront-elles à la rédaction des cahiers ? & le procureur fondé aura-t-il pour cette rédaction autant de voix que pour les élections ?

49.ᵉ QUESTION.

Devra-t-on nommer expressément dans la procuration celui à qui on la donnera ?

50.ᵉ QUESTION.

Les élections se feront-elles à haute voix ou au scrutin ?

Distinguera-t-on à cet égard les différentes sortes d'Assemblées ?

AVIS.

Cette question est résolue par la délibération sur les procurations.

AVIS.

L'avis du Bureau a été que dans les élections, les suffrages devoient être pris à voix haute.

14 voix contre 10.

MOTIFS.

On ne peut nier que les suffrages ne soient plus libres par la voie du scrutin, & que la présence d'un homme puissant dans une Assemblée, ne puisse lui procurer beaucoup de voix qu'il n'obtiendroit peut-être pas, s'il pouvoit ignorer quels sont ceux qui lui ont refusé leur suffrage; & c'est le motif sur lequel dix de Messieurs les Opinans se sont fondés pour préférer la voie du scrutin ; mais le Bureau à la pluralité, a reconnu que si le scrutin avoit quelques avantages, il avoit des inconvéniens majeurs; & obligé de se décider entre

deux

deux partis qui en préfentent l'un & l'autre, il a cru devoir choifir celui dont les conféquences étoient moins fâcheufes.

D'abord on ne peut employer la voie du fcrutin dans les Affemblées de Communautés de campagne où les habitans ne favent ni lire ni écrire, ce qui offriroit mille reffources à la fubtilité & à la mauvaife foi, mais même dans les Affemblées fupérieures, il y auroit un grand danger.

Le Bureau a confidéré que quand on choifit à voix haute, on répond au public de fon choix, & qu'une certaine pudeur ne permet pas de le faire tomber fur une perfonne fufpecte ou décriée, tandis que la voie obfcure du fcrutin laiffe aux affections particulières tout leur effor. On peut donc préfumer que fi l'on préféroit cette méthode, les choix feroient peut-être plus libres, mais fûrement moins purs, & que les États-généraux pourroient fe trouver moins bien compofés.

51.e QUESTION.

Pourra-t-on nommer un fuppléant dans chaque Ordre, pour remplacer le ou les Députés aux États-généraux, en cas de maladie ou de légitime empêchement, lequel n'aura de miffion qu'à défaut du Député qu'il fera deftiné à remplacer?

AVIS.

Le Bureau a été d'avis qu'il ne fût pas fait mention de fuppléant dans les Lettres de convocation.

Unanimement.

MOTIFS.

Le Bureau n'a pas cru que le Roi dût s'expliquer fur cet article. En donnant un fuppléant à chaque Ordre, on doubleroit une Affemblée déjà bien nombreufe, en la rendant feulement plus embarraffante, car le fuppléant ne pouvant être admis à l'Affemblée qu'en l'abfence du Député principal, ne feroit jamais au courant des délibérations, & il feroit à craindre qu'il n'employât fon temps au dehors d'une manière plus nuifible qu'utile à l'Affemblée. Si un Député meurt pendant l'Affemblée, on aura toujours le temps d'en envoyer un autre pour le remplacer: au furplus, le Bureau propofe, en répondant à la queftion fuivante, un moyen d'éviter la néceffité de recourir à une feconde élection.

52.ᵉ QUESTION.

Si une même perfonne eft nommée Député dans plufieurs Bailliages, fera-t-elle tenue d'opter le Bailliage dont elle voudra être le Repréfentant; & dans ce cas, fera-t-elle remplacée de droit dans les autres Bailliages, par celui qui après l'élu aura réuni le plus de fuffrages?

AVIS.

Le Bureau eft d'avis, comme il l'a déjà fait connoître par une délibération précédente, qu'un Député nommé dans plufieurs diftricts fera tenu d'opter.

Quant à la feconde partie de la queftion, le Bureau n'a point penfé que celui qui réuniroit le plus de voix, après celui qui a opté, pût être Député de droit, à moins que ce vœu ne fût exprimé par les électeurs en nommant le Député.

Unanimement.

MOTIFS.

Il eft contraire aux règles obfervées pour les élections, que fur le refus de celui qui eft choifi, le choix tombe de droit fur celui qui, après lui, a eu le plus de fuffrages. La forme obfervée eft de procéder à une nouvelle élection, & c'est pour sauver cet embarras dans le cas prévu par la question, que le Bureau exige que l'Assemblée, en nommant son Député, ait désigné celui qui doit le remplacer en cas de mort, maladie ou autre empêchement légitime.

53.ᵉ QUESTION.

Quelle supériorité ou pluralité de suffrages seront nécessaires pour être légitimement élu ?

AVIS.

Le Bureau est d'avis que la pluralité suffit, ne fût-elle que d'une voix.

Unanimement.

MOTIFS.

Le Bureau a pensé que ce seroit donner lieu à des difficultés, que d'exiger une plus grande supériorité.

54.ᵉ QUESTION.

Sera-t-il nécessaire de régler l'ordre & la forme que devront suivre les Assemblées où les instructions des Députés aux États-généraux seront délibérées & rédigées depuis les Assemblées de campagne, en remontant jusqu'aux Assemblées bailliagères ?

AVIS.

Le Bureau est d'avis que chaque Assemblée doit observer dans celle qui sera tenue pour la rédaction de ses cahiers, la forme suivie habituellement dans ses Assemblées générales.

Unanimement.

MOTIFS.

Le Bureau n'a point vu de raisons pour prescrire à cet égard des formes nouvelles : au surplus, toutes celles que le Bureau croit devoir être suivies, depuis la Lettre de convocation, jusqu'à la première Assemblée des États-généraux, sont exprimées dans un projet d'instruction qui a été demandé au Bureau, & qu'il présente à la suite de ses délibérations motivées.

INSTRUCTION

Pour la forme à suivre & les objets à remettre dans les diverses Assemblées relatives à la convocation des États-généraux.

Observation préliminaire.

Le long intervalle écoulé depuis la tenue des derniers États-généraux, ayant fait perdre dans beaucoup d'endroits la trace des usages relatifs à la convocation de cette Assemblée, on a cru convenable d'indiquer une forme commune, qui pût à la fois être suivie, & dans les lieux qui n'auroient conservé aucun vestige de leurs anciens usages, & dans ceux où elle paroîtroit préférable à l'ancienne forme. En indiquant cette forme commune, l'intention du Bureau n'est point de proposer qu'on la prescrive comme une loi, mais qu'on la désigne seulement comme un moyen de faciliter à ceux qui doivent concourir à la formation des États-généraux, la route qu'ils ont à suivre pour cet objet.

On se borne à la tracer du moment que l'Ordonnance du Juge est arrivée dans la Paroisse.

Mais comme ce Juge peut être de différente qualité, il est nécessaire de distinguer les différens cas qui peuvent s'offrir.

Une Paroisse peut se trouver ou dans la juridiction immédiate du Bailli du premier Ordre, ou dans celle d'un Juge royal ou Bailli du second Ordre, ayant ressort ou ressortissant lui-même à ce Bailli, ou dans celle d'un Juge royal ou Bailli du second Ordre sans ressort, ou dans celle d'un Juge seigneurial ressortissant au Juge royal ou Bailli du second Ordre, ou enfin dans celle d'un Juge seigneurial ressortissant au Bailli du premier Ordre.

Ces différences sont nulles par rapport aux Nobles & aux Ecclésiastiques, dans quelque juridiction qu'ils se trouvent.

Sitôt qu'ils auront été informés, ou par des affignations particulières à leurs fiefs & à leurs bénéfices, ou par les publications & affiches du jour & du lieu où doit être tenue l'Affemblée du Bailliage qui doit députer aux États-généraux, ils n'auront autre chofe à faire qu'à fe rendre à cette Affemblée, & quand ils s'y feront rendus, fuivre ce que nous difons, quand nous parlerons de ces fortes d'Affemblées.

Mais il n'en eft point ainfi du Tiers-état, & il faudra à fon égard fe régler fur les diftinctions ci-deffus énoncées.

PAROISSES qui fe trouvent dans la juridiction d'un Juge feigneurial, reffortiffant au Juge royal ou Bailli du fecond Ordre.

DANS ces Paroiffes, le Juge du lieu, après avoir fait publier & enregiftrer tant les Lettres du Roi pour la convocation des États généraux, que les Ordonnances rendues à ce fujet par les Baillis du premier & du fecond Ordre, ordonne qu'elles feront envoyées aux Fabriciens & Curés des Paroiffes de fa juridiction, à l'effet d'être publiées au prône, & enjoint aux habitans de ces Paroiffes de s'affembler aux jour & lieu qu'il leur indique, pour fe conformer aux intentions du Roi & aux Ordonnances des Baillis.

En exécution de l'Ordonnance du Juge, les manans & habitans convoqués & appelés au fon de la cloche, s'affembleront aux jour & lieu indiqués. Le lieu de l'Affemblée peut être ou l'auditoire, ou le porche de l'Églife, ou tout autre lieu qui feroit jugé plus convenable. Cette Affemblée fe tiendra en préfence du Juge ou de celui qu'il auroit commis. On y procédera à la nomination de deux des principaux habitans, à l'effet de rédiger le cahier de la Paroiffe, & de le porter à l'Affemblée qui devra fe tenir devant le Bailli du fecond Ordre.

Ce cahier dreffé, il en fera fait lecture ou dans la même

Assemblée, s'il a pu être rédigé pendant sa tenue, ou dans une seconde Assemblée, s'il n'a pas pu l'être; il y sera ensuite clos, arrêté & signé, & le Juge dressera Procès-verbal de tout ci-dessus.

Paroisses qui se trouvent dans la juridiction d'un Juge seigneurial, ressortissant nuement au Bailli du premier Ordre.

La forme indiquée pour les Paroisses comprises dans le précédent article, sera suivie pour celles-ci, avec la différence seulement que les Députés qu'elles nommeront seront chargés de porter le cahier de la Paroisse, non devant un Bailli du second Ordre, mais à l'Assemblée convoquée devant le Bailli du premier Ordre.

Paroisses qui se trouvent dans la juridiction immédiate d'un Juge royal ou Bailli du second Ordre, ayant ressort.

La route à suivre de la part de ces Paroisses est absolument la même que celle tracée pour les Paroisses qui sont dans la juridiction d'un Juge seigneurial, ressortissant au Bailli du second Ordre. Toute la différence qui les distingue de ces Paroisses, c'est que celles-ci s'assemblent devant le Juge du lieu, pour députer à l'Assemblée convoquée devant le Bailli du second Ordre; au lieu que les autres ayant le Bailli du second Ordre pour Juge immédiat, c'est en sa présence qu'elles doivent d'abord s'assembler pour députer à l'Assemblée qui doit se former devant lui-même des Députés des diverses Paroisses de son ressort, c'est-à-dire, qu'il se formera deux sortes d'Assemblées dans le lieu du Siége du Bailli du second Ordre : l'une formée des habitans de la Paroisse située immédiatement dans sa juridiction; l'autre formée des Députés de toutes les Paroisses placées dans son ressort.

La première nommera des Députés pour rédiger le cahier de la Paroisse, l'arrêtera quand il sera rédigé, & chargera les Députés de le porter à la seconde, ainsi & de la même manière qu'il a été dit pour les Paroisses situées dans les juridictions qui ressortissent au Bailli du second Ordre.

La seconde, composée de tous les Députés, nommera des Commissaires pour compiler les cahiers de toutes les Paroisses du ressort & en former un seul, & ce cahier rédigé, elle l'arrêtera en la forme ci-dessus indiquée, & nommera des Députés pour le porter à l'Assemblée qui se tiendra devant le Bailli du premier Ordre.

Ces Députés seront au nombre d'un par dix Paroisses, ayant député ou ayant pu députer à cette seconde Assemblée tenue devant le Bailli du second Ordre : c'est-à-dire, que si ce Bailli a trente Paroisses dans sa juridiction immédiate ou dans son ressort, la seconde Assemblée qui se tiendra devant lui, enverra trois Députés à l'Assemblée qui devra se tenir devant le Bailli du premier Ordre, soit que ces trente Paroisses aient été exactes ou non à députer devant le Bailli du second Ordre.

Si plusieurs Paroisses se trouvent dans la juridiction immédiate du Juge royal ou Bailli du second Ordre, chaque Paroisse s'assemblera en particulier en la forme ci-dessus marquée, & enverra son cahier & ses Députés à l'Assemblée générale des Députés des Paroisses de la juridiction immédiate & du ressort du Bailli du second Ordre.

PAROISSES qui se trouvent dans la juridiction immédiate du Juge royal ou Bailli du second Ordre sans ressort.

CES Paroisses suivront sans aucune différence la marche tracée pour les Paroisses situées dans les juridictions seigneuriales qui ressortissent à un Bailli du premier Ordre.

Paroisses qui se trouvent dans la juridiction immédiate d'un Bailli du premier Ordre.

Comme ces Paroisses composent la Ville où le Bailli tient son Siége, & que cette Ville est formée de divers Corps, qui, répandus inégalement dans ces Paroisses, ont des intérêts différens, il a été nécessaire d'établir une forme particulière pour y parvenir.

Ainsi, dans les Villes où le Bailli du premier Ordre tient son Siége (& l'on peut en dire autant de celles où siégent les Baillis du second Ordre & même des Juges seigneuriaux, si elles sont considérables); dans ces Villes, les députations à l'Assemblée générale de Bailliage se font dans une Assemblée qui se tient à l'Hôtel-de-ville, & qui est présidée par le Maire ou par le Lieutenant général, selon l'usage.

Cette Assemblée doit être composée,

1.° Des Maire, Échevins & Conseillers de Ville;

2.° Des Bourgeois députés de chacune des Paroisses de la Ville.

Pour faire cette députation, les Paroisses doivent préalablement s'assembler dans la forme ci-dessus indiquée pour toutes les autres Paroisses, après la publication au prône & par les soins des Curés & Fabriciens.

3.° Des Députés de tous les Corps quelconques de la Ville y formant une association légale. Ces Corps sur l'avertissement des Maire & Échevins, doivent s'assembler, nommer des Députés à l'Assemblée municipale, & les charger d'y porter les mémoires & remontrances qui les intéressent.

Quand l'Assemblée municipale composée de tous ces Députés est formée, elle doit nommer des Commissaires pour rédiger le cahier de la Ville, & la rédaction faite & approuvée, nommer des Députés pour le porter à l'Assemblée générale du Bailliage.

Avant l'ouverture de cette Assemblée générale, il doit s'en

s'en former une des Représentans de toutes les Paroisses & Communautés qui ont député directement devant le Bailli du premier Ordre. Cette Assemblée formée, elle se réduira au dixième du nombre de Paroisses ou Communautés qui ont fait cette députation directe ; c'est-à-dire, que s'il y a deux cents Paroisses ou Communautés qui aient envoyé directement des Députés devant le Bailli du premier Ordre, tous ces Députés rassemblés en nommeront vingt d'entr'eux, lesquels iront voter à l'Assemblée générale du Bailliage du premier Ordre.

Cette Assemblée générale sera donc composée, premièrement, de tous les Ecclésiastiques ayant les caractères jugés nécessaires pour être convoqués ou personnellement par des assignations signifiées dans leurs bénéfices, ou généralement par les proclamations & cris publics ; secondement, de tous les Nobles ayant également les caractères jugés nécessaires pour être convoqués, ou particulièrement par des assignations à leurs fiefs, ou cumulativement par les proclamations générales ; troisièmement, de tous les Députés des Assemblées de ressort, tenues devant les Juges royaux ou Baillis du second Ordre ; quatrièmement enfin, des Députés des Paroisses, qui placées dans la juridiction immédiate, ou dans le ressort immédiat du Bailli du premier Ordre, n'avoient pas député à ces Assemblées du Bailliage du second Ordre.

Tous ces divers Députés, ainsi que les Nobles & les Ecclésiastiques, se rendront au jour indiqué dans l'auditoire du Siége du Bailli. Quand ils y seront réunis, le Bailli ou à son défaut son Lieutenant général mettra sous les yeux de l'Assemblée les Lettres du Roi, & lui fera connoître l'objet de sa convocation.

Cela fait, les trois Ordres se sépareront & s'assembleront chacun dans des endroits particuliers qui leur auront été indiqués par celui qui aura présidé l'Assemblée.

Chacun des trois Ordres ainsi assemblés séparément, nommera un Greffier pour recueillir par écrit ses délibérations particulières, & des Commissaires pour procéder à l'adresse de son cahier.

Lorsque chaque Ordre aura clos & arrêté son cahier, il nommera, toujours dans son Assemblée particulière, ses Députés aux États-généraux, les chargera d'y porter ce cahier, & leur donnera les pouvoirs nécessaires.

Après avoir ainsi procédé séparément, les trois Ordres se réuniront dans une nouvelle Assemblée générale, tenue dans la même forme que la première; ils y apporteront chacun les résultats des délibérations de leur Assemblée particulière, pour ces résultats être énoncés dans le Procès-verbal qui sera dressé par le Bailli ou son Lieutenant général, après quoi l'Assemblée se séparera.

OBSERVATIONS générales sur les cahiers.

COMME il y a quatre sortes d'Assemblées différentes, il y a aussi quatre sortes de cahiers.

Le cahier des Assemblées de Paroisse; le cahier des Assemblées de Bailliage du second Ordre; le cahier des Assemblées municipales des Villes; & enfin le cahier des Assemblées générales du Bailliage du premier Ordre.

CAHIER des Assemblées de Paroisse.

CES cahiers doivent renfermer les plaintes qu'ont à faire, & les demandes qu'ont à former les habitans de la Paroisse, tant pour l'intérêt particulier de chacun, que pour l'intérêt général du corps entier de la Communauté.

Ce cahier rédigé par les Députés qui en ont été chargés, clos & arrêté par l'Assemblée, doit être signé par les Rédacteurs, par le Consul de la Communauté ou le Syndic des habitans, & paraphé par le Juge.

Il doit ensuite être joint au Procès-verbal de l'Assemblée, & le tout être déposé par les Députés de la Paroisse au

Greffe du Bailliage du premier Ordre, fi c'eſt à l'Aſſemblée de ce Bailliage qu'ils font Députés, ou au Greffe du Bailliage du ſecond Ordre, ſi c'eſt à l'Aſſemblée de celui-là qu'ils doivent ſe rendre.

Cahier des Aſſemblées de Bailliage du ſecond Ordre.

Ce cahier doit être formé de la compilation & réunion de tous les cahiers portés par les Députés qui forment cette Aſſemblée. Cette compilation doit ſe faire, en ajoutant à celui de tous les cahiers qui eſt le plus détaillé, les articles qui ſe trouvent répandus dans les autres & omis dans celui-là; & dans le cas que dans ces cahiers divers il ſe trouvât des demandes oppoſées & contradictoires, il ſera réglé par l'Aſſemblée quelle eſt celle qui doit prévaloir & être conſervée.

Clos & arrêté par l'Aſſemblée, ce cahier doit être ſigné par les Commiſſaires qui l'ont rédigé, paraphé par le Juge, & remis avec le Procès-verbal de la tenue de l'Aſſemblée, aux Députés qu'elle a nommés pour aller le dépoſer au Greffe du Bailliage du premier Ordre.

Cahier des Aſſemblées municipales.

Ce cahier doit être le réſultat, tant des mémoires reçus par les Repréſentans des différens Corps qui ont députe à cette Aſſemblée, que des inſtructions & plaintes qui ont pu être recueillies de la part de tous les autres habitans. Pour leur donner la facilité de les faire parvenir à l'Aſſemblée, on pourroit quelques jours avant l'époque de ſa tenue, établir à l'Hôtel-de-ville un coffre en forme de tronc, dans lequel chaque habitant auroit la liberté d'aller dépoſer ce qu'il jugeroit à propos de dire pour ſon intérêt, ou l'intérêt général, avec l'obligation néanmoins de le ſigner. Les Officiers municipaux ſeroient dépoſitaires des clefs de ce coffre, ils en feroient l'ouverture le jour de l'Assemblée, & en remettroient le contenu aux Commissaires chargés de la rédaction du cahier.

Le cahier clos & arrêté par l'Assemblée, doit être signé par les Commissaires qui l'ont rédigé, & par les Officiers municipaux de la Ville, être paraphé par le Juge, s'il a présidé à l'Assemblée, & remis aux Députés, pour être porté au Greffe du Bailliage du premier Ordre.

Cahier des Assemblées générales de Bailliage du premier Ordre.

Comme ces Assemblées sont formées de Corps distincts & séparés, savoir, le Clergé, la Noblesse & le Tiers-état, chacun de ces Corps doit dresser un cahier particulier.

Le cahier du Clergé & de la Noblesse seront formés chacun, tant des plaintes, remontrances, observations personnelles aux individus qui composent chacun de ces Ordres, que des plaintes, remontrances ou observations portées par les Députés des Chapitres ou autres Corporations qui ont droit d'avoir des Représentans dans lesdits Ordres.

Le cahier du Tiers-état résultera de la compilation de tous les cahiers portés par les Députés de cet Ordre, & cette compilation sera faite de la manière qui a été indiquée en parlant du cahier des Assemblées de Bailliages du second Ordre.

Chacun de ces cahiers sera signé par les Commissaires qui les auront rédigés, par le Président & le Greffier de l'Assemblée de chaque Ordre, pour être porté aux États-généraux.

Il faut néanmoins observer que le Lieutenant général du Bailliage présidant l'Assemblée du Tiers-état, ne pouvant assister à la rédaction du cahier de cet Ordre, il ne le signera pas, mais le paraphera.

On pourroit, pour donner à chacun de ces trois cahiers

la force d'un vœu général, les réunir en un seul cahier; cette réunion pourroit être faite par des Commissaires nommés par l'Assemblée générale des trois Ordres : dans ce cas, ce seroit à cette Assemblée générale à le clore & arrêter quand il seroit dressé ; il seroit alors signé par les Commissaires rédacteurs, par le Bailli, ou à son défaut par le Lieutenant général & par le Gréffier du Siége, & seroit remis aux Députés nommés pour aller assister aux États-généraux.

POUVOIRS à donner aux Députés.

Il faut distinguer leur forme & leur objet : à l'égard de leur forme, ces pouvoirs peuvent être donnés par une procuration particulière de la part de l'Assemblée qui députe, consentie devant un Notaire ou devant le Gréffier de l'Assemblée, ou simplement ces pouvoirs peuvent être insérés dans l'acte de nomination des Députés, ou dans le Procès-verbal dressé par le Juge de la tenue de l'Assemblée.

Quant à leur objet, il doit varier selon la nature de l'Assemblée qui députe.

Celles dont les Députés ne vont porter leur cahier qu'à l'Assemblée du Bailliage du second Ordre, n'ont d'autre pouvoir à leur donner que celui de remettre le cahier dont ils sont porteurs; de nommer dans cette Assemblée des Députés à l'Assemblée du Bailliage du premier Ordre, & de donner à ceux-ci les autorisations que cette dernière Assemblée trouvera convenable.

Celles dont les Députés vont directement à l'Assemblée du Bailliage du premier Ordre, doivent les autoriser, après la remise de leur cahier, à se réduire dans la forme ci-dessus indiquée, & à nommer dans l'Assemblée particulière qui sera formée à cet effet, des Députés à l'Assemblée générale du Bailliage du premier Ordre, avec les pouvoirs que cette Assemblée particulière jugera à propos de leur donner.

Enfin, c'est aux Représentans des trois États dans l'Assemblée générale du Bailliage du premier Ordre, à voir jusqu'où ils veulent étendre les pouvoirs qu'ils veulent confier aux Députés de chacun de leur Ordre aux États-généraux. Mais quelles que soient l'étendue & les limites qu'ils entendent donner à ces pouvoirs, il est indispensable qu'ils les fassent porter sur les objets qui feront mentionnés dans les Lettres du Roi.

Ils ne doivent pas non plus omettre d'y inférer la promesse de rembourser les dépenses que leurs Députés sont dans le cas de faire, & de les leur rembourser sur le taux que chaque Ordre réglera lui-même dans l'acte qui contiendra ses pouvoirs.

Provinces réunies à la Couronne depuis 1614.

Les membres de l'Assemblée de Notables qui ont des relations avec chacune de ces Provinces, ont formé des Comités particuliers pour proposer la forme à établir dans ces diverses Provinces pour leur convocation aux États-généraux; quelques-uns seulement des plans formés dans ces Comités ont été communiqués au Bureau.

Le Bureau a reconnu que la constitution de ces Provinces étant essentiellement différente, quelques-unes ayant des États, d'autres étant au moment d'en obtenir, les renseignemens manquant absolument sur plusieurs, il ne pouvoit délibérer sur cet objet, sur lequel il s'en rapporte à la sagesse du Roi, le suppliant de vouloir bien se faire rendre compte dans son Conseil des projets rédigés dans les différens Comités.

Arrêtés pris dans la dernière séance du Bureau présidé par Monseigneur le Prince de Conti.

Le Bureau a cru devoir, avant de se séparer, déclarer formellement que dans aucune des délibérations qu'il a prises pendant le cours de la présente Assemblée, il n'a entendu donner aucune atteinte aux formes, usages & priviléges relatifs à la constitution des Provinces & Pays d'États.

Le Bureau ne peut terminer ses séances sans exprimer le vœu que chacun de ses membres a dans le cœur, & qu'il n'a cessé de manifester dans le cours de ses délibérations.

Il a vu avec peine qu'un des Ordres de l'État, si digne de fixer les vues paternelles de Sa Majesté & l'attention particulière des États-généraux, se plaignoit d'impositions qui pèsent directement & uniquement sur lui, que ses plaintes s'étendoient même sur la répartition des subsides communs à tous les Ordres. C'est pour faire cesser ces distinctions particulières dans la nature des impositions, c'est pour faire disparoître toute inégalité dans la répartition, que le Bureau a arrêté d'adresser à Sa Majesté & à la Nation, aussitôt qu'elle sera assemblée, son vœu unanime pour parvenir à un nouveau plan d'imposition qui soit également répartie sur tous les

Ordres de l'État, sans qu'aucun privilége personnel puisse préjudicier à l'égalité parfaite entre toutes les classes des citoyens, en matière de contribution aux subsides de l'État.

Collationné sur l'original des délibérations motivées du sixième Bureau, par nous, Secrétaire des commandemens de S. A. S. Mgr le P.^{ce} de Conti, Président dudit Bureau.
Signé BESSE DU MAS.

Changement survenu dans le Ministère pendant la durée de l'Assemblée.

LE jeudi 27 Novembre, Monsieur le Comte de Brienne, Ministre & Secrétaire d'État au département de la Guerre, ayant supplié le Roi de vouloir bien recevoir sa démission, le 29, Sa Majesté a nommé pour le remplacer, Monsieur Pierre-Louis de Chastenet, Comte de Puysegur, l'un des Notables convoqués, qui a prêté serment entre les mains du Roi.

PLAN
DE LA SALLE DES NOTABLES,
À LA CLÔTURE
DE L'ASSEMBLÉE,

Avec son Explication.

EXPLICATION DU PLAN DE LA SALLE À LA CLÔTURE DE L'ASSEMBLÉE.

1. LE ROI.
2. MONSIEUR.
3. M.gr Comte D'ARTOIS.
4. M.gr le Duc D'ORLÉANS.
5. M.gr le Prince DE CONDÉ.
6. M.gr le Duc DE BOURBON.
7. M.gr le Duc D'ENGHIEN.
8. M.gr le Prince DE CONTI.
9. Le Grand-Chambellan.
10. Le Grand-Écuyer.
11. Les quatre Capitaines des Gardes du ROI.
12. Le premier Gentilhomme de la Chambre du ROI.
13. Le G.d-maître de la Garde-robe.
14. Le premier Écuyer.
15. Le Capitaine des Cent-Suisses.
16. Le Capitaine des Gardes de MONSIEUR.
17. Le Capitaine des Gardes de M.gr Comte D'ARTOIS.
18. Le Roi-d'armes de France.
19. Les deux Huissiers-massiers.
20. Le G.d-maître des cérémonies.
21. Le Maître des cérémonies.
22. L'Aide des cérémonies.
23. Quatre Hérauts-d'armes.
24. Six Gardes de la Manche.
25. M.gr le Garde des Sceaux.
26. Deux Huissiers de la Chancellerie.

NOTABLES.
Pairs de France.

27. M. l'Évêque Duc de Langres.
28. M. le Duc de Luxembourg.
29. M. le Duc de Mortemart.
30. M. le Maréchal Duc de Noailles.
31. M. le Duc de Béthune-Charost.
32. M. l'Archevêque de Paris.
33. M. le Duc de la Rochefoucauld.
34. M. le Duc de Coigny.

NOBLESSE.

35. Bancs de M.rs de la Noblesse sans rang.
36. Les Conseillers d'État.

M.rs Joly de Fleury, Boutin, Lenoir, de Vidaud, de Montion, Lambert, Dupleix de Bacquencourt & de la Galaizière.

37. Les Maîtres des Requêtes.

M.rs d'Agay, Esmangart, Bertier & de Néville.

38. Les Maréchaux de France.

M.rs de Broglie, de Mouchy, de Mailly, de Beauvau, de Castries & de Stainville.

39. Le Clergé.

M.rs les Archevêques de Narbonne, d'Aix, d'Arles, de Bordeaux & de Toulouse; les Évêques d'Arras, de Rennes, du Puy, de Blois, de Rodés, de Nevers & d'Alais.

40. Les Premiers Présidens des Parlemens & Conseils Souverains.
41. Les Procureurs généraux des mêmes Cours.
42. M. le Premier Président de la Chambre des Comptes.
43. M. le Procureur général de même Cour.
44. M. de Boisgibault, Président de la Cour des Aides.
45. M. le Procureur général de même Cour.
46. M. le Lieutenant Civil.
47. M. le Prevôt des Marchands de Paris.
48. M. le premier Échevin.
49. M. le Prevôt des Marchands de Lyon.
50. Les autres Chefs municipaux des Villes, sans rang.
52. Les Élus généraux des États de Bourgogne.
53. Les Députés des États de Languedoc.
54. Ceux des États de Bretagne.
55. Ceux des États d'Artois.
56. Ceux des États de Provence.
57. Celui de la Noblesse de Corse.
58. Les quatre Secrétaires d'État.

M.rs de Montmorin, de la Luzerne, de Villedeuil & de Puysegur.

59. M. le Directeur général des Finances.
60. le sieur Hennin.
61. le sieur du Pont.
62. Un grand Bureau.
63. Deux Officiers des Gardes-du-Corps.
64. Huit Gardes-du-Corps.
65. Tribune de la Reine.
66. Porte d'entrée du Roi & des Notables.

PLAN de la Salle des Notables
à la Clôture de l'Assemblée.

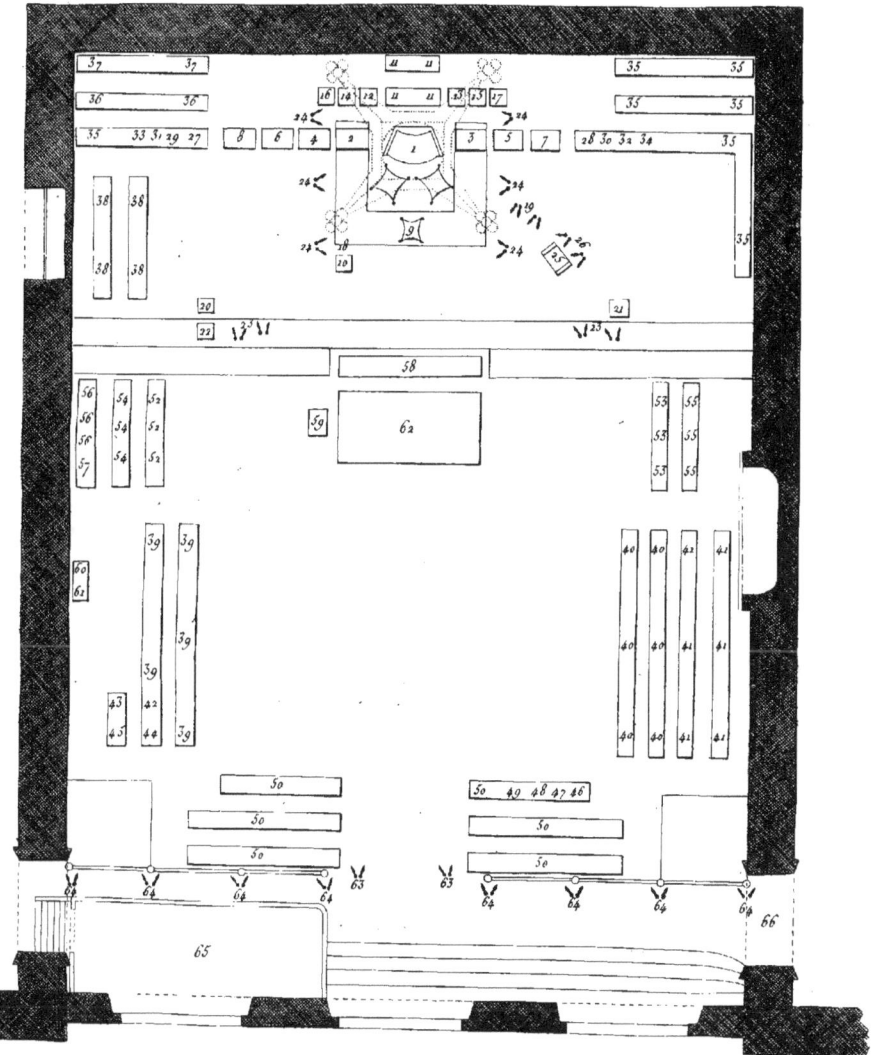

SECONDE ET DERNIÈRE SÉANCE,

Le Vendredi 12 Décembre 1788.

LE travail des Bureaux étant terminé, le Roi a fixé au vendredi 12 Décembre la clôture de l'Assemblée ; mais la neige & la glace qui couvroient les chemins, faisant craindre qu'il n'arrivât des accidens, si la séance avoit lieu à l'hôtel des Menus-plaisirs, & Sa Majesté se trouvant enrhumée, Elle s'est décidée à tenir cette dernière séance au Château dans la grande salle de ses Gardes.

Le Roi a donné en conséquence ses ordres au Grand-maître des cérémonies de France, qui a averti Messieurs les Notables du Clergé & de la Noblesse, du jour, de l'heure & du lieu de l'Assemblée.

Monseigneur le Garde des Sceaux a averti Messieurs les Magistrats, & Monsieur de Villedeuil Messieurs les Députés des Pays d'États & Messieurs les Officiers municipaux.

Les préparatifs ont été faits avec la plus grande diligence, & l'on s'est conformé, autant que la grandeur de la salle le pouvoit permettre, aux dispositions de la première séance, comme on en pourra juger par le plan ci-joint.

Le haut dais de Sa Majesté étoit placé en face des fenêtres, & occupoit tout le fond de la salle.

On avoit mis dans le bas de la falle, à quelques pieds des fenêtres, des barrières pour fermer la féance; elles régnoient depuis la porte de la falle des Marchands, jufqu'à celle de la falle des Gardes de la Reine. On avoit cependant laiffé dans le milieu un paffage pour l'entrée du Roi, parce qu'il n'avoit pas été poffible de ménager à Sa Majefté une porte fur le haut dais.

La falle étoit meublée comme celle de l'hôtel des Menus-plaifirs, & l'on avoit élevé au-deffus du trône le dais qui avoit fervi dans cette dernière falle.

Vers les dix heures du matin, les Gardes-du-corps du Roi ont pris leurs poftes; favoir, quatre Gardes de la Manche fur le haut dais; il auroit dû y en avoir fix, mais le peu de place qui reftoit pour la féance du Roi ne l'avoit pas permis; & fix Gardes & deux Brigadiers fous les armes, derrière les barrières du bas de la falle.

Les Gardes-du-corps occupoient en outre la falle des Marchands qui précédoit celle de l'Affemblée.

Les Cent-fuiffes en habits de cérémonie occupoient leur falle ordinaire, avec le drapeau & les Officiers à leur tête.

Meffieurs les Notables font arrivés fur les onze heures par la falle des Cent-fuiffes.

Le Grand-maître & le Maître des cérémonies leur ont fait prendre la féance fuivante :

Meffieurs les Ducs & Pairs à leur rang de Pairs,

à droite & à gauche de Messeigneurs les Princes du Sang.

Messieurs les Notables de la Noblesse sans rang entr'eux, sur le prolongement des bancs de Messieurs les Ducs & Pairs à droite & à gauche, sur un autre banc en retour le long du mur à gauche joignant le premier, & sur deux rangs de bancs placés aussi du côté gauche derrière ce même banc.

Messieurs les Maréchaux de France occupoient deux bancs, à la droite du haut dais, éloignés du mur d'environ huit pieds.

Monsieur le Maréchal Duc de Noailles étoit placé à son rang de Pair.

Messieurs les Députés des Pays d'États occupoient cinq rangs de bancs au bas des marches du haut dais, dont trois à droite & deux à gauche.

Sur le premier à droite étoient Messieurs les Élus-généraux des États de Bourgogne.

Sur le second, Messieurs les Députés des États de Bretagne.

Et sur le troisième, Messieurs les Députés des États de Provence, & Monsieur le Député de la Noblesse de Corse.

Sur le premier banc à gauche, Messieurs les Députés des États de Languedoc.

Et sur le second, Messieurs les Députés des États d'Artois.

Messieurs les Archevêques & Évêques occupoient

deux rangs de bancs à droite dans la longueur de la falle.

Meffieurs les Premiers Préfidens des Parlemens & Confeils fouverains, occupoient de même à gauche, & en face de Meffieurs du Clergé, deux rangs de bancs; les plus anciens étoient fur le premier. Monfieur le Premier Préfident du Parlement de Grenoble précédoit celui du Parlement de Bordeaux.

Meffieurs les Procureurs généraux étoient placés fur deux rangs de bancs, derrière Meffieurs les Premiers Préfidens, en obfervant le même ordre d'ancienneté de leurs Cours.

Monfieur le Premier Préfident de la Chambre des Comptes de Paris, & Monfieur de Boisgibault, Préfident de la Cour des Aides de la même Ville, étoient placés fur l'extrémité du fecond banc de Meffieurs les Évêques, ayant derrière eux Meffieurs les Procureurs généraux de ces deux Cours.

Meffieurs les Officiers municipaux occupoient trois rangs de bancs, en face du haut dais, près les barrières. Monfieur le Prévôt des Marchands & Monfieur le premier Échevin de Paris, les premiers; Monfieur le Prévôt des Marchands de Lyon immédiatement après eux.

Monfieur le Lieutenant civil du Châtelet de Paris avoit la première place fur ce banc.

Les fieurs Hennin & Dupont, Secrétaires-Greffiers

de l'Assemblée, étoient placés sur un banc près le mur derrière Messieurs les Évêques.

Messieurs les Conseillers d'État & Maîtres des Requêtes s'étoient rendus chez Monseigneur le Garde des Sceaux qu'ils ont accompagné dans ses carrosses de cérémonie. Le cortége est entré par la cour royale. Monseigneur le Garde des Sceaux est monté par l'escalier de marbre, & est allé attendre le Roi dans l'appartement de Monsieur le Maréchal Duc de Duras, par lequel Sa Majesté devoit passer pour se rendre à l'Assemblée.

Messieurs les Conseillers d'État & Maîtres des Requêtes sont entrés tout de suite dans la Salle. Le Maître des cérémonies les a placés sur deux bancs à droite, derrière celui de Messieurs les Ducs & Pairs.

Les deux Huissiers du Conseil se sont tenus debout derrière Messieurs les Maîtres des Requêtes, & les Huissiers de la Chancellerie, derrière le siége de Monseigneur le Garde des Sceaux.

Messieurs les Secrétaires d'État & Monsieur le Directeur général des finances, occupoient leurs places ordinaires près la table.

Pendant que Messieurs les Notables prenoient leurs séances, le Roi s'est rendu à la Chapelle, où il a entendu la Messe dans la tribune à cause du grand froid.

Au sortir de la Messe, le Roi s'est mis en marche pour se rendre à l'Assemblée. Sa Majesté étoit précédée de Messeigneurs les Princes du Sang, de Monseigneur Comte d'Artois & de MONSIEUR.

Le cortége de Sa Majesté étoit exactement le même qu'à la première séance.

Le Roi a passé par l'œil-de-bœuf & la salle des Gardes; il a traversé l'appartement de Monsieur le Maréchal Duc de Duras, dont les Gardes-du-Corps avoient pris les antichambres.

Le Roi d'armes de France & quatre Hérauts-d'armes marchoient en avant des Princes depuis l'appartement de Monsieur le Maréchal Duc de Duras.

Sa Majesté est entrée dans la salle d'Assemblée par la salle des Marchands, & a traversé le parquet pour monter au trône.

La séance du Roi & des Princes étoit absolument la même qu'aux Assemblées précédentes, à l'exception qu'il n'y avoit sur le haut dais que quatre des Officiers des Gardes-du-Corps, à cause de son peu d'étendue; les autres se sont placés en bas dans le passage des barrières.

Le Capitaine des Gardes de MONSIEUR & le Capitaine des Gardes de Monseigneur Comte d'Artois, étoient les seuls qui accompagnoient ces Princes à l'Assemblée.

Il n'y a eu aucune autre différence dans le cérémonial, & tout s'est passé comme en 1787.

On avoit construit en face du trône, derrière les barrières, une tribune ou lanterne dans laquelle la

Reine a assisté à cette séance; on entroit dans cette tribune par la salle des Gardes de Sa Majesté.

Le Roi avoit en outre permis qu'on plaçât un très-petit nombre de personnes derrière les barrières.

Le Roi, après s'être assis sur son trône, avoir ôté & remis son chapeau, a prononcé le discours suivant:

DISCOURS DU ROI.

MESSIEURS, en terminant vos Séances, je vous rassemble autour de moi pour vous témoigner ma satisfaction du zèle & de l'application suivie que vous avez portés à l'examen des différens objets que j'ai fait mettre sous vos yeux. Je pèserai avec attention le résultat de vos délibérations, & vais faire préparer tout ce qui peut accélérer l'Assemblée des États-généraux; moment que je desire voir arriver avec d'autant plus d'impatience, que je suis assuré qu'il portera un remède efficace aux maux de l'État.

> *N. B.* Les Huissiers-Massiers, le Roi-d'armes de France, les Hérauts-d'armes & les Huissiers de la Chancellerie auroient dû rester à genoux pendant toute la séance, mais Sa Majesté a trouvé bon qu'ils se levassent quand Elle a eu fini de parler. La même chose s'étoit pratiquée à la séance d'ouverture de l'Assemblée.

Le Discours du Roi fini, Monseigneur le Garde des Sceaux s'est approché du trône en faisant trois profondes inclinations, la première avant de quitter sa place, la seconde après avoir fait quelques pas, & la troisième, lorsqu'il a été sur le premier degré du trône; puis il a pris à genoux les ordres de Sa Majesté.

Il est ensuite retourné à sa place en faisant de même trois profondes inclinations au Roi.

Lorsqu'il a été à sa place, il a dit : *Le Roi ordonne que l'on prenne séance ;* toute l'Assemblée a pris séance. Alors s'étant assis, il a dit : *Le Roi permet que l'on se couvre.* Ceux qui avoient droit de se couvrir se sont couverts, ainsi que Monseigneur le Garde des Sceaux qui a prononcé assis le Discours suivant :

DISCOURS

De Monseigneur le Garde des Sceaux.

Messieurs,

Vous venez de donner au Roi, par vos travaux, de nouveaux témoignages de votre zèle.

Sa Majesté vous avoit réunis autour de son Trône pour l'éclairer par vos avis ; Elle les pèsera dans sa sagesse. Certaine que l'Assemblée des États-généraux comblera le vœu de la Nation, Elle s'occupe continuellement de tout ce qui peut en hâter le moment.

Quelle époque en effet plus mémorable pour le règne de Sa Majesté, que celle où la prospérité générale doit renaître, l'ordre se rétablir dans les finances, la confiance publique s'assurer, l'impôt devenir plus égal & dès-lors moins onéreux, l'industrie prendre un nouvel essor, le Commerce une plus grande activité, la fortune de

l'État

l'État se raffermir, la légiflation civile & criminelle se perfectionner, l'éducation de la jeuneffe & les études recouvrer leur ancien luftre !

Tel eft, Meffieurs, le tableau rapide de la révolution importante à laquelle nous touchons.

Puiffent ceux qui composeront cette Affemblée nationale se pénétrer de la néceffité d'être dirigés vers un même but, la félicité publique ! puiffe cette grande vérité préfider à toutes leurs délibérations ! puiffent des motifs de jaloufie, de diffention & d'animofité n'en point troubler la douce harmonie, & tous intérêts particuliers s'anéantir devant un feul, le puiffant intérêt de la Patrie ! puiffe enfin chaque membre des États ne jamais perdre de vue que tous font frères & citoyens !

Et vous, Notables de tous les rangs, raffemblés de toutes les extrémités d'un vafte Royaume, les mêmes fentimens vous ont unis ; un attachement & un amour fans bornes pour votre Souverain, un zèle pur pour le maintien de la Monarchie, un intérêt vif & fincère pour le bonheur de tous. Rendus bientôt à vos foyers & au milieu de vos concitoyens, vous fortifierez en eux ces mêmes fentimens ; ils redoubleront de villes en villes ; ils fe répéteront avec acclamation dans les demeures paifibles de ces habitans des campagnes, qui honorent leurs afyles par leurs vertus, de même qu'ils les fécondent par d'utiles & pénibles travaux. Vous attefterez à ces hommes précieux à l'État, ce qu'ils favoient déjà, qu'ils font fans ceffe l'objet de la follicitude paternelle d'un Monarque bienfaifant, & qu'il s'approche enfin ce jour glorieux pour la France, où fes forces trop trop long-temps épuifées vont fe réparer, & le patriotifme mutuel du Prince & des Sujets affurer la confiftance politique de l'Empire le plus floriffant de l'Univers.

Après fon Difcours, Monfeigneur le Garde des

Sceaux est remonté aux pieds du Trône avec le même cérémonial que ci-dessus, pour prendre les ordres du Roi; redescendu & remis à sa place, il a dit : *Si quelqu'un desire exprimer au Roi ses sentimens, Sa Majesté lui permet de parler.*

Toute l'Assemblée s'est alors levée pour entendre MONSIEUR, qui a exprimé les sentimens de la Noblesse par le Discours suivant, qu'il a prononcé debout & couvert, après avoir salué Sa Majesté.

DISCOURS

De *MONSIEUR*, Frère du Roi.

SIRE,

VOTRE MAJESTÉ vient de nous dire qu'Elle est satisfaite de notre zèle; c'est la récompense la plus douce qu'en puissent espérer des François, des Gentilshommes. Daignez donc, SIRE, permettre au premier d'entr'eux, d'être auprès de Votre Majesté l'interprète de leur reconnoissance, & recevoir avec bonté l'hommage de notre amour & de notre profond respect.

Monsieur l'Archevêque de Narbonne, le plus ancien de sacre des Évêques convoqués, est resté debout, ainsi que tous les membres du Clergé, & a prononcé son Discours, après avoir salué Sa Majesté.

DISCOURS

De Monsieur l'Archevêque de Narbonne.

SIRE,

Daignez agréer les vœux que nous formons, pour qu'aucun obstacle ne s'oppose à l'accomplissement de vos desseins paternels & généreux.

En examinant, comme Votre Majesté nous l'a prescrit, les droits des différens Ordres de vos Sujets, nous avons par-tout aperçu la trace de leurs devoirs. Un des plus importans pour eux, est d'éloigner avec soin de leur Assemblée, les jalousies, les rivalités, les défiances réciproques, toutes les suggestions de l'intérêt personnel.

L'union des esprits & des cœurs peut seule la rendre ce que Votre Majesté desire qu'elle soit *, ce qu'elle doit être, l'assemblée d'une grande famille, ayant pour Chef le Père le plus juste & le plus tendre.

C'est l'harmonie des volontés particulières qui formera la masse imposante de la volonté commune & générale. Sans cette harmonie précieuse, principe fécond de la prospérité des Empires, cette Assemblée tant désirée, au lieu d'être la plus puissante des ressources, deviendroit elle-même un nouveau malheur.

Chacun de ceux que la liberté des suffrages y appellera, sortira de la classe plus ou moins distinguée que la Providence lui a assignée dans l'ordre des citoyens, pour se revêtir, en y entrant, du caractère, j'ose presque dire sacré, de Représentant de la Nation. Les nuances des conditions diverses disparoîtront devant ce titre véritablement national ;

---

* Arrêt du Conseil du 5 Juillet 1788.

elles viendront toutes se perdre, se fondre dans celle qui doit les dominer toutes; l'honneur d'être admis à concourir au bien commun du Royaume, sous la protection immédiate de votre Majesté.

De ce concours heureux naîtront des résolutions patriotiques qui ne porteront l'empreinte d'aucun Ordre particulier, qui seront l'expression fidèle du vœu d'une grande Nation, manifesté par ses Représentans.

L'Ordre de l'Église, SIRE, y paroîtra avec la disposition (je ne crains point d'en être le garant) de faire tous les sacrifices que pourra exiger l'intérêt général.

Ministres d'une Religion consolante, qui répand sur toutes les classes de l'ordre social l'impression de sa grandeur, de son utilité & de sa bienfaisance, pourrions-nous n'y point porter ces vues désintéressées qu'elle nous prescrit & qu'elle nous inspire ?

Monsieur le Premier Président du Parlement de Paris a pris aussitôt la parole, & après avoir salué le Roi, a prononcé son Discours, pendant lequel il s'est tenu debout, ainsi que tous les Premiers Présidens, Présidens & Procureurs-généraux des Parlemens & Conseils Souverains.

DISCOURS.

De Monsieur le Premier Président du Parlement de Paris.

SIRE,

LA fin de cette Assemblée est moins le terme de nos travaux, que l'affermissement de nos espérances, &

l'approche d'un moment auquel tient le bonheur de la France.

C'eſt ce grand objet qui a été le ſeul but de notre marche, comme il eſt, Sire, le ſeul but de vos projets; c'eſt celui auquel ſe ſont rapportées toutes nos idées dans la diſcuſſion des détails dont nous avons été occupés.

Nous n'avons point eu d'autre guide dans nos recherches que l'amour de la vérité; point d'autre ſyſtême dans le vœu de nos ſuffrages & l'économie de nos réſolutions, que de conſtater les vrais principes, d'en prolonger la trace, d'en perpétuer le règne, & d'en aſſurer la ſtabilité.

Malgré des intentions ſoutenues par de ſi nobles motifs, qu'aurions-nous pu faire pour l'avantage de la Nation, ſi nous n'euſſions été conduits par des Princes qui ſont les premiers modèles de ces ſentimens; ſi, autour du Trône, & ſous l'ombre même de la puiſſance Royale, on ne nous eût conſervé cette pure & franche liberté de la Magiſtrature, qui ne connoît d'autre crainte que celle de ſe laiſſer aller à la complaiſance & à la flatterie!

Nous étions ſûrs que des conſeils qui ne ſeroient point dictés par le reſpect humain, ſeroient accueillis par la confiance & mis en uſage par les inſpirations de la ſageſſe.

Quelle heureuſe ſécurité pour des Magiſtrats accoutumés à voir toujours au travers des moindres intérêts des citoyens, les intérêts de l'État; à porter ſucceſſivement & par degrés vers le bien public, les regards de la prudence, les pas de la prévoyance, les précautions, les efforts, les actes même réitérés d'une vigilance opportune & ſalutaire, & à ne perdre jamais de vue cette longue perſpective où l'on voit d'avance par un enchaînement de moyens utiles, la fortune publique atteindre avec la même conſiſtance juſqu'aux ſiècles les plus reculés!

Qu'il nous ſoit permis, Sire, de vous exprimer les ſentimens de ces dignes Magiſtrats, avant qu'ils ſe ſéparent pour retourner à leurs fonctions.

Ni la diftinction des Provinces où leurs Compagnies font départies, ni la diverfité de leurs ufages, ne peuvent mettre aucune différence dans leur zèle. C'eft une même Puiffance qui les a conftitués, une même Patrie qui les raffemble, un même Peuple qui leur eft commis, les mêmes Loix qui leur font confiées. C'eft auffi un même dévouement, c'eft une même ame qui par-tout fert le Souverain, défend la Patrie, régit les citoyens & garde inviolablement le dépôt facré des Loix du Royaume.

Des fentimens, SIRE, non moins uniformes les attachent à votre Perfonne. Près de vous, fe font gravés encore plus profondément dans leurs cœurs l'amour que vous doivent tous les François, la plus refpectueufe admiration pour vos vertus, la reconnoiffance de vos foins paternels pour tous vos Sujets.

Jufqu'au dernier jour de notre vie, nous ferons, SIRE, auffi fidèles à ces fentimens, que nous le ferons aux devoirs de notre état, aux Loix du Royaume, & aux principes invariables de la Monarchie Françoife.

Monfieur le Premier Préfident de la Chambre des Comptes de Paris, après avoir obfervé les mêmes formalités, a fait connoître au Roi les fentimens de la Cour qu'il préfide, par le difcours fuivant :

DISCOURS

De Monfieur le premier Préfident de la Chambre des Comptes de Paris.

SIRE,

Toujours occupée du bonheur de fes Sujets, Votre Majefté vient de charger les Notables de préparer la convocation des États-généraux. Organes de la bienfaisance du Souverain, & dépositaires des intérêts de leurs concitoyens, le zèle le plus pur a dirigé leurs travaux; ils ont ambitionné de remplir dignement la tâche honorable qui leur étoit imposée. Le devoir leur prescrivoit de présenter à Votre Majesté les formes antiques & précieuses de la Monarchie; de raffermir des bases qui doivent rester à jamais inébranlables & sacrées; de distinguer ces trois Ordres constitutionnels de l'État, dont l'essence est de former séparément leur délibération aux États-généraux, mais dont l'esprit & les principes uniformes, dont le patriotisme resserrent entr'eux le lien qui assureroit leur indépendance, si elle n'étoit de tous les temps consacrée par l'égalité du pouvoir & des suffrages.

Le sentiment & la justice ont d'abord fait exprimer aux Notables un vœu qui a déjà retenti de la Capitale aux extrémités du Royaume; celui d'une contribution proportionnelle aux subsides, sans distinction de rangs, d'états & de priviléges parmi les citoyens du même Empire.

Quel spectacle, SIRE, votre règne va bientôt offrir à notre admiration, à notre reconnoissance! de grands malheurs réparés, la France rétablie dans ses droits, la dette reconnue & consolidée, l'ordre dans les finances pour toujours assuré, le premier Souverain du monde abaissant la hauteur de son sceptre devant la sainte majesté des Loix; semblable à l'Etre suprême qui obéit à l'harmonie de ce vaste Univers qu'enfanta sa puissance.

O ma Patrie! reprends un nouveau lustre sous le meilleur des Rois! ranime cette énergie qui t'assure la prééminence sur les autres Nations! que l'Assemblée qui se prépare, tende sous l'autorité de son auguste Chef, à perfectionner notre Gouvernement sans le changer jamais!

Nous verrons les concitoyens que nous aurons choisis, apporter dans les délibérations un esprit libre, & des intentions pures. Le salut de la France, l'amour du bien public feront les feules paffions de nos Repréfentans ; tout autre fentiment s'anéantira devant l'intérêt national, &, pour fe fervir des expreffions de nos pères, les États-généraux ne feront compofés que des Députés de la Nation & de François.

Ah, SIRE! (nous aimons à le préfager) que vous ferez grand au milieu de la Nation affemblée, lorfque dans fes tranfports elle vous proclamera, comme autrefois le vertueux Louis XII, le père de vos Sujets! Quelles émotions délicieufes pour votre cœur, quand vous entendrez le concert de louanges & d'amour d'un peuple généreux & fenfible, qui confondra dans l'objet de fon culte, le nom facré de la Patrie & celui de fon Roi! vous recueillerez nos bénédictions, vous jouirez de la fageffe de vos Loix, & d'avoir fait renaître la fplendeur de la Monarchie. Notre bonheur fera votre ouvrage & votre récompenfe, & nos derniers neveux verront Votre Majefté fe préfenter avec des titres auffi auguftes à la poftérité.

Monfieur de Boifgibault, Préfident de la Cour des Aides de Paris, a fuivi l'exemple de Monfieur le premier Préfident de la Chambre des Comptes, en faifant fon difcours.

DISCOURS

De Monfieur de Boifgibault, Préfident de la Cour des Aides de Paris.

SIRE,

VOTRE Cour des Aides a l'honneur de devoir fon exiftence, tant aux États-généraux qu'à la bienfaifance de vos

illuftres

illustres Prédécesseurs. Elle a osé la première élever sa voix dans les remontrances qu'elle a eu l'honneur de présenter à Votre Majesté en 1775, & rappeler ces antiques & augustes Assemblées. Elle a émis son vœu; toutes les Cours, tous les Ordres de votre Royaume y ont adhéré, & bientôt la convocation des Etats-généraux est devenue le vœu même de Votre Majesté, ainsi que celui de ses Sujets. Vous avez, SIRE, auprès de votre Personne, des Sujets également sages, éclairés, dignes de toute votre confiance & de celle de la Nation; ils reconnoissent, avec Votre Majesté, la nécessité de cette convocation; & les Notables de votre Royaume, rassemblés par vos ordres, ont cherché dans les formes anciennes, celles qui leur ont paru le mieux convenir aux circonstances actuelles.

De quels sentimens patriotiques tous les cœurs ne doivent-ils pas s'enflammer, à la vue d'un pareil bienfait! & que ne doit-on pas attendre de leur réunion pour la félicité publique!

Votre Majesté va jouir du spectacle attendrissant de voir tous ses fidèles Sujets se jeter avec empressement dans le sein d'un Maître qu'ils respectent, d'un Père qu'ils adorent, d'un Roi juste & bienfaisant, dont ils se feront un devoir de maintenir l'autorité, en perpétuant la gloire de cet Empire.

Ces différens discours prononcés, Monsieur l'Évêque de Châlons-sur-Saône, Élu général des États de Bourgogne, en qualité de premier Député du premier Pays d'États, s'est levé, a salué Sa Majesté, & prononcé son discours tel qu'il est rapporté ici; & pendant ce temps, tous les Députés des Pays d'États sont restés debout.

DISCOURS

De Monsieur l'Évêque de Châlons-sur-Saône, Élu général des États de Bourgogne.

SIRE,

LES intentions bienfaisantes que Votre Majesté a daigné faire connoître à cette Auguste Assemblée, sont des titres nouveaux à sa gloire & à notre reconnoissance. Ce dernier sentiment anime sur-tout vos provinces de Pays d'États, qui sont depuis long-temps en possession de donner au reste du Royaume l'exemple du zèle pour le bien public.

Si les Pays d'États, SIRE, sont religieusement attachés à leur antique constitution; si lorsqu'on a voulu y donner atteinte, ils n'ont pas craint de porter eux-mêmes aux pieds du Trône leurs doléances & leurs réclamations respectueuses, c'est qu'ils connoissoient bien le cœur paternel de Votre Majesté; c'est qu'ils savoient que le meilleur des Rois veut être encore le plus juste.

Mais, SIRE, tous les Ordres de ces Provinces n'en sont pas moins disposés aux plus grands sacrifices, lorsqu'il s'agira de partager également les charges de l'État, de contribuer en commun au salut & à la prospérité du Royaume, de concourir enfin à la gloire & au bonheur de Votre Majesté.

Ce discours a été suivi par celui de Monsieur le Lieutenant civil du Châtelet de Paris, qui a témoigné à Sa Majesté sa gratitude particulière de l'avoir mis du nombre des Notables convoqués.

DISCOURS

De Monsieur le Lieutenant civil du Châtelet de Paris.

SIRE,

Le temps approche où Votre Majesté jouira des satisfactions qu'Elle s'est préparées.

En assemblant sa Nation, Elle s'est assuré l'hommage de sa reconnoissance.

Nos maux touchent à leur fin ; l'arbitre de notre bonheur s'est montré sensible à nos justes alarmes.

Nous ne lui dirons pas que les ressources de son Royaume sont inépuisables. Nous le bénirons d'en avoir prévenu le dernier terme.

C'est l'amour de vos Sujets, SIRE, c'est leur zèle qui est sans mesure.

Votre Majesté en recueillera les effets dans cette Assemblée patriotique dont Elle s'est plue à concerter le plan avec tant de soin.

L'ordre qu'Elle a donné de lui indiquer la forme qui pourroit rendre les États-généraux plus utiles à son Royaume, est un gage de la liberté qu'Elle entend y faire régner.

Et cette liberté, en inspirant la confiance, resserrera de plus en plus les liens de fidélité, de respect & de dévouement qui attachent la Nation à votre autorité.

Les Notables, SIRE, se sont permis de pénétrer plus intimement encore dans l'ame de Votre Majesté.

Ils y ont remarqué le desir vraiment royal, puisqu'il embrasse tous les Sujets, d'établir entr'eux, pour la contribution aux charges publiques, une juste égalité.

Les Princes, animés du même esprit, ont réclamé pour la classe la plus nombreuse des citoyens dont le sort est encore soumis à des principes que le temps a changés en erreurs.

Qu'il est heureux pour vos Officiers, SIRE, de pouvoir annoncer des dispositions si favorables dans les Assemblées particulières qui seront tenues devant eux !

Sous l'autorité de son Roi, & la protection de son Auguste Maison, que ne doit pas attendre de la part des Ordres qui soutiennent l'État par la doctrine & par la valeur, celui qui renferme le plus d'infortunés, & qui pourtant par ses travaux régénère presque seul toutes les ressources !

Le succès qui comblera son attente, éternisera, SIRE, la prospérité du Royaume, & la gloire de Votre Majesté.

Enfin, Monsieur le Prévôt des Marchands de Paris a été l'interprète des sentimens des Corps municipaux, & les a exprimés dans le discours qui suit, pendant lequel tous les Maires se sont tenus debout.

DISCOURS

De Monsieur le Prévôt des Marchands de la ville de Paris.

SIRE,

RAPPELÉES au pied du Trône, votre bonne ville de Paris & toutes les villes de votre Royaume y ont rapporté les mêmes vœux, le même zèle, le même dévouement pour Votre Majesté.

Nous avons cherché, SIRE, dans les formes anciennes, reçues & consacrées, dans les formes légale & constitutionnelles, dans les formes déjà pratiquées, les moyens les plus prompts, les plus efficaces, les plus sûrs pour que rien ne pût arrêter l'accomplissement du bienfait que Votre Majesté accorde à la Nation, ni en retarder l'exécution.

Vous retrouverez, SIRE, dans cette généreuse Nation, la plus attachée à ses Maîtres, cet excellent esprit qui fait soumettre tous les intérêts, même personnels, qui fait les confondre & les rendre communs pour la félicité publique & la prospérité de votre Royaume.

C'est à ce but important que vont tendre toutes les affections, tous les sentimens, tous les efforts de tous les Ordres de votre Royaume, réunis & confondus dans l'Ordre de citoyen, Ordre primitif de la nature, de la raison & du devoir.

Oui, SIRE, vous retrouverez dans cette Nation l'esprit de nos pères, cet excellent esprit loyal & franc, cet esprit de dévouement à ses Maîtres, qui a toujours caractérisé la Nation Françoise; cet esprit de cœur, s'il m'est permis de m'exprimer ainsi, bien préférable à ces théories douteuses, si souvent opposées aux faits & à l'expérience, à ces demi-lumières, phare incertain qui nous égare, présent funeste & dangereux quand elles ne sont pas consacrées à l'harmonie sociale & à la félicité publique.

Il est de notre devoir, SIRE, de recommander à la protection spéciale, aux bontés paternelles de Votre Majesté, la nombreuse famille des villes & des campagnes, dont Votre Majesté s'est si constamment montrée le père depuis son avénement au Trône. Elle est jalouse, SIRE, de voir son Maître, elle est jalouse de reporter dans ses foyers le tableau des vertus de Votre Majesté, à qui tous ses Sujets sont également chers, & qui s'est constamment montrée le Tuteur, le Protecteur & l'appui de la portion nombreuse, indigente & foible de ses Sujets.

C'est dans le cœur de Votre Majesté, SIRE, que sont écrits tous leurs droits ; c'est votre cœur qui les fera participer dans les formes & les proportions que Votre

Majesté croira les plus propres à leur bonheur, à ceux de l'innombrable famille dont vous êtes le Père.

C'est en adaptant, SIRE, le plus possible les formes constitutionnelles & légales aux circonstances actuelles, que l'on peut espérer d'arriver aux moyens les plus efficaces pour constituer dans des proportions exactes, la meilleure représentation de la Nation, capable de combiner avec succès tout ce qui peut concourir à sa régénération, à sa splendeur, & à la gloire de Votre Majesté.

Le Roi a ensuite levé la Séance & est rentré dans son appartement par le même chemin & dans le même ordre qu'il étoit arrivé.

Le Roi, nonobstant sa Déclaration du 5 Novembre dernier, lue dans la première séance de l'Assemblée, qui ordonne que les rangs que Sa Majesté a voulu y être tenus par les Notables, ne pourront tirer à conséquence ni préjudicier à leurs droits, pour ceux qu'ils ont coutume de tenir dans de pareilles séances, ayant daigné permettre que les Corps qui croiroient avoir à se plaindre de l'ordre dans lequel ils sont placés dans la liste, en fissent inférer à la fin du présent Procès-verbal, toutes protestations d'usage; Messieurs les Maréchaux de France, Messieurs les Députés des États de Provence & Monsieur le Prévôt des Marchands de Paris, ont remis aux Secrétaires-Greffiers de l'Assemblée les réclamations suivantes :

(495)

RÉCLAMATION

De Messieurs les Maréchaux de France.

Les Maréchaux de France soussignés, renouvellent pour l'Assemblée des Notables tenue en 1788, la réclamation qu'ils ont faite lors de l'Assemblée des Notables tenue en 1787. Ils déclarent persister dans ce que contient ladite réclamation, relativement à la préséance accordée aux Pairs sur les Maréchaux de France dans les deux Assemblées susdites. A Paris, ce dix-neuf janvier mil sept cent quatre-vingt-neuf. *Signé* LE M.^{al} DE CONTADES, LE M^{aal}. DUC DE BROGLIE, N. M.^{aal} DUC DE MOUCHY, LE M.^{al} P.^{ce} DE BEAUVAU, LE M.^{al} DE CASTRIES, LE M.^{al} DE SÉGUR, LE M.^{al} STAINVILLE.

RÉCLAMATION

De Messieurs les Députés des États de Provence.

Les Députés des États de Provence ayant été appelés par Sa Majesté à l'Assemblée des Notables, ont considéré qu'ils ont dans l'ordre des douze anciens Gouvernemens de France, leur rang après celui du Dauphiné & avant celui du Lyonnois ; que le 15 Novembre 1614, le Conseil rendit un Arrêt de Règlement sur les préséances entre les douze Provinces & Gouvernemens principaux, portant qu'ils tiendront le rang & ordre suivant : Isle-de-France, Bourgogne, Normandie, Guyenne, Bretagne, Champagne, Languedoc, Picardie, Dauphiné, Provence, Lyonnois & Orléanois ; que ce Règlement a été exécuté par les États-généraux alors assemblés, & forme le dernier état de cette partie de la constitution nationale ; qu'il ne pourroit y avoir d'innovation pour une Province, sans que toutes les autres intervinssent pour renouveler les anciennes difcuffions; qu'à l'egard des Provinces réunies au Royaume depuis les États-généraux de 1614, le rang qu'elles doivent avoir fe trouve naturellement fixé par les époques de leur réunion; mais que l'ordre reconnu & arrêté en 1614, ne peut être interverti par les Provinces qui à cette époque n'exiftoient même pas pour la France: que la Provence a été unie au Royaume par le teftament de Charles d'Anjou, du 10 Décembre 1481; que les États de cette Province, dont l'origine fe perd dans la nuit des temps, ont toujours eu depuis cette union leurs Députés aux États-généraux; que les États de Provence font compofés d'un certain nombre de membres de chacun des trois Ordres, & qu'outre cette Affemblée générale, il s'en tient chaque année une autre formée par tous les Députés des Communautés, par les Procureurs du pays & par des Repréfentans des Ordres du Clergé & de la Nobleffe, fous le nom de Procureurs joints: que la feconde de ces Affemblées avoit été feule convoquée depuis 1640, mais que la compofition de l'Affemblée générale n'a fouffert aucune altération, & qu'elle a de nouveau été convoquée le 30 Décembre 1787; que dans le Mémoire du Roi publié à cette Affemblée des États de Provence, Sa Majefté a déclaré *que les États de ce Pays n'ont jamais été révoqués, pas même fufpendus par aucun acte d'autorité, qu'ils ont conftamment été redemandés par les Affemblées de la Nobleffe & des Communautés, que leur convocation avoit été plus d'une fois promife par les Rois fes prédéceffeurs, qu'Elle en a en conféquence ordonné la convocation, comme une fuite de la conftitution du Pays, qu'Elle veut confirmer & maintenir.*

Les Députés de Provence ont en conféquence préfenté un Mémoire à Sa Majefté, pour réclamer le même rang qu'ils ont occupé dans les derniers États de 1614; Elle leur a fait répondre que les rangs qui feroient tenus par les Députés des divers pays d'États, ne pourroient nuire ni

préjudicier

préjudicier en manière quelconque à leurs droits respectifs sur la préséance, & que ces Députés garderoient entr'eux le même ordre qui a été observé à la dernière Assemblée des Notables, de manière que la Provence qui n'avoit point à cette époque envoyé de Députés en Cour, se trouveroit en rang après les autres Provinces, dont les Députés ont alors été convoqués; il résulteroit de cette réponse, que les Députés des États de Provence ne prendroient rang qu'après ceux des États d'Artois. Cette préséance des Députés d'Artois ne pourroit se concilier avec les règles ci-devant exposées. Cette Province qui a été possédée par la Maison de Bourgogne, & qui a ensuite passé en 1477 dans la Maison d'Autriche, par le mariage de Marie de Bourgogne avec Maximilien Duc d'Autriche, étoit au nombre des fiefs de la Couronne, lorsque par le traité de Madrid du 14 Janvier 1525, François I.er fit à Charles V la cession de tous les droits de souveraineté sur ce Pays. Cette cession a été ratifiée par les traités de Cambrai du 3 Août 1529, & par celui de Crespy du 18 Septembre 1544, dans lesquels l'Artois est de nouveau déclaré indépendant de la Couronne & démembré de la Monarchie.

Philippe II fils de Charles V, traita en qualité de Souverain des Pays-bas, dont l'Artois faisoit partie, avec Henri II Roi de France, à la paix de Câteau-Cambresis, du 3 Avril 1559. Louis XIII Roi de France ayant en 1635 déclaré la guerre à Philippe IV Roi d'Espagne, & Comte souverain des Pays-bas, se rendit maître de plusieurs places de l'Artois, & notamment de la capitale au mois d'Août 1640. Louis XIII transmit la partie conquise à Louis XIV; la propriété & la souveraineté lui en furent cédées par le Traité des Pyrénées du 7 Novembre 1659. Cet article du Traité des Pyrénées fut confirmé à la paix d'Aix-la-Chapelle du 6 Mai 1668. La guerre ayant recommencé en 1673, entre la France & l'Espagne, Louis XIV s'empara en 1677, de Saint-Omer & du reste de l'Artois. Par le Traité de Nimègue du 17 Septembre 1678, entre Louis XIV & Charles II Roi d'Espagne, tout l'Artois est resté à la France, en propriété comme en souveraineté, & depuis ce temps, cette Province fait partie du Royaume. Le Traité de Madrid a rendu l'Artois sous tous les rapports étranger à la France; ce pays a été depuis 1525, jusqu'en 1640, sous la domination entière & absolue des Rois d'Espagne. L'Artois n'est Province de France que depuis 1640 pour une partie, & depuis 1677 pour l'autre. Elle n'avoit aucun rang, elle n'existoit pas pour le Royaume en 1614, de même que la Flandre Autrichienne cédée à Charles V par le même Traité de Madrid, ne conserve aucun rang dans les États-généraux. L'Artois ne peut prendre rang que du temps de sa réunion; les Députés de ce Pays ont été convoqués à la dernière Assemblée des Notables; ils y étoient après les Députés des autres Pays d'États. Les États de Provence n'ayant point alors de Députés à Paris, ils n'ont été dans le cas ni de se placer à leur rang, ni d'en être déplacés. La Déclaration du Roi du 22 Février 1787, porte *que son intention n'avoit point été, en cette convocation, de tenir une Assemblée d'États, Lit de Justice ou autre de pareille nature, & que rien ne pourroit tirer à conséquence pour les rangs, ni préjudicier aux droits de personne.* Les Députés des États d'Artois ne peuvent par ces motifs tirer du rang qu'ils ont eu à la dernière Assemblée, aucune induction de possession. Celui qui appartient aux Députés des États de Provence, leur est assigné par le Règlement de 1614; il ne peut être interverti sans une nouvelle loi. Les Députés de Provence qui ont leur titre reconnu aux derniers États-généraux, ne doivent pas être déplacés provisoirement par les Députés des États d'Artois, qui n'ont point de titre d'une semblable attribution, qui ont contre eux le titre d'une réunion récente de leur Pays au Royaume.

Les Députés des États de Provence, conformément aux droits du pays & comté de Provence, & aux intentions que Sa Majesté leur a fait déclarer de ne vouloir en rien préjudicier aux droits respectifs sur les rangs & préséances aux États-généraux, supplient le Roi de vouloir bien ordonner qu'il soit inféré dans le Procès-verbal de l'Assemblée, que les Députés des États de Provence ont, pour conserver le rang qui leur appartient aux États-généraux, après les Députés des États de Dauphiné, protesté comme ils protestent par le présent, contre tout ce qui seroit fait à la présente Assemblée, de contraire à leurs droits & prérogatives, dont ils entendent réserver la pleine & entière exécution, tant contre les Députés des États d'Artois, que contre tous autres. *Signé* † L. J. Év. de Sisteron, le Cte de Vintimille, St Ferréol.

RÉCLAMATION

De Monsieur le Prévôt des Marchands de Paris.

Le Prévôt des Marchands de la Ville de Paris, qui en toute occasion a été regardé comme le Chef du Tiers-état, n'a pas cru devoir au commencement de l'Assemblée réclamer contre la préséance qui y a été accordée à M. le Lieutenant Civil, le Roi ayant déclaré que les rangs qu'on y tiendroit ne tireroient à aucune conséquence.

Le Prévôt des Marchands supplie très-respectueusement le Roi de vouloir bien ordonner qu'il soit inféré dans le Procès-verbal de l'Assemblée, que s'il s'est abstenu de toutes réclamations pendant qu'elle a duré, il ne s'en réserve pas moins tous les droits & prérogatives attachés à la place que Sa Majesté a bien voulu lui confier, conformément à la Déclaration lûe à la première Assemblée des Notables. *Signé* le Peletier.

Outre les réclamations qu'on vient de lire, il en a été fait plusieurs autres dans le troisième Bureau, relativement à la présidence accordée par le Roi, en l'absence de Monseigneur le Duc d'Orléans & de Monsieur le Duc de Clermont-Tonnerre, à Monsieur le Maréchal Duc de Broglie, & en l'absence de ce dernier, au Conseiller d'État Rapporteur.

1.° Par Monsieur le Maréchal Duc de Broglie lui-même, auquel la présidence n'est déférée qu'au défaut du Pair de France.

2.° Par Monsieur l'Archevêque de Bordeaux, qui s'est réservé & à son Ordre, de revendiquer, ainsi que de raison, les honneurs & prérogatives que l'ordre constitutionnel, les Loix & Ordonnances du Royaume & les usages constamment suivis, assurent au Clergé dans toutes les Assemblées composées de Membres réunis des différens Ordres.

3.° Par les Gentilshommes Membres du Bureau par rapport à la présidence éventuelle conférée au Conseiller d'État.

4.° Et par Monsieur le Premier Président du Parlement de Grenoble, au nom des autres Magistrats du Bureau, tant contre l'ordre de séance qui leur a été assigné, que contre l'ordre de la présidence en l'absence du Prince du Sang, avec déclaration que, *par respect pour les volontés du Roi, & pour ne pas retarder l'examen des objets importans que Sa Majesté a daigné confier aux Notables, lesdits Magistrats n'élèvent aucune contestation, sans que leur adhésion à la décision de Sa Majesté puisse porter aucune atteinte aux droits, honneurs & prérogatives desdits Magistrats*.

LE ROI ayant décidé que MONSIEUR, Monseigneur Comte d'Artois, Messeigneurs les Duc d'Orléans, Prince de Condé, Duc de Bourbon, Duc d'Enghien & Prince de Conti, Monseigneur le Garde des Sceaux de France, Messieurs les Secrétaires d'État, Commissaires de Sa Majesté, Monsieur le Directeur général des Finances & tous les Notables convoqués, signeroient après la clôture de l'Assemblée, la minute du présent Procès-verbal qui sera déposée au Trésor des Chartes de la Couronne; les sieurs Hennin & du Pont, Secrétaires-greffiers de l'Assemblée, ont reçu dans la salle même, la signature de tous les Notables, à l'exception de Monsieur le Duc de la Rochefoucauld, Monsieur le Maréchal de Beauvau, Monsieur le Marquis de Langeron, Monsieur le Marquis de Mirepoix, Monsieur Joly-de-Fleury, Doyen du Conseil, Monsieur Bertier, Monsieur le Procureur général du Conseil Souverain d'Alsace, & Monsieur le Député du Clergé des États de Provence, dont plusieurs étoient absens pour cause de maladie, & les autres ne se sont pas trouvés au moment de la signature. Les Secrétaires-greffiers ont depuis été prendre la signature des Princes, Monseigneur le Duc d'Orléans n'a pas voulu donner la sienne; ils ont été prendre aussi celles de Monseigneur le Garde des Sceaux, & des Ministres Secrétaires d'État & Commissaires de Sa Majesté.

Signé LOUIS-STANISLAS-XAVIER; CHARLES-

Philippe; Louis-Joseph de Bourbon; Louis-Henri-Joseph de Bourbon; L. A. H. de Bourbon; L. F. J. de Bourbon.

Barentin; le Cte de Montmorin; la Luzerne; Laurent de Villedeuil; Puysegur; Necker.

✢ C. G. Év. Duc de Langres; Montmorency Duc de Luxembourg; Rochechouart Duc de Mortemart; le Duc de Béthune-Charost, ✢ Ant. E. L. Arch. de Paris;   ; le Duc de Coigny.

Le M.^aal Duc de Broglie; le M.^al de Noailles; Noailles M.^aal Duc de Mouchy; le M.^l de Mailly;   ; le M.^al de Castries; le M.^al Stainville.

Le Duc de Croÿ; le Comte d'Egmont; Estaing; Montmorency P.^ce de Robecq; le Duc de Chabot; le Duc de Guines; le Duc du Châtelet; le Duc de Laval; le Cte de Montboissier; le Cte de Thiard; le Cte de Caraman; le Comte de Rochambeau; le Baron de Flachslanden; le Marquis de Choiseul-la-Baume; le Comte de Rochechouart;   ; le Marquis de Bouillé;   ; le Marquis de Croix-d'Heuchin; le Mis de Harcourt; la Fayette; le Marquis de la Tour-du-Pin de Gouvernet

; Boutin; Lenoir; de Vidaud; de Montyon; Lambert; Dupleix de Bacquencourt; de Chaumont; de la Galaisière; d'Agay; Esmangart; ; le Camus de Néville.

L'Arch. de Narbonne; + J. R. Arch. d'Aix; + J. M. Arch. d'Arles; + J. M. Archev. de Bordeaux; l'Archev. de Touloufe; + Louis Év. d'Arras; + l'Éveq. de Rennes; + l'Év. du Puy; + Al. Év. de Blois; + S. Év. de Rodez; l'Év de Nevers; + l'Év. d'Alais.

d'Ormesson............	Joly de Fleury.
Bochart de Saron.......	
de Gourgue............	
le Peletier Rosambo....	
de Cambon............	de Resseguier.
le Berthon............	Dudon.
de Bérulle............	de Reynaud.
le Gouz de S. Seine.....	Pérard.
Camus de Pontcarré....	Belbeuf.
la Tour...............	le Blanc de Castillon.
du Merdy de Catuélan..	de Caradeuc.
Gillet de la Caze......	Bordenave.
Hocquart.............	Lançon.
Perreney de Grosbois...	Doroz.
de Pollinchove........	de Beauméz.
de Cœurderoy.........	de Marcol.
le Baron de Spon.......	
Gautier...............	
de Malartic...........	de Noguer.
Nicolay...............	de Montholon.
Charpentier de Boisgibault.	Hocquart.

Angran.

✠ J. B. Év. de Châlons; le V.^{cte} DE BOURBON-BUSSET; GUENEAU D'AUMONT; l'Év. de Cominges; Le Comte DE BANNE D'AVEJAN; TRINQUELAGUE; ✠ URB. R. Évêque de Dol; LE PROVOST Chevalier de la Voltais; YVES-VINCENT FABLET DE LA MOTTE-FABLET; DALLENNES, Abbé de S.^{T} BERTIN; le Marquis DE CRÉNY; DUQUESNOY; le Comte DE VINTIMILLE; DE S.^{T} FERRÉOL; PONTÉ.

LE PÉLETIER; BUFFAULT; TOLOZAN DE MONTFORT; GAILLARD; DUBOSC C.^{TE} DE RADEPONT; le Vicomte DU HAMEL; GÉRARD, P. royal de Strasbourg; HUVINO DE BOURGHELLES; RICHARD DE LA PERVANCHÈRE; MAUJEAN; DE MANESY; DE MASSILIAN DE SANILHAC; PUJOL; SOUYN; DE LONGUERUE; HUEZ; DE CAGNY; CRIGNON DE BONVALET; DE BEAUVOIR; DE LA GRANDIERE; DE ROULHAC; LA MOTHE, CH.^{R} DE St-Louis, Maire de Montauban; REBOUL; & POYDENOT.

Le Roi rentré dans son appartement, MONSIEUR & Monseigneur Comte d'Artois en sont ressortis, & y sont ensuite rentrés, marchant à la tête de Messieurs les Notables qui avoient été avertis par le Grand-Maître & le Maître des cérémonies de France, qu'après l'Assemblée ils seroient admis de nouveau à faire leurs révérences à Sa Majesté. Le Roi s'étoit placé, pour les recevoir, devant la cheminée de son cabinet. A mesure que les Princes entroient,

entroient, ils se rangeoient à droite & à gauche de Sa Majesté. Les Notables défiloient un à un, sans tenir aucun rang entr'eux, & saluoient profondément le Roi, en entrant par la Chambre de parade, & ressortant par la Chambre à coucher de Sa Majesté, le grand froid ne permettant pas de passer par la galerie; les deux Secrétaires-greffiers fermoient la marche.

Nous soussignés, Secrétaires-greffiers de l'Assemblée, après avoir reçu ou été prendre les signatures, comme il a été dit ci-dessus, avons clos le présent Procès-verbal, qui sera par nous déposé au Trésor des Chartes de la Couronne, suivant les ordres de Sa Majesté, aussitôt que l'impression en aura été faite à l'Imprimerie Royale, où nous en remettrons une copie collationnée sur l'original.

Et ayant en notredite qualité & en vertu desdits ordres, rassemblé les Procès-verbaux des délibérations prises dans les six Bureaux, entre lesquels l'Assemblée étoit partagée, dûment signés des Princes qui les présidoient, des Conseillers d'État Rapporteurs, de nous séparément pour chacun des deux premiers, & des Secrétaires des Commandemens des Princes, tant pour lesdits deux premiers que pour les autres, nous en ferons en même temps le dépôt audit Trésor des Chartes.

FAIT à Versailles le vingt-septième jour du mois d'Avril de l'année mil sept cent quatre-vingt-neuf.

Signé HENNIN & DU PONT.

FIN.

www.ingramcontent.com/pod-product-compliance
Lightning Source LLC
Chambersburg PA
CBHW071618230426
43669CB00012B/1980